왜 우리는 예수 그리스도를 믿어야 하는가?

제1권 개정 증보판

왜 당신은 예수를 믿습니까?

김도수 지음

크리스챤 디스커버리

왜 우리는 예수 그리스도를 믿어야 하는가?

왜 당신은 예수를 믿습니까?

개정 증보판

김도수 지음

크리스챤 디스커버리
Christian Discovery

개정 증보판

　현대는 포스트모더니즘 시대로서 인류를 혼돈의 도가니 속으로 몰아넣고 있다. 포스트모더니즘은 상대주의와 다원주의(다양성)로 특징지어진다. 절대적인 것이 없으며 모든 것이 상대적이다. 따라서 의와 불의, 선과 악, 거룩함과 더러움, 자유민주주의와 사회주의에 대하여 구분이 모호하다. 인류의 죄 문제를 해결함에 있어서 해답은 절대주의가 아니라 상대주의이다. 성경은 그리스도의 피만이 모든 죄의 문제를 해결한다는 절대주의를 취하고 있다. 이에 반하여 포스트모더니즘은 구원에 있어서 기독교의 절대주의를 부정하고 종교다원주의를 추구한다. 따라서 현대사회는 절대적인 기준이 없는 혼돈의 시대라고 말할 수 있다. 선과 악의 구분이 모호한 혼돈의 시대에 살고 있는 우리는 동성애와 종교다원주의에 의하여 미혹을 받고 있다.

　본서는 성경의 말씀을 통하여 그리스도의 피에 의한 속죄와 구원의 절대성을 체계적으로 설명하려고 노력하였다. 구약성경의 예언은 그리스도의 피에 의한 속죄와 그를 믿음으로 얻는 구원에 대한 모형과 그림자이다. 또한 예수 그리스도의 사역은 율법과 선지자의 예언의 성취이다. 그리스도의 피에 의한 속죄를 인정하는 믿음만이 죄로부터 구원을 얻는 유일한 믿음이며, 이것이 성경을 통하여 계시된 믿음임을 밝히려고 노력하였다. 본서가 종교다원주의, 적그리스도 및 동성애의 미혹으로부터 교회를 보호하는 데 있어서 조금이나마 도움이 되기를 기도한다.

우리는 개정증보판에서 많은 부분을 보충하였으며 오자와 탈자를 수정하였다. 첫째, 제1부에서 스스로 계신 하나님의 이름을 보충하였다. 둘째, 제2부에서 사단의 죄의 성격을 명확하게 기술하였으며, 내용이 중복되며 난해한 것으로 지적되어온 보충적 설명을 삭제하였다. 셋째, 제3부에서는 구약성경의 이해를 돕기 위하여 보충적 설명으로서 이스라엘 역사와 성전국가를 추가하였다. 넷째, 제4부에서 그리스도 예수의 피와 생명 값, 그리스도의 벌거벗음과 인류의 수치, 죄의 모형과 실상에 대한 내용을 보충하였고, 보충적 설명으로서 삼위일체와 하나님의 이름을 추가하였다. 다섯째, 제5부에서 그리스도 예수의 피와 거듭남의 본질을 보충하였다. 여섯째, 제6부에서는 할례와 세례를 통하여 계시된 하나님의 뜻을 보충하였고 광야 교회와 전도의 모형은 중복되므로 이를 삭제하였다. 제7부에서는 첫째 부활에 참여한 성도들에게 임할 하나님의 영광과 부활한 몸의 특성을 보충하였다.

2023. 6

저자 **김 도 수**

초판

　이 책은 두 가지 질문에 대한 해답을 제시하는 것을 목적으로 한다. "왜 우리는 예수 그리스도를 믿어야 하는가?"란 성도 자신에 대한 질문이며, "왜 당신은 예수를 믿는가?"란 불신자들의 질문이다. 성도들은 '왜 내가 예수 그리스도를 믿는가'에 대하여 자신에게 대답을 할 수 있어야 한다. 또한 '왜 당신은 예수를 믿는가?'에 대하여 불신자에게 답변을 할 수 있어야 한다. 이 책은 이 두 가지 질문에 대한 해답을 제시하는 것을 목적으로 한다. 내 자신과 불신자에 대한 질문에 답변하려면 예수 이름을 믿고 구원을 받은 것에 대한 객관적인 증거가 있어야 한다. 곧 구원에 대한 성령의 증거가 있어야 한다. '예수 그리스도를 믿고 구원을 받았다'라고 말하는 것은 나의 주장이다. 이 주장은 주관적이며 객관성이 없다.

　구원에 대한 객관적인 증거를 가지려면 창세전에 작성된 하나님의 뜻과 그 뜻을 성취한 예수 그리스도의 사역을 알아야 한다. 하나님의 뜻은 예수 이름을 믿고 구원을 얻는 것이다. 구원은 믿음을, 믿음은 예수 그리스도의 피에 의한 속죄를, 속죄는 율법과 양심에 의한 하나님의 아들의 심판을, 심판은 아담의 타락을, 아담의 타락은 천사의 타락을 전제로 한다. 따라서 본서는 태초에 스스로 계신 하나님으로부터 시작하여 천사의 타락, 사단의 미혹과 아담의 타락, 율법과 양심에 의하여 정죄 받는 자범죄의 특성, 속죄와 구원과 심판에 대한 모형과 그림자, 하나님의 뜻을 성취하기 위하여 오신 예수 그리스도의 죽음과 부활, 믿음과 구원, 성령의 사역과 교회의 사명, 예수 그리스도의 재림과 최후의 심판에 대하여 살펴보았다. 이것을 통하여 인류를 향한 하나님의 뜻을 밝히려고 노력하였다. 하나님의 뜻을 앎으로 성령으로 구원에 대한 객관적인 증거를 제시할 수 있을 것이다.

본서에 포함된 오류가 있다면 모두 저자의 책임이다. 진심으로 독자 여러분들의 많은 비판을 바란다. 모든 비판을 겸허하게 수용하여 나를 깨우치는 계기로 삼을 것이다. 죄가 넘치며 연약하고 부족한 사람을 택하셔서 예수 그리스도를 알게 하신 하나님께 감사를 드린다. 원고를 읽고 많은 오류를 지적하여 주신 뒤나미스 선교회 여러 목사님들에게 감사를 드린다.

"만군의 주 여호와여 주를 바라는 자로 나를 인하여 수치를 당케 마옵소서 이스라엘의 하나님이여 주를 찾는 자로 나를 인하여 욕을 당케 마옵소서" (시 69:6).

"누구든지 나를 믿는 이 소자 중 하나를 실족케 하면 차라리 연자 맷돌을 그 목에 달리우고 깊은 바다에 빠뜨리우는 것이 나으니라" (마 18:6).

"그리하여 온 이스라엘이 구원을 얻으리라 기록된바 구원자가 시온에서 오사 야곱에게서 경건치 않은 것을 돌이키시겠고 내가 저희 죄를 없이 할 때에 저희에게 이루어질 내 언약이 이것이라 함과 같으니라" (롬 11:26,27).

주후 2015. 9.

저자 **김 도 수**

서론

제1부 스스로 계신 하나님과 만물의 창조

  1.1 스스로 계신 하나님 ································· 31

    1. 공간과 장소를 초월하는 하나님 ························· 31

      (1) 공간과 장소를 초월하여 스스로 계신 하나님

      (2) 시간을 초월하는 하나님

      (3) 스스로 계신 하나님의 이름

      (4) 이해를 위한 질문

    2. 스스로 계신 하나님과 생명의 말씀 ······················ 46

      (1) 생명의 본질과 생명의 원천

      (2) 생명의 말씀과 사람의 생명

      (3) 이해를 위한 질문

  1.2 스스로 계신 하나님과 만물의 창조 ···················· 55

    1. 창조계획과 피조물의 완전성 ··························· 55

      (1) 창조계획과 창조사역의 완전성

      (2) 완전한 피조물인 사람과 천사

      (3) 이해를 위한 질문

    2. 하늘과 우주의 창조` ································· 63

      (1) 하나님의 영광과 만물의 창조 목적

      (2) 하늘의 창조

　　　　(3) 우주의 창조
　　　　(4) 우주와 하늘의 위치
　　　　(5) 이해를 위한 질문
　　3. 천사와 사람의 창조·· 81
　　　　(1) 천사의 창조
　　　　(2) 사람의 창조
　　　　(3) 만물의 창조질서와 안식일
　　　　(4) 이해를 위한 질문
　1.3 요약 및 결론·· 99

제2부 천사와 사람의 타락

　2.1 천사의 타락과 결박·· 107
　　1. 천사의 타락·· 107
　　　　(1) 하나님의 명령과 천사의 자유의지
　　　　(2) 천사의 타락
　　　　(3) 사단의 죄의 성격
　　　　(4) 이해를 위한 질문
　　2. 타락한 천사의 결박·· 120
　　　　(1) 타락한 천사의 결박
　　　　(2) 흑암과 영원한 결박
　　　　(3) 이해를 위한 질문

2.2 사단의 미혹과 아담의 타락 ·········· 130
1. 생명과 선악과 계명의 성격 ·········· 130
(1) 선악을 아는 지식
(2) 하나님의 주권과 선악과 계명
(3) 이해를 위한 질문

2. 사단의 미혹과 아담의 타락 ·········· 138
(1) 사람의 타락 가능성과 사단의 미혹
(2) 아담의 타락과 죄의 성격
(3) 하나님의 뜻과 아담의 타락
(4) 이해를 위한 질문

2.3 아담의 타락과 원죄 ·········· 153
1. 죄의 흔적 ·········· 153
(1) 전제 조건
(2) 죄의 흔적과 유전여부
(3) 이해를 위한 질문

2. 아담의 타락과 원죄 ·········· 163
(1) 아담의 타락과 육체의 정욕
(2) 인격에 새겨진 죄의 흔적
(3) 아담의 타락과 영의 사망
(4) 영의 호흡의 단절
(5) 이해를 위한 질문

2.4 아담의 타락과 마귀의 권세 ·········· 185
1. 아담의 타락과 마귀의 권세 ·········· 185
(1) 아담의 타락과 마귀의 종
(2) 마귀의 권세와 사람의 육체
(3) 이해를 위한 질문

2. 마귀와 죄의 권세 ·· 195
　　　　(1) 마귀의 권세와 사람의 인격
　　　　(2) 아담의 타락과 하나님의 형상의 상실
　　　　(3) 마귀의 인격과 음부의 권세
　　　　(4) 이해를 위한 질문
　　2.5 요약 및 결론 ·· 208

제3부 율법과 예수 그리스도의 모형

　　3.1 믿음으로 의롭다하심을 얻는 언약과 율법 ································ 217
　　　　1. 칭의 언약 ·· 217
　　　　　　(1) 하나님의 뜻과 칭의 언약
　　　　　　(2) 칭의 언약의 전제조건
　　　　　　(3) 아브라함의 믿음과 칭의 언약
　　　　　　(4) 이해를 위한 질문
　　　　2. 칭의 언약과 율법 ··· 230
　　　　　　(1) 율법과 정죄
　　　　　　(2) 칭의 언약과 율법
　　　　　　(3) 이해를 위한 질문
　　3.2 심판과 속죄와 구원의 모형 ··· 238
　　　　1. 출애굽과 구원의 모형 ··· 238
　　　　　　(1) 유월절 어린 양의 피와 출애굽
　　　　　　(2) 광야 생활과 신앙생활의 모형
　　　　　　(3) 이해를 위한 질문
　　　　2. 율법과 심판의 모형 ·· 250
　　　　　　(1) 이방인의 미혹과 이스라엘의 범죄

(2) 이스라엘의 죄와 마귀의 심판의 모형

　　　(3) 이방인의 죄와 마귀의 심판의 모형

　　　(4) 이해를 위한 질문

　　3. 율법과 속죄의 모형 ··· 263

　　　(1) 성막과 속죄의 모형

　　　(2) 제사와 속죄의 모형

　　　(3) 대제사장과 속죄의 모형

　　　(4) 이해를 위한 질문

3.3 율법과 장차 오실 예수 그리스도의 준비 ································· 280

　　1. 율법과 예수 그리스도의 준비 ·· 280

　　　(1) 인류의 장자로 오실 예수 그리스도

　　　(2) 만물을 통치하는 왕으로 오실 예수 그리스도

　　　(3) 이해를 위한 질문

　　2. 신구약 중간사와 예수 그리스도의 준비 ······························· 290

　　　(1) 이스라엘의 멸망과 성전국가의 설립

　　　(2) 대제사장과 산헤드린 공회

　　　(3) 바벨론 포로와 회당

　　　(4) 알렉산더와 헬라어의 공용화

　　　(5) 이해를 위한 질문

3.4 요약 및 결론 ·· 308

3.5 보충적 설명: 이스라엘의 역사와 신정국가 ······································ 315

서론

1. 현대 발달된 과학은 모든 이론을 검증하여 이에 대한 객관적인 증거를 제시하려고 노력한다. 따라서 현대인들은 객관적인 증거가 없으면 믿지 아니하려고 한다. 사도들은 만물을 창조하신 하나님, 처녀의 몸에서 태어나신 예수 그리스도의 부활과 승천에 대한 객관적인 증거를 제시함으로 그들을 핍박하는 유대인들의 입을 막았다(행4:16). 구원에 대한 객관적인 증거는 하나님과 예수 그리스도를 아는 지식과 예수 이름을 믿는 믿음, 그리고 성령의 은사를 통하여 나타난다. 하나님의 교회는 구원에 대한 객관적인 증거를 가지고 있다(요일5:10).

현대교회는 성경의 말씀을 벗어난 교리에 집착하고 성령의 역사를 제한하며 진리를 육체의 일에 초점을 맞추어 해석함으로 그리스도의 공생애를 재현하지 못하고 있다. 세상은 교회를 통하여 그리스도의 형상을 보지 못하고 세상과 이웃한 교회의 모습을 보고 있다. 교회가 이방종교와 연합하여 윤리와 도덕을 전달하는 집단으로 전락하고 있다. 따라서 세상은 불교, 로마 가톨릭, 이슬람 및 기독교를 동일선상에서 바라보고 있다. 한 걸음 더 나아가서 세상은 구원에 대한 객관적인 증거를 제시하지 못하는 교회를 독선적이라고 매도하고 있다.

"왜 우리는 예수 그리스도를 믿어야 하는가?"라는 질문은 "왜 사람은 태어나서 교육훈련을 받고 운동을 하여야 하는가?"라는 질문과 일맥상통한다. 우리는 어려서부터 학교에 다니고 이것도 부족하여 학원에 나가서 모자란 지식을 보충한다. 왜 공부하는가? 그 목적은 분명하다. 직장을 얻고 결혼을 하고 생활에 필요한 돈을 벌어야 하기 때문이다. 학교교육은 건전한 사회인으로서 살아가는데 필요한 지식과 기술을 습득하는 것을 목적으로 한다. 학교교육을 소홀히 하면 경쟁에서 뒤쳐지고 세상을 살아가는데 많은 어려움을 겪게 된다. 따라서 사람은 태어나서 약 20년이 넘는 기간을 공부에 투자한다. 이렇게 공부하였다고 하더라도 세상에 나가서 소망스러운 결과를 얻는다는 보장이 없다.

사람들은 미래에 불확실한 것을 위하여 많은 시간과 재물을 투자한다. 학교에서 열심히 공부하여 직장을 잡았다고 하더라도 길게는 약 30년 동안 그 지식을 이용하여 재물을 얻기 위하여 일할 수 있다. 직장에서 은퇴한 뒤에 학교와 직장에서 배운 지식과 경험은 재물을 얻는데 많은 도움이 되지 못한다. 학교교육을 통하여 정상적인 배움의 과정을 거치지 아니한 사람은 대부분 경제적으로 많은 어려움을 겪으며 살아가고 있는 것이 현실이다.

의학과 과학기술의 발전은 사람의 평균 수명을 연장시키고 있다. 이에 따라서 필연적으로 발생하는 문제가 노후 생활의 설계이다. 우리나라 사람들은 자녀의 교육과 그들의 결혼을 해결하기 위하여 일생동안 얻은 재산을 투자하고 있다. 그 결과 은퇴한 뒤에 노후에 안정적인 생활을 위한 자금은 턱없이 부족하다. 노후문제를 해결하려는 국가의 복지정책은 아직 태어나지도 아니한 세대에게 경제적인 부담을 가중시키고 있다. 따라서 젊은 세대에게 노후생활을 위한 설계를 요구하고 있다. 노후생활을 위하여 준비하지 아니한 세대는 노후에 대부분 경제적으로 어려움을 당하며 살아가고 있다.

경제가 발전하고 생활이 윤택하여짐에 따라서 사람들의 관심은 건강에 초점이 맞추어지고 있다. 거의 모든 사람들이 자신의 건강에 관심을 가지고 식생활을 조절하고 운동을 하며 일정한 체중을 유지하려고 애쓴다. 건강에 해로운 술과 담배를 절제하며 건강에 좋은 음식을 챙겨서 먹으려고 한다. 그러나 많은 노인들이 성인병으로 고통을 당하고 있다.

사람들은 생활에 필요한 재산을 얻기 위하여 교육훈련을 받으며 건강을 위하여 운동하고 노후생활을 위하여 열심히 일하고 절약하며 살아간다. 그러나 자기의 영혼을 위하여 노력하는 사람들은 소수에 불과하다. 사람은 다른 동물과 달리 영원히 사는 존재이다. 누에가 애벌레로, 번데기로, 나방이로 살아가는 것과 같이 사람은 흙으로 창조된 육체로, 육체를 벗은 영혼으로, 부활하여 신령한 몸을 입고 사는 존재이다. 사람의 사후세계가 검증되지 아니하므로 대부분의 사람들은 영혼이 없는 것처럼 살아가고 있다.

2. 사람의 육체는 반드시 죽는다. 그러나 사람의 영혼은 영원히 사는 존재이다. 따라서 사람은 육체가 살아있을 동안에 자기의 영혼을 위하여 노력하여야 한다. 교육훈련을 통하여 얻은 지식으로 재물을 얻는 것과 같이, 영혼을 위하여 투자한 자만이 영생을 얻을 수 있다. 젊은 시절 노력한 결과가 노후시절을 짊어지는 것과 같이, 육체가 살아있는 동안 영혼을 위하여 노력한 결과가 영원한 삶을 보장한다.

사람은 누구나 선악의 기준인 양심을 가지고 있다. 사람은 자기의 양심에 따라서 행동하고 있으며 자기의 양심으로 타인의 행위를 판단한다. 진보적인 사상을 양심으로 가진 사람이 있고, 반대로 보수적인 사상을 양심으로 가진 사람이 있다. 사람의 양심 가운데 타인의 재산과 자유를 침해하고 생명에 위해를 가하는 양심을 성문화한 것이 국법이다. 그렇지 아니한 양심이 윤리도덕이다. 사람은 양심에 가책을 받는 행동을 하였을 때 죄의식을 느낀다. 그러나 양심에 가책을 받는 죄는 주관적이며 객관성이 없다. 사람의 양심은 공간과 시간에 따라서 각각 다르게 나타나며 동일한 사람의 양심도 연령에 따라서 변화하기 때문이다. 각국의 국법과 문화가 서로 다르듯이 사람의 양심도 각각 다르다.

죄의 기준은 세상의 양심이 아니라 하나님의 양심이다. 사람의 양심은 변화하나 하나님의 양심인 율법은 시간과 공간을 초월하여 변화하지 아니하기 때문이다. 하나님은 율법으로 세상을 통치하시므로 그의 심판은 공의롭다. 하나님은 의와 공의로 세상을 심판하신다. 하나님께서 그의 양심으로 사람을 심판하시는 이유는 사람이 하나님의 형상으로 창조되었고 모든 피조물 가운데 가장 많은 특권을 받았기 때문이다. 사람은 인격을 가진 존재로 창조되었으므로 땅을 정복하여 문명을 건설하고 문화생활을 한다. 사람은 땅에 있는 모든 동식물을 다스린다. 사람은 양심에 가책을 받지 아니하고 육체를 위하여 동물을 죽여서 요리하여 섭취한다. 따라서 동물의 입장에서 보면 사람은 원수와 같은 존재이다. 뿐만 아니라 사람은 식물을 음식으로 섭취하고 지상에 있는 모든 것을 이용하여 생활에 필요한 도구를 만들고 있다. 다른 동물에 비하여 사람은 인격이 있으므로 생활에 필요한 모든 것을 만들고 문화생활을 한다. 이와 같이 다른 동물에 비하여 많은 특권을 부여 받은 사람에게 그에 상응하는 책임이 뒤따른다. 그 책임은 하나님의 양심과 그의 뜻을 순종하는 것이다. 이 모든 것은 그의 말씀으로 계시되고 있다. 하나님의 형상으로 창조된 사람은 그 말씀을 불순종한 것에 대하여 심판을 받는다.

사후에 사람의 영혼은 하나님의 양심에 의하여 정죄 받는 죄에 대한 책임을 짊어진다. 육체가 살아있는 동안 범한 모든 죄의 책임을 사후에 그 영혼이 짊어진다. 따라서 종교는 죄의 문제를 해결하려고 한다. 종교는 계시종교와 자연종교로 구분한다. 기독교, 로마 가톨릭, 이슬람 및 유대교 등은 신의 계시에 바탕을 둔 종교이다. 이에 반하여 힌두교와 불교는 사람의 이성에 바탕을 둔 대표적인 자연종교이다. 자연종교란 사람이 신의 존재를 전제로 하여 이성으로 창안한 종교이다. 이에 반하여 계시 종교는 유일신을 전제로 하며 신의 계시의 말씀을 기초로 하고 있다. 자연종교는 사람의 이성을 기초로 하고 있으므로 선악의 기준도 역시 사람의 양심의 수준을 벗어날 수 없다. 자연종교는 사람이 신을 찾아가는 종교이다. 이에 반하여 계시종교는 신이 사람을 찾아오는 종교이다.

계시종교 가운데 이슬람과 유대교는 사람의 죄에 대한 해결방법을 제시하지 못하고 있다. 이슬람과 유대교는 율법의 순종을 구원의 조건으로 한다. 사람이 율법을 온전히 순종할 수 없으므로 이슬람과 유대교에는 구원이 없다. 예컨대, 율법은 탐심을 품지 말라고 명령한다. 따라서 사람이 하나님의 말씀을 순종하는 것은 불가능하다. 사람은 자기의 의지로 육신의 생각인 탐심을 통제할 수 없기 때문이다. 사람이 일생동안 살면서 하나님의 율법을 온전히 순종한다는 것은 불가능하다(롬3:19).

로마 가톨릭은 교황의 교권을 강화하기 위하여 하나님의 말씀을 삭제하며 왜곡하고 있다. 예컨대, 그들은 마리아를 신격화하기 위하여 십계명에서 제2계명(우상숭배의 금지)을 삭제하고 제10계명(탐욕의 금지)을 두 개의 계명으로 나누고 있다. 또한 로마 가톨릭은 예수 그리스도의 피에 의한 속죄를 부인하고 율법의 행위에 의한 구원을 강조하고 있다. 그들은 죄를 소죄와 대죄로 구분한다. 예수 그리스도의 피는 대죄를 속죄하지 못한다고 주장한다. 이것은 그리스도의 피에 의한 속죄와 구원을 부인하는 것이다. 성경은 예수 그리스도의 피에 의한 속죄와 구원을 부인하는 것은 적그리스도라고 말씀한다.

기독교는 율법의 행위에 의한 구원을 부인하고 하나님의 은혜에 의한 구원만을 인정한다. 예수 그리스도께서 십자가에서 흘린 피로 인류의 죄를 대속한 것을 알고 믿음으로 구원을 얻는다. 하나님은 인류의 죄를 대속하기 위하여 아들을 육신으로 보내셨고, 아들은 아버지의 뜻대로 율법과 양심에 의하여 심판을 받아 죽으심으로 인류의 죄를 대속하셨다. 예수 그리스도께서 부활하여 하늘보좌에 앉아 의와 공의로 만물을 통치하시며 인류의 구원을 위하여 성령을 보내주신다. 성령의 감동을 받은 자들은 예수 그리스도께서 하나님의 아들이심을 믿고 주님이라고 고백함으로 구원을 얻는다. 예수 그리스도의 피에 의한 속죄와 구원을 전하는 기독교만이 인류를 구원하는 하나님의 말씀이다.

3. 본서는 제7부로 구성되어있다. 제1부에서는 스스로 계신 하나님과 만물의 창조를, 제2부에서는 천사와 사람의 타락을, 제3부에서는 율법과 예수 그리스도의 모형을, 제4부에서는 예수 그리스도의 피에 의한 심판과 속죄 사역을, 제5부에서는 믿음과 예수 그리스도의 피에 의한 구원을, 제6부에서는 성령의 은사와 예수 그리스도의 지체로서의 교회를, 제7부에서는 예수 그리스도의 재림과 최후의 심판을 논의하였다.

1) 하나님은 누구신가. 공간과 장소를 초월하여 스스로 계신 하나님께서 만물을 창조하신 이유는 무엇일까. 왜 하나님께서 사람을 자기의 형상으로 창조하셨나. 제1부에서는 이에 대한 해답을 제시하려고 노력하였다. 만물이 창조되기 전, 태초에 공간과 장소는 없었다. 태초에 하나님은 어디에 계셨을까. 이에 대한 대답은 공간과 장소를 초월하여 스스로 계신 하나님이다. 하나님은 존재하기 위하여 공간과 장소를 필요로 하지 아니하신다. 태초에 하나님은 공간과 장소를 초월하여 영광 가운데 스스로 계셨다. 하나님은 누구에 의하여 창조된 것이 아니라 스스로 계신 분이다. 이에 반하여 만물은 하나님에 의하여 창조되었다.

하나님께서 장소와 공간을 초월하신다는 것은 모든 장소와 모든 공간에 계신다는 것을 의미한다. 하나님께서 시간을 초월하신다는 것은 과거와 미래의 사건을 현재의 사건으로 보신다는 것을 의미한다. 이것은 하나님의 편재성 및 전지전능하심과 관련된다. 하나님은 전지전능하시므로 태초에 모든 것을 아시고 창조와 만물의 역사에 대한 뜻을 작정하셨다. 따라서 하나님의 모든 뜻은 완전하며 그 뜻대로 창조된 만물과 그 뜻대로 진행되는 우주의 역사 또한 완전하다. 하나님은 그의 모든 일을 후회하시는 분이 아니다(롬 11:29).

하늘은 영계로, 우주는 물질계로 창조되었다. 천사는 하늘에서, 사람은 우주에서 창조되었다. 천사들은 육체가 없으므로 결혼하지 아니하며 자녀를 생산하지 아니한다. 따라서 모든 천사들은 창조시에 각각 창조되었다. 사람은 육체가 있으므로 결혼을 통하여 자녀를 생산한다. 하나님께서 사람을 그의 형상으로 창조하셨다. 사람이 하나님의 형상대로 창조되었으므로 하나님의 아들이 사람의 몸을 통하여 임하실 수 있었다.

2) 제2부에서는 죄란 무엇이며 누구로부터 시작하였으며 그 결과 죄가 인류에게 미치는 영향에 대한 해답을 제시하려고 하였다. 타락한 천사는 인격을 가진 피조물로 만물을 지배하려고 하였다. 하늘에 있는 보좌는 하나님의 아들을 위하여 예비되었으나 그 천사는 하나님의 아들을 대신하여 보좌에 오르려고 하였다. 따라서 하나님은 그 천사와 그를 따르는 무리들을 심판하기 위하여 영원한 결박으로 흑암에 가두셨다(유 1:6). 타락한 천사들의 우두머리가 사단이다. 사단의 속성은 하나님의 말씀을 대적하는 것이다.

하나님께서 그의 형상대로 아담을 창조하시고 그에게 선악과 계명을 주셨다. 선악과 계명은 스스로 계신 하나님의 주권을 인정하는 것이다. 생명의 원천이신 하나님만이 그의 의지로 생명과 사망을 결정할 수 있다. 그러나 사람은 생명을 하나님께로부터 받았으므로 자기의 의지로 그 생명을 버릴 수 없다. 사람은 자기의 의지로 선과 악을 결정할 수 없다. 단지 사람은 그 생명을 보존할 의무만 가지고 있다. 만약 사람이 생명을 버리면 이에 대하여 책임을 져야한다. 사단은 뱀을 통하여 아담을 미혹하여 그 생명을 버리게 하였다. 아담은 선악과를 먹음으로 그의 생명을 버렸다.

아담은 범죄함으로 그의 육체를 더럽혔다. 이로 인하여 사람의 육체를 통하여 오실 그리스도의 길이 차단되었다. 거룩하신 그리스도께서 죄로 인하여 더럽혀진 사람의 육체를 통하여 오실 수 없기 때문이다. 아담은 스스로 계신 하나님의 주권을 침해하였고 동시에 장차 오실 그리스도를 대적하였다. 아담은 타락함으로 그의 육체와 영과 혼에 죄의 흔적을 가지고 있었다. 영혼의 유전설을 택할 경우에 아담의 죄는 인류에게 유전되고 있다. 모든 사람은 아담으로부터 받은 죄의 흔적을 가지고 태어난다. 성경은 죄의 흔적을 짐승의 이름이라고 말씀한다(계13:17).

아담은 하나님의 말씀을 버리고 스스로 사단의 종이 되려고 하였다. 하나님께서 아담에게 모든 동물을 다스리는 권세를 주셨지만, 아담은 그 권세를 포기하고 스스로 뱀의 종이 되려고 하였다. 따라서 하나님께서 사단에게 사람의 인격과 육체를 지배하는 권세를 주셨다. 이후로부터 사단은 사람뿐만 아니라 문명과 문화를 지배하는 세상 임금이 되었다. 타락한 천사가 하나님을 대적할 때 사단이라고 하며 권세를 가지고 사람의 인격을 지배할 때 마귀라고 한다.

3) 제3부에서는 악한 영들의 심판과 인류의 구원에 대한 하나님의 계획이 율법과 선지자의 예언의 말씀을 통하여 어떻게 계시되는가를 살펴보았다. 하나님의 구원계획이 아브라함을 통하여 칭의 언약으로 계시되었다. 아브라함은 양심으로 그의 죄를 깨닫고 장차 오실 그리스도를 믿음으로 의롭다하심을 받았다. 그 언약에 의하여 아브라함은 그의 육체와 인격이 의롭다하심을 받았다. 그러나 그는 아담으로 받은 원죄를 사함 받지 못하였다. 칭의 언약이 아브라함으로부터 이삭에게로, 이삭으로부터 야곱에게로, 야곱으로부터 그의 열두 아들에게 전하여졌다.

이스라엘이 애굽에서 나온 뒤에 광야에서 율법을 받았다. 율법은 칭의 언약을 대체하는 것이 아니라 든든히 세운다. 율법은 모든 사람을 정죄하여 하나님의 심판 아래 가둔다. 율법을 통하여 자신의 죄를 깨달은 자만이 그 죄를 용서하실 그리스도를 믿을 수 있다. 양심도 사람의 죄를 깨닫게 하지만 공간과 장소, 그리고 시간에 따라서 변화하므로 사람으로 하여금 죄를 깨닫게 하는 법으로서 한계를 가지고 있다. 그러나 율법은 공간과 시간을 초월하여 변화하지 아니하므로 통일성과 객관성을 가지고 모든 사람의 행위를 정죄한다. 따라서 율법에 의하여 죄를 깨닫는 자만이 그리스도를 믿음으로 의롭다하심을 얻는다.

율법은 칭의 언약을 든든히 세울 뿐만 아니라 장차 오실 그리스도를 모형과 그림자로 보여준다. 제사장과 성막의 제사제도는 인류의 죄를 위하여 자기의 피를 가지고 하늘성전에 들어가실 대제사장으로서 그리스도의 모형이다. 율법으로 이스라엘 백성의 죄를 책망한 선지자들은 하나님의 말씀을 증거하실 그리스도의 모형이다. 의와 공의로 이스라엘을 통치한 다윗은 하나님의 뜻대로 만물을 통치하시는 그리스도의 모형이다. 율법과 선지자의 예언을 통하여 그리스도의 공생애가 모형과 그림자로 계시되었다.

말라기 이후 세례 요한까지 하나님은 그리스도의 길을 완전하게 준비하셨다. 바벨론에서 예루살렘으로 돌아온 유대인들은 성전을 재건하고 성전과 제사장을 중심으로 하는 성전국가를 건설하였다. 대제사장을 중심으로 하는 산헤드린공회는 성전국가를 이끌어 가는 통치기구이다. 이로써 예수 그리스도께서 왕이 아닌 대제사장에 의하여 정죄를 받아 죽으실 길이 준비되었다. 바벨론 포로 이후 세워진 회당은 후일에 이방인의 선교거점이 되었다. 헬라의 알렉산더는 넓은 지역을 정복하고 헬라어를 그 지역의 상용어로 통일하였다. 이로 인하여 이방인에게 복음이 전파될 완전한 길이 준비되었다. 사도 바울은 유대인의 회당을 중심으로 복음을 증거하였다.

4) 제4부에서는 예수 그리스도의 탄생과 생애, 죽음과 부활을 통하여 성취된 하나님 아버지의 뜻을 밝히려고 노력하였다. 예수 그리스도께서 성령으로 처녀의 몸에서 잉태하셨다. 예수께서 세례 요한에게 세례를 받으시고 성령을 받으신 뒤에 공생애를 시작하셨다. 예수 그리스도의 공생애는 세상 임금을 심판하는 것으로부터 시작하였다. 예수 그리스도께서 성령에 이끌리어 마귀에게 시험을 받으셨다. 마귀는 하나님의 아들을 시험함으로 스스로 자신의 죄를 드러냈다. 예수 그리스도께서 자신을 시험한 마귀를 사단이라고 선언하심으로 타락한 천사들을 심판하셨다. 사단이란 하나님을 대적하는 자이다. 마귀는 예수 그리스도를 시험한 뒤에 그의 사망권세로 하나님의 아들을 십자가에 못 박음으로 스스로 자신의 죄를 만천하에 공개하였다.

예수 그리스도의 죽음은 인류의 죄의 대속과 관련된다. 대제사장은 율법으로, 빌라도는 로마제국의 국법으로 예수 그리스도를 심판하여 십자가에 못 박았다. 예수 그리스도께서 율법과 양심에 의하여 심판을 받아 죽으심으로 세상 죄를 대속하셨다. 예수 그리스도께서 부활하신 뒤에 그의 피를 가지고 하늘성전에 들어가셔서 인류의 죄를 씻는 영원한 제사를 드리셨다.

예수 그리스도께서 그의 피로써 율법과 선지자의 예언을 성취하셨다. 율법의 요구는 하나님과 이웃을 사랑하는 것이다. 예수 그리스도께서 그의 목숨을 바쳐서 하나님과 이웃을 사랑하셨다. 이로써 그리스도 예수 안에서 율법의 모든 의식이 폐하여졌다. 그리고 율법은 그리스도 예수 안에 있는 자들을 정죄하지 못한다. 예수 그리스도께서 그의 피로써 율법을 폐하시고 새 언약을 세우셨다. 새 언약은 사랑을 실천하는 것이다. 그 사랑은 그리스도의 피로써 허다한 죄를 덮는 것이다.

예수 그리스도는 죄가 없는 하나님의 아들이시므로 하나님께서 그를 살리셨다. 그리스도께서 부활하셔서 하늘보좌에 앉으신 뒤에 믿는 자들에게 성령을 보내주신다. 성령께서는 교회를 통하여 부활하신 예수 그리스도를 증거하신다. 교회가 성령으로 이적과 기사를 행하는 것은 예수 그리스도께서 부활하여 하늘보좌에 앉으셨다는 증거이다. 그리스도의 부활은 그가 하나님의 아들이란 증거이다. 하나님의 아들의 죽음은 그의 피로써 인류의 죄가 대속되었다는 증거이다.

5) 제5부에서는 예수 그리스도의 피에 의한 속죄의 효과가 성령을 통하여 나타나는 과정과 그 결과에 대하여 살펴보았다. 예수 그리스도께서 인류의 죄를 없이하기 위하여 피를 흘리셨다는 사실을 믿음으로 속죄의 효과가 나타난다. 예수 그리스도께서 하나님의 아들이심을 믿는 것은 사람의 의지에 속한 것이 아니라 하나님의 은혜이다. 성령의 감동을 받은 자만이 예수 그리스도를 믿을 수 있다. 그리스도 이전 사람들은 성령의 감동을 받아 장차 오실 그리스도를 믿음으로 의롭다하심을 받았다. 그리스도 이후 사람들은 성령의 감동으로 과거에 오신 예수 그리스도를 믿음으로 의롭다하심을 받는다. 성령의 감동으로 의롭다하심을 얻는다면 구원은 사람의 의지에 속한 것이 아니라 하나님의 뜻에 의하여 좌우된다.

믿음으로 의롭다하심을 받는 것은 하나님의 의로우심을 나타내는 그리스도의 피를 소유하는 것이다. 율법과 선지자의 예언을 통하여 모형과 그림자로 계시된 하나님의 의가 예수 그리스도의 피로 나타났다. 그리스도 예수의 피가 하나님의 약속의 성취이며 하나님의 의로우심이다. 따라서 믿음으로 그리스도의 피를 소유하는 것은 하나님의 의를 소유하는 것이다. 믿는 자들 안에 있는 그리스도의 피를 통하여 하나님은 그들을 의롭다고 하신다.

의롭다하심을 얻는 믿음이 무엇이냐 하는 것은 성경에서 찾아야 한다. 성경은 하나님과 예수 그리스도를 아는 지식이 영생을 얻는 믿음이라고 말씀한다(요 17:3). 하나님을 아는 지식은 말씀을 순종함으로 체험을 통하여 얻는 것을 말한다. 성령으로 예수 그리스도의 말씀을 순종하므로 그의 속성과 그의 일을 아는 지식이 영생에 이르는 믿음이다. 예수 그리스도께서 인류의 죄를 대속하기 위하여 피를 흘리셨다는 것을 체험으로 아는 자가 그의 피로써 죄 사함을 받는다. 예수 그리스도께서 인류의 질병을 담당하기 위하여 채찍에 맞아 상하셨다는 것을 체험으로 아는 자는 병을 고칠 수 있다. 예수 그리스도께서 마귀를 심판하시고 그의 권세를 박탈하셨다는 것을 체험한 자가 예수 이름으로 귀신을 쫓아낸다.

믿음으로 의롭다하심을 받은 것과 거듭난 것은 구별한다. 그리스도 이전 사람들은 믿음으로 의롭다하심을 받았지만 거듭나지 못하였다. 단지, 그리스도 이후 사람만이 믿음으로 의롭다하심을 받고 거듭난다. 예수 그리스도의 피로써 원죄와 자범죄를 용서받은 자만이 물과 성령으로 거듭난다. 성경은 여자가 낳은 자와 거듭난 자를 구별한다. 믿음으로 의롭다하심을 받고 거듭나지 못한 자들은 하나님을 아버지라고 부르지 못하고 주(Lord)라고 불렀다. 그러나 거듭난 자는 하나님을 아버지라고 부른다.

6) 제6부에서는 교회의 본질과 사명에 대하여 살펴보았다. 하나님께서 택하여 세상에서 불러낸 자들의 모임을 교회라고 한다. 하나님께서 애굽에서 불러내신 이스라엘의 회중을 광야 교회라고 한다. 광야 교회는 그리스도의 교회를 모형으로 보여준다. 광야 교회가 애굽의 바로와 완전히 분리된 것처럼, 그리스도의 교회는 세상과 분리된다. 광야 교회가 광야를 통과하여 가나안 땅을 향하여 나아간 것처럼, 그리스도의 교회는 세상을 초월하여 천국을 향하여 나아간다. 광야 교회가 불기둥과 구름기둥으로 인도받은 것처럼, 그리스도의 교회는 성령과 진리의 말씀으로 인도받는다. 광야 교회가 유월절을 지킨 것처럼, 그리스도의 교회는 성찬을 통하여 그리스도의 피와 살을 기념한다.

예수 그리스도께서 승천하시고 믿는 자들에게 성령을 보내주시기 시작한 이후에, 교회는 성령의 감동으로 예수 그리스도를 믿는 믿음으로 태어나고 있다. 교회는 성령으로 예수 그리스도의 말씀을 순종함으로 그리스도의 공생애를 재현하고 그리스도의 영광을 나타내고 있다. 교회의 직분은 성령의 은사와 관련된다. 성령의 은사는 그리스도의 지체와 관련된다.

　믿고 거듭난 자들은 모두 성령을 받는 것은 아니다. 불과 성령으로 세례를 받은 자만이 성령을 받는다. 불 세례란 옛 사람이 율법에 의하여 정죄를 받아 십자가에 못 박히는 것을 말한다. 성령의 세례란 성령을 받는 것을 말한다. 불 세례와 성령 세례는 동시에 일어난다. 성령을 받으면 그 증거가 은사로 나타난다. 성령의 은사는 구원에 대한 객관적인 증거이며 동시에 복음 증거와 관련된다. 성령의 은사는 성도의 믿음의 분량대로 나타난다.

　교회는 성령으로 그리스도의 말씀을 순종함으로 그의 형상을 나타낸다. 교회는 그리스도의 지체이므로 그리스도의 공생애를 재현하며 그리스도의 형상과 영광을 나타내고 있다. 교회가 성령으로 그리스도의 공생애를 재현할 때 세상은 교회를 통하여 그리스도의 형상을 볼 수 있다. 그리스도께서 승천하신 이후 가나안 땅에서 사도들을 통하여 나타난 그리스도의 형상이 점차 확대되어 온 세상을 덮고 있다.

　교회의 사명은 복음전도와 이적과 기사를 통하여 그리스도의 공생애를 재현하므로 예수 그리스도께서 하나님의 아들이심을 증거하는 것이다. 하나님께서 아들을 증거하시는 것처럼, 교회는 하나님의 아들을 증거한다(요일 5:9). 교회는 성령으로 예수 그리스도께서 하나님의 아들이란 객관적인 증거를 제시한다. 사도들은 성령으로 이적과 기사를 행함으로 하나님의 아들에 대한 객관적인 증거를 제시하였다. 사도시대에 복음의 불길이 활화산처럼 타오른 것은 이 때문이다. 교회는 복음전도를 통하여 하나님의 사랑을 실천하고 있다. 사랑은 그리스도 예수의 피로써 허다한 죄를 덮는 것이다.

　예수 그리스도께서 하늘보좌에 앉아 의와 공의로 만물을 통치하신다. 동시에 그리스도의 지체인 교회도 그리스도와 함께 하늘보좌에 앉아있다. 예수 그리스도께서 교회에게 자기의 말씀을 주시고 그 말씀으로 세상을 의와 공의로 심판하게 하신다. 교회는 성령으로 예수 그리스도와 동일한 권세를 가지고 마귀를 결박하며 천국복음을 증거하고 있다. 교회는 예수 이름으로 마귀를 결박하고 귀신을 쫓아내며 믿는 자들에게 구원을 선포한다. 하나님은 교회의 결정을 그대로 인정하신다. 교회는 그리스도와 함께 왕노릇하고 있다.

7) 제7부에서는 예수 그리스도의 재림과 그 후에 있을 최후의 심판에 관하여 살펴보았다. 예수 그리스도께서 재림하시기 전에 그 징조로서 여러 가지 일들이 나타날 것이다. 그리스도의 재림 전에 이스라엘에게 복음이 전파되어 그들이 구원을 얻을 것이다. 종말이 가까이 오면 거짓 선지자와 거짓 그리스도가 나타나 교회를 미혹할 것이다. 이로 인하여 믿음을 버리는 자들과 배교하는 자가 있을 것이다. 멸망의 가증한 것들이 거룩한 곳에 설 것이며 큰 환난이 있을 것이다. 그리스도의 재림 직전에 적그리스도와, 거짓 선지자 및 거짓 그리스도는 산채로 불못으로 들어갈 것이며 마귀를 비롯한 모든 악한 영들은 무저갱으로 들어갈 것이다. 이로써 윤리도덕적인 죄가 끝나고 세상에는 육체적인 평안이 올 것이다. 이후에 그리스도의 재림의 징조가 하늘에서 나타날 것이다. 별들이 떨어지고 해와 달이 빛을 잃을 것이다.

예수 그리스도께서 천사들과 함께 영광 가운데 강림하실 것이다. 낙원에서 예수 안에서 잠자듯이 안식을 누리는 자들은 홀연히 변화하여 거룩한 몸을 입고 그리스도와 함께 공중으로 내려올 것이며 지상에 있는 성도들은 부활하여 공중으로 끌려올라갈 것이다. 세상은 그리스도의 재림을 볼 것이다. 예수 그리스도를 믿지 아니하는 자들은 장차 닥쳐올 심판에 대한 공포로 인하여 기절하고 통곡할 것이다. 이방종교인들은 이방신전을 파괴하고 회개할 것이다. 그러나 구원의 문이 닫혔으므로 그들은 구원을 얻지 못할 것이다.

그리스도의 재림 후에 최후의 심판이 시작될 것이다. 심판의 기준은 의와 공의이며 모든 사람의 행위를 기록한 책에 의하여 심판이 진행될 것이다. 율법 아래 있는 자들은 그들의 행위에 따라서, 복음 아래 있는 자들은 믿음의 행위에 따라서 심판을 받을 것이다. 살아있는 모든 자들의 심판이 끝나면 무저갱에서 올라온 자들이 심판을 받을 것이다. 모든 심판이 끝나면 마지막 부활이 있을 것이다. 그 후에 우주는 불타서 커다란 불못이 될 것이다. 이것이 지옥일 것이다. 죄인은 부활한 몸으로 지옥으로 들어갈 것이며, 성도들은 부활한 몸으로 아버지의 집으로 들어갈 것이다.

죄인들은 행위에 따라서 각각 다른 형벌을 받을 것이며, 성도들도 공력에 따라서 각각 다른 상급을 받을 것이다. 죄인들의 부활한 몸에는 죄의 흔적이 나타날 것이며 그 죄의 흔적에 따라서 형벌의 종류가 결정될 것이다. 성도의 부활한 몸에는 어린 양의 이름이 나타날 것이며 직분에 따라서 상급을 받을 것이다. 아버지의 집에는 어린 양으로부터 나오는 영광의 빛이 비췰 것이며 성도들은 영원한 영광으로 들어갈 것이다.

4. 예수 이름을 믿고 영생을 얻은 것은 관념적이 아니라 실제이다. 전파는 눈에 보이지 아니하지만 존재하듯이 영생을 얻은 것에 대한 주관적이고 객관적인 증거가 나타난다. 그 증거는 내적 증거와 외적 증거로 구분한다. 내적 증거란 성도 안에 자리 잡고 있는 영의 생각이다. 성령의 감동으로 영으로부터 나오는 생각은 하나님을 사랑하는 생각이다. 하나님을 사랑하는 것은 그의 계명을 순종하는 것이다. 사랑하는 사람의 생각이 마음에 가득하듯이, 하나님을 사랑하는 영의 생각이 마음속에 가득한 것이 구원에 대한 내적 증거이다(요일5:10).

내적 증거는 주관적인 증거이다. 이에 반하여 외적 증거는 객관적인 증거이다. 믿음으로 구원을 얻으면 이에 대한 증거가 따른다(막 16:17,18). 그 증거는 성령의 은사로 나타난다. 성령으로 방언을 말하고 귀신을 쫓아내고 병자를 고치는 이적과 기사는 구원을 얻은 객관적인 증거이다. 성령의 은사는 믿음의 분량에 따라서 결정되며, 믿음의 분량은 하나님과 예수 그리스도를 아는 지식에 의하여 결정된다.

믿음으로 구원을 얻은 것에 대한 증거를 가진 자는 자기 자신의 질문에 대하여, 불신자의 질문에 대하여 답변할 수 있다. "왜 우리가 예수 그리스도를 믿는가," "왜 당신은 예수를 믿습니까?"에 대하여 해답을 제시하려면 예수 그리스도를 통하여 계시된 하나님의 뜻을 알아야 하며 구원에 대하여 주관적이고 객관적인 증거를 가져야 한다. 곧 교회를 통하여 그리스도의 형상이 나타나야 한다. 이것이 믿는 자들을 향한 하나님의 뜻이다.

5. 본서에서 성경은 한글판 개역성경(대한성서공회)을 인용하였다. 우리는 성경 해석을 위하여 히브리어 성경(Biblia Hebraica Stuttgartensia Vierte verbessrte Aufrage 1990 Verkreinerte Ausgabe)과 헬라어 성경(The Greek New Testament, Third Editio, United Bible Societies)을 인용하였다. 히브리어 사전은 The New

Brown, Driver, and Briggs Hebrew and English Lexicon of the Old Testament(Houghton, Mifflin & Co., Boston and Oxford University Press, London, 1981)를 참고하였다. 히브리어의 문법적 분해는 John. J. Owens, Analytical Key of the Old Testament(Baker Book House Company, 1989)를 참조하였다. 영어성경은 KJV, RSV 및 NIV를 참고하였다.

제1부

스스로 계신 하나님과 만물의 창조

1.1 스스로 계신 하나님
  1. 공간과 장소를 초월하는 하나님
  2. 스스로 계신 하나님과 생명의 말씀

1.2 스스로 계신 하나님과 만물의 창조
  1. 창조계획의 완전성
  2. 하늘과 우주의 창조
  3. 천사와 사람의 창조

1.3 요약 및 결론

"하나님이 모세에게 이르시되 나는 스스로 있는 자니라 또 이르시되 너는 이스라엘 자손에게 이같이 이르기를 스스로 있는 자가 나를 너희에게 보내셨다 하라"(출 3:14).

"나 여호와가 말하노라 사람이 내게 보이지 아니하려고 누가 자기를 은밀한 곳에 숨길 수 있겠느냐 나 여호와가 말하노라 나는 천지에 충만하지 아니하냐"(렘 23:24).

"만물이 그에게 창조되되 하늘과 땅에서 보이는 것들과 보이지 않는 것들과 혹은 보좌들이나 주관들이나 정사들이나 권세들이나 만물이 다 그로 말미암고 그를 위하여 창조되었고"(골1:16).

"무릇 내 이름으로 일컫는 자 곧 내가 내 영광을 위하여 창조한 자를 오게 하라 그들을 내가 지었고 만들었느니라"(사 43:7).

제1부 스스로 계신 하나님과 만물의 창조

1.1 스스로 계신 하나님

1. 공간과 장소를 초월하는 하나님

(1) 공간과 장소를 초월하여 스스로 계신 하나님

1) 하나님은 누구신가? 이에 대한 대답이 스스로 계신 하나님이다. 스스로 계신 하나님이란 장소와 공간을 초월하여 존재하는 분을 의미한다. 하나님은 존재하기 위하여 공간과 장소를 필요로 하지 아니하신다. 하나님은 실존이고 만물을 창조하셨다고 전제하자. 하늘과 우주는 공간과 장소이다. 이것들이 창조되기 전에 하나님께서 어디에 계셨을까 하는 문제가 제기될 수 있다. 하늘이 창조되기 전에 하나님께서 존재하려면 공간과 장소가 있어야 한다고 생각하기 때문이다. 그러나 창세전에 공간과 장소는 없었다. 그렇다면 하나님은 공간과 장소가 없이 존재하는 분이시다. 곧 하나님은 공간과 장소를 초월하여 스스로 계시는 분이다.

2) 태초에 하나님께서 하늘과 우주를 창조하셨다고 성경은 말씀한다. **"태초에 하나님이 천지를 창조하시니라"** (창 1:1). "태초"란 공간과 장소와 시간이 없는 상태를 말한다. 태초에 공간과 장소를 초월하여 계신 하나님을 스스로 계신 자라고 성경은 말씀한다. **"모세가 하나님께 고하되 내가 이스라엘 자손에게 가서 이르기를 너희 조상의 하나님이 나를 너희에게 보내셨다 하면 그들이 내게 묻기를 그의 이름이 무엇이냐 하리니 내가 무엇이라고 그들에게 말하리이까 하나님이 모세에게 이르시되 나는 스스로 있는 자니라 또 이르시되 너는 이스라엘 자손에게 이같이 이르기를 스스로 있는 자가 나를 너희에게 보내셨다 하라"** (출 3:13,14). "스스로 있는 자"를 KJV에서는 "I AM THAT I AM"이라

고 번역하고 있다.1) 스스로 계신 하나님을 자존자(自存者, Being Self-Existent)라고 한다.

3) 하나님께서 모세에게 말씀하실 때 하나님은 어디에 계셨을까? 하늘에 계셨을까?, 아니면 모든 공간과 모든 장소에 계셨을까? 하는 문제가 제기된다. 이에 대한 대답은 '하나님께서 하늘과 우주에 계실뿐만 아니라 공간과 장소를 초월하여 영광 가운데 계시다'는 것이다. (출3:14)에서 "나는 스스로 있는 자"로 번역된 히브리어"에흐예 아세르 에흐예"에서 동사 "에흐예"는 미완료형으로 현재를 가리킨다.2) 히브리어 동사에 있어서 완료형은 과거시제로, 미 완료형은 현재 및 미래시제로 번역한다. 하나님께서 모세에게 말씀하실 때 하늘에만 계시지 아니하시고 공간과 장소를 초월하여 스스로 계셨다. 이 말씀은 지금도 그대로 적용된다. 하나님은 지금 모든 장소와 모든 공간에 계실뿐만 아니라 이것들을 초월하여 영광 가운데 계신다.

4) 스스로 계신 하나님은 천지에 충만하신 하나님이다. 하나님은 계시지 아니한 공간과 장소는 없다. 이것을 하나님의 편재성(omnipresence)이라고 한다. 다윗은 하나님의 편재성에 대하여 이렇게 기록하였다. **"내가 주의 신을 떠나 어디로 가며 주의 앞에서 어디로 피하리이까 내가 하늘에 올라갈찌라도 거기 계시며 음부에 내 자리를 펼찌라도 거기 계시니이다 내가 새벽 날개를 치며 바다 끝에 가서 거할찌라도 곧 거기서도 주의 손이 나를 인도하시며 주의 오른손이 나를 붙드시리이다"** (시 139:7~10). "주의 신"이란 성령을 의미한다. 성령은 모든 공간과 모든 장소에 계신다. (시 139:7~10)의 말씀은 성령의 편재성을 의미한다.3)

5) 하나님은 공간과 장소를 초월하시므로 사람이 하나님의 얼굴을 피할 수 없다. **"나 여호와가 말하노라 사람이 내게 보이지 아니하려고 누가 자기를 은밀한 곳에 숨길 수**

---

1) "나는 스스로 있는 자"로 번역된 히브리어 "에흐예 아세르 에흐예(אֶהְיֶה אֲשֶׁר אֶהְיֶה)란 "나는 나다"란 의미이다. 에흐예(אֶהְיֶה)에서 에(א)는 일인칭 접두어이고 흐예는 하야(היה) 동사의 미완료형이다. 미완료형은 현재를 의미한다. "하야"는 영어의 be동사이다. 따라서 에흐예는 "I AM"으로 번역된다. "하야"동사는 존재를 의미한다. New Brown, Driver, and Briggs, Hebrew and English Lexicon of The the Old Testament(Associated Publisher and Authors, Inc, 1981), pp. 224~225. 이하 BDB의 약어로 표시한다.
2) 히브리어 동사의 시제는 완료형과 미완료형으로 구분한다. 완료형은 과거시제로, 미완료형은 현재와 미래시제로 번역한다.
3) Wayne Grudem, Systematic Theology, 노진준 옮김, 조직신학, 상(은성출판사, 2009), p. 340.

있겠느냐 나 여호와가 말하노라 나는 천지에 충만하지 아니하냐"(렘 23:24). 예수 그리스도께서 공간과 장소를 초월하여 나다나엘을 보셨다. **"나다나엘이 가로되 어떻게 나를 아시나이까 예수께서 대답하여 가라사대 빌립이 너를 부르기 전에 네가 무화과나무 아래 있을 때에 보았노라"(요 1:48)**. 예수 그리스도께서 육체의 눈으로 나다나엘을 보지 못하였으나 장소와 공간을 초월하여 나다나엘을 보셨다. 따라서 예수 그리스도께서 나다나엘에게 "너를 보았다"라고 말씀하셨다. 하나님은 모든 공간과 모든 장소에 계시므로, 사람이 하나님을 피하여 비밀리 행동하려는 것이 죄이다. **"화 있을찐저 자기의 도모를 여호와께 깊이 숨기려하는 자여 그 일을 어두운데서 행하며 이르기를 누가 우리를 보랴 누가 우리를 알랴 하니"(사 29:15)**.

6) 하나님은 모든 공간과 모든 장소에 계시므로 공간과 장소를 이동하시는 분이 아니다. 하나님께서 공간과 장소를 이동하신다면 천지에 충만한 분이 아니다. 다만 육신으로 임하신 하나님의 아들만이 공간과 장소를 이동하신다. 그가 오시기 전에 하나님은 공간과 장소를 이동하지 아니하셨다. 또한 성령께서도 공간과 장소를 이동하시지 아니하신다. 성령께서 공간과 장소를 이동하는 것으로 오해할 수 있는 말씀이 있다. 이에 대하여 살펴보자.

7) 첫째, 성령의 임재이다. **"예수께서 세례를 받으시고 곧 물에서 올라 오실쌔 하늘이 열리고 하나님의 성령이 비둘기 같이 내려 자기 위에 임하심을 보시더니"(마 3:16)**. "성령이 비둘기 같이"란 성령께서 공간을 이동하신다는 것으로 해석될 수 있는 말씀이다. 성령께서 공간을 이동할 수 있는가. 성령께서 공간과 장소를 이동하신다면 하나님의 편재성은 성립되지 아니한다. 그렇다면(마3:16)의 말씀을 어떻게 해석할 것이냐 하는 어려운 문제가 제기된다. (마 3:16)과 (렘 23:24)를 어떻게 조화시킬 것이냐 하는 것이 문제의 초점이다. 이것은 대기중의 포함된 습도와 강우로 설명할 수 있을 것이다. 태양이 비취는 정오에도 대기 중에 수증기가 포함되어있다. 대기권 전체에 수증기가 없는 공간과 장소는 없다. 대기 중에 포함된 수증기의 정도에 따라서 습도가 결정된다. 대기 중에 습도가 높아지면 구름이 끼고 비가 내린다. 그러나 모든 곳에 비가 동시에 내리지 아니한다. 비가 내리는 곳도 있고 내리지 아니하는 곳도 있다. 이와 같이 성령은 천지에 충만하

나 성령을 받는 사람이 있고 받지 못하는 사람이 있다. 성령은 온 천지에 충만하다. 그러나 성령의 역사가 나타나는 사람이 있고 그렇지 아니하는 사람이 있다. 성령을 받는 사람과 받지 못하는 사람이 있으므로 성령께서 이동한다고 생각할 수 있을 것이다.

8) 둘째, 하나님의 신이 운행한다고 성경은 말씀한다. **"땅이 혼돈하고 공허하며 흑암이 깊음 위에 있고 하나님의 신은 수면에 운행하시니라"** (창 1:2). 성령께서 수면 위를 운행하신다면 하나님의 신은 수면 아래에 존재하지 아니한다는 것을 의미한다. 이것은 하나님의 편재성을 부인하는 것이다. 따라서 하나님의 신을 성령으로 해석하기 보다는 천사로 해석하는 것이 타당할 것이다. 천사는 공간과 장소를 초월하여 존재하지 못한다. 천사들은 무소부재한 존재가 아니라 공간과 장소를 이동한다. 그럼에도 신학자들은 "하나님의 신이 수면 위를 운행하다"란 성령의 창조사역으로 해석하기도 한다.4) 하나님의 속성에 반하는 성경의 해석은 많은 오류를 내포할 수 있다.

9) 하나님은 만물 보다 크시고 천지에 충만하신 분이므로 어느 특정한 공간과 장소에만 모실 수 없다.5) 예컨대, 대기권에는 공기가 가득 차있다. 그 공기를 비닐봉투에 담을 수 있다. 마찬가지로 강물을 그릇에 담을 수 있다. 그러나 천지에 충만하신 하나님을 특정한 공간과 장소에만 모실 수 없다. 솔로몬은 스스로 계신 하나님을 예루살렘 성전에 모실 수 없다고 고백하였다. **"하나님이 참으로 땅에 거하시리이까 하늘과 하늘들의 하늘이라도 주를 용납지 못하겠거든 하물며 내가 건축한 이 전이오리이까"** (왕상 8:27). 따라서 하나님은 성전에 그의 이름을 두심으로 성전을 통하여 그의 존재를 나타내셨다. **"저에게 이르시되 네가 내 앞에서 기도하며 간구함을 내가 들었은즉 내가 너의 건축한 이 전을 거룩하게 구별하여 나의 이름을 영영히 그곳에 두며 나의 눈과 나의 마음이 항상 거기 있으리니"** (왕상 9:3). 하나님의 이름이 성전에 있으므로, 성경은 성전에 하나님이 계신다고 말씀한다. **"여호와께서 그 성전에 계시니 여호와의 보좌는 하늘에 있음이여 그 눈이 인생을 통촉하시고 그 안목이 저희를 감찰하시도다"** (시 11:4). 이와 같이 하나님은 천지에 충만하신 분이시므로 특정한 장소에만 그를 모실 수 없다. 단지, 하나님

---

4) Ibid., p. 389.
5) Ibid., p. 240.

의 이름이 있는 성전은 하나님의 존재를 상징적으로 보여준다.

10) 성경은 하나님 아버지께서 하늘에 계시다고 말씀한다. **"그러므로 너희는 이렇게 기도하라 하늘에 계신 우리 아버지여 이름이 거룩히 여김을 받으시오며"** (마 6:9). 하나님 아버지께서 하늘에만 계실까. 이것을 인정하는 것은 하나님의 편재성을 부인하는 것이다. 따라서 "하늘에 계신 우리 아버지"란 하나님 아버지의 이름이 하늘에 있다는 것으로 해석할 수 있다. 하나님께서 솔로몬 성전에 자기의 이름을 두신 것과 같이, '하나님 아버지께서 자기의 이름을 하늘성전에 두셨다'라고 해석할 수 있다. 곧 하나님 아버지께서 하늘에 계시다는 것은 하늘성전에 그의 이름이 있다는 것을 의미한다. 하늘에는 아버지의 이름을 둔 성전이 있다. **"또 이 일 후에 내가 보니 하늘에 증거 장막의 성전이 열리며"** (계 15:5).

11) 장소와 공간을 초월하여 스스로 계신 하나님은 영광 가운데 계신다고 성경은 말씀한다. **"아버지여 창세전에 내가 아버지와 함께 가졌던 영화로써 지금도 아버지와 함께 나를 영화롭게 하옵소서"** (요 17:5). 창세전에 아버지와 아들은 영광 가운데 계셨다. 곧 하나님의 아들은 육신으로 임하시기 전에 아버지의 품속에 계셨다. **"본래 하나님을 본 사람이 없으되 아버지 품속에 있는 독생하신 하나님이 나타내셨느니라"** (요 1:18). "아버지 품속"이란 영광을 의미한다. 따라서 하나님의 아들이 육신으로 임하시기 전에 하늘보좌에 앉아계셨다는 것은 스스로 계신 하나님의 속성과 일치하지 아니한다고 말할 수 있다. 영광 가운데 계신 하나님의 아들이 육신으로 임하셨다. **"말씀이 육신이 되어 우리 가운데 거하시매 우리가 그 영광을 보니 아버지의 독생자의 영광이요 은혜와 진리가 충만하더라"** (요 1:14).

12) 하나님께서 영광 가운데 계시다는 것은 하나님의 존재와 영광을 분리할 수 없다는 것을 의미한다.6) 따라서 하나님이 계시다는 것은 그의 영광이 임하였다는 것을 의미한다.7) 하나님은 말씀으로 자신의 존재를 계시하므로 그의 말씀이 임하면 그의 영광도

---

6) G. Kittel, "δόξα," in Theological Dictionary of New Testament, ed. Gerhard Kittel and Gerhard Friedrich, 번역위원회 역, 신약성경 신학사전(요단출판사 1986), p. 202.
7) 아버지의 존재는 어머니의 존재를 의미한다. 식물의 존재는 그 뿌리의 존재를 의미한다. 태초에 하나님께서 영광 가운데 계셨다는 것은 영광이 하나님의 존재를 가리키는 것을 의미한다.

함께 임한다. 호렙산에서 여호와의 사자가 하나님의 말씀을 가지고 모세에게 임하였을 때 떨기나무에 하나님의 영광이 임하였다. **"여호와의 사자가 떨기나무 불꽃 가운데서 그에게 나타나시니라 그가 보니 떨기나무에 불이 붙었으나 사라지지 아니하는지라"** (출 3:2). 하나님의 영광이 불꽃으로 임하였다. 시내산에 여호와의 사자가 율법을 가지고 임하였을 때 하나님의 영광이 불과 구름으로 임하였다. **"시내산에 연기가 자욱하니 여호와께서 불 가운데서 거기 강림하심이라 그 연기가 옹기점 연기 같이 떠오르고 온 산이 크게 진동하며"** (출 19:18). 하나님의 존재와 그의 영광을 분리할 수 없으므로 영광은 하나님의 존재 양식이라고 한다.

13) 하나님은 공간과 장소를 초월하여 모든 공간과 모든 장소에 계신다. 하나님께서 계시시지 아니한 공간과 장소는 없다. 하나님은 모든 공간과 모든 장소에서 그의 뜻대로 각각 다르게 역사하신다. 이것을 하나님의 편재성이라고 한다. 하나님은 천지에 충만하시므로 공간과 장소를 이동하지 아니하신다. 단지, 육신으로 임하신 아들만이 공간과 장소를 이동하신다. 물론 성령께서도 공간과 장소를 이동하지 아니하신다.

(2) 시간을 초월하는 하나님

1) 태초에 하나님은 시간을 초월하여 스스로 계셨다. 첫째 날 빛이 창조된 이후부터 시간이 시작되었다.[8] 시간이 시작된 이후부터 과거와 현재와 미래가 존재한다. 하나님은 시간이 존재하기 전부터 계신 영원하신 분이므로 시간을 초월하신다. 시간을 초월한다는 것은 우주의 모든 역사를 현재의 사건으로 본다는 것을 의미한다. 하나님은 시간을 초월하여 시간 속에서 일어나는 모든 일을 현재의 사건으로 보신다. 하나님께 과거와 미래는 없으며 오직 현재만 있을 뿐이다.

2) 성경은 시간이 시작되기 전의 상태를 태초 또는 창세전이라고 말씀한다. 태초에 하나님께서 만물을 창조하셨다(창 1:1). 태초로 번역된 히브리어 레쉬트(רֵאשִׁית)란 "머리"란 의미이다. 이는 창조의 시작, 사건의 시작을 가리킨다.[9] 만물의 창조사역이

---

[8] Heinrich Heppe, Reformierte Dogmatik, 이정석 옮김, 개혁주파 정통 교의학(크리스챤 다이제스트, 2007), p. 298.
[9] BDB., P. 912

시작되기 전 곧, 시간이 시작되기 전 생태를 태초라고 한다. (요 1:1)에서 말씀하는 태초도 역시 시작을 의미한다.10) 하나님께서 만물을 창조하기 전에 말씀으로 계셨고 그 말씀으로 만물이 창조되었다. **"만물이 그로 말미암아 지은바 되었으니 지은 것이 하나도 그가 없이는 된 것이 없느니라" (요 1:3).**

3) 하나님께서 첫째 날 빛을 창조하셨다. **"빛을 낮이라 칭하시고 어두움을 밤이라 칭하시니라 저녁이 되며 아침이 되니 이는 첫째 날이니라" (창 1:5).** 빛과 어둠이 교차되는 것은 시간의 시작을 의미한다. 빛이 창조된 이후부터 날과 달과 계절과 해가 시작되고 있다. **"하나님이 가라사대 하늘의 궁창에 광명이 있어 주야를 나뉘게 하라 또 그 광명으로 하여 징조와 사시와 일자와 연한이 이루라" (창 1:14).** 하나님은 시간이 창조되기 전부터 스스로 계셨으므로 시간을 초월하신다. 하나님께서 시간을 초월하신다는 것은 만물의 창조와 우주의 모든 역사를 현재에 일어나는 사건으로 본다는 것을 의미한다.11)

4) 시간을 초월하시는 하나님에 대한 성경의 증거를 살펴보자. 예수 그리스도께서 유대인들에게 아브라함이 나기 전부터 자신이 있느니라고 말씀하셨다. **"예수께서 가라사대 진실로 진실로 너희에게 이르노니 아브라함이 나기 전부터 내가 있느니라 하시니" (요 8:58).** "아브라함이 나기 전부터 내가 있느니라"란 현재형(Before Abraham was, I am)이다. 예수 그리스도께서 육신으로 임하기 이전, 약 2,000년 전에 아브라함은 살았던 사람이다. 예수 그리스도께서 2,000년 전에 일어난 일들을 현재에 일어나는 사건으로 보고 계신다. 이것은 시간을 초월하는 하나님의 속성을 의미한다.

5) 하나님의 아들은 시간을 초월하여 아브라함이 태어나기 전부터 계신 분이다. 그는 시간을 초월하여 아브라함 이전의 일을 현재의 사건으로 보신다. (요 8:58)의 말씀에 의하면 예수 그리스도는 아브라함의 출생과 생애, 죽음뿐만 아니라 그 이전의 모든 인류의 역사를 현재에 진행되는 일로 보신다. 만물의 창조과정, 아담의 창조와 타락, 가인의 살인, 노아의 방주건축과 홍수에 의한 심판, 바벨탑의 건축, 소돔과 고모라의 심판 등에 관한 모든 사건을 현재에 일어나는 것으로 보시는 예수 그리스도는 스스로 계신 하나님

---

10) G. Delling, "ἀρχή," ed. Gerhard Kittel and Gerhard Friedrich, op. cit., pp. 89, 90.
11) Wayne Grudem, op. cit., p .236.

을 증거한다. 동시에 예수 그리스도께서는 미래에 일어날 사건을 현재에 일어나는 사건으로 보신다. 따라서 예수 그리스도께서 장래의 일을 말씀하셨다. **"그 날 환난 후에 즉시 해가 어두워지며 달이 빛을 내지 아니하며 별들이 하늘에서 떨어지며 하늘의 권능들이 흔들리리라 그 때에 인자의 징조가 하늘에서 보이겠고 그 때에 땅의 모든 족속들이 통곡하며 그들이 인자가 구름을 타고 능력과 큰 영광으로 오는 것을 보리라"** (마 24:29,30).

6) 하나님은 시간을 초월하여 만물의 창조부터 만물의 종말까지 곧, 영원부터 영원까지 계신다. **"산이 생기기 전, 땅과 세계도 주께서 조성하시기 전 곧 영원부터 영원까지 주는 하나님이시니이다"** (시 90:2). **"주 하나님이 가라사대 나는 알파와 오메가라 이제도 있고 전에도 있었고 장차 올 자요 전능한 자라 하시더라"** (계 1:8). 따라서 하나님은 영원부터 영원까지 시간 속에서 일어나는 모든 일을 현재의 사건으로 보신다. **"사랑하는 자들아 주께는 하루가 천 년 같고 천 년이 하루 같은 이 한 가지를 잊지 말라"** (벧후 3:8). 하나님은 천 년 동안에 일어난 사건을 하루의 사건으로 보신다.

7) 하나님은 아직 이루어지지 아니한 사건을 현재 이루어지고 있는 사건으로 보시므로 미래의 일을 현재 이루어진 사건으로 말씀하신다. **"내가 너와 내 언약을 세우니 너는 열국의 아비가 될찌라"** (창 17:4). "열국의 아비가 될찌라"라고 말씀하신 언약은 예수 그리스도 안에서 성취되었다. **"그런즉 믿음으로 말미암은 자들은 아브라함의 아들인줄 알찌어다"** (갈 3:7). "열국(many nations)"이란 혈통을 초월하여 믿음으로 의롭다하심을 받은 자들을 말한다. 예수 그리스도 이후 아브라함의 혈통과 무관한 이방인들도 예수 이름을 믿음으로 의롭다하심을 받고 아브라함의 자손이 된다. (창 17:4)에서 "될찌라"라고 번역된 히브리어 동사 하이타(היה)는 하야(היה)동사의 완료형이다. 완료형은 과거에 동작이 끝난 것으로 과거시제이다.[12] 하나님은 2,000년 이후에 발생할 사건을 현재에 완료된 것으로 말씀하신다. 이것은 시간을 초월하여 미래의 사건을 현재의 사건으로 보시는 하나님을 계시한다.

---

12) 히브리어 동사의 시제에서 완료형은 동작이 완료된 과거를 의미한다. 하나님께서 미래의 사건을 과거에 완료된 사건으로 말씀하신다. 이것은 시간을 초월하는 하나님의 속성을 의미한다.

8) 하나님은 아브라함에게 그리스도에 대한 약속을 완료형으로 말씀하셨다. **"또 네 씨로 말미암아 천하 만민이 복을 얻으리니 이는 네가 나의 말을 준행하였음이니라 하셨다 하니라"** (창 22:18). "네 씨"란 2,000년 후에 오실 그리스도를 의미한다. **"이 약속들은 아브라함과 그 자손에게 말씀하신 것인데 여럿을 가리켜 그 자손들이라 하지 아니하시고 오직 하나를 가리켜 네 자손이라 하셨으니 곧 그리스도라"** (갈 3:16). 미래에 육신으로 오실 그리스도로 말미암아 천하 만민이 복을 얻을 것이다. "복을 얻으리니"로 번역된 히브리어 바라쿠(בֵּרֲכוּ)는 바라크(בָּרַךְ)의 완료형이다. 곧 그리스도로 말미암아 과거에 복을 받은 상태를 의미한다. 하나님은 2,000년 후에 천하 만민이 그리스도로 말미암아 복 받을 것을 현재 진행되는 사건으로 보시고 완료형으로 말씀하셨다.

9) 성경에 계시된 모든 예언은 시간을 초월하여 미래의 사건을 현재에 일어나는 일로 보시는 하나님을 전제로 한다. 하나님은 홍수로 인하여 불의한 자들이 죽는 것을 현재의 사건으로 보시고 노아에게 방주와 홍수의 심판에 대한 언약을 주셨다. **"하나님이 노아에게 이르시되 모든 혈육 있는 자의 강포가 땅에 가득하므로 그 끝 날이 내 앞에 이르렀으니 내가 그들을 땅과 함께 멸하리라"** (창 6:13). 하나님은 아브라함의 후손이 하늘의 별과 같이 많이 태어날 것을 현재의 사건으로 보시고 그에게 열국의 아비가 되는 언약을 주셨다. **"그를 이끌고 밖으로 나가 가라사대 하늘을 우러러 뭇별을 셀 수 있나 보라 또 그에게 이르시되 네 자손이 이와 같으리라"** (창 15:5). 이스라엘 백성이 애굽에서 종노릇할 것을 현재의 사건으로 보시는 하나님은 아브라함에게 출애굽의 언약을 주셨다. **"여호와께서 아브람에게 이르시되 너는 정녕히 알라 네 자손이 이방에서 객이 되어 그들을 섬기겠고 그들은 사백 년 동안 네 자손을 괴롭게 하리니"** (창 15:13).

10) 태초에 하나님은 사단과 아담의 타락을 현재 사건으로 보시고 그리스도를 통하여 마귀를 심판하시고 인류의 죄를 대속하실 뜻을 작정하셨다. 따라서 예수 이름을 믿음으로 영생을 얻는 것은 영원 전에 작정된 하나님의 뜻이다. **"곧 영원부터 우리 주 그리스도 예수 안에서 예정하신 뜻대로 하신 것이라"** (엡 3:11). 예수 그리스도께서 인류의 죄를 대속하기 위하여 피를 흘리신 것은 창세전에 작정된 하나님의 뜻이다. **"오직 흠 없고 점 없는 어린 양 같은 그리스도의 보배로운 피로 한 것이니라 그는 창세전부터 미리**

알리신바 된 자나 이 말세에 너희를 위하여 나타내신바 되었으니"(벧전 1:19,20).

12) 하나님은 공간과 장소와 시간을 초월하시므로 모든 것을 아신다. 전지(omniscience)하신 하나님의 속성은 공간과 장소와 시간을 초월하는 것을 전제로 한다. 태초에 하나님은 그의 뜻을 작정하시기 전에 창조과정과 인류 역사의 진행과정을 모두 아셨다. 뿐만 아니라 하나님은 모든 사람의 마음을 아시고 사람의 머리털의 수까지 세신다. **"나 여호와는 심장을 살피며 폐부를 시험하고 각각 그 행위와 그 행실대로 보응하나니"(렘 17:10). "너희에게는 머리털까지 다 세신바 되었나니"(마 10:30).**

12) 하나님은 시간을 초월하여 과거와 미래를 현재의 사건으로 보신다. 태초에 하나님은 그의 뜻을 작정하기 전에 만물의 창조와 우주역사의 진행, 만물의 종말과 최후의 심판을 현재 사건으로 보셨다. 태초에 하나님은 아담의 타락과 노아시대에 홍수로 인한 심판, 아브라함과 이삭과 야곱의 선택, 이스라엘 백성의 출애굽과 가나안 정복, 그들의 우상숭배와 멸망, 예수 그리스도의 탄생과 생애, 그리스도의 죽음과 부활, 성령의 임재와 교회의 복음 증거, 그리스도의 재림과 최후의 심판 등에 대한 모든 것을 현재에 일어나는 사건으로 보셨다. 따라서 하나님은 모든 것을 아신다. 하나님은 모든 것을 아시고 그의 뜻을 작정하셨으므로 그의 모든 뜻은 완전하며 오류가 없다. 하나님의 창조와 우주진행의 모든 계획은 완전하다. 또한 하나님은 미래에 발생할 모든 것을 아시므로 선지자들을 통하여 장차 오실 그리스도의 생애에 관한 모든 예언의 말씀을 주셨다. 하나님은 시간을 초월하여 과거와 미래를 현재의 사건으로 보시므로 전지하신 분이다.

(3) 스스로 계신 하나님의 이름

1) 태초부터 공간과 장소를 초월하여 스스로 계신 하나님은 그 이름으로 자신의 존재를 나타내신다. 하나님은 그 이름으로 자신의 존재를, 말씀으로 그의 속성과 뜻을 계시하신다. 모세가 하나님의 이름을 여쭈었을 때 하나님은 자신의 존재에 대하여 말씀하셨다. 하나님은 모세에게 자신의 이름을 알리시고 그 이름으로 이적과 기사를 행하셨다. 하나님께서 여호와 이름으로 행하는 이적과 기사가 공간과 장소를 초월하여 스스로 계신 하나님의 존재를 증거한다.

2) 여호와의 사자가 떨기나무 불꽃 가운데 모세에게 말씀하셨다. **"여호와께서 그가 보려고 돌이켜 오는 것을 보신지라 하나님이 떨기나무 가운데서 그를 불러 가라사대 모세야 모세야 하시매 그가 가로되 내가 여기 있나이다"** (출 3:4). 여호와의 사자란 하나님의 이름으로 하나님의 말씀을 전하기 위하여 임한 천사를 가리킨다.13) **"사십 년이 차매 천사가 시내산 광야 가시나무떨기 불꽃 가운데서 그에게 보이거늘"** (행 7:30). 이 천사는 여호와 하나님의 이름으로 나타났으므로 자신을 가리켜 아브라함의 하나님이라고 말하였다. **"또 이르시되 나는 네 조상의 하나님이니 아브라함의 하나님, 이삭의 하나님, 야곱의 하나님이니라 모세가 하나님 뵈옵기를 두려워하여 얼굴을 가리우매"** (출 3:6). 여호와의 사자가 하나님의 이름으로 이스라엘을 애굽에서 인도하여 냄으로 하나님의 존재를 나타냈다. **"내가 사자를 네 앞서 보내어 길에서 너를 보호하여 너로 내가 예비한 곳에 이르게 하리니 너희는 삼가 그 목소리를 청종하고 그를 노엽게 하지 말라 그가 너희 허물을 사하지 아니할 것은 내 이름이 그에게 있음이니라"** (출 23:20,21).

3) 모세는 여호와의 사자에게 하나님의 이름을 여쭈었다(출3:13). 여호와의 사자는 **"하나님은 스스로 계시는 분이다"**라고 대답하였다. **"하나님이 모세에게 이르시되 나는 <u>스스로 있는 자</u>니라 또 이르시되 너는 이스라엘 자손에게 이같이 이르기를 <u>스스로 있는 자</u>가 나를 너희에게 보내셨다 하라"** (출 3:14). "스스로 있는 자"란 하나님의 이름이 아니라 하나님의 존재를 가리킨다. "스스로 있는 자가 나를 너희에게 보내셨다"란 공간과 장소를 초월하여 스스로 계신 하나님께서 천사를 모세에게 보내셨다는 것을 의미한다. 모세에게 말하는 자는 하나님께로부터 보냄을 받은 천사이다. 천사가 하나님의 이름으로 와서 하나님의 말씀을 모세에게 전하였다.

4) 모세가 하나님의 이름을 물었을 때, 하나님은 자신의 존재, 곧 스스로 계시는 분임을 밝히셨다. 이것은 하나님께서 그의 이름으로 자신의 존재를 나타내신다는 것을 의미

---

13) 모세에게 나타난 여호와의 사자는 성육신하기 전의 하나님의 아들(The preincarnated Son of God)이라는 이론이 제기되고 있다. John Calvin, Institutes of the Christian Religion, Vol. I. 13. 26. Robert P. Lighter, Angels, Satan, And Demons, ed., Charles R. Swindoll and Roy B. Zuck General, Understanding Christian Theology(Thomas Nelson Publishers, 2003), p. 570. 그러나 성경은 여호와의 사자는 천사라고 말씀하고 있다(행 7:30). 그 천사가 모세에게 율법을 전하였다(행 7:53).

한다. 모세가 하나님의 존재를 믿었을 때 비로소 하나님은 모세에게 그의 이름을 말씀하셨다. **"하나님이 모세에게 말씀하여 가라사대 나는 여호와로라"** (출 6:2). "나는 여호와로라"란 스스로 계신 하나님의 이름이 여호와임을 의미한다. 곧 여호와란 스스로 계신 하나님의 존재를 의미한다고 말할 수 있다.

5) 모세 이전에 하나님은 자신의 속성을 나타내셨으나 자기의 이름을 계시하지 아니하셨다. **"내가 아브라함과 이삭과 야곱에게 전능의 하나님으로 나타났으나 나의 이름을 여호와로는 그들에게 알리지 아니하였고"** (출 6:3). 전능하신 하나님의 속성이 아브라함에게 계시되었다. **"아브람의 구십구 세 때에 여호와께서 아브람에게 나타나서 그에게 이르시되 나는 전능한 하나님이라 너는 내 앞에서 행하여 완전하라"** (창 17:1). 전능하신 하나님으로 번역된 히브리어는 엘 샤다이이다. 엘은 하나님(God)를 가리키는 말이다. 샤다이(שדי)는 전능함(almighty)을 의미한다. 엘 샤다이는 하나님의 속성을 나타내는 말로 전능하신 하나님을 의미한다. 엘 샤다이를 하나님의 이름으로 이해하고 있으나,14) 하나님의 속성을 나타내는 말로 해석하는 것이 타당할 것이다. 전제군주를 향하여 '존귀한 왕이시여'라고 불렀다고 하여 존귀한 왕이 왕의 이름이 아닌 것과 같다.

6) 모세 이전에 하나님은 말씀으로 자신의 속성을 계시하셨다. 하나님은 모세에게 스스로 계시는 자신의 존재와 여호와 이름을 계시하셨다. 공간과 장소를 초월하여 스스로 계신 하나님은 만물을 창조하신 분이다. 창조주 하나님은 전능하신 분이다. 하나님은 출애굽과정에서 이적과 기사를 통하여 자신의 전능하심을 나타내셨다. 모세의 손을 통하여 나타난 이적과 기사는 전능하신 하나님의 속성을 의미하므로, 여호와 하나님의 이름은 스스로 계신 하나님, 전능하신 하나님을 가리킨다고 말할 수 있다. 따라서 하나님께서 그의 사자를 통하여 이적과 기사를 행하신 이유는 그의 이름을 알리기 위함이라고 성경은 말씀한다. **"내가 너를 세웠음은 나의 능력을 네게 보이고 내 이름이 온 천하에 전파되게 하려 하였음이니라"** (출 9:16).

7) 모세를 통하여 이스라엘에게 계시된 하나님의 이름은 여호와(יהוה)이다.15) 여호

---

14) BDB., pp. 994, 995.
15) 여호와 이름이 합성어(hybrid name)라는 가설이 제시되고 있다. 야훼(יהוה)의 자음에 아도나이(אדני)의 모음을 합성하여 여호와가 탄생하였다는 가설을 제시한다. J. Carl Laney,

와 하나님의 이름을 부르는 것은 스스로 계시는 하나님과 전능하신 하나님을 인정한다는 것을 전제로 한다. 하나님께서 여호와 이름으로 이적과 기사를 행하심으로 그의 이름과 그의 속성을 알리셨고, 이스라엘은 전능하신 능력으로 그들을 애굽에서 인도하여 내신 하나님의 이름을 찬양하였다. **"이 때에 모세와 이스라엘 자손이 이 노래로 여호와께 노래하니 일렀으되 내가 여호와를 찬송하리니 그는 높고 영화로우심이요 말과 그 탄 자를 바다에 던지셨음이로다 여호와는 나의 힘이요 노래시며 나의 구원이시로다 그는 나의 하나님이시니 내가 그를 찬송할 것이요 내 아비의 하나님이시니 내가 그를 높이리로다"** (출 15:1,2).

8) 하나님은 여호와 이름으로 이스라엘을 택하여 자기의 백성으로 삼으셨다. **"세계가 다 내게 속하였나니 너희가 내 말을 잘 듣고 내 언약을 지키면 너희는 열국 중에서 내 소유가 되겠고 너희가 내게 대하여 제사장 나라가 되며 거룩한 백성이 되리라 너는 이 말을 이스라엘 자손에게 고할찌니라"** (출 19:5,6). "세계가 다 내게 속하다"란 만물을 창조하신 하나님을 의미한다. 창조주 하나님은 만물의 주인이시다. "열국 중에서 내 소유가 되다"란 하나님의 백성을 의미한다. 여호와 하나님의 이름은 이스라엘을 택하여 자기의 백성으로 삼으신 이름을 의미한다.

9) 하나님은 여호와 이름으로 이스라엘 백성을 애굽에서 인도하여 내신 뒤에 광야 시내산에서 그 이름으로 그들에게 율법을 주셨다. **"나는 너를 애굽 땅, 종 되었던 집에서 인도하여 낸 너의 하나님 여호와로라"** (출 20:2). 하나님은 율법을 주시기 전에 자기의 이름이 여호와임을 밝히셨다. 이것은 율법이 여호와 하나님의 이름으로 선포되었음을 의미한다. 곧 율법의 모든 말씀이 여호와 하나님의 이름으로 시행된다는 것을 의미한다. 따라서 이스라엘 백성이 율법을 범하였을 때 하나님은 여호와 이름으로 그들을 심판하셨다. **"그들이 너희 음란으로 너희에게 보응한즉 너희가 모든 우상을 위하던 죄를 담당할찌라 너희가 나를 주 여호와인줄 알리라 하시니라"** (겔23:49). "그런즉 내가 손을 네 위에 펴서 너를 다른 민족에게 붙여 노략을 당하게 하며 너를 만민 중에 끊어 버리며 너를

"God" in Understanding Christian Theology, ed., Charles R Swindoll and Roy B. Zuck(Thomas Nelson Publishers, 2003), p. 157. 따라서 구약학 서적에서 여호와를 야훼로 표기하기도 한다.

열국 중에서 패망케 하여 멸하리니 네가 나를 여호와인줄 알리라 하셨다 하라"(겔 25:7). "네가 나를 여호와인줄 알리라"란 하나님께서 율법을 범한 이스라엘을 여호와의 이름으로 심판하신 것을 의미한다. 곧 율법은 여호와 하나님의 이름으로 선포되었다.

10) 여호와 하나님의 이름을 믿고 부르는 것은 스스로 계신 하나님, 만물을 창조하신 전능하신 하나님, 이스라엘 백성을 애굽에서 인도하여 내신 하나님, 이스라엘 백성에게 율법을 주신 하나님, 율법으로 자기의 백성을 통치하시는 하나님을 인정하는 것이다. 따라서 여호와 하나님의 이름을 부르면서 하나님의 전지전능하심을 믿지 아니하는 것, 율법을 버리고 우상을 숭배하는 것, 하나님의 모든 언약이 성취된다는 것을 인정하지 아니하는 것은 외식(外飾)이며 죄이다. 여호와 하나님의 이름을 부르는 자들이 율법을 버리고 우상을 숭배할 때 하나님은 여호와 하나님의 이름으로 계시된 자신의 속성을 알리기 위하여 그 이름으로 죄인을 심판하셨다.

11) 이스라엘 백성이 여호와 하나님 이름을 부르면서도 하나님의 전능하심을 믿지 아니하였을 때 하나님은 그들을 심판하셨다. 그들이 가나안 땅을 정탐한 뒤에 하나님의 전능하심을 믿지 아니하고 하나님을 원망하였다. "**온 회중이 소리를 높여 부르짖으며 밤새도록 백성이 곡하였더라 이스라엘 자손이 다 모세와 아론을 원망하며 온 회중이 그들에게 이르되 우리가 애굽 땅에서 죽었거나 이 광야에서 죽었더면 좋았을 것을 어찌하여 여호와가 우리를 그 땅으로 인도하여 칼에 망하게 하려 하는고 우리 처자가 사로잡히리니 애굽으로 돌아가는 것이 낫지 아니하랴**"(민 14:1~3). 하나님은 자신의 전능하심을 믿지 아니하는 자들을 심판하셨다. "**여호와께서 모세에게 이르시되 이 백성이 어느 때까지 나를 멸시하겠느냐 내가 그들 중에 모든 이적을 행한 것도 생각하지 아니하고 어느 때까지 나를 믿지 않겠느냐**"(민 14:11). 여호와 하나님의 이름을 부르면서도 하나님의 전능하심을 믿지 아니하는 자들은 심판을 받아 가나안 땅에 들어가지 못하였다. "**여분네의 아들 갈렙과 눈의 아들 여호수아 외에는 내가 맹세하여 너희로 거하게 하리라 한 땅에 결단코 들어가지 못하리라**"(민 14:30).

12) 여호와의 사자를 통하여 이스라엘 백성에게 계시된 하나님의 이름은 여호와(야웨)이다. 하나님은 그 이름으로 자신의 존재를, 그 말씀으로 자신의 속성과 사역을 계시하신

다. 여호와 하나님의 이름은 스스로 계신 분, 만물을 창조하신 전능하신 분, 이스라엘을 택하여 자기의 백성으로 삼으신 분, 이스라엘을 애굽에서 인도하여 내신 분, 율법을 주신 분을 의미한다. 하나님은 그의 이름을 알리기 위하여 전능하신 능력으로 이스라엘을 애굽에서 인도하여 내셨다. 하나님은 그의 이름을 알리기 위하여 그 이름으로 범죄한 이스라엘을 심판하셨다.

(4) 이해를 위한 질문

1) 스스로 계신 하나님

a. 스스로 계신 하나님이란 의미는 무엇인가(출 3:14).

b. 하나님께서 공간과 장소를 초월하시는 이유는 무엇인가.

c. 하나님께서 모든 공간과 모든 장소에 계신다면 각각 다른 공간과 장소에서 어떻게 역사하시는가.

d. 하나님은 장소와 공간을 이동할 수 있는가(창 1:2).

e. 하나님은 공간과 장소를 초월하여 모든 공간과 모든 장소에 계신다는 성경의 증거는 무엇인가(렘 23:23;시 139:8,9).

2) 시간을 초월하시는 하나님

a. 하나님께서 시간을 초월하신다는 것을 무엇을 의미하는가.

b. 시간을 초월하는 하나님에 대한 성경의 증거는 무엇인가(요 8:58).

c. 시간을 초월하는 하나님은 그의 전지전능하심과 관련된다. 태초에 하나님의 전지전능하심이 무엇으로 나타는가(엡 3:11).

d. 하나님께서 시간을 초월하여 태초부터 종말까지 과거와 미래를 현재의 사건으로 보시므로 선지자를 통하여 장래의 일을 예언하셨다. 선지자들의 모든 예언의 말씀이 누구를 통하여 성취되었나(눅 24:44).

3) 스스로 계신 하나님의 이름

    a. 아브라함에게 계시된 하나님의 속성은 무엇인가(창 17:1).

    b. 모세에게 계시된 하나님의 이름은 무엇인가(출 6:2).

    c. 여호와 하나님의 이름은 무엇을 의미하는가(출 3:14).

    d. 율법을 주신 하나님의 이름은 무엇인가(출 20:2).

    e. 출애굽시에 하나님께서 이적과 기사를 행하신 이유는 무엇인가(출 9:16).

2. 스스로 계신 하나님과 생명의 말씀

(1) 생명의 본질과 생명의 원천

1) 하나님은 살아계신 분이다. 공간과 장소를 초월하여 스스로 사시는 하나님은 생명의 원천이다. 생명의 원천이란 그 자체가 생명인 것을 의미한다. 태양 자체가 불인 것과 같이 하나님 자체가 생명이다. 그러나 창조된 생명체는 그 자체가 생명은 아니다. 하나님은 생명의 원천이므로 스스로 사신다. 그러나 창조된 생명체는 스스로 살지 못하고 하나님께로부터 계속하여 생명을 받아야 살아갈 수 있다. 하나님은 말씀으로 자기 안에 있는 생명을 계시하신다. 하나님은 말씀으로 생명체를 창조하시고 살아있는 것들에게 생명을 주신다.

2) 하나님은 살아계신다고 성경은 말씀한다. **"시몬 베드로가 대답하여 가로되 주는 그리스도시요 살아계신 하나님의 아들이시니이다 "** (마 16:16). "하나님은 살아계신다"란 무슨 뜻인가. 이것은 하나님의 말씀이 살아 역사한다는 것을 의미한다. **"대저 하나님의 모든 말씀은 능치 못하심이 없느니라"** (눅 1:37). **"너희가 거듭난 것이 썩어질 씨로 된 것이 아니요 썩지 아니할 씨로 된 것이니 하나님의 살아 있고 항상 있는 말씀으로 되었느니라"** (벧전 1:23). "하나님의 살아 있고 항상 있는 말씀"이란 하나님의 말씀은 시간과 장소와 공간을 초월하여 역사한다는 것을 의미한다. 하나님은 말씀으로 자신이 살아계심을 나타내신다. 하나님의 살아계심이 그의 말씀을 통하여 계시되므로, 그 말씀은 생명의 말씀이다.

3) 하나님은 말씀으로 만물을 창조하셨고 만물의 역사를 통치하신다. 하나님은 말씀으

로 생명을 창조하시고 생명체가 살아갈 수 있는 말씀을 주신다. 따라서 만물은 하나님의 말씀을 순종함으로 그 존재를 유지할 수 있다. 모든 동식물은 하나님의 말씀이 체화(體化, embodied)된 창조질서를 순종함으로 살아간다. 우주 안에 있는 모든 행성은 창조시에 정하여진 궤도를 따라 운행함으로 존재한다. 곧 만물은 자기를 창조하신 하나님의 말씀을 순종함으로 존재한다.16) **"천지가 주의 규례들대로 오늘까지 있음은 만물이 주의 종이 된 까닭이니이다"** (시 119:91). 만물이 하나님의 말씀을 순종함으로 존재하는 것은 살아계신 하나님에 대한 객관적인 증거이다. 하나님의 말씀이 시간과 장소와 공간을 초월하여 역사하기 때문에 만물이 그 말씀을 순종한다고 말할 수 있다.

4) 하나님의 살아계심이 그의 말씀을 통하여 계시되는 인격으로 나타난다. 하나님은 인격을 가지고 계시므로 자기의 뜻을 말씀으로 계시하시고 그 뜻을 성취하신다. 인격은 지성과 감성과 의지를 포함하는 것으로 이해한다. 하나님은 시간을 초월하시므로 만물의 역사를 아신다. 이것이 하나님의 지성이다. 하나님은 의로움과 거룩함을 기뻐하시고 불의와 더러움을 미워하신다. 이것이 하나님의 감성이다. 하나님은 전능하시며 작정하신 뜻을 반드시 이루신다. 이것이 하나님의 의지이다. 하나님은 말씀으로 그의 인격을 나타내신다. 하나님의 인격이 그의 말씀을 통하여 계시되므로 그의 말씀은 살아 역사한다. 하나님의 뜻을 계시하는 말씀대로 우주의 역사가 진행되고 있다. 이것이 살아계신 하나님을 증거한다.

5) 하나님은 살아계시므로 그의 말씀은 성취되어 행동으로 나타난다. 하나님께서 살아계신 증거 곧, 하나님의 인격이 두 가지 사역을 통하여 계시되고 있다. 첫째는 창조사역이고, 둘째는 만물의 통치사역이다. 첫째, 살아계신 하나님의 증거가 창조사역을 통하여 계시되었다. 창조를 명하신 말씀은 하나님의 속성과 하나님의 살아계심을 보여준다. **"하나님이 가라사대 빛이 있으라 하시매 빛이 있었고"** (창 1:3). 하나님의 말씀에 의하여 빛이 창조된 것은 하나님의 전능하심을 보여준다. 하나님은 전능하시므로 말씀으로 만물을 창조하시고 만물의 역사(歷史)를 작정하셨다(히 11:3). 첫째 날 창조된 빛은 오류가

---

16) 사람이 자신은 영원히 죽지 아니하겠다고 결심하더라도 하나님의 뜻대로 죽어서 그 육체가 흙으로 돌아간다. 이와 같이 만물은 하나님의 뜻대로 움직인다. 이것은 하나님의 말씀이 살아 역사한다는 증거이다.

없으며 완전하다. 이것은 하나님의 전지하심과 전능하심을 보여준다. 곧. (창 1:3)의 말씀은 하나님의 속성과 살아계심을 보여준다.

6) 만물의 창조를 명하신 말씀과 만물을 통치하는 말씀을 통하여 하나님의 속성과 살아계심이 계시되고 있다. 하나님의 살아계심과 속성이 그의 말씀을 통하여 동시에 계시되고 있다는 것은 그의 속성이 생명과 관련된다는 것을 의미한다. 곧 하나님의 생명은 그의 속성을 가리킨다고 말할 수 있다. 전지하심, 전능하심, 무소부재하심, 영원하심, 의로우심, 거룩하심, 선하심 및 인자하심 등은 하나님의 속성인 동시에 하나님의 생명의 본질이다. 곧 하나님은 자기의 속성을 통하여 그의 살아계심을 보이신다. 전능하신 하나님께서 말씀으로 만물을 창조하심으로 그의 살아계심을 계시하셨다. 의롭고 거룩하신 하나님께서 의와 공의로 만물의 통치하심으로 그의 살아계심을 보이신다. 하나님께서 살아계신다는 것은 전지하심, 전능하심, 무소부재하심, 영원하심, 의로우심, 거룩하심, 선하심 및 인자하심이 말씀을 통하여 계시되는 것을 의미한다.

7) 하나님의 생명의 본질은 그의 속성에서 찾아야 한다. 하나님의 생명이 그의 전지전능하심과 무소부재하심과 영원하심과 의로우심과 거룩하심으로 나타난다. 곧 하나님의 생명 안에 그의 모든 속성이 있다.17) 하나님의 속성은 외부로부터 얻는 것이 아니다. 사람은 교육과 훈련을 통하여 지식을 얻고 하나님의 말씀을 통하여 거룩하고 더러운 것을 이해할 수 있지만, 하나님의 속성은 하나님 안에 있는 생명의 본질이다. 사람은 음식을 통하여 필요한 영양소를 섭취하지만, 하나님은 외부로부터 양식을 얻지 아니하신다. 하나님은 살아가기 위하여 양식을 필요로 하지 아니하신다. 하나님은 부족한 것이 조금도 없는 분이기 때문이다.18) 곧 하나님은 생명의 원천이다. **"대저 생명의 원천이 주께 있사오니 주의 광명 중에 우리가 광명을 보리이다" (시 36:9).** 육체의 생명은 피에 있음 같이 하나님의 생명은 그의 속성에 있다(레 17:11).

---

17) 하나님의 생명과 그의 속성의 관계는 벼와 그 속에 있는 영양소의 관계로 설명할 수 있다. 도정하지 아니한 벼는 생명체이다. 벼를 땅에 심으면 싹이 돋아난다. 그러나 벼에서 탄수화물을 제거하면 그 벼에서 싹이 나지 아니한다. 벼의 생명이 그 속에 있는 영양소로 나타난다.
18) 하나님의 속성은 기준이다. 하나님의 거룩하심이 거룩함의 기준이다. 하나님의 의로우심이 의로움의 기준이다. 하나님의 전지전능하심이 전지전능함의 기준이다. 하나님의 선하심이 선함의 기준이다. 따라서 하나님은 살아가기 위하여 양식을 필요로 하지 아니하신다.

8) 생명의 원천에 대하여 예를 들어 살펴보자. 지구의 중심부에는 불덩이가 있다. 지구 중심은 그 자체가 불이므로 산소나 가연성(可燃性) 물질이 없어도 항상 불로 존재한다. 그 불로부터 열이 나온다. 지구표면은 그 자체가 불이 아니므로 불이 존재하려면 산소와 가연성 물질을 필요로 한다. 지상에서 산소와 연료가 계속하여 공급되지 아니하면 불은 꺼진다. 태양 자체는 불이며 불의 원천이나, 달 자체는 불이 아니다. 따라서 태양 빛에는 열이 있지만 달빛에는 없다. 이와 같이 하나님 안에 생명이 있다. 그 생명이 말씀을 통하여 계시되고 있다. 하나님은 말씀으로 우주 안에 있는 모든 생명체를 창조하셨다. 창조된 생명체는 생명 자체가 아니므로 생명의 양식을 공급받아야 한다. 창조된 생명체는 스스로 그 생명을 유지할 수 없기 때문이다.

9) 태양열은 빛을 통하여 지구에 전달된다. 그러나 태양 빛으로부터 나오는 열은 영원히 저장되지 아니한다. 발전소에서 전기를 생산하여 가정과 기업으로 공급한다. 가정에서는 전기를 저장할 수 없으므로 발전소로부터 계속하여 전기를 공급 받아야 한다. 전기를 배터리에 일시적으로 저장할 수 있지만 한번 충전하여 계속하여 사용할 수 없다. 이와 같이 하나님께로부터 받은 육체의 생명은 저장되지 아니하므로 생명체는 다른 피조물로부터 양식을 공급받아야 한다.

10) 식물은 뿌리로부터 빨아올린 물과 태양 빛과 이산화탄소를 이용하여 탄수화물을 만든다. 초식동물은 식물로부터, 육식동물은 초식동물로부터 영양소를 섭취한다. 모든 생명체는 공기와 물과 태양으로부터 필요한 양식을 섭취한다. 만약 이 가운데 하나라도 없으면 생명체는 살아갈 수 없다. 모든 생명체는 스스로 살아갈 수 없고 다른 피조물의 도움을 받아야 한다. 또한 모든 생명체는 살아가기 위하여 특수한 환경을 필요로 한다. 열대지방의 식물은 온대와 한대지역에서 살아갈 수 없으며 한대지방의 식물은 열대지역에서 살아갈 수 없다. 물고기는 물에서 살아야 하며 육지에서 살아갈 수 없다. 이와 같이 지구상의 모든 생명체는 다른 피조물의 도움으로 살아간다.

11) 하나님은 공간과 장소를 초월하여 스스로 계신 분이며 생명의 원천이다. 하나님은 그의 속성을 계시하는 말씀으로 살아계심을 나타냄으로, 하나님 안에 있는 생명은 그의 속성과 관련된다. 하나님은 말씀으로 그의 속성과 생명을 계시하신다. 따라서 하나님의

말씀이 생명이다. 하나님께서 말씀으로 생명체를 창조하셨으므로, 모든 생명이 하나님의 말씀으로부터 나온다. 창조된 생명체가 하나님께로부터 받은 생명은 저장되지 아니하므로 그 생명을 유지하기 위하여 계속하여 양식을 공급받아야 한다. 곧 하나님은 스스로 살아계신 분이나, 창조된 모든 생명체는 스스로 살아가지 못한다.

(2) 생명의 말씀과 사람의 생명

1) 태초부터 스스로 계신 하나님은 생명의 원천이며 그의 생명은 그의 말씀 안에 있다. 성경은 태초에 하나님과 함께 계신 말씀을 생명의 말씀이라고 말씀한다. 생명의 말씀이란 영적인 피조물인 사람과 천사가 순종하여야 할 법을 말한다. 사람의 육체는 하나님께서 주신 음식과 물과 공기로 살아갈 수 있다. 그리고 사람의 영은 태초에 하나님과 함께 계신 생명의 말씀을 순종함으로 살아갈 수 있다.

2) 사람은 육체와 영과 혼이 있는 생명체로 창조되었다.[19] 사람의 육체는 음식으로부터 영양소를 섭취함으로 살아간다. 그러나 사람의 영은 하나님의 말씀으로 살아간다. 사람의 육체는 죽은 뒤에 흙으로 돌아가지만 영은 영원히 사는 존재이다. 창조시에 하나님께로부터 받은 생명은 저장되지 아니하므로 사람의 영은 계속하여 하나님께로부터 생명을 받아야 한다. 그 생명은 하나님의 말씀을 통하여 주어진다. 그 말씀은 태초에 하나님과 함께 계신 말씀이다. **"태초에 말씀이 계시니라 이 말씀이 하나님과 함께 계셨으니 이 말씀은 곧 하나님이시니라"** (요 1:1). 그 말씀으로부터 만물이 창조되었으므로 그 말씀 안에 생명이 있다. **"만물이 그로 말미암아 지은바 되었으니 지은 것이 하나도 그가 없이는 된 것이 없느니라 그 안에 생명이 있었으니 이 생명은 사람들의 빛이라"** (요 1:3,4). 곧 태초에 스스로 계신 하나님은 생명의 창조자이다. 따라서 태초에 하나님과 함께 계신 말씀이 생명의 말씀이다. **"태초부터 있는 생명의 말씀에 관하여는 우리가 들은 바요 눈으로 본 바요 주목하고 우리 손으로 만진 바라"** (요일 1:1). (요 1:4; 요일 1:1)은 태초에 스스로 계신 하나님이 생명이라는 것을 의미한다.

---

19) 사람을 육체와 혼과 영으로 구분하는 이론과 육체와 영혼으로 구분하는 이론이 대립되고 있다. 이에 대하여 2.3.1참조.

3) 하나님은 생명의 원천이며 생명이 그의 말씀을 통하여 나온다면, 하나님께서 사람에게 주신 생명의 본질에 대하여 살펴보자. 영과 생명의 관계는 생명의 본질로 설명할 수 있다. 사람의 영은 영원히 사는 존재이므로 죽어서 그 존재가 없어지지 아니한다. 그렇다면 영의 생명이란 무엇일까. 이것은 영의 생명의 본질과 관련된다. 생명의 본질은 하나님의 속성에서 찾아야 한다. 하나님은 사람의 영을 의롭고 거룩하게 창조하셨다. 따라서 의로움과 거룩함이 사람의 영의 생명의 본질이라고 말할 수 있다. 사람의 영이 살아있다는 것은 하나님의 말씀을 통하여 의로움과 거룩함을 유지하고 있다는 것을 말한다. 사람이 범죄함으로 의로움과 거룩함을 잃어버리면 그 영은 사망에 이르렀다고 말한다.

4) 영의 생명의 본질은 하나님의 통치기초와 관련된다. 하나님은 사람을 의와 공의로 통치하신다. **"의와 공의가 주의 보좌의 기초라 인자함과 진실함이 주를 앞서 행하나이다"** (시89:14). "의"란 하나님을 믿는 것을, "공의"란 하나님의 계명을 순종하는 것을 말한다.[20] 하나님은 믿는 자를 의롭다하시고, 계명을 순종하는 자를 거룩하다고 선언하신다. 반대로 하나님은 믿지 아니하는 자를 불의하다고, 계명을 불순종하는 자를 더럽다고 선언하신다.[21] 사람이 불의하고 더럽다고 심판을 받으면 그 영은 생명을 잃어버린다. 따라서 영의 생명의 본질은 의로움과 거룩함이라고 말할 수 있을 것이다.

5) 사람은 생명체로서 의롭고 거룩하게 창조되었지만 그 생명은 저장되지 아니한다. 하나님께로부터 받은 의로움과 거룩함은 저장되지 아니하므로, 사람은 하나님께로부터 생명의 양식을 계속하여 받아야 한다. 그 양식은 생명의 말씀이다. 의로움과 거룩함은 하나님의 속성이고 하나님은 그의 말씀을 통하여 그의 속성을 계시하므로, 사람은 하나님의 말씀을 통하여 생명의 양식을 얻어야 한다. 하나님의 의로움과 거룩함을 계시하는 말씀을 순종하면 사람의 영은 그 생명을 유지할 수 있다. 그러나 이를 불순종하면 그

---

20) 의와 공의에 의한 심판에 대하여 3.1.1참조.
21) 하나님은 믿는 자들을 의롭다고 선언하신다. **"아브람이 여호와를 믿으니 여호와께서 이를 그의 의로 여기시고"** (창 15:6). 하나님은 그의 계명을 순종하는 자를 거룩하다고 선언하신다. **"너희는 내 규례를 지켜 행하라 나는 너희를 거룩케 하는 여호와니라"** (레 20:8). 하나님은 믿지 아니하는 자를 불의하다고, 그의 계명을 불순종하는 자를 더럽다고 선언하신다. 따라서 사람의 생명이란 의롭고 거룩하다고 인정을 받는 것을 의미한다.

생명을 잃어버린다.

  6) 영의 생명의 본질이 의로움과 거룩함이라면, 사람은 오직 하나님의 말씀을 통하여 생명을 얻을 수 있다. 따라서 세상학문과 윤리와 도덕 그리고 구제와 선행은 사람에게 생명을 줄 수 없다. 윤리와 도덕이 거룩하고 의롭다고 말할 수 있으나, 의로움과 거룩함의 기준은 하나님의 말씀이다. 하나님의 말씀을 기초로 하지 아니한 이방종교도 역시 사람에게 생명을 줄 수 없다. 오직 하나님의 의로우심과 거룩함을 계시하는 말씀만이 사람에게 생명을 줄 수 있다. 따라서 성경은 하나님의 말씀이 사람의 영을 살리는 생명이라고 말씀한다.[22] **"살리는 것은 영이니 육은 무익하니라 내가 너희에게 이른 말은 영이요 생명이라" (요 6:63).**

  7) 사람의 생명은 창조질서와 관련된다. 하나님께서 사람을 자기의 형상으로 창조하셨다(창1:26). 하나님의 형상으로 창조된 사람은 하나님의 속성을 나타내는 피조물이라는 것을 의미한다.[23] 사람이 하나님의 속성을 나타내려면 그 속성을 계시하는 하나님의 말씀을 순종하여야 한다. 하나님은 말씀으로 그의 속성을 계시하기 때문이다. 따라서 사람이 그 말씀을 순종하면 하나님의 속성을 닮을 수 있다. 사람이 믿음으로 하나님의 말씀을 순종하면 의롭고 거룩하신 하나님의 속성을 닮을 수 있다. 이것이 하나님의 형상으로 지음을 받은 사람에 대한 창조질서이다. 사람이 하나님의 속성을 닮지 못하면 창조질서를 대적하는 것이다. 이것이 죄이며 사망이다. 하나님은 창조질서를 위반한 사람을 심판하신다. 사람이 창조질서를 벗어나 하나님의 형상을 잃어버린다면 그는 더 이상 사람이라고 볼 수 없을 것이다.

  8) 육체와 영과의 관계를 살펴보자. 목숨과 생명은 구분한다. 목숨이란 육체의 호흡을 말한다. 육체가 살아있다는 것은 목숨이 붙어있는 것을, 육체의 죽음은 목숨이 끊어진 것을 말한다. 이에 반하여 생명이란 영이 의로움과 거룩함을 유지하고 있는 상태를 말한다. 육체가 하나님의 말씀을 순종하므로 그 영이 의로움과 거룩함을 유지하고 있으면

---

[22] 하나님의 말씀은 크게 첫 언약인 율법과 새 언약인 복음으로 구분한다. 율법은 죄를 깨닫게 하는 법으로서 사람에게 생명을 주는 말씀이 아니다. 오직 복음만이 사람을 죄에서 구원하는 생명의 말씀이다.
[23] 하나님의 형상에 대하여 1.2.2. (2) 참조.

그 사람은 생명을 가지고 있다고 말한다. 곧 육체의 생사와 관계없이 영이 의로움과 거룩함을 유지하고 있는 상태를 생명이라고 말한다. 반대로 육체가 살아있지만 그 영이 죄로 인하여 더럽혀진 상태를 사망이라고 말한다.

9) 사람의 육체가 목숨을 유지하려면 음식을 통하여 필요한 영양분을 섭취하여야 한다. 사람의 영이 생명을 유지하려면 하나님의 말씀을 순종하여야 한다. 하나님의 말씀은 육체에 관한 계명과 영에 관한 계명으로 구분할 수 있다. 전자는 문화명령과 음식에 관한 명령으로 구분할 수 있다. 문화명령은 땅을 정복하고 모든 동물을 다스리는 것이다. **"하나님이 그들에게 복을 주시며 그들에게 이르시되 생육하고 번성하여 땅에 충만하라, 땅을 정복하라, 바다의 고기와 공중의 새와 땅에 움직이는 모든 생물을 다스리라 하시니라"** (창 1:28). 사람은 땅을 정복하여 문명을 건설하고 문화생활을 하고 있다. 가옥과 건축물, 도로와 교량, 생활에 필요한 각종 기계기구, 의복과 음식, 문자와 학문 등은 이 계명에 따라서 사람이 땅을 정복하여 얻은 것이다. 하나님은 사람에게 곡물과 과일과 야채를 육체의 양식으로 주셨다. **"하나님이 가라사대 내가 온 지면의 씨 맺는 모든 채소와 씨 가진 열매 맺는 모든 나무를 너희에게 주노니 너희 식물이 되리라"** (창 1:29). 노아의 홍수 이후에 하나님은 사람에게 동물을 육체의 양식으로 주셨다. **"무릇 산 동물은 너희의 식물이 될찌라 채소 같이 내가 이것을 다 너희에게 주노라"** (창 9:3).

10) 하나님은 사람의 영을 위하여 선악과 계명을 주셨다. **"여호와 하나님이 그 사람에게 명하여 가라사대 동산 각종 나무의 실과는 네가 임의로 먹되 선악을 알게 하는 나무의 실과는 먹지 말라 네가 먹는 날에는 정녕 죽으리라 하시니라"** (창 2:16,17). "정녕 죽으리라"란 사람이 선악과를 먹으면 그의 영이 죄로 인하여 불의하고 더러워짐으로 사망에 이르게 된다는 것이다. 사람은 계속하여 이 말씀을 순종하면 그 영은 생명을 유지할 수 있다. 그러나 사람이 그 계명을 불순종하면 하나님은 그 사람의 영이 불의하고 더럽다고 선고하신다. 선악과 계명에 의하여 하나님께로부터 유죄판결을 받으면 사람의 영은 사망에 이르게 된다.

11) 사람의 생명의 본질은 그 영이 의로움과 거룩함을 유지하는 것을 말할 수 있다. 의로움과 거룩함은 하나님의 속성을 계시하는 말씀을 순종함으로 얻는다. 사람은 하나님

의 말씀으로부터 생명의 양식을 얻어야 한다. 사람의 육체는 음식으로 살아가지만 그 영은 하나님의 말씀을 순종함으로 살아간다. 사람이 하나님의 말씀을 순종함으로 하나님의 형상을 나타내는 것이 창조질서이다. 하나님께서 사람을 자기의 형상으로 창조하셨으므로, 사람은 그의 말씀을 순종함으로 하나님의 속성을 나타내야 한다. 이것이 사람의 생명이다. 따라서 성경은 이렇게 말씀한다. **"예수께서 대답하여 가라사대 기록되었으되 사람이 떡으로만 살 것이 아니요 하나님의 입으로 나오는 모든 말씀으로 살 것이라 하였느니라 하시니"** (마 4:4).

(3) 이해를 위한 질문

1) 살아계신 하나님

    a. 하나님께서 살아계신다는 증거는 무엇인가(히 4:12).

    b. 하나님의 모든 말씀이 그대로 성취되는 것은 무엇을 증거하는가(사 55:11).

    c. 하나님께서 먼저 말씀하시고 그 후에 그 말씀의 성취를 통하여 자신의 일을 나타내시는 이유는 무엇인가(암 3:7; 사 48:3~5).

    d. 만물이 하나님의 말씀을 순종한다는 증거는 무엇인가(시 119:91).

2) 생명의 원천이신 하나님

    a. 생명의 원천이란 무엇을 의미하는가(시 36:9).

    b. 하나님 안에 있는 생명이 어떻게 계시되는가(신 30:19).

    c. 하나님 안에 있는 생명과 피조물은 어떻게 연결되어있는가(요일 1:1).

    d. 하나님 안에 생명이 있다는 것을 어떻게 알 수 있나(요일 5:11).

3) 하나님의 생명의 본질

    a. 하나님의 생명의 본질은 무엇인가.

    b. 하나님의 생명 안에 그의 모든 속성이 내포되어있다는 것은 무엇을 의미하는가.

    c. 하나님의 속성이 그의 말씀으로 계시된다면 그의 생명과 그의 속성의 관계는 무엇인가(롬 7:12).

d. 하나님의 모든 말씀은 능치 못함이 없다고 성경은 말씀한다(눅 1;37). 생명의 본질과 하나님의 속성은 어떻게 관련되는가.

4) 생명의 말씀과 사람의 생명

   a. 하나님께서 사람을 사는 영으로 창조하신 뒤에 아담에게 선악과 계명을 주신 이유는 무엇인가(창 2:7).
   b. 하나님 안에 있는 생명과 사람의 생명의 차이점은 무엇인가(마 4:4).
   c. 사람의 생명이 저장되지 아니하는 이유는 무엇인가.
   d. 사람의 목숨과 생명은 어떻게 다른가(창 12:13; 요 11:25,26).
   e. 사람의 생명의 본질은 무엇인가(요 6:63).

1.2 스스로 계신 하나님과 만물의 창조

1. 창조계획과 피조물의 완전성

(1) 창조계획과 창조사역의 완전성

1) 태초에 하나님께서 그의 뜻을 작정하셨다. 그 뜻은 창조와 섭리로 구분할 수 있다. 창조는 하늘과 우주의 창조를, 섭리는 우주 역사의 통치와 보존과 협력을 내용으로 한다. 하나님의 뜻 안에 하나님의 모든 속성이 체화되어있다. 전지전능하심, 영원하심, 의로우심, 거룩하심, 선하심, 인자하심 및 사랑 등의 모든 속성이 하나님의 뜻 안에 내포되어있다. 하나님의 뜻을 계시하는 말씀에 체화된 하나님의 속성은 완전하며 오류가 없다. 곧 하나님의 뜻은 완전하다. 이것은 창조질서와 인류의 역사의 진행이 완전하다는 것을 의미한다.

2) 창조계획은 스스로 계신 하나님의 속성과 관련된다. 하나님은 시간을 초월하여 과거와 미래의 사건을 현재 일어나는 일로 보시는 전지하신 분이다. 하나님은 만물을 창조하기 전에 만물의 창조과정과 만물의 역사를 아시고 그의 뜻을 작정하셨다. 따라서 만물의 창조계획은 완전하다. 창조계획이 완전하므로 모든 피조물은 완전하게 창조되었다. 만물이 완전하다는 것은 하나님의 창조목적을 성취하는 완전한 피조물이라는 것을

의미한다. 사람이 생활에 필요한 재화를 생산하듯이, 하나님은 그의 뜻을 성취하기 위하여 만물을 창조하셨다. 하나님의 뜻은 만물을 통하여 그의 영광을 나타내는 것이다. 만물은 하나님의 영광을 나타내는 완전한 피조물이다.

3) 하나님께서 그의 영광을 나타내기 위하여 만물을 창조하셨다. **"무릇 내 이름으로 일컫는 자 곧 내가 내 영광을 위하여 창조한 자를 오게 하라 그들을 내가 지었고 만들었느니라"** (사 43:7). 하나님께서 요구하는 수준의 영광을 나타내도록 만물의 창조계획이 작정되었다. 예컨대, 경주용 자동차는 시속 300km이상 달릴 수 있게 설계되었고 그대로 제조되었다. 실제로 경주용 자동차는 설계한 대로 시속 300km이상을 달릴 수 있다. 이와 같이 하나님께서 그의 영광을 나타내도록 만물의 창조계획을 작정하셨다. 하나님께서 뜻을 작정하시기 전에 만물이 그의 뜻대로 창조될 것과 만물의 역사의 진행을 통하여 그의 영광이 나타날 것을 아셨다.

4) 태양은 행성으로서, 지구도 역시 행성으로서 완전하게 창조되었다. 태양 빛은 모든 동식물이 살아가는데 필요한 에너지를 공급함에 있어서 부족함이 없다. 지구도 역시 모든 동식물이 살아가는 데 있어서 완전한 조건을 갖추고 있다. 지구를 둘러싸고 있는 대기권, 물과 흙은 모든 동식물이 살아가는 완전한 환경을 제공하고 있다. 지구는 인류가 문명을 건설하는 완전한 피조물로 창조되었다. 지구상에 있는 물과 공기와 태양빛은 식물에게 완전한 양식을, 초식동물은 육식동물에게 완전한 양식을 제공한다. 나무와 돌, 각종 광물은 인류가 땅을 정복하여 문명을 건설하는 완전한 피조물로 창조되었다.[24]

5) 지구는 각종 생물이 살아가기 위하여 지음을 받은 완전한 장소와 공간이다. **"여호와는 하늘을 창조하신 하나님이시며 땅도 조성하시고 견고케 하시되 헛되이 창조치 아니하시고 사람으로 거하게 지으신 자시니라 그 말씀에 나는 여호와라 나 외에 다른 이가 없느니라"** (사 45:18). 지구에는 각종 동물과 식물이 있다. 식물은 물과 공기와 태양빛으로 살아간다. 동물은 초식동물과 육식동물, 그리고 잡식동물로 구분된다. 모든 생명체는 그 자체로서 완전하게 창조되었으므로 동물과 식물이 환경에 적응하기 위하여

---

24) 연금술자들은 만물이 완전하게 창조되었다는 것을 알지 못하였으므로 구리와 납으로 금을 만들려고 하였으나 성공하지 못하였다.

진화과정을 통하여 변화한다는 것은 불가능한 일이다. 사자와 호랑이는 육식동물로서 완전하게 창조되었다. 따라서 초식동물의 개체수가 감소하더라도 그들은 진화과정을 통하여 잡식동물로 변화하지 아니하고 멸종의 길을 걷게 된다.

6) 지구상에서 살던 공룡은 생명체로서 완전하게 창조되었다. 그들은 환경의 변화에 적응하여 진화할 수 없으므로 멸종되었다. 만약에 공룡이 생명체로서 완전하게 창조되지 아니하였다면 진화과정을 통하여 지금까지 생존하고 있을 것이다.[25] 이와 같이 모든 동식물은 그 자체로서 완전하게 지음을 받았으므로 환경이 급속하게 변화하면 이에 적응하지 못하고 멸종의 길을 걷게 된다. 모든 동물과 식물은 하나님께서 정하신 특수한 환경에서 살아갈 수 있게 창조되었다. 파인애플은 열대지방에서, 소나무는 온대지방에서 살아갈 수 있는 완전한 피조물이다. 지구의 온난화로 인하여 기온이 계속하여 상승한다고 가정할 때, 온대지역에서 살아가는 소나무가 진화하여 열대식물로 변화하지 아니하고 멸종의 길을 걷게 된다. 한반도가 열대지역이 되면, 한반도에서 생존하던 온대식물은 없어진다. 최근 기상이변으로 지구 곳곳에서 사막의 면적이 증가하고 있다. 강우량이 급격히 감소하면, 그 지역에 살던 식물이 환경의 변화에 적응하지 못하고 죽어 없어진다. 과거에 수풀이 무성하던 지역이 사막화되어 풀 한 포기 살지 못하는 지역으로 변화하고 있다. 이 지역에서는 사막에서 생존하는 식물만이 살아가고 있다.[26]

7) 모든 동물에게는 본능이 있다. 그들은 생존본능에 따라서 먹이를 얻고 집을 짓고 살아간다. 또한 그들은 생식본능에 따라서 짝짓기를 하고 새끼와 알을 낳아서 종족을 이어간다. 사자가 먹이를 사냥하는 것과 개미가 굴을 파서 집을 짓고 양식을 준비하는 것은 그들이 하나님께로부터 받은 본능이다. 본능은 교육과 훈련을 통하여 얻는 것이 아니라 태어날 때부터 어미로부터 받은 것이다. 동물의 본능은 그들이 특정한 환경에 적응하여 살아갈 수 있는 완전한 것이다. 모든 동식물은 특정한 환경에서 살아갈 수 있는 완전한 피조물로 창조되었다.

---

[25] 동식물이 진화과정을 통하여 생겨난 것이라고 주장하는 진화론은 광물질의 생성을 설명하지 못하고 있다. 흙이 진화과정을 통하여 생성되었다면 연금술이 가능할 것이다.
[26] 동식물은 어느 정도 환경의 변화에 적응하며 살아가고 있다. 그러나 그들에 대한 하나님의 뜻이 변화하는 것은 아니다. 예컨대 사자가 환경의 변화에 따라서 초식동물이 되는 것은 아니다. 온대식물이 기후변화에 따라서 열대식물이 되지 아니한다.

8) 모든 피조물이 완전하게 지음을 받았다는 것은 하나님의 창조계획이 완전하다는 것을 보여준다. 하나님은 완전하시므로 모든 피조물이 그 자체로서 완전하다. 하나님의 뜻은 완전하므로 변화하지 아니한다.[27] **"그는 뜻이 일정하시니 누가 능히 돌이킬까 그 마음에 하고자 하시는 것이면 그것을 행하시나니"** (욥 23:13). "뜻이 일정하다"란 하나님의 모든 계획이 변하지 아니한다는 것을 말한다. 호세아 선지자는 이를 빛으로 표현하였다(호 6:3). 하나님의 빛은 굴절하지 아니하므로 회전하는 그림자도 없다. **"각양 좋은 은사와 온전한 선물이 다 위로부터 빛들의 아버지께로서 내려오나니 그는 변함도 없으시고 회전하는 그림자도 없으시니라"** (약 1:17).

9) 하나님은 완전하나 사람의 일은 완전하지 못하다. 사람은 땅을 정복하여 생활에 필요한 것들을 만들고 있다. 사람은 하나님처럼 전지전능하지 못하므로 모든 제품은 완전하지 못하다. 사람은 계속하여 학문을 연구하고 제품을 개발한다. 학문이 발전하고 제품의 질이 향상된다는 것은 그것들이 완전하지 못하다는 것을 의미한다. 이것은 사람이 전지전능하지 아니하다는 것을 의미한다. 만약 사람이 전지전능하다면 모든 제품은 완전할 것이다. 완전한 것은 변화하거나 발전하지 아니한다. 하나님의 창조물은 완전하므로 발전하거나 진화하지 아니한다.

10) 하나님은 전지전능하시므로 그의 창조계획은 완전하다. 만물은 하나님의 영광을 나타내는 완전한 피조물로 창조되었다. 따라서 세상학문이 주장하는 진화론은 성립될 여지가 없다. 모든 동식물은 일정한 환경에서 살아감에 있어서 완전한 피조물로 창조되었다. 하나님의 뜻은 완전하므로 변화하지 아니한다. 따라서 창조질서는 완전하며 변화하지 아니한다.

(2) 완전한 피조물인 사람과 천사

1) 만물 가운데 사람과 천사만이 영적인 피조물이며 동시에 인격을 가지고 있다. 사람

---

[27] 하나님의 뜻이 시간에 따라서 변화한다는 과정신학이 제시되고 있다. 과정신학자들은 시간에 따라서 모든 환경이 변화하므로 하나님의 뜻도 변화하여야 한다고 주장한다. 그러나 하나님의 뜻을 일정하며 변하지 아니한다. 만약 하나님의 뜻이 변화한다면, 극단적으로 믿지 아니하는 자들도 구원을 얻을 수 있다는 이론이 제기될 수 있다. Wayne Grudem, 상, op. cit., pp .228, 229.

은 육체와 영을 가지고 있는 유일한 피조물이다. 천사는 육체가 없는 영적인 완전한 피조물이다. 사람의 육신은 식물과 동물로부터 양식을 섭취하여 살아가며 그 영은 하나님의 말씀을 순종함으로 살아가는 완전한 피조물이다. 천사는 하나님의 계명을 순종함으로 살아가는 완전한 피조물이다.

2) 하나님께서 창조한 피조물의 완전성은 천사와 사람에게도 그대로 적용된다. 천사와 사람은 모든 피조물 가운데서 특별히 하나님의 계명을 순종하여야만 그 생명을 유지할 수 있다. 사람에게는 본능과 인격이 있다. 하나님은 사람에게 생존과 종족 번식을 위하여 본능을 주셨고 또한 인격을 주셔서 하나님의 계명을 순종할 수 있게 하셨다. 사람은 본능이 있으므로 일반 동물처럼 생존하고 생식을 통하여 종족을 이어갈 수 있다. 사람은 인격이 있으므로 땅을 정복하여 문명을 건설하고 문화생활을 하며 하나님의 말씀을 명령으로 받아 순종할 수 있다(창 1:28). 하나님께서 창조시에 사람에게 주신 본능은 사람이 살아가는데 있어서 부족함이 없다. 사람의 인격은 사람이 땅을 정복하고 하나님의 말씀을 순종하는데 있어서 부족함이 없다.

3) 사람은 동물과는 달리 영을 가지고 있다. 사람의 육신은 식물(음식)을 섭취함으로 살아가지만, 그 영은 하나님의 말씀을 순종함으로 살아간다. 사람의 육신은 식물을 통하여 살아가는 완전한 존재이며, 그 영은 하나님의 말씀을 순종함으로 살아가는 완전한 존재이다. 사람의 육체가 완전하다는 것은 식물을 먹고 소화시키고 성장하고 활동하는데 있어서 완전하다는 것이다. 사람의 모든 장기는 각각 다른 기능을 가지고 있으며, 그 기능은 완전무결하다. 위는 소화기관으로, 폐는 호흡을 통하여 피를 맑게 하는 기관으로, 간은 각종 영양소를 분해하는 기관으로, 신장은 노폐물을 걸러내는 기관으로 완전하게 창조되었다. 그리고 눈, 코, 귀 및 입도 완전하게 창조되었다. 육체가 완전하게 창조된 것 같이, 사람의 영도 말씀을 통하여 생명을 얻는 완전한 존재로 창조되었다. 사람이 하나님의 말씀을 믿고 순종하면, 그 영은 예외 없이 생명을 얻는다. 그러나 말씀을 믿지 아니하고 순종하지 아니하면, 그 영은 반드시 죽는다. **"모든 영혼이 다 내게 속한지라 아비의 영혼이 내게 속함 같이 아들의 영혼도 내게 속하였나니 죄를 범하는 그 영혼이 죽으리라"** (겔 18:4).

4) 사람의 육신은 식물을 섭취하여 살아가는 완전한 피조물이므로 식물 이외에 무생물(흙이나 돌)을 먹고 살아갈 수 없다. 사람의 영은 하나님의 말씀을 순종함으로 살아가는 완전한 존재이므로 세상지식이나 윤리와 도덕을 통하여 살 수 없다.28) 사람의 영은 하나님의 말씀으로만 생명을 얻을 수 있다. 곧 사람의 영은 하나님의 말씀을 순종함으로 의로움과 거룩함을 얻을 수 있다. 사람이 육체의 훈련과 절제를 통하여 윤리와 도덕을 지키고 올바르게 살았다고 하더라도, 그 영이 생명을 얻는 것이 아니다. 이방종교인들은 올바르게 살기 위하여 오랜 기간 동안 육체를 절제하고 수양하지만 하나님의 말씀을 버렸기 때문에 생명을 얻지 못한다. 사람의 영은 세상지식과 육체의 행위로 살아가는 것이 아니라 오직 하나님의 말씀으로만 살아갈 수 있다. **"누가 철학과 헛된 속임수로 너희를 노략할까 주의하라 이것이 사람의 유전과 세상의 초등학문을 좇음이요 그리스도를 좇음이 아니니라"** (골 2:8). **"사람이 의롭게 되는 것은 율법의 행위에서 난 것이 아니요 오직 예수 그리스도를 믿음으로 말미암는줄 아는고로 우리도 그리스도 예수를 믿나니 이는 우리가 율법의 행위에서 아니고 그리스도를 믿음으로써 의롭다하심을 얻으려 함이라 율법의 행위로서는 의롭다하심을 얻을 육체가 없느니라"** (갈 2:16).

5) 사람의 육체가 음식을 소화시키고 이로부터 영양소를 섭취하도록 완전하게 창조된 것과 같이, 사람은 인격으로 하나님의 말씀을 순종하므로 영이 생명을 얻을 수 있게 완전하게 창조되었다. 사람의 육체가 소화기관을 통하여 음식을 소화시키는 것과 같이, 사람의 영은 인격을 통하여 하나님의 말씀을 순종할 수 있다. 사람은 지성으로 하나님의 말씀을 통하여 하나님의 뜻을 알고 의지로 하나님의 말씀을 순종하며 감성으로 하나님의 말씀을 기뻐하는 피조물로 완전하게 창조되었다. 사람이 인격으로 하나님의 말씀을 순종하면 그 영은 생명을 얻을 수 있는 피조물로 완전하게 창조되었다. 사람은 인격이 있으므로 하나님의 말씀을 명령으로 받을 수 있으나, 동물은 인격이 없으므로 하나님의 말씀을 명령으로 받지 못한다. 사람은 인격이 있으므로 땅을 정복하여 문명을 건설하고 문화생활을 하며 하나님의 말씀을 순종함으로 생명을 얻을 수 있다. 그러나 동물은 인격이

---

28) H. D. Johnson, "Life" in Dictionary of Jesus and the Gospels, ed. Joel B. Green, Scot Mcnight and I. Howard Marshall, 번역위원회 역, 예수 복음서 사전(요단출판사, 2003), p. 548.

없으므로 문명을 건설하지 못한다. 단지 동물은 본능에 따라서 둥지를 짓거나 굴을 팔 수 있다.

6) 하나님은 자기의 영광을 위하여 사람을 지으셨으며(사 43:7), 사람은 하나님의 형상을 따라서 창조되었다. **"하나님이 자기 형상 곧 하나님의 형상대로 사람을 창조하시되 남자와 여자를 창조하시고"** (창 1:27). 하나님의 형상이란 무엇인가. 예수 그리스도는 하나님의 형상이라고 성경은 말씀한다. **"그는 보이지 아니하시는 하나님의 형상이요 모든 창조물보다 먼저 나신 자니"** (골 1:15). 만물이 창조되기 전에 하나님의 형상인 하나님의 아들이 계셨고 사람은 그의 형상을 따라서 창조되었다(고후 4:4). 사람이 하나님의 형상으로 창조되었으므로 하나님의 영광을 나타낼 수 있다. 사람은 하나님의 형상인 동시에 영적인 존재이므로 하나님의 영광을 위하여 일할 수 있다.[29] **"이러므로 그리스도께서 우리를 받아 하나님께 영광을 돌리심과 같이 너희도 서로 받으라"** (롬 15:7). 영적인 존재로서 사람은 하나님의 형상을 닮을 수 있다. **"나의 자녀들아 너희 속에 그리스도의 형상이 이루기까지 다시 너희를 위하여 해산하는 수고를 하노니"** (갈 4:19).

7) 사람은 하나님의 말씀을 믿고 순종함으로 하나님의 영광을 나타내는 완전한 피조물이다. 사람은 하나님을 믿고 그의 말씀을 순종함으로 예수 그리스도를 본받아 하나님의 형상을 닮아가는 완전한 존재이다. 따라서 사람이 하나님의 말씀을 떠나서는 하나님의 영광을 위하여 일할 수 없고 하나님의 형상을 닮아갈 수도 없다. 사람이 오래 동안 세상을 떠나서 수도(녀)원에서 수양하고 절제하며 살아왔다고 하더라도, 하나님은 그 사람을 통하여 영광을 나타내는 것은 아니다. 말과 소가 고기를 먹을 수 없는 것처럼, 사람이 하나님의 말씀을 버리고 세상 학문과 윤리와 도덕을 통하여 하나님의 영광을 나타낼 수 없다. 사람이 하나님의 말씀을 떠나면 구원을 얻을 수 없다. 사자가 육식동물로서 완전한 것 같이, 사람은 하나님의 말씀 안에서만 생명을 얻고 하나님께 영광을 나타내며 하나님의 형상을 닮아가는 완전한 피조물이다.

8) 천사도 완전하게 창조되었다. 천사는 육체가 없으므로 생존과 생식을 위한 본능이

---

[29] 영이 없고 육체만 있으며 인격이 없는 동물은 하나님의 말씀을 순종할 수 없으며 동시에 하나님의 영광을 위하여 일할 수 없다.

없으며 하나님의 말씀을 순종하는데 필요한 인격만 있다. 천사는 하나님의 말씀으로만 살아가는 완전한 피조물이므로 음식이나 세상지식으로 살아갈 수 없다. 육체가 없는 천사는 결혼을 통하여 그 개체수를 늘려가지 못하므로 창조시에 모든 천사가 각각 창조되었다. 창조시에 모든 천사에게 그들의 직분이 부여되었고 모든 천사들은 각각 그 직분을 수행할 수 있는 능력을 받았다. 따라서 천사는 교육과 훈련을 받지 아니한다. 천사들의 인격은 직분을 수행할 수 있도록 완전하게 창조되었다.

9) 사람과 천사의 창조계획은 완전하다. 사람은 육체와 영혼을 가진 완전한 피조물이며, 천사는 육체가 없는 완전한 영적인 피조물이다. 사람의 육체는 음식으로 살아가며 그 영은 하나님의 말씀으로 살아가는 완전한 피조물이다. 사람의 영은 윤리와 도덕, 세상 학문과 철학, 구제와 선행으로 생명을 얻지 못하고 오직 하나님의 말씀으로 살아간다. 천사는 육체가 없으므로 결혼하지 아니하며 하나님의 계명으로 살아가는 완전한 피조물이다. 만물은 완전한 창조계획에 의하여 완전하게 창조되었다.30)

(3) 이해를 위한 질문

1) 창조계획과 창조사역의 완전성

a. 하나님은 공간과 장소와 시간을 초월로 전지전능하신 분이다(창 17:1). 하나님의 창조계획이 완전하다는 것은 무엇을 의미하는가(마 5:48).

b. 창조계획이 완전하다면 만물이 완전하게 창조되었을 것이다. 그렇다면 동식물은 진화할 수 있는가.

c. 많은 동식물들이 환경의 변화에 의하여 적응하지 못하고 멸종의 길을 가는 이유는 무엇일까.

d. 창조계획이 완전하다는 증거는 무엇인가.

2) 완전한 피조물인 천사와 사람

a. 하나님께서 만물을 창조하시고 그것들을 보시고 좋게 여기신 이유는 무엇인가 (창 1:31).

---

30) Wayne Grudem, 상, op. cit., p. 444.

b. 사람의 육체가 완전하게 창조되었다는 증거는 무엇인가.

c. 사람의 영은 하나님의 말씀으로만 살아갈 수 있는 완전한 존재라면 윤리와 도덕으로 생명을 얻을 수 있는가(마 15:6; 갈 1:8).

d. 사람과 천사가 하나님의 말씀으로 생명을 얻어야 하는 이유는 무엇인가(레 18:5).

2. 하늘과 우주의 창조

(1) 하나님의 영광과 만물의 창조 목적

1) 공간과 장소를 초월하여 스스로 계신 하나님께서 하늘과 우주를 창조하신 목적은 무엇일까. 성경은 창조 목적을 두 가지로 말씀한다. 하나는 하나님의 영광을 나타내는 것, 다른 하나는 하나님의 아들을 위한 것이다. 삼위일체 하나님 가운데 아들만이 육신을 입으셨다. 아들이 육신을 입으려면 공간과 장소가 있어야 한다. 따라서 만물은 아들을 위하여 창조되었다고 말할 수 있다.

2) 첫째, 하나님은 자기의 영광을 위하여 만물을 창조하셨다(사 43:7). "영광을 위하다"란 영광을 받는 것이 아니라 나타내는 것이다. 하나님은 부족한 것이 조금도 없는 분이시기 때문이다(행 17:25). 하나님은 공간과 장소를 초월하여 영광 가운데 계시므로 영광으로 충만하다. 따라서 하나님은 영광이 부족하여 만물을 통하여 영광을 받으시려고 만물을 창조하신 것은 아니다. 하나님은 영광을 나타내기 위하여 만물을 창조하셨다.[31] 만물에 체화된 하나님의 창조질서를 통하여 하나님의 영광이 나타나고 있다. 우주 공간에 있는 모든 행성들이 충돌하지 아니하고 정하여진 궤도를 운행하는 것, 동물이 본능에 따라서 살아가는 것, 사람이 인격으로 문명을 건설하고 문화생활을 하는 것, 지구상에 있는 모든 물질이 고유한 특성을 가지고 있는 것 등이 창조질서이다. 만물은 창조질서를 통하여 하나님의 영광을 나타낸다.

3) 우주 안에 있는 만물이 하나님의 영광을 나타내고 있다. **"하늘이 하나님의 영광을 선포하고 궁창이 그 손으로 하신 일을 나타내는도다" (시 19:1).** 하늘에는 해와 달이 없지만 하늘보좌로부터 나오는 영광의 빛이 비취고 있다(계 21:23). 우주 안에는 하나님

---

[31] Heinrich Heppe, op. cit., p. 293.

의 보좌로부터 나오는 영광의 빛이 비취지 아니하지만 만물이 하나님의 속성을 통하여 영광을 나타내고 있다. 하나님은 전능하신 능력으로 만물을 창조하셨으므로 이것들은 하나님의 전지전능하심으로 보여준다. 곧 만물은 하나님의 전지전능하심과 그의 신성을 보여준다. **"창세로부터 그의 보이지 아니하는 것들 곧 그의 영원하신 능력과 신성이 그 만드신 만물에 분명히 보여 알게 되나니 그러므로 저희가 핑계치 못할찌니라"** (롬 1:20). "영원하신 능력과 신성"이란 전지전능하신 하나님의 능력과 선하심을 의미한다. 만물은 선하게 창조되었기 때문이다. **"하나님의 지으신 모든 것이 선하매 감사함으로 받으면 버릴 것이 없나니"** (딤전 4:4). 우주공간에 있는 많은 행성들과 지구상의 모든 동식물은 하나님의 전지전능하심과 선하심을 나타낸다.

4) 우주 안에 있는 모든 것들 안에 하나님의 속성 곧, 전지전능하심과 선하심이 체화되어 있다. 만물의 창조를 명하신 말씀을 통하여 계시된 하나님의 속성이 만물에 체화되어 있다. 예를 들어 의사의 두뇌 안에는 생리학과 의학에 대한 전문지식이 체화되어 있다. 변호사의 두뇌 안에는 법률에 관한 전문지식에 체화되어 있다. 이와 같이 우주 안에 있는 모든 것들 안에는 하나님의 속성이 체화되었다. 의사와 변호사는 그에게 체화된 지식을 통하여 그들의 영광을 나타내고 있다. 운동선수들도 마찬가지이다. 운동선수는 그의 육체에 체화된 능력을 통하여 그의 영광을 나타낸다. 이와 같이 우주 안에 있는 만물은 그 안에 체화된 하나님의 속성을 통하여 하나님의 영광을 나타내고 있다.

5) 만물을 통하여 계시되는 하나님의 영광은 실상이 아니고 모형과 그림자이다. 예를 들어보자. 태양은 창조시에 체화된 하나님의 전능하심을 통하여 하나님의 영광을 나타내고 있다. 그러나 모든 사람이 태양을 통하여 하나님의 영광을 볼 수 있는 것은 아니다. 하나님의 전능하신 능력과 창조사역을 믿는 자만이 하나님의 영광을 알고 하나님께 영광을 돌린다. 믿지 아니하는 자는 그 영광을 보지 못한다. 그 이유는 태양을 통하여 나타나는 하나님의 영광이 모형과 그림자이기 때문이다. 만물이 하나님의 영원하신 능력과 신성을 보여주지만, 믿지 아니하는 자는 만물을 통하여 하나님의 영광을 보지 못한다. 오직 믿는 자만이 그 영광을 본다. **"예수께서 가라사대 내 말이 네가 믿으면 하나님의 영광을 보리라 하지 아니하였느냐 하신대"** (요11:40).

6) 둘째, 만물은 아들을 위하여 창조되었다. **"만물이 그에게 창조되되 하늘과 땅에서 보이는 것들과 보이지 않는 것들과 혹은 보좌들이나 주관들이나 정사들이나 권세들이나 만물이 다 그로 말미암고 그를 위하여 창조되었고"** (골 1:16). "그를 위하여 창조되었다"란 만물이 아들을 위하여 창조되었다는 것을 의미한다. "아들"이란 육신으로 임하신 예수 그리스도를 말한다. 아들이 육신으로 임하시려면 공간과 장소가 있어야 한다. 우주는 아들이 육신으로 임하셔서 죽고 부활하신 공간과 장소이다. 하늘은 아들이 부활하여 승천하신 뒤에 보좌에 앉아 의와 공의로 만물을 통치하는 공간과 장소이다.

7) 하나님께서 아들을 위하여 만물을 창조하신 이유는 그의 뜻의 성취와 관련된다. 하나님 아버지께서 그리스도 예수 안에서 그의 뜻을 작정하셨다. **"곧 영원부터 우리 주 그리스도 예수 안에서 예정하신 뜻대로 하신 것이라"** (엡 3:11). "그리스도"란 육신으로 임하셔서 기름 부음을 받으신 하나님의 아들을 의미한다. "그리스도 예수 안에서 예정하다"란 하나님 아버지의 뜻이 그리스도 예수 안에서 성취된다는 것을 의미한다. 곧 하나님 아버지께서 그의 뜻을 작정하시고 그 뜻의 성취를 아들에게 맡기셨다. 하나님께서 그의 뜻을 성취하기 위하여 아들을 육신으로 보내셨다. **"내가 하늘로서 내려온 것은 내 뜻을 행하려 함이 아니요 나를 보내신 이의 뜻을 행하려 함이니라 나를 보내신 이의 뜻은 내게 주신 자 중에 내가 하나도 잃어버리지 아니하고 마지막 날에 다시 살리는 이것이니라"** (요 6:38,39).

8) 하나님 아버지의 뜻은 예수 이름을 믿는 자들이 생명을 얻는 것이다. **"내 아버지의 뜻은 아들을 보고 믿는 자마다 영생을 얻는 이것이니 마지막 날에 내가 이를 다시 살리리라 하시니라"** (요 6:40). 이 말씀은 세상의 죄와 거룩한 피에 의한 속죄를 전제로 한다. "영생을 얻다"란 인류가 죄로 인하여 사망에 이른 것을 전제로 한다. 믿음으로 영생을 얻으려면 거룩한 피로 세상 죄를 대속하여야 한다. **"율법을 좇아 거의 모든 물건이 피로써 정결케 되나니 피 흘림이 없은즉 사함이 없느니라"** (히 9:22). 하나님 아버지의 뜻은 믿는 자에게 영생을 주는 것이고 그 뜻이 아들을 통하여 성취된다면, 아들은 육신으로 임하셔서 거룩한 피를 흘림으로 인류의 죄를 대속하셔야 한다.

9) 만물이 하나님의 영광을 나타내는 그릇과 하나님 아버지의 뜻을 성취하는 공간과

장소로 창조되었다고 전제하면, 하나님의 영광은 아버지의 뜻이 성취됨으로 나타난다고 말할 수 있다. 하나님의 아들이 육신으로 임하셔서 그의 피로써 인류의 죄를 대속함으로 하나님의 뜻을 성취하셨고 이로써 하나님의 영광이 나타났다. 예수 그리스도께서 자신의 죽음으로 하나님의 영광이 나타날 것을 말씀하셨다. **"저가 나간 후에 예수께서 가라사대 지금 인자가 영광을 얻었고 하나님도 인자를 인하여 영광을 얻으셨도다" (요 13:31).** "하나님도 인자를 인하여 영광을 얻으셨다"란 아들의 죽음을 통하여 하나님의 영광이 나타난 것을 의미한다.

10) 예수 그리스도께서 죽으심으로 인류의 죄를 대속하셨을 때, 창조주 하나님의 영광이 나타났다. 만물을 창조하신 하나님만이 만물을 통치하시며 원하는 자들의 죄를 사하실 수 있기 때문이다.[32] 예수 그리스도께서 인류의 죄를 대속하셨다면 그를 보내신 하나님은 만물을 창조하신 하나님이다. 예수 그리스도의 죽으심으로 하나님께서 만물을 창조하셨다는 증거가 나타났다. 예수 그리스도의 죽음으로 창조주 하나님의 영광이 나타났고 그를 보내신 하나님 아버지께서 영광을 받으셨다. 만물을 통하여 자신의 전능하심을 나타내시는 하나님께서 아들을 통하여 만물의 통치자로서의 영광을 나타내셨다.

11) 예수 그리스도께서 아버지의 뜻을 이루심으로 아버지의 영광을 나타내셨다. **"아버지께서 내게 하라고 주신 일을 내가 이루어 아버지를 이 세상에서 영화롭게 하였사오니" (요 17:4).** 아버지께서 아들을 통하여 영광을 얻으셨다. **"만일 하나님이 저로 인하여 영광을 얻으셨으면 하나님도 자기로 인하여 저에게 영광을 주시리니 곧 주시리라" (요 13:32).** 따라서 성경은 예수 그리스도를 하나님의 영광이라고 말씀한다. **"말씀이 육신이 되어 우리 가운데 거하시매 우리가 그 영광을 보니 아버지의 독생자의 영광이요 은혜와 진리가 충만하더라" (요 1:14).** 하나님은 아들을 통하여 만물의 창조와 통치, 인류의 죄의 대속과 믿는 자들의 구원, 악한 영들의 심판과 형벌을 보여주셨다. 예수 그리스도의 사역을 통하여 하나님의 영광이 나타났다.

12) 하나님의 영광은 하나님의 존재를 나타낸다. 예수 그리스도의 사역을 통하여

---

32) 대한민국에서는 대통령만이 사면권을 행사할 수 있다. 이와 같이 만물의 통치자만이 인류의 죄를 사하실 수 있다.

하나님의 영광이 나타났을 때 믿는 자는 그 영광을 보았다(요 11:40). 베드로는 예수 그리스도를 통하여 하나님의 영광을 보고 믿음의 고백을 하였다. **"시몬 베드로가 대답하여 가로되 주는 그리스도시요 살아계신 하나님의 아들이시니이다"** (마 16:16). 도마는 믿음으로 예수 그리스도를 통하여 하나님의 영광을 보았다. **"도마가 대답하여 가로되 나의 주시며 나의 하나님이시니이다"** (요 20:28). 예수 그리스도를 통하여 나타나는 하나님의 영광은 영적인 빛이다. **"이는 하나님의 영광의 광채시요 그 본체의 형상이시라 그의 능력의 말씀으로 만물을 붙드시며 죄를 정결케 하는 일을 하시고 높은 곳에 계신 위엄의 우편에 앉으셨느니라"** (히 1:3). "영광의 광채"란 영광의 빛을 말한다.33) 예수 그리스도는 어둠을 비추는 영광의 광채이다. 태양으로부터 빛이 나오듯이, 그리스도로부터 하나님의 영광의 빛이 나온다.34) 하나님 아버지께서 그의 영광을 아들에게 주셨고 아들을 통하여 영광의 빛이 비취게 하셨다. 따라서 예수 그리스도는 하나님의 영광을 비취는 등이다.

13) 예수 그리스도께서 우주 안에 있는 만물을 통하여 아버지의 뜻을 성취하심으로 아버지의 영광을 나타내셨다. 예수 그리스도께서 사람의 몸을 통하여 육신으로 임하셔서 아버지의 뜻을 성취하셨다. 예수 그리스도께서 지구 안에 있는 모든 것들을 이용하여 생활하셨다. 지구 안에 있는 모든 것들이 예수 그리스도를 위하여 그 사명을 다하고 있다. 예수 그리스도께서 만물을 통하여 아버지의 뜻을 성취하심으로 아버지의 영광을 나타내셨으므로, 만물은 예수 그리스도를 통하여 하나님의 영광을 나타낸다고 말할 수 있다. 만물은 하나님의 아들을 위하여 존재하며, 예수 그리스도는 만물을 통하여 아버지의 영광을 나타내신다.

14) 하나님께서 자기의 영광을 나타내기 위하여, 그리고 아들을 위하여 만물을 창조하셨다. 만물은 하나님의 영광을 나타낸다. 만물에 체화된 하나님의 전지전능하심과 선하심이 하나님의 영광을 나타낸다. 만물은 육신으로 임하실 아들을 위하여 창조되었

---

33) 하늘에는 태양이 없지만 예수 그리스도로부터 나오는 영광의 광채가 비취고 있다(계 21:23). 영광의 빛은 육체를 초월하여 영안으로 볼 수 있다.
34) William Hendriksen, New Testament Commentary, Hebrew(Baker book House 1982), pp. 29, 30.

다. 아들은 만물을 통하여 아버지의 뜻을 성취하심으로 아버지의 영광을 나타내셨다. 아버지의 뜻과 속성과 말씀이 아들을 통하여 온전히 계시되었다. 따라서 예수 그리스도는 하나님의 본체이고 하나님의 형상이며 하나님의 영광이다. 하나님은 자기의 영광을 위하여 만물을 창조하셨다.

(2) 하늘의 창조

1) 하나님은 하늘과 우주를 창조하셨다(창 1:1). 하늘은 영계로서 우주 밖에 있으며, 우주는 물질계로 창조되었다. 하늘은 하나님의 영광의 우편에 창조되었고 낙원과 아버지의 집으로 구분한다. 우주는 처음에 흑암으로 창조되었고 6일간의 창조사역을 통하여 지금의 우주로 창조되었다. 우주는 사람이 살아가는 태양계와 기타 은하계로 구분한다. 하늘에는 아들을 위한 보좌와 하나님의 이름을 둔 성전이 있다.

2) 공간과 장소를 초월하여 영광 가운데 계신 하나님께서 그 영광의 우편에 하늘을 창조하셨다. 하나님의 영광의 우편 곧, 하늘에 아들을 위한 보좌가 있다. **"아들에 관하여는 하나님이여 주의 보좌가 영영하며 주의 나라의 홀은 공평한 홀이니이다"** (히 1:8). 예수 그리스도께서 부활하신 뒤에 하늘보좌에 오르셨다. 그 보좌는 하나님의 영광의 우편에 있다. **"주 예수께서 말씀을 마치신 후에 하늘로 올리우사 하나님 우편에 앉으시니라"** (막 16:19). "하나님의 우편"이란 하나님의 영광의 우편을 의미한다. 스데반은 순교하기 직전에 하나님의 영광의 우편에 계신 예수 그리스도를 보았다. **"스데반이 성령이 충만하여 하늘을 우러러 주목하여 하나님의 영광과 및 예수께서 하나님 우편에 서신 것을 보고 말하되 보라 하늘이 열리고 인자가 하나님 우편에 서신 것을 보노라 한 대"** (행 7:55,56). 예수 그리스도께서 하나님의 우편에 계시다는 것은 하늘이 하나님의 영광의 우편에 창조되었다는 것을 의미한다. 하늘이 창조되었지만 하나님께서 그곳에만 계신 것은 아니다. 하나님은 영광 가운데 스스로 계신다. 호렙산에서 모세와 말씀하실 때 하나님은 공간과 장소, 그리고 영광 가운데 계셨다.

3) 하늘은 물질이 아니라 영계이므로 영적인 빛이 비취고 있다. 그 빛은 태양 빛이 아니라 하나님의 영광의 빛이다. 하나님의 영광은 영적인 빛이다. 그 빛은 창조된 것이

아니라 하나님께로부터 나오는 빛이다. 하늘에는 태양과 달이 없지만 하나님께로부터 나오는 영광의 빛이 비취고 있다. 예수 그리스도께서 승천하신 이후부터 그로부터 영광의 빛이 온 하늘을 비취고 있다. **"그 성은 해나 달의 비췸이 쓸데없으니 이는 하나님의 영광이 비취고 어린 양이 그 등이 되심이라"** (계 21:23).

4) 하나님의 영광의 빛이 그리스도를 통하여 나온다면, 그가 승천하기 전에 하늘에 비취던 영광의 빛에 대하여 살펴보자. 예수 그리스도께서 육신으로 임하시기 전에 하늘보좌에 계셨던 것은 아니다. 그는 공간과 장소를 초월하여 아버지의 품속에 계셨다. **"본래 하나님을 본 사람이 없으되 아버지 품속에 있는 독생하신 하나님이 나타내셨느니라"** (요 1:18). 따라서 창세 이후 예수 그리스도께서 육신으로 임하시기 전에 하늘보좌는 비어있었다. 그 보좌는 장차 육신으로 임하실 아들을 위하여 예비되었으므로, 승천하신 그리스도 이외에 아무도 그 보좌에 앉지 못하였다.[35] 그 보좌가 아들을 위하여 예비되었다는 증거로 하나님께서 보좌에 아들의 이름을 두셨다. 하늘보좌는 하나님의 아들이 만물을 통치하는 왕이라는 증거와 아들의 존재를 나타난다. 영광은 하나님의 존재를 나타내므로, 하나님의 영광이 아들의 보좌를 통하여 나오고 있다고 말할 수 있다.

5) 하나님과 영광은 분리할 수 없으므로, 영광은 하나님의 존재를 의미한다. 하나님은 그의 이름과 말씀으로 그의 존재를 나타내셨고 마지막 날에 아들을 통하여 그의 형상을 나타내셨다. 육신으로 임하신 아들은 하나님의 뜻과 말씀, 하나님의 사역과 속성을 나타내셨다. 따라서 예수 그리스도는 하나님의 본체라고 성경은 말씀한다. **"그는 근본 하나님의 본체시나 하나님과 동등됨을 취할 것으로 여기지 아니하시고"** (빌 2:6). 예수 그리스도는 보이지 아니하는 하나님의 형상과 본체이다. 예수 그리스도는 하나님의 존재를 나타내므로 그로부터 하나님의 영광이 비취고 있다. 예수 그리스도께서 육신으로 임하시기 전에 아버지의 품속에 계실 때 그로부터 나오는 영광이 온 하늘에 비취고 있었다. 하늘보좌는 하나님의 존재를 나타내며 그 곳에 아들의 이름이 있으므로 그 보좌로부터

---

[35] 하나님은 스스로 계시므로 존재하기 위하여 공간과 장소를 필요로 하지 아니하신다. 따라서 공간과 장소는 육신으로 임하신 아들을 위하여 창조되었다고 말할 수 있다. 하늘보좌와 하늘성전은 육신으로 임하신 아들을 위하여 창조되었고 그 곳에 아들의 이름이 있다고 말할 수 있다.

하나님의 영광이 나온다고 말할 수 있다.

6) 하나님께서 만물을 창조하시고 이것들을 통치하기 위하여 하늘에 보좌를 예비하셨다. **"여호와께서 영영히 앉으심이여 심판을 위하여 보좌를 예비하셨도다"** (시 9:7). 이 보좌는 아들을 위한 것이다(히 1:8). 태초에 하나님은 아들을 통하여 만물을 의와 공의로 통치하실 뜻을 작정하셨다. **"의와 공의가 주의 보좌의 기초라 인자함과 진실함이 주를 앞서 행하나이다"** (시 89:14). 아들이 육신으로 임하기 전에 보좌는 비어있었지만 하나님의 말씀이 하늘보좌를 통하여 나왔다. **"보좌에서 음성이 나서 가로되 하나님의 종들 곧 그를 경외하는 너희들아 무론대소하고 다 우리 하나님께 찬송하라 하더라"** (계 19:5). 하나님의 말씀이 보좌에서 나온다는 것은 영광이 보좌로부터 나온다는 것을 의미한다. 따라서 하나님의 영광과 보좌는 분리할 수 없다. 예수 그리스도께서 부활하신 뒤에 영광의 보좌에 오르셨다(막 16:19). 예수 그리스도께서 하늘보좌에 앉아 의와 공의로 만물을 통치하신다.

7) 하늘에는 아들의 이름을 둔 성전이 있다. **"또 이 일 후에 내가 보니 하늘에 증거 장막의 성전이 열리며"** (계 15:5). 스스로 계시는 하나님은 만물보다 크시므로 하늘성전에 계시지 아니한다. **"여호와께서 이같이 말씀하시되 하늘은 나의 보좌요 땅은 나의 발등상이니 너희가 나를 위하여 무슨 집을 지을꼬 나의 안식할 처소가 어디랴"** (사 66:1). 솔로몬이 지은 성전에 하나님의 이름이 있던 것과 같이 하늘성전에 아들의 이름이 있다(왕상 9:3). 하늘성전은 인류의 죄를 대속하기 위하여 예비되었다. 따라서 예수 그리스도께서 자기의 피를 가지고 하늘성전에 들어가서 인류의 죄를 속하셨다. **"그리스도께서는 참 것의 그림자인 손으로 만든 성소에 들어가지 아니하시고 오직 참 하늘에 들어가사 이제 우리를 위하여 하나님 앞에 나타나시고"** (히 9:24). 예수 그리스도께서 그의 피를 가지고 하늘성전에 들어가심으로 그 성전의 사명이 끝났다. 이제는 그리스도께서 하늘성전이 되신다. **"성 안에 성전을 내가 보지 못하였으니 이는 주 하나님 곧 전능하신 이와 및 어린 양이 그 성전이심이라"** (계 21:22). 예수 그리스도의 몸은 하늘성전의 실체이므로 하늘성전에 아들의 이름이 있다고 말할 수 있다.36)

---

36) 모세의 성막은 하늘성전의 모형과 그림자이다. 하나님께서 예루살렘 성전에 자기의 이름을

8) 하늘은 낙원과 아버지의 집으로 구분할 수 있다. 예수 그리스도를 믿음으로 구원을 받은 자는 육체가 죽은 뒤에 그 영은 낙원으로 올라간다. 예수 그리스도께서 죽은 후에 그를 믿은 강도와 함께 낙원으로 들어가셨다. **"예수께서 이르시되 내가 진실로 네게 이르노니 오늘 네가 나와 함께 낙원에 있으리라 하시니라"(눅 23:43)**.37) 안식 후 첫 날 예수 그리스도의 영혼이 낙원에서 나와 지상에 있는 그의 육체와 결합함으로 부활하셨다. 따라서 낙원은 구원받은 자들의 영혼이 들어가서 안식을 누리며 부활을 기다리는 곳이라고 말할 수 있다.38) 성도들은 살아있는 동안에 환상 가운데서 영적으로 낙원에 올라갈 수 있다. 사도 바울은 환상 가운데 낙원에 올라가서 하나님의 영광을 보았다. **"그가 낙원으로 이끌려가서 말할 수 없는 말을 들었으니 사람이 가히 이르지 못할 말이로다"(고후 12:4)**.

9) 아버지의 집은 부활한 몸으로 들어가는 곳이다. 예수 그리스도께서 부활하신 뒤에 아버지의 집으로 들어가셨다. **"예수께서 이르시되 나를 만지지 말라 내가 아직 아버지께로 올라가지 못하였노라 너는 내 형제들에게 가서 이르되 내가 내 아버지 곧 너희 아버지, 내 하나님 곧 너희 하나님께로 올라간다 하라 하신대"(요 20:17)**. 아버지의 집에서 예수 그리스도께서 구원받은 자들을 위하여 처소를 예비하고 계신다. 예수 그리스도께서 모든 처소를 예비하신 뒤에 다시 오셔서 구원받은 자들을 아버지의 집으로 인도하실 것이다. **"내 아버지 집에 거할 곳이 많도다 그렇지 않으면 너희에게 일렀으리라 내가 너희를 위하여 처소를 예비하러 가노니 가서 너희를 위하여 처소를 예비하면 내가 다시 와서 너희를 내게로 영접하여 나 있는 곳에 너희도 있게 하리라"(요 14:3)**. 예수 그리스도께서 다시 오신다는 것은 그의 재림을 의미하므로 그리스도의 재림시에 성도들이 부활한다는 것을 전제로 하면, 아버지의 집은 구원받은 자들이 부활한 몸으로 들어가는 곳이라고 말할 수 있다.39)

두셨다(왕상 9:3). 이와 같이 하늘성전에 하나님의 아들의 이름이 있다.
37) 이 말씀은 낙원이 죄인의 영혼이 들어가는 음부와 대응되는 장소와 공간이라고 말할 수 있다. 죄인이 죽으면 그의 영혼은 음부로 들어간다(눅 16:23).
38) J. Jeremias, "παράδεισος" ed. Gerhard Kittel and Gerhard Friedrich, op. cit., pp. 871, 872.
39) 예수 그리스도께서 강림하실 때에 낙원에서 안식하던 자들이 부활하여 그리스도와 함께 공중으로 임할 것이다. 그리고 지상에 있는 성도들은 부활하여 공중으로 끌려 올라갈 것이다

10) 낙원은 성도들이 죽은 뒤에 그들의 영혼이 들어가서 잠을 자는 것과 같이 안식을 누리는 곳이다. 예수 그리스도께서 강림하실 때 낙원에서 잠자던 자들이 모두 부활하여 그리스도와 함께 공중으로 임할 것이다. **"주께서 호령과 천사장의 소리와 하나님의 나팔로 친히 하늘로 좇아 강림하시리니 그리스도 안에서 죽은 자들이 먼저 일어나고"** (살전 4:16). 아버지의 집은 하늘보좌와 성전이 있는 곳이며 부활한 성도들이 들어가서 하나님의 영광에 참여하는 곳이다. 성경에서 말씀하는 천국이란 낙원과 아버지의 집을 포함하는 것으로 해석할 수 있다.40) 아버지의 집에는 아들을 위한 보좌와 성전이 있다. 하나님의 영광의 빛이 보좌에서 나와서 온 하늘에 비취고 있다. 하늘은 하나님의 영광과 하나님의 속성으로 충만하다. 낙원은 성도들이 죽은 뒤에 그들의 영혼이 들어가서 안식을 누리는 곳이며, 아버지의 집은 성도들이 부활하여 들어가는 곳이다.

(3) 우주의 창조

1) 우주는 흑암으로 창조되었다. 6일간의 창조사역을 통하여 우주 안에 있는 모든 것들이 창조되었다. 첫째 날 빛이 창조되었고 마지막으로 사람이 창조되었다. 우주 안에 있는 모든 것들은 하나님의 뜻을 성취하는 완전한 피조물로 창조되었으므로, 하나님께서 그것들을 기뻐하셨다. 우주는 사람이 살아갈 수 있는 최적의 상태로 창조되었다. 이로써 하나님의 아들이 육신으로 임하실 길이 준비되었다.

2) 우주는 흑암으로 창조되었다. **"땅이 혼돈하고 공허하며 흑암이 깊음 위에 있고 하나님의 신은 수면에 운행하시니라"** (창 1:2). "땅이 혼돈하고 공허하며 흑암이 깊음 위에 있고"란 최초에 창조된 우주의 상태를 말한다. 흑암이란 하나님의 영광의 빛이 없는 것을 의미한다. 하늘에는 하나님의 아들의 보좌에서 나오는 하나님의 영광의 빛이 비취고 있다. 그러나 우주에는 하나님의 영광의 빛이 없다. 하나님은 우주를 하나님의 영광이 없는 흑암으로 창조하셨다. 첫째 날 빛이 창조되었지만 우주는 여전히 흑암이었다.41) 예수

(살전 4:14~17).
40) Anthony A. Hoekema (The Bible and the Future, 류호준 역, 개혁주의 종말론 (기독교문서선교회 1994), pp. 147~151)는 낙원을 하늘로 표시하고 있다
41) 하나님의 영광은 영적인 빛이며 창조된 빛은 물질적인 빛이다. 흑암이란 물질의 빛이 없는 것이 아니라 영적인 빛이 없는 것을 말한다. 예수 그리스도는 하나님의 영광이다. 그가 오

그리스도께서 오실 때 우주는 흑암이었다. **"흑암에 앉은 백성이 큰 빛을 보았고 사망의 땅과 그늘에 앉은 자들에게 빛이 비취었도다 하였느니라"** (마 4:16).

3) 하나님은 첫째 날에 빛을 창조하셨다. **"하나님이 가라사대 빛이 있으라 하시매 빛이 있었고"** (창 1:3). 이 빛은 육신의 눈으로 볼 수 있는 빛과 볼 수 없는 빛을 포함한다. 곧 빛은 가시광선과 불가시광선으로 구분한다. 빛 가운데 적외선과 자외선은 육신의 눈으로 볼 수 없는 불가시광선이다. 사람은 육신의 눈으로 무지개 색깔로 나타나는 빛만을 볼 수 있다. 물리학에서 빛은 전자기파(파장)로 정의한다. (창 1:3~5)에서 말씀하는 빛이란 우주 안에 존재하는 모든 빛을 가리킨다. **"빛을 낮이라 칭하시고 어두움을 밤이라 칭하시니라 저녁이 되며 아침이 되니 이는 첫째 날이니라"** (창 1:4,5). 어두움이란 하나님의 영광이 없는 것을 말한다. 하나님께서 첫째 날에 빛을 창조하신 것은 모든 피조물 가운데 빛이 가장 중요하다는 것을 말해준다. 이 빛은 모든 생명체의 근원이다. 생명체는 태양 빛으로부터 에너지를 얻는다. 빛과 물과 공기는 동물과 식물에 있어서 생명의 근원이다. 물은 빛이 창조되기 전부터 있었으므로 하나님께서 빛을 첫째 날에 창조하셨다. 빛이 창조되므로 모든 생물체가 살아갈 터전이 마련되었다.

4) 둘째 날에 하나님은 궁창을 창조하시고 궁창 위의 물과 궁창 아래의 물을 나뉘게 하셨다. **"하나님이 가라사대 물 가운데 궁창이 있어 물과 물로 나뉘게 하리라 하시고 하나님이 궁창을 만드사 궁창 아래의 물과 궁창 위의 물로 나뉘게 하시매 그대로 되니라"** (창 1:6,7). 궁창은 우주 공간으로서 별들의 하늘과 새들의 하늘을 포함한다(창 1:14,20). 궁창 위의 물은 우주 벽을 형성하고 있는 물이다(시 148:4). "궁창 아래의 물"은 우주 내부에 있는 물로서 지구상에 있는 모든 물을 포함한다. 이것은 지구뿐만 아니라 다른 행성에도 물이 존재할 수 있다는 것을 계시하는 말씀이다. 화성과 다른 행성에도 물이 존재할 가능성이 있다. (창 1:2)에서 우주의 내부가 혼돈하며 공허하다고 말씀하고 있다. 우주 내부를 채우고 있던 흙먼지와 물안개가 커다란 물을 형성하면서 물의 일부는 우주 벽으로, 그 일부는 아래로 이동하였다. 이때 흙먼지는 물에 흡수된 것으로 보인다. 셋째 날 물에서 흙이 나온 것은 흙먼지가 물에 녹아서 흡수된 것을 의미

신 것은 흑암 가운데 영광의 빛이 임하신 것이다.

한다(창 1:9).

5) 셋째 날 하나님께서 육지와 바다와 강을 만드셨다. **"하나님이 가라사대 천하의 물이 한곳으로 모이고 뭍이 드러나라 하시매 그대로 되니라 하나님이 뭍을 땅이라 칭하시고 모인 물을 바다라 칭하시니라 하나님의 보시기에 좋았더라"** (창 1:9,10). 궁창 아래의 물이 한 곳으로 모임으로 바다가 되었고 뭍이 드러나므로 육지가 되었다. 셋째 날 이전까지는 물과 흙이 혼합되어 흙탕물로 존재하였으나, 셋째 날에 물과 흙이 분리되었다. 물속에서 흙이 나와서 대륙을 형성하였다. **"이는 하늘이 옛적부터 있는 것과 땅이 물에서 나와 물로 성립된 것도 하나님의 말씀으로 된 것을 저희가 부러 잊으려 함이로다"** (벧후 3:5). "땅이 물에서 나왔다"는 것은 궁창 아래의 물이 흙탕물이었다는 것을 의미한다.42)

6) 셋째 날에 하나님께서 모든 식물을 창조하셨다. **"하나님이 가라사대 땅은 풀과 씨 맺는 채소와 각기 종류대로 씨 가진 열매 맺는 과목을 내라 하시매 그대로 되어 땅이 풀과 각기 종류대로 씨 맺는 채소와 각기 종류대로 씨가진 열매 맺는 나무를 내니 하나님의 보시기에 좋았더라"** (창 1:11,12). 모든 식물이 씨로부터 싹이 나와서 성장한 것이 아니라, 오늘날 우리가 보는 것과 같이 크고 작은 모든 나무와 풀이 종류대로 창조되었다. 모든 곡식과 채소가 열매를 맺고 성장한 상태로 창조되었다. 셋째 날 하나님께서 창조한 식물은 지금 우리가 보는 것과 같은 상태이다. 하나님은 동물과 사람이 살아갈 수 있는 완전한 상태로 지구상의 모든 식물을 창조하셨다.

7) 넷째 날에 하나님께서 해와 달과 별을 창조하셨다. **"하나님이 두 큰 광명을 만드사 큰 광명으로 낮을 주관하게 하시고 작은 광명으로 밤을 주관하게 하시며 또 별들을 만드시고 하나님이 그것들을 하늘의 궁창에 두어 땅에 비취게 하시며"** (창 1:16,17). 하나님은 태양으로 하여금 낮을, 달과 별로 하여금 밤을 주관하게 하셨다. 해와 달이 창조되었고, 비로소 지구의 공전과 자전을 통하여 시간의 질서와 계절의 주기적 순환이 시작되었다. **"하나님이 가라사대 하늘의 궁창에 광명이 있어 주야를 나뉘게 하라 또**

---

42) 세계 곳곳에 있는 소금호수는 그 땅이 바다에서 솟아올랐다는 것을 말한다. 내륙에 흩어진 소금광산도 역시 땅이 물에서 나왔다는 것을 말하는 것이다.

그 광명으로 하여 징조와 사시와 일자와 연한이 이루라"(창 1:14).

8) 사계절과 일자와 연한과 관련하여, 빛과 어두움이 교차하는 낮과 밤에 대하여 살펴볼 필요가 있다. 첫째 날 빛이 창조된 뒤에 그 빛이 계속하여 쉬지 아니하고 비친 것이 아니다. 일정한 시간이 경과한 뒤에는 어둠이 오고. 일정한 시간이 지난 뒤에 다시 빛이 비취는 순환이 삼 일 동안 계속되었다. 이 기간 동안에 일어난 빛과 어둠의 교차는 지구의 회전에 의하여 발생하는 것이 아니라 하나님께서 명하신 것이다(창 1:4). 그러나 지구상의 식물이 창조된 이후 넷째 날부터 지구가 태양을 회전하고 달이 지구를 회전함으로 시간과 날짜와 계절의 순환이 시작되었다. 태양이 낮을 주관하고 달이 밤을 주관하게 되었다(창 1:16). 태양이 직접 빛을 비추는 시간이 낮이고, 달이 태양 빛을 받아 반사하는 시간이 밤이다.

9) 하나님께서 다섯째 날에 공중에 날아다니는 새와 물고기를 종류대로 창조하시고, 그들에게 복을 주어 생육하고 번성하게 하셨다. **"하나님이 큰 물고기와 물에서 번성하여 움직이는 모든 생물을 그 종류대로, 날개 있는 모든 새를 그 종류대로 창조하시니 하나님의 보시기에 좋았더라 하나님이 그들에게 복을 주어 가라사대 생육하고 번성하여 여러 바다 물에 충만하라 새들도 땅에 번성하라 하시니라"**(창 1:21,22). 물에서 생육하는 생물 가운데 포유동물인 고래를 제외한 물고기는 알을 낳아서 번식하는 생물이다. 공중의 새도 역시 알을 낳아서 번식한다. 물고기와 새들이 생육하고 번성하는 것이 복이므로, 그들의 먹이사슬이 피라미드를 구성하고 있다. 먹이사슬의 아래에 위치할수록 그 수는 많아진다.

10) 여섯째 날 하나님께서 땅에서 사는 육축과 기는 것과 모든 것을 창조하시고, 마지막으로 하나님의 형상과 모양을 따라 사람을 남성과 여성으로 창조하셨다. **"하나님이 가라사대 땅은 생물을 그 종류대로 내되 육축과 기는 것과 땅의 짐승을 종류대로 내라 하시고 하나님이 땅의 짐승을 그 종류대로, 육축을 그 종류대로, 땅에 기는 모든 것을 그 종류대로 만드시니 하나님의 보시기에 좋았더라"**(창 1:24,25). 사람을 제외한 모든 것들이 창조되므로 사람이 살아가는 모든 조건이 구비되었다(사 45:18). 마지막으로 하나님께서 사람을 창조하셨다. **"하나님이 자기 형상 곧 하나님의 형상대로 사람을**

창조하시되 남자와 여자를 창조하시고"(창 1:27).

11) 하나님께서 우주 안에 있는 모든 것을 창조하시고 이것들을 기뻐하셨다. **"하나님이 그 지으신 모든 것을 보시니 보시기에 심히 좋았더라 저녁이 되며 아침이 되니 이는 여섯째 날이니라"(창 1:31).** 우주 안에 있는 만물이 하나님의 영광을 나타내는 완전한 그릇으로 창조되었으므로. 하나님께서 그것들을 선하게 여기시고 기뻐하셨다. 사람을 제외한 모든 것들은 창조질서를 통하여 하나님의 전지전능하심을 나타낸다. 사람은 하나님의 형상으로서 그리스도의 오시는 길을 준비하는 완전한 그릇이다.

12) 동물보다 식물이 먼저 창조된 것은 동물이 흙이나 무기물로 살아갈 수 없기 때문이다. 식물은 태양 빛과 물과 이산화탄소를 이용하여 탄수화물을 합성함으로 무기물을 유기물로 바꾼다. 하나님께서 동물에게 식물을 양식으로 주셨다. **"또 땅의 모든 짐승과 공중의 모든 새와 생명이 있어 땅에 기는 모든 것에게는 내가 모든 푸른 풀을 식물로 주노라 하시니 그대로 되니라"(창 1:30).** 모든 동물은 식물을 통하여 유기물을 섭취함으로 살아간다. 사람도 식물을 양식으로 하여 살아간다. **"하나님이 가라사대 내가 온 지면의 씨 맺는 모든 채소와 씨 가진 열매 맺는 모든 나무를 너희에게 주노니 너희 식물이 되리라"(창 1:29).**

13) 우주는 사람이 살아가는 완전한 상태로 창조되었다. 그 이유는 하나님의 아들이 사람을 통하여 육신으로 임하실 것이기 때문이다. 만물은 하나님의 아들을 위하여 창조되었고 그리스도께서 사람의 육신을 통하여 육신으로 임하셔서 아버지의 뜻을 성취하셨다. 그리스도께서 죽고 부활하심으로 아버지의 뜻을 성취하신 뒤에 하늘보좌에 앉아 만물을 의와 공의로 통치하신다. 우주의 역사는 그리스도께서 육신으로 임하실 것을 준비하는 기간과 다시 오실 길을 준비하는 기간으로 구분할 수 있다. 우주의 사명이 끝나면 불살라 없어질 것이다. **"그러나 주의 날이 도적 같이 오리니 그 날에는 하늘이 큰 소리로 떠나 가고 체질이 뜨거운 불에 풀어지고 땅과 그 중에 있는 모든 일이 드러나리로다 "(벧후 3:10).**

(4) 우주와 하늘의 위치

1) 하늘과 우주는 동일한 공간에 있느냐 아니면 서로 다른 공간에 있느냐 하는 것을 살펴보자. 하나님의 창조사역에 있어서 하늘과 우주를 구별하였다. 하늘(heaven)은 낙원을 포함하여 하나님의 보좌와 하늘성전이 있는 아버지의 집이며 그리스도 예수께서 부활하셔서 들어가신 곳이다. 우주는 태양계와 은하계를 포함하는 장소와 공간이다. 일반적으로 말하는 하늘은 별들의 하늘로서 구약성경에서는 궁창으로 번역되고 있다. 하나님께서 둘째 날에 궁창을 창조하셨다(창 1:6).

2) 하늘이 우주 안에 있는 한 장소일까, 아니면 우주 밖에 있는 장소일까 하는 문제를 고찰하여 보자. 이를 위하여 우리는 하늘이 우주 밖에 있다는 대립가설과 우주 안에 있다는 귀무가설을 설정하였다. 대립가설이 성경의 말씀에 비추어 타당하냐의 여부를 검토하여 보자. 첫째, 하늘은 하나님의 영광이 비취고 있지만, 우주는 그 영광이 없는 흑암이다. (창 1:2)의 말씀에 의하면 우주는 빛이 창조되기 전에 흑암으로 존재하였다. 첫째 날 빛이 창조된 뒤에 우주 안에 비로소 빛이 들어왔다. 이는 우주 안에 창조된 빛만이 존재한다는 것을 의미한다. 곧 우주 안에는 창조 된 빛은 있지만 하나님 안에 있는 생명의 빛은 없다.

3) 사도 요한은 창조 된 빛과 구별하여 예수 그리스도를 생명의 빛이라고 기록하였다. **"그 안에 생명이 있었으니 이 생명은 사람들의 빛이라"** (요 1:4). 예수 그리스도는 태초에 하나님과 함께 계신 말씀이고 그 말씀으로 만물이 창조되었으므로 그 말씀은 생명이며 빛이다. 말씀으로 만물(생명)이 창조되었다는 것은 그 말씀 안에 생명이 있다는 것을 의미한다. 하나님은 스스로 계신 분이시며 생명이시다. 하나님께로부터 영광의 빛이 나온다. 하나님께서 말씀으로 그의 생명을 계시하므로 그 말씀으로부터 영광의 빛이 나온다. 곧 그 말씀은 생명의 빛이다.[43] 그 말씀이 육신으로 임하셨으므로 그리스도 예수 안에 생명의 말씀이 있다. 따라서 그가 오신 것은 생명의 빛이 임한 것이다. 예수

---

[43] (요 8:12)에서 예수 그리스도의 말씀을 빛이라고 기록하였다. "예수께서 또 일러 가라사대 나는 세상의 빛이니 나를 따르는 자는 어두움에 다니지 아니하고 생명의 빛을 얻으리라" "나는 세상의 빛이다"란 그의 말씀이 빛이라는 것을 의미한다. 그리스도의 말씀을 순종하는 것은 빛 가운데로 다니는 것이다(William Hendriksen, John Ⅱ, op. cit., p. 42).

그리스도께서 오시기 전까지 이 세상은 어두운 가운데 있었다고 하는 것은 (창 1:3)에서 하나님의 말씀으로 창조 된 빛은 생명의 빛이 아니라는 것을 의미한다. **"빛이 어두움에 비취되 어두움이 깨닫지 못하더라"** (요 1:5). 창조 된 빛은 있으나, 생명의 말씀이 없는 세상을 어두움이라고 성경은 말씀하고 있다(요 12:35).

4) 우주는 창조 된 빛은 있으나 하나님의 보좌로부터 나오는 생명의 빛은 없는 곳이다. 그러나 하늘에는 해와 달에 의하여 비취는 빛이 없고 하나님의 영광의 빛이 있는 곳이다. **"그 성은 해나 달의 비췸이 쓸데없으니 이는 하나님의 영광이 비취고 어린 양이 그 등이 되심이라"** (계 21:23). 곧 하늘에는 창조 된 빛은 없고 하나님의 영광의 빛만 있다. 그렇다면 우주와 하늘은 별개의 장소와 공간이라고 말할 수 있다. 우주 안에 하늘이 있다면, 하늘에는 하나님의 영광의 빛이 비취고 있으므로, (창 1:2)에서 온 우주가 흑암에 처하였다고 말씀하시지 아니하였을 것이다. 첫째 날 빛이 창조되기 이전에 온 우주가 어둠으로 존재하였다는 것은 하늘이 우주 밖에 있다는 것을 의미한다. 하늘은 하나님의 영광의 빛으로 가득 찬 곳이며, 우주는 흑암으로 가득 찬 곳이다. 따라서 양자는 서로 다른 공간과 장소라고 할 수 있다.

5) 둘째, 하늘은 영계로서 영원하지만, 우주는 물질계로서 종말이 있다. 그리스도께서 재림하신 뒤에 우주는 종말을 맞이할 것이다. 주의 날이 도적같이 임할 때 온 우주가 불살라 없어질 것이라고 성경은 말씀하고 있다(벧후 3:10). 우주는 그리스도 예수에 의하여 하나님의 뜻을 성취하는 장소로 지음을 받았으므로 그 뜻이 완성되면 우주의 역할은 끝난다고 말할 수 있다. 하나님께서 자기의 영광을 위하여 우주를 창조하셨고, 예수 그리스도께서 만물을 이용하여 아버지의 뜻을 성취하심으로 하나님의 이름을 영광스럽게 하셨다. **"아버지여 창세전에 내가 아버지와 함께 가졌던 영화로써 지금도 아버지와 함께 나를 영화롭게 하옵소서"** (요 17:5). 예수 그리스도께서 아버지의 뜻대로 그의 피로써 인류의 죄를 대속하시고 믿는 자들을 구원하면 우주의 사명은 끝난다. 그 후에 우주는 불살라 없어짐으로 종말을 맞이할 것이다.

6) 하나님께서 자기의 뜻을 이루신 뒤에 지체 없이 우주를 불살라 없애지 아니하신 것은, 예수 그리스도께서 하나님의 뜻을 성취하시기 위하여 오시는 길을 준비한 인류를

구원하시기 위함이다. 그리스도 예수께서 부활하시고 승천하신 뒤에 곧 이어서 우주의 종말이 왔다면, 소수의 사람만이 구원을 얻었을 것이다. 따라서 하나님께서 택하신 자들을 구원하시기 위하여, 곧 보다 많은 사람을 구원하시기 위하여 우주의 종말을 늦추셨다. **"이 천국 복음이 모든 민족에게 증거 되기 위하여 온 세상에 전파되리니 그제야 끝이 오리라"** (마 24:14). 우주의 종말은 하나님께서 작정하신 우주의 역할이 끝났다는 것을 의미한다.

7) 성경은 하늘이 우주 위에 있다고 말씀한다. 예수 그리스도께서 부활하여 우주 공간을 통과하여 하늘로 올라가셨다. **"주 예수께서 말씀을 마치신 후에 하늘로 올리우사 하나님 우편에 앉으시니라"** (막 16:19). 하나님의 우편이란 보좌를 의미한다. 우주 위에 있는 하늘보좌에 앉아계신 예수 그리스도는 우주를 발로 밟고 계신 것이다. 예수 그리스도께서 하늘보좌에 앉아 우주 위에 발을 얹어놓고 계신다. 따라서 성경은 우주는 예수 그리스도의 발등상이라고 말씀한다. **"여호와께서 이같이 말씀하시되 하늘은 나의 보좌요 땅은 나의 발등상이니 너희가 나를 위하여 무슨 집을 지을꼬 나의 안식할 처소가 어디랴"** (사 66:1). **"땅으로도 말라 이는 하나님의 발등상임이요 예루살렘으로도 말라 이는 큰 임금의 성임이요"** (마 5:35). 우주 공간이 하늘에 오르신 예수 그리스도의 발등상이라면, 하늘과 우주는 별개의 공간과 장소라고 말할 수 있다.

8) 우주 안에 있는 물은 궁창 위의 물과 아래의 물로 구분한다. 궁창을 우주 공간이라고 해석하면, 궁창 위의 물은 우주 벽을 의미한다. 우주의 벽이 물이라면 하늘에서 볼 때 우주는 커다란 물방울과 같다고 말할 수 있다. 궁창 위의 물 안에 갇힌 공간과 장소를 흑암이라고 하면, 하나님의 영광이 비취는 하늘은 우주 밖에 있다고 말할 수 있다. 흑암과 빛이 동일한 공간과 장소에 함께 할 수 없기 때문이다.

9) 지금까지 논의를 요약하여 보자. 우주는 그리스도께서 죽고 부활하는 장소로 창조되었으므로 그 사명이 끝나면 그 종말이 있다. 하늘은 예수 그리스도께서 구원 받은 자들과 함께 왕노릇하실 장소와 공간으로서 영원히 존재할 것이다. 따라서 우주와 하늘은 동일한 공간에 있는 것은 아니다. 하늘은 우주 밖에 있다고 사도 바울은 말씀한다. 바울이 환상 가운데 낙원에 올라갔었다(고후 12:2). 낙원은 셋째 하늘(첫째 하늘은 새들

의 하늘, 둘째 하늘은 별들의 하늘)로서 우주 밖에 존재한다(고후 12:1~4).

10) 우리는 하늘이 우주 밖에 있다는 대립가설과, 그 안에 있다는 귀무가설을 설정하고 이의 타당성을 검토하였다. 하늘은 하나님의 영광이 비취고 있으며 영원하다. 그러나 우주는 그 영광이 없는 흑암이며 주의 날에 종말을 맞이한다. 이러한 성경의 말씀을 기초로 할 때 대립가설이 수락되었다고 말할 수 있다. 따라서 귀무가설은 기각되었다. 하늘은 우주와 별개로 존재하는 장소와 공간으로서 우주 밖에 있다고 말할 수 있다.

(5) 이해를 위한 질문

1) 하나님의 영광과 만물의 창조 목적

a. 만물의 창조목적은 무엇인가(사 43:7; 골 1:16).

b. 만물은 어떻게 하나님의 영광을 나타내는가(롬 1:20).

c. "예수 그리스도는 하나님의 영광이다"라고 말씀하는 이유는 무엇인가(요 1:14).

d. 예수 그리스도를 통하여 하나님의 영광이 어떻게 나타나는가(요 13:31,32).

e. 하늘이 하나님의 영광을 선포하는 이유는 무엇인가(시 19:1,2).

2) 하늘의 창조

a. 하늘에는 태양이 없으나 빛이 비취고 있다. 그 빛은 무엇인가(계 21:23).

b. 하늘에는 보좌와 성전이 있다(히1:8). 이것들은 누구를 위하여 창조되었나.

c. 예수 그리스도께서 하늘보좌에 언제 오르셨나(막 16:19).

d. 낙원과 아버지의 집은 어떻게 다른가(요 20:17).

3) 우주의 창조

a. 첫째 날 빛이 창조되기 전에 우주는 흑암이었다(창 1:2). 흑암은 무엇을 의미하는가.

b. 우주에는 창조된 빛이 비취고 있으나 우주를 흑암이라고 말하는 이유는 무엇인가 (사9:2).

c. 궁창 위의 물은 무엇인가(시 148:4).

d. 우주는 무엇을 위하여 창조되었나(사 45:18; 골 1:16).

e. 하나님께서 동물보다 식물을 먼저 창조하신 이유는 무엇인가.

4) 우주와 하늘의 위치

a. 흑암과 영광의 빛이 없는 공간과 장소를 의미한다. 흑암과 태양 빛은 어떻게 다른가.

b. 그리스도께서 재림하신 이후에 우주는 어떻게 될 것인가(벧후 3:10).

c. 승천하신 예수 그리스도의 발등상이란 무엇을 의미하는가(히 10:13).

d. 하늘과 우주는 별개의 공간과 장소라는 증거는 무엇인가.

3. 천사와 사람의 창조

(1) 천사의 창조

1) 천사는 육체가 없는 영적인 피조물로서 하늘에서 창조되었고 사람은 우주 안에서 창조되었다. 천사의 창조와 관련하여 천사의 창조시기, 영적인 존재로서 천사의 특성 및 천사의 사역 등을 고찰하였다. 성경은 우주 안에 있는 물질의 창조에 관하여 순서대로 설명하고 있지만, 하늘에 있는 것들의 창조과정에 대한 말씀이 없다. 천사의 창조와 그 시기에 관한 성경의 직접적인 기록이 없다. 이에 대한 신학적인 연구도 부족한 실정이다. 칼빈은 천사의 창조시기를 알려고 하는 것은 부질없는 짓이라고 기록하였다.44) 우리는 천사들의 사역에 관한 성경의 기록을 통하여 그들의 창조시기를 추정하였다.

2) 천사의 창조에 관한 성경의 기록을 살펴보자. **"만물이 그에게 창조되되 하늘과 땅에서 보이는 것들과 보이지 않는 것들과 혹은 보좌들이나 주관들이나 정사들이나 권세들이나 만물이 다 그로 말미암고 그를 위하여 창조되었고"**(골 1:16). 여기서 "만물" 이란 모든 피조물을 의미한다. 하늘에 있는 것들과 우주 안에 있는 모든 것들은 스스로

---

44) John Calvin(Institutes of the Christian Religion, Vol. I, 14, 4)은 천사의 창조시기에 대하여 알 수 없다는 견해를 제시하였다. 그는 "그들이 창조된 시기나 순서에 관하여 논쟁을 불러일으키는 것은 부지런하다기 보다는 완악하다는 증거가 아닌가?"라고 기록하였다. St. Augustine(Cit of God, Edited by Phillip Schaff, 조호연· 김종흡 옮김, 하나님의 도성(크리스챤 다이제스트, 2007, pp. 545, 546))은 첫째 날 빛과 함께 천사들이 창조되었다는 이론을 제시하였다.

존재하지 못하는 피조물이다. "보좌, 주관, 정사 및 권세"란 천사를 의미한다.45) (골 1:16)의 말씀은 하늘과 우주를 비롯하여 그 안에 있는 모든 것들이 아들에 의하여, 아들을 위하여 창조되었다는 것을 의미한다. 아들은 자신을 위하여 만물을 창조하셨다.

3) 천사는 언제 창조되었을까 하는 것에 대한 해답을 성경의 말씀을 통하여 찾아보자.46) 하나님께서 말씀으로 우주 안에 있는 것을 창조하는 과정에서 나타난 천사의 활동에 관한 기록은 그들의 창조시기를 추정하는 말씀이다. **"내가 땅의 기초를 놓을 때 네가 어디 있었느냐 네가 깨달아 알았거든 말할찌니라 누가 그 도량을 정하였는지, 누가 준승을 그 위에 띄웠는지 네가 아느냐 그 주초는 무엇 위에 세웠으며 그 모퉁이 돌은 누가 놓았었느냐 그 때 새벽 별들이 함께 노래하며 하나님의 아들들이 다 기쁘게 소리하였느니라"** (욥 38:4~7). (욥 38:4~6)의 말씀은 하나님께서 우주 안에 있는 만물을 창조하시는 과정에 관한 말씀이고, (욥 38:7)의 말씀은 새벽 별들과 하나님의 아들들이 하나님의 창조사역을 찬양하는 말씀이다. (욥 38:7)에서 새벽 별들과 하나님의 아들들은 천사들을 의미한다. (욥 38:4~7)의 말씀에 의하면 하나님께서 우주 안에 있는 모든 것들을 창조하실 때, 천사들이 하나님의 창조사역을 기뻐하며 찬양하였다. 그렇다면 천사는 빛이 창조되기 전에 창조되었다고 추정할 수 있다. 빛이 창조되기 전에 천사가 창조되었고, 하나님께서 6일 동안 우주 안에 있는 만물을 창조하실 때 천사들이 하나님의 창조사역을 찬양하였다고 말할 수 있다. 빛이 창조되기 전에 하늘이 창조되었다면, 천사들은 첫째 날 이전에 창조되었다. 곧 빛이 창조되기 전에 창조된 천사들은 우주 안에 있는 모든 것들의 창조사역을 보고 기뻐하며 하나님을 찬양하였다.

4) 천사들은 영적인 피조물로서 육체가 없다. 따라서 천사는 본능은 없고 인격만 있다. 육체가 없다는 것은 생식을 통하여 개체수를 증가시킬 수 없다는 것을 의미한다. 천사는 육체가 없으므로 결혼하여 자녀를 생산하지 못한다. 곧 천사는 생육하고 번성하지 못한다. **"사람이 죽은 자 가운데서 살아날 때는 장가도 아니 가고 시집도 아니 가고 하늘에**

---

45) Louis Berkhof, Systematic Theology, 권수경·이상원 역, 조직신학, 상(크리스챤 다이제스트, 2,000), p. 352.
46) 천사의 창조시기는 시간을 전제로 한다. 만약 천사가 첫째 날 이전에 창조되었다면, 시간이 없는 상태에서 천사가 창조되었다. 따라서 천사의 창조시기를 논하는 것은 무의하다. 이 경우에 천사의 창조시기는 창조의 순서를 검토하는 것이다.

있는 천사들과 같으니라"(막 12:25). 천사가 결혼을 통하여 개체수를 증가시킬 수 없다는 것은 모든 천사들이 각각 창조되었다는 것을 의미한다. 하늘의 별들이 각각 창조되었듯이 천사들도 각각 창조되었다. 곧 천사의 수는 창조시에 확정되었다.47)

5) 천사의 수에 대하여 성경은 정확하게 밝히고 있지 않다. 다만 천사의 수가 너무 많아서 셀 수 없다고 성경은 기록하고 있다(욥 25:3). 성경은 천사의 수에 대하여 이렇게 말씀하고 있다. **"하나님의 병거가 천천이요 만만이라 주께서 그 중에 계심이 시내산 성소에 계심 같도다"**(시 68:17). "천천"이란 일백만을, "만만"이란 일억을 가리킨다. **"그러나 너희가 이른 곳은 시온산과 살아계신 하나님의 도성인 하늘의 예루살렘과 천만 천사와"**(히 12:22). (시 68:18)과 (히12:22)에서 나타난 천사의 수는 셀 수 없을 만큼 많은 수의 천사를 예표(豫表)로 보여주는 것이다.

6) 천사는 하나님의 수종을 들고 그를 섬기는 자와 구원 얻을 후사들을 섬기는 자로 구분할 수 있다. **"또 천사들에 관하여는 그는 그의 천사들을 바람으로 그의 사역자들을 불꽃으로 삼으시느니라 하셨으되"**(히 1:7). 성경에서 하나님의 역사로 나타나는 바람과 불은 천사의 사역이다. 천사는 하나님의 말씀에 의하여 불을 내리게 하고 바람을 불게 할 수 있다. 천사들은 구원을 얻은 성도들을 섬기는 자들이다. **"모든 천사들은 부리는 영으로서 구원 얻을 후사들을 위하여 섬기라고 보내심이 아니뇨"**(히 1:14). "구원 얻을 후사들"이란 믿음으로 의롭다하심을 받은 자를 가리킨다. 예수 이름을 믿고 영접한 자들을 돕고 섬기는 그 천사들의 수는 셀 수 없이 많을 것이다. 하나님을 섬기는 천사와 성도를 섬기는 천사들의 수는 수억 내지는 수십억이 될 것이다. 이 모든 천사는 개별적으로 창조되었다.48)

7) 천사는 공간과 장소에 제약을 받지 아니하고 활동한다. 믿는 자들을 섬기는 천사들은 항상 하나님의 얼굴을 뵙는다. **"삼가 이 소자 중에 하나도 업신여기지 말라 너희에게 말하노니 저희 천사들이 하늘에서 하늘에 계신 내 아버지의 얼굴을 항상 뵈옵느니라"**(마 18:10). 우주과학에서는 우주공간의 거리를 광년으로 표시하며 우주의 직경을 대략

---

47) Robert P. Lightner, Angels, Satan, and Demons(Thomas Nelson Publishers, 1998), pp. 24. 25.
48) Louis Berkhof, 상, op. cit., p. 351.

150억 광년이라고 추정한다. 지구가 우주의 중앙에 위치한다고 가정한다면, 지구에서 하나님의 보좌가 있는 하늘까지 거리는 대략 75억 광년이다. 이 거리는 태양 빛이 75억 년을 걸려서 도달하는 어마어마한 거리이다. (마 18:10)의 말씀에 의하면 천사들은 순간에 그 거리를 통과하여 하나님의 얼굴을 항상 뵙는다. 이것은 몸이 없는 영적 피조물인 천사만이 가능한 일이다. 천사와 마찬가지로 성도들도 육체와 영혼이 분리되면, 그 영혼은 순간에 우주를 벗어나 낙원에 이르게 될 것이다. 천사들은 공간과 장소를 초월하여 활동하지만 무소부재한 존재는 아니다. 천사는 무한대의 속도로 공간과 장소를 이동하지만 동시에 모든 곳에 존재하지 못한다.

8) 천사는 육체가 없으므로 시간을 초월하여 활동한다. 하늘에는 태양이 없고 밤과 낮이 없으므로 시간이 없다. 이에 반하여 우주 안에는 시간이 존재한다. 천사는 시간이 없는 하늘에서도 활동할 수 있고 시간이 존재하는 우주 안에서도 활동할 수 있다. 천사들이 하나님의 명령을 받으면 우주 안에 내려와서 그 임무를 수행한다. 출애굽시에 하나님은 천사를 보내서 이스라엘 백성을 인도하셨다. **"우리가 여호와께 부르짖었더니 우리 소리를 들으시고 천사를 보내사 우리를 애굽에서 인도하여 내셨나이다 이제 우리가 당신의 변방 모퉁이 한 성읍 가데스에 있사오니"** (민 20:16). 그 천사는 사명을 완수한 뒤에 시간이 없는 하늘로 돌아갔다. 이와 같이 천사들은 시간을 초월하여 활동한다. 천사들은 시간을 초월하여 활동할 수 있지만, 하나님처럼 시간을 초월하여 과거와 미래를 현재의 일로 보지 못한다. 따라서 천사는 무소부재하지 아니하며 전지하지 아니하다.

9) 천사는 육체가 없으므로 영적인 빛만을 빛으로 인식한다. 천사들은 태양 빛을 빛으로 인식하지 못한다. 태양 빛은 물질이기 때문이다. 육체의 눈으로 피조된 태양 빛을 빛으로 인식한다. 천사는 하나님의 영광을 빛으로 인식하지만 물질의 빛을 빛으로 인식하지 못한다. 곧 육체가 없는 영적인 존재들은 우주 안에서 물질의 빛을 보지 못하므로 그들에게 있어서 우주는 흑암이다. 천사에게 있어서 하늘은 하나님의 영광이 비취는 광명의 처소이지만 우주는 빛이 없는 흑암이다. 태양 빛을 빛으로 인식하지 못하는 천사가 우주 안에서 활동하는 이유는 그로부터 하나님의 영광이 비취기 때문이다. 여호와의 사자가 하나님의 말씀을 가지고 임하였을 때 그로부터 하나님의 영광의 빛이 비취고

있었다. **"여호와의 사자가 떨기나무 불꽃 가운데서 그에게 나타나시니라 그가 보니 떨기나무에 불이 붙었으나 사라지지 아니하는지라"** (출 3:2). 태양 빛을 보지 못하는 천사들에게 시간이란 존재하지 아니한다.

10) 태양 빛을 빛으로 인식하는 것은 시간 속에 들어온 것을 말한다. 육체가 없는 천사가 태양 빛을 인식하지 못하는 것은 시간 밖에 있다는 것을 의미한다. 천사는 우주 안에서 시간의 존재를 인식하지 못한다. 이것은 육체를 벗은 죄인의 영혼에게도 그대로 적용된다. 예복을 입지 아니한 자들은 천국에 들어가지 못하고 흑암 속에서 슬피 울고 있다. **"임금이 사환들에게 말하되 그 수족을 결박하여 바깥 어두움에 내어 던지라 거기서 슬피 울며 이를 갊이 있으리라 하니라"** (마 22:13). 달란트를 감추어둔 자들도 흑암으로 들어갈 것이다. **"이 무익한 종을 바깥 어두운데로 내어쫓으라 거기서 슬피 울며 이를 갊이 있으리라 하니라"** (마 25:30). 육체가 없는 천사들과 죽은 죄인의 영혼들에게 흑암이란 시간이 없는 상태를 의미한다고 말할 수 있다. 천사들은 시간이 없는 영원 속에서 살아가고, 사람은 시간 속에서 살아간다. 사람이 죽으면 그 영혼은 시간을 벗어나 영원으로 들어간다.

11) 천사가 우주 안에 육체를 입고 들어오는 경우가 있다. **"눈을 들어 본즉 사람 셋이 맞은편에 섰는지라 그가 그들을 보자 곧 장막 문에서 달려나가 영접하며 몸을 땅에 굽혀"** (창18:2). "사람 셋이"란 육신으로 임한 천사를 가리킨다. 사람의 육신을 입은 천사들은 사람처럼 음식을 먹고 말을 하였다. 그 천사들이 소돔에 이르렀을 때 그 곳 사람들이 천사들과 동성애를 범하려고 하였다. **"롯을 부르고 그에게 이르되 이 저녁에 네게 온 사람이 어디 있느냐 이끌어내라 우리가 그들을 상관하리라"** (창 19:5). 육체가 없는 영적인 존재로 창조된 천사들이 사람의 육신을 입을 수 있다. 천사가 육신을 입을 수 있더라도 음식을 먹어야 생존할 수 있는 것은 아니다. 그들은 육체를 위하여 음식을 먹지 아니하고 하나님의 말씀을 순종함으로 살아갈 수 있다. 천사가 육신을 입은 것은 장차 그리스도의 날에 낙원에 있는 성도의 영혼이 신령한 몸을 입고 부활할 것을 모형으로 보여준다.

12) 천사와 달리 사람은 영적인 피조물이지만, 육체가 있으므로 장소와 공간에 의하여

제약을 받는다. 사람은 육체가 있으므로 결혼을 통하여 자녀를 생산하며 육체의 피로와 배 고픔을 경험하고 시간이 경과하면 늙어서 죽는다. 그러나 천사는 몸이 없으므로 사람과 같이 생노병사(生老病死)를 체험하지 아니한다. 천사는 몸이 없으므로 사람이 가지고 있는 육체의 한계를 초월한다.

13) 천사의 창조에 관한 성경의 기록이 없으나 천사의 활동에 관한 기록을 중심으로 그들의 창조시기를 추정하였다. 우주 안에 있는 모든 것들이 창조될 때 천사들이 하나님의 창조사역을 찬양하였다면, 천사들은 첫째 날 빛이 창조되기 전에 창조되었을 것이다. 천사는 영적인 피조물이므로 결혼을 통하여 그 개체수를 증가시키지 못한다. 모든 천사는 동시에 창조되었다. 천사들은 육체가 없으므로 공간과 장소를 초월하여 활동한다. 그러나 천사들은 스스로 사는 존재가 아니며 무소부재한 존재가 아니다. 천사들은 육체가 없으므로 시간을 초월하여 활동한다. 그러나 그들은 과거와 미래의 사건을 현재의 사건으로 보지 못한다.

(2) 사람의 창조

1) 사람은 하나님의 형상과 사는 영혼으로 창조되었다. 사람이 하나님의 형상으로 창조되므로 하나님의 아들이 육신으로 임하는 길이 준비되었다. 사람은 육체와 영과 혼을 가진 피조물이다. 사람은 인격을 가진 생령으로 창조되었으므로 하나님의 말씀을 순종하여 하나님의 영광을 나타낼 수 있다. 하나님의 형상과 생령에 대하여 살펴보자.

2) 첫째, 하나님께서 사람을 자기의 형상으로 창조하신 이유에 대하여 살펴보자. 하나님께서 사람을 그의 형상으로 창조하셨다. **"하나님이 가라사대 우리의 형상을 따라 우리의 모양대로 우리가 사람을 만들고 그로 바다의 고기와 공중의 새와 육축과 온 땅과 땅에 기는 모든 것을 다스리게 하자 하시고 하나님이 자기 형상 곧 하나님의 형상대로 사람을 창조하시되 남자와 여자를 창조하시고"** (창 1:26,27). "하나님의 형상"이란 크게 두 가지로 해석할 수 있을 것이다. 하나는 사람의 외모가 하나님의 형상을 닮은 것이다. 다른 하나는 사람이 하나님의 말씀을 순종함으로 하나님의 속성을 닮고 하나님의 영광을 나타내는 것이다.

3) 하나님의 형상으로 창조된 사람에 대하여 살펴보자. 삼위일체 하나님 가운데 성자께서 육신으로 임하셔서 하나님의 형상을 보이셨다. **"그는 보이지 아니하시는 하나님의 형상이요 모든 창조물보다 먼저 나신 자니"** (골 1:15). 육신으로 임하신 아들은 창세전부터 아버지의 품속에 계셨다(요 1:18). "우리의 모양대로 우리가 사람을 만들고"란 아들의 형상을 따라서 사람이 창조된 것을 의미한다. 사람이 아들의 형상으로 창조되었으므로, 예수 그리스도께서 사람의 몸을 통하여 오실 수 있었다. 만약 사람이 하나님의 형상이 아닌 다른 형상으로 창조되었다면 예수 그리스도는 육신으로 오실 수 없었다. 따라서 (창 1:27)의 말씀은 하나님의 아들이 육신으로 오신다는 약속이다.49)

4) 사람은 하나님의 속성을 계시하는 말씀을 순종함으로 하나님의 형상을 닮을 수 있다.50) 예수 그리스도께서 하나님의 말씀을 순종함으로 하나님의 모든 속성을 그대로 여과 없이 나타내셨다. 하나님의 의로우심과 거룩하심과 전지전능하심과 사랑이 예수 그리스도를 통하여 계시되었으므로, 성경은 그리스도를 하나님의 형상이며 하나님의 본체라고 말씀한다. **"이는 하나님의 영광의 광채시요 그 본체의 형상이시라"** (히 1:3). 예수 그리스도께서 아버지의 말씀을 순종하심으로 하나님의 형상을 나타낸 것과 같이, 성도가 예수 그리스도의 말씀을 순종하면 그리스도의 형상을 나타낸다. **"나의 자녀들아 너희 속에 그리스도의 형상이 이루기까지 다시 너희를 위하여 해산하는 수고를 하노니"** (갈 4:19).

5) 하나님의 아들은 의롭고 거룩하시므로 죄로 인하여 더럽혀진 육체를 통하여 임하실 수 없다. 사람이 하나님을 믿음으로 의롭다하심을 받고 거룩하게 되었을 때 하나님의 아들이 그 육체를 통하여 오셨다. 아브라함과 이스라엘 백성은 하나님의 아들이 오시는

---

49) 주물을 만들려면 만들려는 제품의 틀을 만들어야 한다. 그리고 쇠를 녹여서 그 틀에 붓는다. 치과에서 손상된 이를 만들려면 그 이의 모형을 떠야한다. 마찬가지로 예수 그리스도께서 육신으로 오시기 위한 모형으로 사람이 창조되었다.
50) 사람이 마귀의 생각에 따라서 범죄하면 마귀의 형상을 나타낸다. 가룟 유다는 예수 그리스도를 배신함으로 마귀의 형상을 나타내었다. **"예수께서 대답하시되 내가 너희 열둘을 택하지 아니하였느냐 그러나 너희 중에 한 사람은 마귀니라 하시니"** (요 6:70). 바리새인들과 서기관들은 하나님을 대적함으로 뱀의 형상을 나타내었다. **"뱀들아 독사의 새끼들아 너희가 어떻게 지옥의 판결을 피하겠느냐"** (마 23:33). 사람이 하나님의 말씀을 순종하지 아니하면 각종 동물의 형상으로 나타낸다. **"그 안에는 땅에 있는 각색 네 발 가진 짐승과 기는 것과 공중에 나는 것들이 있는데"** (행 10:12).

길을 준비하는 그릇으로 택함을 받았다. 사람이 하나님의 말씀을 순종함으로 하나님의 형상을 나타낼 때, 하나님의 아들이 그 몸을 통하여 육신으로 임하실 것이다. 예수 그리스도의 모친 마리아는 율법을 통하여 자신의 죄를 깨닫고 하나님을 믿음으로 의롭다하심을 받고 하나님의 형상을 나타내었으므로, 하나님의 아들을 잉태할 수 있었다. **"마리아가 가로되 주의 계집종이오니 말씀대로 내게 이루어지이다 하매 천사가 떠나가니라"** (눅 1:38). "계집종"이란 하나님의 명령대로 순종하는 종을 의미한다.

6) 하나님께서 사람을 자기의 형상으로 창조하시고 이것을 보증하기 위하여 사람에게 땅을 정복하고 모든 동물을 다스리는 권세를 주셨다. **"하나님이 그들에게 복을 주시며 그들에게 이르시되 생육하고 번성하여 땅에 충만하라, 땅을 정복하라, 바다의 고기와 공중의 새와 땅에 움직이는 모든 생물을 다스리라 하시니라"** (창 1:28). "땅을 정복하다"란 문명을 건설하는 것을 의미한다. 따라서 (창 1:28)의 말씀을 문화명령이라고 한다. 사람은 하나님의 아들의 형상으로 창조되었으므로 아들을 대신하여 땅을 다스리는 권세를 받았다. 하나님의 아들은 만물의 주인이며 그것들을 다스리시는 왕이다. 하나님의 아들의 형상이 땅을 정복하는 사람을 통하여 계시되고 있다. 사람은 만물을 통치하는 하나님 아들의 형상이다.51)

7) 예수 그리스도의 형상이 거듭난 자들을 통하여 나타나고 있다. 예수 그리스도를 믿고 거듭나면 하나님을 아버지라고 부른다. **"영접하는 자 곧 그 이름을 믿는 자들에게는 하나님의 자녀가 되는 권세를 주셨으니"** (요 1:12). "하나님의 자녀"란 외모와 속성이 하나님을 닮은 자를 의미한다. 믿음으로 의롭다하심을 받고 거룩하여짐으로 하나님 형상을 닮을 수 있다. 예수 이름을 믿으면 의롭다하심을 얻는다. **"곧 이 때에 자기의 의로우심을 나타내사 자기도 의로우시며 또한 예수 믿는 자를 의롭다하려 하심이니라"** (롬 3:26). 진리의 말씀을 순종하면 거룩하게 된다. **"하나님의 말씀과 기도로 거룩하여짐이니라"** (딤전 4:5).

8) 둘째, 생령에 대하여 살펴보자. 하나님께서 사람의 몸을 흙으로 만드시고 그 코에

---

51) 개혁주의 신학자들은 모든 동물을 다스리는 권세를 하나님의 형상의 핵심으로 본다. Millard J. Erickson, Christian Theolgy, 신경수 옮김, 복음주의 조직신학, 중(크리스챤 다이제스트,2000), p. 78.

생기를 불어넣어 생령이 되게 하셨다. **"여호와 하나님이 흙으로 사람을 지으시고 생기를 그 코에 불어 넣으시니 사람이 생령이 된지라"** (창 2:7). "생기"란 호흡을 의미한다. 생기란 코로 호흡하는 것으로 생명의 호흡이며 히브리어 니쉬마트 하임'(the breath of life)을 번역한 것을 말한다. 생기란 용어는 사람과 동물에 동일하게 사용되었다. **"육지에 있어 코로 생물의 기식을 호흡하는 것은 다 죽었더라"** (창 7:22). "기식을 호흡하다"란 생명의 호흡, '니쉬마트 루아흐 하임'을 의미한다.52) 사람과 동물이 모두 생기의 호흡을 통하여 살아가고 있다. 노아 때에 홍수의 심판으로 코로 숨을 쉬는 사람과 동물은 죽었다. 숨이 끊어지는 것이 육체의 죽음이다. **"이 일 후에 그 집 주모 되는 여인의 아들이 병들어 증세가 심히 위중하다가 숨이 끊어진지라"** (왕상 17:17). "생기를 그 코에 불어 넣다"란 영혼을 불어넣은 것으로 해석한다. 어거스틴은 "미리 만드신 영혼을 불어넣으셨거나, 그렇지 않으면 숨을 불어넣음으로써 영혼을 창조하신 것이다"라고 해석하였다.53)

9) 생기가 영혼이냐 아니냐의 여부를 살펴보자. "생령"이란 살아있는 혼, '네페쉬 하야'(נֶפֶשׁ חַיָּה, a living being)를 말한다. "네페쉬"란 혼을, "하야"란 살아있는 것을 말한다.54) 하나님께서 사람의 코에 생기를 불어넣으셨을 때 사람은 혼이 살아있는 존재가 되었다. "네페쉬 하야"는 동물의 목숨에도 사용되었다. **"하나님이 가라사대 물들은 생물로 번성케 하라 땅위 하늘의 궁창에는 새가 날으라 하시고"** (창 1:20). "생물"이란 "네페쉬 하야"(living creatures)를 번역한 것이다. **"하나님이 큰 물고기와 물에서 번성하여 움직이는 모든 생물을 그 종류대로, 날개 있는 모든 새를 그 종류대로 창조하시니 하나님의 보시기에 좋았더라"** (창 1:21). "모든 생물"이란 "네페쉬 하야"를 번역한 것이다. 사람과 모든 동물에게 동일하게 '네페쉬 하야'란 용어가 사용되었다. 따라서(창 2:7)에서 "네페쉬 하야"를 살아있는 혼으로 해석하는 것이 타당할 것이다.55) 동물의 혼은 본능을, 사람

---

52) 니쉬마트(נִשְׁמַת)는 호흡을, 하임(חַיִּים)은 생명을, 루아흐(רוּחַ)는 바람 또는 영(spirit)을 가리킨다. 생명의 호흡이란 코로 숨 쉬는 것을 의미한다.
53) St. Augustine, op. cit., p. 613.
54) BDB., p 226.
55) 하나님께서 호흡을 불어넣으셨을 때 사람이 살아있는 혼이 되었으므로, 호흡과 혼은 동일하다고 할 수 있다. C. F. Keil and F. Delitzch, Commentary on the Old Testament, Vol. 1, The First Book of Moses(William B, Eerdmans publishing Company.

의 혼은 본능과 인격으로 이해한다.

10) (창 2:7)의 말씀에서 생기란 생명의 호흡(the breath of life)을, 생령이란 살아있는 혼을 말한다. 여기서 생기를 불어넣은 것이 단순한 호흡(바람)이냐 아니면 호흡과 영혼을 포함하느냐 아니냐의 여부를 검토하여 보자. 생명의 호흡을 불어넣은 결과 생령(living soul)이 되었으므로 생기에는 혼(soul)이 포함되어 있다고 할 수 있다. 영과 혼을 하나로 보는 이분설을 택할 경우에 생령에는 당연히 영과 혼이 포함된다. 그러나 삼분설을 택할 경우에 생령에 영이 포함된다는 것을 입증하여야 한다.

11) 삼분법을 전제로 하고 (창 2:7)의 말씀에서 생령에 영이 포함되느냐 아니냐의 여부를 검토하여 보자. 하나님께서 사람에게 생기를 불어넣으셨으므로, 사람은 살아있는 존재가 되었다. 흙으로 창조된 육체와 생기가 결합되면 곧, 사람은 살아있다고 말할 수 있다. 그러나 육체에서 그 생기가 떠나면 그 사람은 죽는다. 생기와 몸이 분리되면 육체가 죽는다는 측면에서 볼 때, 생기는 영과 혼을 포함한다고 해석하는 것이 타당할 것이다. 따라서 생명의 호흡과 생령이란 말씀을 기준으로 할 때, 생명의 호흡에는 영과 혼이 포함된다고 해석하여야 할 것이다. 하나님께서 사람의 코에 생기를 불어넣으신 이유는 사람의 영과 혼이 하늘에서 창조되었기 때문이다. 곧 사람의 몸은 흙으로 만들어졌으며 영과 혼은 하늘로부터 왔으므로 하늘로 돌아간다고 성경은 말씀한다. (전 12:7)에서 **"흙은 여전히 땅으로 돌아가고 신은 그 주신 하나님께로 돌아가기 전에 기억하라"** 하고 말씀하고 있다. 여기서 신(spirit)은 사람의 영을 말하는 것으로 하나님께로부터 왔다가 그에게로 돌아간다. 따라서 (창 2:7)와 (전 12:7)에서 하나님은 흙으로 사람의 몸을 만드셨고 그 코에 혼뿐만 아니라 영도 불어넣으셨다고 해석할 수 있다. 사도 바울은 첫 사람인 아담을 산 영(living soul)이라고 기록하였다. **"기록된바 첫 사람 아담은 산 영이 되었다 함과 같이 마지막 아담은 살려 주는 영이 되었나니"** (고전 15:45). "마지막 아담"이란 예수 그리스도이다. "산 영"이란 살아있는 혼($\psi\upsilon\chi\acute{\eta}$, 프쉬케)을 의미한다. 아담이 산 영으로 창조되었다면 (창 2:7)에서 "생령"이란 살아있는 영혼이다. 이상의 논의를 바탕으로 할 때 동물은 육체와 혼을 합하여, 사람은 몸과 영과 혼을 합하여 생명

1982), p. 78.

체(네페쉬 하야)가 된다고 말할 수 있다.

12) (창 2:7)의 말씀에서 하나님께서 생기를 불어 넣으신 이유는 무엇인가. 하나님께서 동물들을 창조하시고 그들에게 생기를 불어넣지 아니하셨다. 그 이유는 동물의 본능이 우주 안에서 창조되었기 때문이다. 사람은 영혼을, 동물은 본능만을 가지고 있다는 것을 전제로 할 때 사람의 영혼은 우주 안에서 창조된 것이 아니라 하늘에서 창조되었다는 것을 의미한다. 하늘은 영계이고 우주는 물질계이다. 따라서 모든 영은 하늘에서 창조되었고, 모든 물질은 우주 안에서 창조되었다. 사람의 영혼은 물질이 아니므로 하늘에서 창조되었다. 하나님께서 우주 안에서 사람의 몸을 흙(물질)으로 창조하신 뒤에 하늘에서 창조된 사람의 영혼을 불어 넣으셨다.

13) 예수 그리스도께서 우주 안에 있는 모든 것이 창조되기 전에 사람의 영혼이 자기와 함께 있었다고 말씀하셨다. **"너희도 처음부터 나와 함께 있었으므로 증거하느니라" (요 15:27).** "처음"으로 번역된 헬라어 알케(ἀρχῆ)는 (요 1:1)에서 "태초"로 번역되었다.[56] (요 15:27)의 말씀은 사람의 영과 혼이 하늘에서 창조되었음을 의미하는 것이다. 따라서 사람의 영혼은 하늘에서 창조되었으므로, 사람의 육체가 죽으면 그 영혼은 하늘로 돌아간다(전 12:7). 만약에 사람의 영혼이 동물의 본능처럼 우주 안에서 창조되었다면, 하나님께서 사람에게 생기를 불어넣지 아니하셨을 것이며 그 영혼이 하늘로 올라가지 못할 것이다.

14) 사람의 영과 혼은 하늘에서 창조되었으므로 육체가 죽은 뒤에 하늘로 돌아간다. 성경은 사람의 본향(homeland)이 우주가 아니고 하늘이라고 말씀하고 있다. **"저희가 이제는 더 나은 본향을 사모하니 곧 하늘에 있는 것이라 그러므로 하나님이 저희 하나님이라 일컬음 받으심을 부끄러워 아니하시고 저희를 위하여 한 성을 예비하셨느니라"** (히 11:16). 사람의 영혼이 본향을 사모하는 것은 하늘에서 나왔기 때문이다. **"이같이 말하는 자들은 본향 찾는 것을 나타냄이라 저희가 나온바 본향을 생각하였더면 돌아갈 기회가 있었으려니와"** (히 11:14,15). 사람의 영이 하늘에서 나왔으므로 성경은 우주 안에서의 생활을 나그네의 여정이라고 말씀하고 있다. **"외모로 보지 않고 각 사람의**

---

56) 70인 역은 창세기 제1장 제1절의 태초를 '알케'(ἀρχῆ)로 번역하고 있다.

행위대로 판단하시는 자를 너희가 아버지라 부른즉 너희의 나그네로 있을 때를 두려움으로 지내라"(벧전 1:17). "사랑하는 자들아 나그네와 행인 같은 너희를 권하노니 영혼을 거스려 싸우는 육체의 정욕을 제어하라"(벧전 2:11).

15) 사람의 육체는 영원히 사는 것이 아니라 자연수명이 다하면 흙으로 돌아간다. 사람의 육체는 죽어서 흙으로 돌아가는 것이 창세전에 작정된 하나님의 뜻이다. **"한번 죽는 것은 사람에게 정하신 것이요 그 후에는 심판이 있으리니"**(히 9:27). 육체는 한번 죽는 것이 하나님의 뜻이다.57) 만약 사람의 육체가 우주에서 영원히 사는 존재로 창조되었다면 사람에게 하늘은 필요하지 아니하다. 하나님께서 태초에 하늘과 우주를 창조하신 것은 사람의 육체는 죽어서 흙으로 돌아가고 그 영혼은 하늘로 돌아가는 존재임을 의미한다. 모든 동물이 죽어서 흙으로 돌아가는 것은 사람의 육체가 죽어야 하는 존재로 창조된 것을 모형으로 보여준다고 말할 수 있다.

16) 사람은 영혼을 가진 하나님의 형상으로 창조되었다. 하나님은 예수 그리스도를 통하여 자기의 형상을 보여주셨다. 사람이 하나님의 형상으로 창조되었다는 것은 아들의 형상으로 창조된 것을 말한다. 사람은 그 외모가 하나님의 아들과 닮았고 하나님의 말씀을 순종함으로 하나님의 속성을 나타낼 수 있다. 하나님은 사람을 자기의 형상으로 창조하시고 그 증거로서 사람에게 땅을 정복하고 모든 동물을 다스리는 권세를 주셨다. 하나님께서 흙으로 사람을 창조하시고 그 코에 생기를 불어넣으셨다. 생기란 살아있는 영혼을 의미하는 것으로 해석한다.

(3) 만물의 창조질서와 안식일

1) 하나님께서 우주 안에 있는 모든 것들을 창조하시고 제7일에 안식하셨다. 하나님은 그 날을 거룩하게 하셨다. 제7일에 하나님께서 안식하신 이유는 만물이 하나님의 뜻을 성취하는 완전한 피조물로 지음을 받았다는 것이며 만물의 역사가 하나님의 뜻대로 진행된다는 것을 의미한다. 만물이 하나님의 뜻을 성취하고 하나님의 영광을 나타내려면

---

57) 사람의 육체는 영원히 사는 존재로 창조되었으나 아담이 타락함으로 죽게 되었다는 가설이 제시되고 있다. Louis Berkhof, 상, op. cit., p. 441.

거룩하여야 한다. 따라서 하나님은 안식일을 복주시고 거룩하게 하셨다.

2) 6일 동안에 하나님은 모든 창조사역을 마치시고 제7일에 안식하시고 그날을 거룩하다고 선언하였다. **"천지와 만물이 다 이루니라 하나님의 지으시던 일이 일곱째 날이 이를 때에 마치니 그 지으시던 일이 다하므로 일곱째 날에 안식하시니라 하나님이 일곱째 날을 복 주사 거룩하게 하셨으니 이는 하나님이 그 창조하시며 만드시던 모든 일을 마치시고 이 날에 안식하셨음이더라"** (창 2:1~3). "복을 주사 거룩하게 하다"란 복이 거룩함으로 나타난다는 것을 의미한다. 하나님께로부터 복을 받는 것은 거룩하다는 것이다. 하나님께서 안식하신 이유는 만물이 하나님의 영광을 나타내는 완전한 피조물이며 만물의 역사가 창조질서대로 진행된다는 것을 의미한다. 우주 안에 있는 모든 행성들은 정해진 궤도를 따라서 이동하며, 모든 동물은 그 본능에 따라서 생육하고 번성하며, 사람은 하나님의 형상으로 모든 동물의 다스리고 땅을 정복한다. 만물이 창조질서를 순종한다면, 하나님께서 하실 일은 없을 것이다.

3) 하나님께서 안식일을 거룩하게 하신 것은 창조질서와 관련하여 여섯 가지 의미가 있다. 첫째, 안식일은 하나님의 영광과 관련된다. 하나님은 그의 영광을 나타내기 위하여 만물을 창조하셨다(사 43:7). 하나님은 거룩하시므로 거룩한 것만이 하나님의 영광을 나타낼 수 있다. 만물이 하나님의 영광을 나타내는 완전한 조건으로 창조되었으므로, 하나님은 만물을 선하게 여기시고 기뻐하셨다. **"하나님이 그 지으신 모든 것을 보시니 보시기에 심히 좋았더라 저녁이 되며 아침이 되니 이는 여섯째 날이니라"** (창 1:31). 만물은 하나님의 영광을 나타내는 완전한 창조물이다. 이것이 창조질서이다. 따라서 만물이 거룩함을 잃어버리면 하나님의 영광을 나타낼 수 없다.

4) 만물은 하나님의 창조질서를 유지함으로 거룩하여 질 수 있다. 창조시에 하나님의 말씀이 창조질서로 만물에 체화되었다. 하나님께서 태양계의 질서를 정하셨다. **"하나님이 가라사대 하늘의 궁창에 광명이 있어 주야를 나뉘게 하라 또 그 광명으로 하여 징조와 사시와 일자와 연한이 이루라"** (창 1:14). 태양은 은하계를, 지구는 태양을, 달은 지구를 중심으로 운행하는 것이 창조질서이다. 우주 안의 만물이 창조질서를 순종하고 있다. **"해는 그 방에서 나오는 신랑과 같고 그 길을 달리기 기뻐하는 장사 같아서"** (시 19:5).

"천지가 주의 규례대로 오늘까지 있음은 만물이 주의 종이 된 연고니이다" (시 119:91). 창조질서에 의하여 만물이 하나님의 영광을 나타내고 있다. **"하늘이 하나님의 영광을 선포하고 궁창이 그 손으로 하신 일을 나타내는도다"** (시 19:1). 이것들이 창조질서를 유지함으로 하나님의 영광을 나타내고 있는 것은 안식일에 선포된 거룩함을 유지하고 있다는 증거이다.

5) 둘째, 안식일은 하나님의 아들과 관련된다. 하나님은 아들을 위하여 만물을 창조하셨다(골 1:16). 사람이 하나님의 형상으로 창조되므로 하나님의 아들이 육신으로 임하실 길이 준비되었다. 하나님께서 사람을 그의 형상으로 창조하시고 제7일을 거룩하게 하심으로 사람을 거룩하다고 선언하셨다. 이로써 사람이 하나님의 아들의 길을 위하여 일할 수 있는 완전한 여건이 마련되었다. 육체와 영과 혼이 거룩하게 창조된 사람은 하나님의 아들의 길을 위하여 일함으로 하나님의 영광을 나타낼 수 있다. 사람은 아들의 길을 위하여 생육하고 번성하여야 하며 땅을 정복하고 모든 동물을 다스려야한다(창 1:28). 사람은 이것들을 거룩하게 다스림으로 하나님의 거룩함을 나타내고 아들의 길을 준비하여야 한다. 하나님께서 안식일을 거룩하게 하신 뒤에 사람에게 선악과 계명을 주셨다(창 2:17). 이 계명은 사람이 몸과 영과 혼을 거룩하게 유지하는 언약이다. 사람은 이 계명을 순종하여 하나님의 아들의 길을 준비함으로 하나님의 영광을 나타내야 한다. 사람이 하나님의 계명을 불순종함으로 자신을 더럽히면 하나님의 아들이 오실 길은 막히게 된다.

6) 셋째, 안식일은 사람에 대한 하나님의 은혜와 관련된다. 하나님의 은혜는 사람으로 하여금 죄를 깨닫게 하는 것이다. 하나님께서 만물을 창조하시고 제7일에 안식하신 것을 기념하기 위하여 이 날을 거룩하게 지키는 것이 창조질서이다. 하나님은 안식일의 의미를 율법으로 정하셨다. **"제 칠 일은 너의 하나님 여호와의 안식일인즉 너나 네 아들이나 네 딸이나 네 남종이나 네 여종이나 네 육축이나 네 문안에 유하는 객이라도 아무 일도 하지 말라 이는 엿새 동안에 나 여호와가 하늘과 땅과 바다와 그 가운데 모든 것을 만들고 제 칠 일에 쉬었음이라 그러므로 나 여호와가 안식일을 복되게 하여 그 날을 거룩하게 하였느니라"** (출 20:10,11). 사람이 생존경쟁의 도가니 속으로 들어가 일하면 범죄함으로 안식일을 더럽힐 수 있다. 따라서 하나님께서 안식일의 규례를 정하

셨다. 안식일에 선을 행하는 것은 그 날을 거룩하게 지키는 것이므로, 예수 그리스도께서 안식일에 병자를 고치시고 선을 행하셨다. **"사람이 양보다 얼마나 더 귀하냐 그러므로 안식일에 선을 행하는 것이 옳으니라 하시고 이에 그 사람에게 이르시되 손을 내밀라 하시니 저가 내밀매 다른 손과 같이 회복되어 성하더라"** (마 12:12,13).

7) 안식일을 거룩하게 지키기 위하여 일을 하지 말라는 계명은 사람이 육체를 위하여 일하면 범죄할 수 있다는 것을 의미한다. 그러나 안식일에 육체를 위하여 일하지 아니하고 영혼을 위하여 선을 행하는 것은 그날을 더럽히는 것은 아니다. 육체를 위하여 일을 하지 아니하는 것이 그 날을 거룩하게 지키는 것이고, 일하는 것이 그 날을 더럽히는 것이라고 전제하자. 그렇다면 일할 수 있는 날은 사람의 죄로 인하여 더럽혀진다는 것을 의미한다. 일을 함으로 6일을 더럽힌 뒤에 제7일에 안식한다면, 사람은 안식일에 자신의 죄를 깨닫는 날이 될 것이다. 안식일에 사람이 쉬지 아니한 모든 날을 더럽힌 것을 알고 자신의 행위를 되돌아보며 회개하는 것이 안식일의 계명을 정하신 하나님의 뜻이다. 곧 안식일은 자신의 죄를 깨닫고 하나님의 은혜를 사모하는 날이라고 말할 수 있다.

8) 이스라엘 백성이 가나안 땅에 들어가기 직전에 하나님은 안식일의 의미를 보다 분명하게 하셨다. **"너는 기억하라 네가 애굽 땅에서 종이 되었더니 너의 하나님 여호와가 강한 손과 편 팔로 너를 거기서 인도하여 내었나니 그러므로 너의 하나님 여호와가 너를 명하여 안식일을 지키라 하느니라"** (신 5:15). 안식일은 만물을 창조하신 하나님, 이스라엘 백성을 애굽에서 인도하여 내신 하나님을 기념하는 날이다. 하나님께서 유월절 어린 양의 피로써 이스라엘의 죄를 대속하고 그들을 애굽에서 인도하여 내신 것은 장차 인류의 죄를 용서하신다는 약속이다.58) 창조주 하나님 앞에서 사람은 죄인이며, 이스라엘 백성을 애굽에서 인도하여 내신 하나님 앞에서 사람은 그 죄를 용서받을 소망을 가진 자이다.

9) 넷째, 안식일은 하나님의 아들의 사역을 기념하는 날이다. 하나님 아버지께서 만물의 창조계획을 작정하시고 그 사역을 아들에게 맡기셨다. 아들은 아버지의 뜻대로 만물을 창조하셨다. 따라서 성경은 아들이 만물을 창조하셨다고 말씀한다. **"이 모든 날 마지막에**

---

58) 3.2.1. (1) 참조

아들로 우리에게 말씀하셨으니 이 아들을 만유의 후사로 세우시고 또 저로 말미암아 모든 세계를 지으셨느니라"(히 1:2). 하나님 아버지께서 인류의 죄를 대속하고 믿는 자들을 구원하실 뜻을 작정하시고 이를 아들에게 맡기셨다. 아들은 아버지의 뜻대로 자기의 피로써 인류의 죄를 대속하시고 믿는 자들의 죄를 용서하신다. "그러나 인자가 세상에서 죄를 사하는 권세가 있는 줄을 너희로 알게 하려 하노라 하시고 중풍병자에게 말씀하시되 일어나 네 침상을 가지고 집으로 가라 하시니"(마 9:6). 곧 안식일은 하나님의 아들을 기념하는 날이다. 따라서 성경은 예수 그리스도는 안식일에 주인이라고 말씀한다. "또 가라사대 인자는 안식일의 주인이니라 하시더라"(눅 6:5).

10) 다섯째, 하나님께서 안식일을 거룩하게 하신 것은 시간을 거룩하게 하신 것이다. 6일 동안 하나님은 모든 것들을 거룩하게 창조하셨지만 이것들이 거룩하다고 선언하지 아니하셨다. 하나님은 제7일을 거룩하게 하심으로 시간 속에 존재하는 것들이 거룩하다고 선언하셨다. 곧 하나님은 시간을 거룩하게 하셨다. 따라서 천사와 사람은 시간 속에서 거룩하여 진다는 것을 의미한다. 천사는 시간이 없는 하늘에서 활동하고 있으므로 한번 타락하면 그 죄를 속죄 받음으로 거룩하게 되지 못한다. 사람은 시간 속에서 생활하고 있으므로 범죄하였을 때 그 안에서 죄를 속죄 받을 수 있다. 사람이 육체를 벗으면 시간이 없는 영원으로 들어간다. 따라서 죄인이 시간 속에서 죄를 용서받지 못하고 죽으면 그 죄를 용서받을 수 없다. 사도 바울은 시간이 있는 동안 구원을 받을 수 있다고 기록하였다. "가라사대 내가 은혜 베풀 때에 너를 듣고 구원의 날에 너를 도왔다 하셨으니 보라 지금은 은혜 받을만한 때요 보라 지금은 구원의 날이로다"(고후 6:2).

11) 여섯째, 제7일은 거룩한 날이고 복을 받은 날이다. 복이란 거룩함과 관련된다. 반대 해석으로 더러움은 저주와 관련된다. 하나님께서 물고기와 조류를 창조하시고 그것들에게 복을 주셨다. "하나님이 큰 물고기와 물에서 번성하여 움직이는 모든 생물을 그 종류대로, 날개 있는 모든 새를 그 종류대로 창조하시니 하나님의 보시기에 좋았더라 하나님이 그들에게 복을 주어 가라사대 생육하고 번성하여 여러 바다 물에 충만하라 새들도 땅에 번성하라 하시니라"(창 1:21,22). 하나님께서 사람을 남자와 여자로 창조하시고 그들에게 복을 주셨다(창 1:28). 사람이 받은 복은 모든 동물을 다스리며 땅을

정복하는 것이다. 하나님께서 사람과 물고기와 조류에게 복을 주신 것은 이 모든 것들이 거룩하게 창조되었다는 것을 의미한다.

12) 하나님께서 육지에서 살아가는 모든 동물을 창조하셨지만 그것들에게 복을 주시지 아니하셨다. **"하나님이 가라사대 땅은 생물을 그 종류대로 내되 육축과 기는 것과 땅의 짐승을 종류대로 내라 하시고 하나님이 땅의 짐승을 그 종류대로, 육축을 그 종류대로, 땅에 기는 모든 것을 그 종류대로 만드시니 하나님의 보시기에 좋았더라"** (창 1:24,25). 이것은 육지에서 살아가는 모든 종물이 거룩한 것은 아니라는 것을 의미한다. 뱀은 간교하게 지음을 받았다. 그 뱀이 아담을 미혹하였다. **"여호와 하나님의 지으신 들짐승 중에 뱀이 가장 간교하더라 뱀이 여자에게 물어 가로되 하나님이 참으로 너희더러 동산 모든 나무의 실과를 먹지 말라 하시더냐"** (창 3:1). 간교함은 뱀의 본능으로서 죄가 아니다. 모든 동물의 본능은 창조시에 하나님께로부터 받았기 때문이다. 단지, 뱀의 간교함이 아담을 미혹하는 사단의 도구로 이용되었다. 뱀이 사단의 도구로 이용될 것을 아신 하나님은 육지에 사는 동물에게 복을 주시지 아니하셨다고 말할 수 있다.

13) 하나님께서 우주 안에 있는 모든 것들을 지으시고 제7일에 안식하셨다. 하나님은 이 날을 복주시고 거룩하게 하셨다. 따라서 만물이 안식일을 통하여 복을 받고 거룩하게 되었다. 하나님께서 제7일에 모든 일을 쉬신 것처럼 사람이 안식일에 쉬면서 창조주 하나님을 기념하는 것이 그 날을 거룩하게 하는 것이다. 이것은 창조질서와 관련된다. 만물이 거룩하게 됨으로 하나님의 영광을 나타낼 수 있게 되었고, 사람이 하나님의 아들의 길을 위하여 일할 수 있게 되었다. 곧 안식일은 하나님의 영광을 위하여 육신으로 임하실 아들을 위한 날이라고 말할 수 있다. 만물은 하나님의 아들을 위하여 지음을 받았으므로, 예수 그리스도는 안식일에 주인이다.

(4) 이해를 위한 질문

1) 천사의 창조

a. 천사는 언제 창조되었을까(욥 38:7).

b. 천사가 결혼하여 자녀를 생산하지 못하는 이유는 무엇인가(마 22:30).

c. 천사가 공간과 장소를 초월하여 이동할 수 있지만 무소부재하지 못한 이유는 무엇인가(욥 1:7).

　　d. 천사의 직분은 무엇인가(히 1:7,14).

2) **사람의 창조**

　　a. 하나님께서 사람을 자기의 형상을 따라서 창조하셨다. 하나님의 형상이란 무엇인가(창 1:26).

　　b. 하나님께서 사람을 자기의 형상으로 창조하신 이유는 무엇인가(마 1:23; 사 43:7).

　　c. 하나님께서 사람에게 지상의 모든 동물을 다스리는 권세를 주신 이유는 무엇인가(창 1:28).

　　d. 하나님께서 사람을 흙으로 지으시고 그 코에 생기를 불어넣으셨다(창 2:7). 생기란 무엇인가(고전 15:45).

　　e. 사람(성도)이 죽으면 그 영혼이 하늘로 돌아가는 이유는 무엇인가(전 12:7).

3) **만물의 창조질서와 안식일**

　　a. 하나님께서 만물의 창조를 마치시고 안식하신 이유는 무엇인가(창 1:31).

　　b. 하나님께서 안식일을 복 주시고 거룩하게 하신 이유는 무엇인가(창 2:3).

　　c. 안식일은 누구를 기념하는 날인가(출 20:10; 신 5:15).

　　d. 예수 그리스도께서 안식일의 주인인 이유는 무엇인가(마 12:8).

　　e. 안식일에 선을 행하는 것이 죄가 아닌 이유는 무엇인가(마 12:12).

1.3 요약 및 결론

1. 하나님은 누구신가. 공간과 장소를 초월하여 스스로 계신 하나님께서 만물이 창조하신 이유는 무엇일까. 왜 하나님께서 사람을 자기의 형상으로 창조하셨나. 제1부에서 성경의 말씀을 기준으로 이에 대한 해답을 제시하려고 노력하였다. 1.1에서는 스스로 계신 하나님의 속성을, 1.2에서는 스스로 계시는 하나님과 만물의 창조사역을 논의하였다.

만물이 창조되기 전, 태초에 공간과 장소가 없었다. 태초에 하나님은 어디에 계셨을까. 이에 대한 대답은 공간과 장소를 초월하여 스스로 계신 하나님이다. 하나님은 존재하기 위하여 공간과 장소를 필요로 하지 아니하신다. 태초에 하나님은 공간과 장소를 초월하여 영광 가운데 스스로 계셨다. 하나님은 누구에 의하여 창조된 것이 아니라 스스로 계신 분이다. 이에 반하여 만물은 하나님에 의하여 창조되었다.

태초에 하나님은 하늘과 우주를 창조하셨다. 만물은 피조물이며 하나님은 창조자이다. 따라서 하나님은 만물보다 크신 분이다. 하나님은 공간과 장소를 초월하여 모든 공간과 모든 장소에 계신다. 하나님께서 계시지 아니한 공간과 장소는 없다. 지금 하나님은 하늘에 계시고 우주 안에 계시고 대한민국에 계시고 미국에 계시고 내 안에 계시고 모든 사람 안에 계신다. 이것을 하나님의 편재성이라고 한다. 따라서 하나님(성령)은 공간과 장소를 이동하지 아니하신다. 단지 육신으로 임하신 성자 예수 그리스도만이 공간과 장소를 이동하신다.

하나님은 살아계신다. 하나님께서 살아계신다는 것은 그의 말씀이 살아 역사하는 것을 의미한다. 하나님은 그의 말씀으로 그의 존재와 살아계심을 나타내신다. 하나님의 인격이 그의 말씀을 통하여 계시되므로, 그의 말씀은 그의 속성을 계시한다. 하나님의 말씀이 살아계신다는 것은 그의 전지전능한 속성과 관련된다. 만약 그의 말씀이 전능하지 아니하다면 그 말씀은 역사하지 아니한다. 따라서 하나님의 생명의 본질은 그의 속성에서 찾아야 한다.

하나님의 생명은 하나님의 속성과 관련된다. 하나님의 생명 안에 전지전능하심과 영원하심, 의로움과 거룩함, 선하심과 사랑, 자비하심과 오래 참으심 등의 모든 속성이 있다. 태초에 스스로 계신 하나님의 모든 속성이 그의 생명 안에 있다. 하나님의 전능하심을 나타내는 말씀이 만물을 창조하셨다. 하나님의 의로우심과 거룩하심을 나타내는 말씀이 우상을 숭배함으로 불의하고 더럽게 된 이스라엘 백성을 심판하셨다. 곧 살아서 역사하는 하나님의 말씀은 그의 속성을 계시한다. 하나님의 생명 안에 그의 모든 속성이 있다. 마치 음식 안에 사람이 살아가는데 필요한 모든 영양소가 들어있는 것과 같다.

하나님은 공간과 장소와 시간을 초월하여 스스로 계신 분이며 살아가기 위하여 어떠한 양식도 필요로 하지 아니하신다. 하나님은 생명의 원천이기 때문이다. 하나님 안에 생명이 있다. 따라서 하나님은 말씀으로 살아있는 모든 것들을 창조하시고 그것들에게 생명의 양식을 주신다. 하나님은 말씀을 통하여 자기 안에 있는 생명을 계시하신다. 사람과 천사는 생명을 가진 존재로 창조되었다. 사람이 하나님께로부터 받은 생명은 저장되지 아니한다. 따라서 사람은 계속하여 하나님께로부터 생명의 말씀을 받아야 한다. 예컨대, 태양 자체는 열이므로 그 빛으로부터 열이 나온다. 그러나 태양 빛의 열은 지상에서 영원히 저장되지 아니한다. 이와 같이 피조물이 하나님께로부터 받은 생명은 저장되지 아니한다.

하나님 안에 생명이 있으므로 하나님은 생존하기 위하여 양식을 필요로 하지 아니하신다. 모든 생명체는 살아가기 위하여 양식을 필요로 하지만 하나님은 생명을 유지하기 위하여 양식을 필요로 하지 아니하신다. 지구의 내부는 그 자체가 불이므로 불타는 상태를 유지하기 위하여 가연성 물질과 산소를 필요로 하지 아니하는 것과 같다. 태양도 그 자체가 불이므로 산소와 가연성 물질을 필요로 하지 아니한다. 이와 같이 하나님은 생명의 원천이므로 살아가기 위하여 양식을 필요로 하지 아니하신다.

하나님은 말씀으로 자기 안에 있는 생명을 계시하신다. 하나님은 말씀으로 모든 생명체를 창조하셨다. 그 생명체들은 하나님의 말씀으로 창조된 양식으로 살아간다. 하나님께서 사람을 창조하시고 사람에게 생명의 말씀을 주셨다. 사람의 육신은 곡식과 야채와 과일과 고기로 살아가지만 그 영은 생명의 말씀을 순종함으로 살아간다. 사람이 하나님께로부터 받은 생명은 영원히 저장되지 아니함으로 계속하여 하나님께로부터 생명의 말씀을 받아야 한다. 마치 태양열과 전기가 영원히 저장되지 아니하는 것과 같다.

사람의 육체는 일시적으로 살다가 죽어서 흙으로 돌아가지만 그 영은 영원히 존재한다. 영원히 존재하는 영의 생명의 본질은 하나님의 통치기초와 관련하여 검토하여야 한다. 하나님은 의와 공의로 사람을 통치하신다. 의란 하나님을 믿는 것이며 공의란 하나님의 법을 순종하는 것이다. 하나님은 믿는 자를 의롭다하시며 그의 법을 순종하는 자를 거룩하다고 선언하신다. 따라서 사람이 의롭다하심과 거룩함을 얻으면 그 영이 생명을 얻은 것이다. 따라서 사람의 생명은 하나님의 말씀을 통하여 그 영이 의로움과 거룩함을 유지하는 것이라고 말할 수 있다. 곧 사람의 생명의 본질은 의로움과 거룩함이다.

2. 하나님께서 첫째 날 빛을 창조하셨다. 빛이 창조된 이후부터 시간이 흐르고 있다. 시간은 빛과 함께 창조되었다. 따라서 하나님은 시간을 초월하시며 시간 속에서 일어나는 모든 것을 현재의 사건으로 보신다. 하나님께 있어서 과거와 미래는 없으며 모든 것이 현재이다. 지금 하나님은 과거의 사건과 미래의 사건을 현재 진행중인 것으로 보신다. 지금 하나님은 만물의 창조사역을 현재의 일로, 우주의 종말을 현재의 일로 보신다. 이것은 하나님의 전지하심(omniscience)과 관련된다.

하나님께서 만물을 창조하시기로 작정하셨을 때 만물의 창조과정과 그 역사의 진행과정을 현재의 사건으로 보셨다. 태초에 하나님은 만물의 창조, 천사와 아담의 타락, 아브라함과 이삭의 선택, 이스라엘 백성의 출애굽과 가나안 땅 정복, 이스라엘 백성의 우상숭배와 멸망, 예수 그리스도의 탄생과 죽음, 부활과 승천, 교회의 예배와 복음 증거, 예수 그리스도의 재림과 최후의 심판에 관한 모든 것들을 현재에 진행되는 사건으로 보셨다. 태초에 하나님은 모든 것을 아시고 그의 뜻을 작정하셨다. 따라서 하나님의 뜻은 온전하며 조금의 모순도 없다.

하나님은 시간을 초월하여 모든 것을 현재의 사건으로 보시므로 그의 모든 뜻은 완전하다. 만물의 창조계획은 완전하다. 따라서 만물은 완전하게 창조되었다. 하늘은 하늘로서, 우주는 우주로서, 모든 동물은 생명체로서, 사람은 살아있는 하나님의 형상으로서 완전하게 창조되었다. 만물이 완전하게 창조되었다는 것은 모든 동식물이 진화하지 아니한다는 것을 의미한다. 모든 동식물은 특정한 환경에서 살아갈 수 있는 완전한 피조물이다. 따라서 환경이 급격하게 변화하면 멸종하는 동식물이 있다. 공룡은 특수한 환경에 살아갈 수 있는 완전한 피조물이다. 공룡은 환경의 변화에 따라서 진화하지 못하고 멸종되었다. 사자는 육식동물로서 완전하게 창조되었으므로 초식동물이 없어지면 잡식동물로 진화하지 못하고 멸종의 길을 걷게 될 것이다. 기후가 아열대에서 온대로 변화하면 바나나 나무는 환경에 적응하지 못하고 죽어 없어진다. 모든 피조물이 완전하게 창조된 것은 창조계획이 완전하다는 것을 의미한다. 이것은 시간을 초월하는 하나님의 전지하심을 반영한다.

3. 하나님께서 만물을 창조하신 목적은 아들을 통하여 그의 영광을 나타내기 위함이다. 하나님은 공간과 장소를 초월하여 스스로 계시므로 자신의 존재를 위하여 하늘과 우주를 창조하실 필요가 없다. 하나님께서 그의 영광을 나타내고 육신으로 임하실 아들을 위하여 만물을 창조하셨다. 만물은 하나님의 영광과 아들을 위하여 완전하게 창조되었다. 만물은 하나님의 속성과 하나님의 아들을 통하여 하나님의 영광을 나타낸다.

만물은 육신으로 임하실 아들을 위하여 창조되었다. 삼위일체 하나님 가운데 육신을 입으신 아들만이 공간과 장소를 필요로 하신다. 아들은 우주 안에 육신으로 임하셔서 아버지의 뜻을 이루기 위하여 죽임을 당하시고 부활하셨다. 아들은 부활하신 뒤에 하늘 보좌에 올라 의와 공의로 만물을 통치하신다. 하나님은 아들을 통하여 자신의 모든 것을 보여주셨다. 창세전에 작정된 하나님의 뜻이 아들을 통하여 성취되었다. 아들은 만물을 창조하신 하나님, 의와 공의로 세상을 통치하시는 하나님, 원하는 자들의 죄를 용서하시는 하나님을 보여주심으로 하나님의 영광을 나타내셨다.

하늘은 영계로 완전하게 창조되었다. 하늘에는 태양과 달이 없으며 하나님의 보좌로부터 나오는 하나님의 영광이 비취고 있다. 따라서 하늘에는 낮과 밤의 구분이 없으며 시간의 진행도 없다. 시간이 없다는 것은 영원한 상태를 의미한다. 우주 안에는 시간이 흐르고 있지만 하늘에는 시간이 없다. 하늘에는 아들을 위한 보좌와 아들의 이름을 둔 성전이 있다. 하늘은 낙원과 아버지의 집으로 구분한다. 낙원은 구원을 얻은 자들이 죽은 뒤에 그 영혼이 들어가서 안식을 누리는 곳이다. 아버지의 집은 그리스도의 강림 이후에 구원을 받은 자들이 첫째 부활에 참여한 뒤에 들어갈 곳이다.

하늘에서 천사가 창조되었다. 천사의 창조시기에 대하여 직접적인 성경의 계시가 없으므로 천사의 사역을 통하여 그 시기를 추정하였다. 하나님께서 우주 안에 있는 모든 것들을 창조할 때 천사들이 하나님의 창조사역을 찬양하였다. 따라서 천사들은 첫째 날 빛이 창조되기 전에 창조되었다고 말할 수 있다. 천사는 육체가 없는 영적인 피조물이므로 공간과 장소를 초월하여 활동한다. 그러나 천사는 하나님처럼 무소부재하거나 전지하지 못하다. 천사는 육체가 없으므로 결혼을 통하여 개체수를 증가시키지 못한다. 따라서 모든 천사가 각각 창조되었다.

우주는 처음에 흑암으로 창조되었다. 6일 동안 우주 안에 있는 모든 것들이 창조되었다. 첫째 날 빛이 창조되므로 시간이 시작되고 있다. 둘째 날 궁창(우주 공간)이 창조되었고 우주 안에 있는 물안개는 궁창 위의 물과 궁창 아래의 물로 나누어졌다. 궁창 위의 물은 우주의 벽을 형성하는 물이고 궁창 아래의 물은 지구에 있는 물이다. 셋째 날 물에서 육지가 나왔고 각종 식물이 창조되었다. 넷째 날 하늘에 있는 모든 별들과 태양과 달이 창조되었다. 다섯째 날 물고기와 공중에 나는 새들이 창조되었고, 여섯째 날에 땅 위에 있는 각종 동물이 창조되었다. 그리고 마지막으로 사람이 창조되었다. 우주는 사람이 살아가는 완전한 피조물로 창조되었다.

사람은 하나님의 형상으로 창조되었다. 하나님은 아들을 통하여 그의 형상을 보여주셨으므로, 사람은 아들의 형상대로 창조되었다고 말할 수 있다. 하나님의 형상은 두 가지로 해석할 수 있다. 첫째, 사람의 외모가 하나님을 닮은 것이다. 둘째, 사람이 하나님의 말씀을 순종함으로 하나님의 속성을 닮는 것이다. 하나님께서 그의 형상으로 사람을 창조하셨다는 것은 사람의 몸을 통하여 아들이 오신다는 약속이다. 사람이 하나님의 형상으로 창조되었으므로, 예수 그리스도께서 사람의 몸을 통하여 육신으로 임하셨다. 하나님을 믿고 그 말씀을 순종함으로 의롭다하심을 받은 육체를 통하여 예수 그리스도께서 임하셨다.

하나님께서 우주 안에 있는 모든 것들을 지으시고 제7일에 안식하셨다. 하나님은 이 날을 복주시고 거룩하게 하셨다. 이로써 만물을 창조한 하나님의 뜻이 성취될 완전한 길이 준비되었다. 만물이 하나님의 영광을 나타내고 하나님의 아들이 오실 길을 준비하려면 거룩하게 창조되어야 한다. 하늘은 거룩함으로 하나님의 영광을 선포하고 사람은 거룩함으로 하나님의 아들이 오실 길을 준비할 수 있다. 성경은 안식일에 사람으로 하여금 만물을 창조하신 하나님과 인류의 죄를 대속하실 하나님을 기억하게 하셨다. 하나님의 아들은 아버지의 뜻대로 만물을 창조하시고 그의 피로써 인류의 죄를 대속하셨으므로, 안식일은 장차 육신으로 임하실 그리스도를 기념하는 날이다. 따라서 예수 그리스도는 안식일의 주인이다. 이것이 만물의 창조질서이다.

제2부

천사와 사람의 타락

2.1 천사의 타락과 결박
1. 천사의 타락
2. 타락한 천사의 결박

2.2 사단의 미혹과 아담의 타락
1. 선악과 계명과 생명
2. 사단의 미혹과 아담의 타락

2.3 아담의 타락과 원죄
1. 죄의 흔적
2. 아담의 타락과 원죄

2.4 아담의 타락과 마귀의 권세
1. 아담의 타락과 마귀의 권세
2. 마귀와 죄의 권세

2.5 요약 및 결론

"네가 네 마음에 이르기를 내가 하늘에 올라 하나님의 뭇별 위에 나의 보좌를 높이리라 내가 북극 집회의 산 위에 좌정하리라"(사 14:13).

"여자가 그 나무를 본즉 먹음직도 하고 보암직도 하고 지혜롭게 할만큼 탐스럽기도 한 나무인지라 여자가 그 실과를 따먹고 자기와 함께 한 남편에게도 주매 그도 먹은지라"(창 3:6).

"이러므로 한 사람으로 말미암아 죄가 세상에 들어오고 죄로 말미암아 사망이 왔나니 이와 같이 모든 사람이 죄를 지었으므로 사망이 모든 사람에게 이르렀느니라"(롬 5:12).

"죄를 짓는 자는 마귀에게 속하나니 마귀는 처음부터 범죄함이니라 하나님의 아들이 나타나신 것은 마귀의 일을 멸하려 하심이니라"(요일 3:8).

"너희는 너희 아비 마귀에게서 났으니 너희 아비의 욕심을 너희도 행하고자 하느니라 저는 처음부터 살인한 자요 진리가 그 속에 없으므로 진리에 서지 못하고 거짓을 말할 때마다 제 것으로 말하나니 이는 저가 거짓말장이요 거짓의 아비가 되었음이니라"(요8:44)

제2부 천사와 사람의 타락

2.1 천사의 타락과 결박

1. 천사의 타락

(1) 하나님의 명령과 천사의 자유의지

1) 천사는 인격을 가진 피조물로 창조되었다. 지성이란 하나님의 말씀을 통하여 하나님의 뜻과 창조질서를 아는 능력을 말한다. 감성이란 하나님의 말씀으로 기뻐하는 것을 말한다. 의지란 자유의지와 일반의지로 구분한다. 전자는 하나님의 말씀을 순종함에 있어서 외부의 간섭을 받지 아니하는 의지이며, 후자는 하나님의 말씀을 순종함에 있어서 최선의 방법을 모색하는 의지를 말한다.

2) 천사는 인격이 있으므로 하나님의 말씀을 순종할 수 있다. 하나님의 계명이 하달되었을 때 천사는 지성으로 그 말씀을 가장 잘 순종할 수 있는 방법을 모색한다. 하나님께서 아합을 죽일 방법을 천사들에게 물으셨다. 많은 천사들이 각각 다른 의견을 하나님께 제시하였다. **"여호와께서 말씀하시기를 누가 아합을 꾀어 저로 길르앗 라못에 올라가서 죽게 할꼬 하시니 하나는 이렇게 하겠다 하고 하나는 저렇게 하겠다 하였는데 한 영이 나아와 여호와 앞에 서서 말하되 내가 저를 꾀이겠나이다 여호와께서 저에게 이르시되 어떻게 하겠느냐 가로되 내가 나가서 거짓말 하는 영이 되어 그 모든 선지자의 입에 있겠나이다 여호와께서 가라사대 너는 꾀이겠고 또 이루리라 나가서 그리하라 하셨은즉"** (왕상 22:20~22). 천사는 그들의 자유의지로 하나님의 말씀을 순종하기로 결정하였고, 일반의지로 아합을 죽게 하려는 계획을 모색하였다. 천사는 감성이 있으므로 예수 그리스도의 탄생을 찬양하였다. **"홀연히 허다한 천군이 그 천사와 함께 있어 하나님을 찬송하여 가로되"** (눅 2:13).

3) 자유의지가 없는 동물들은 하나님의 말씀을 순종할 수 없다. 동물은 본능에 따라서 기계적으로 행동한다. 따라서 하나님은 동물에게 명령하지 아니하신다. 사자의 본능은 먹잇감을 공격하는 것이다. 따라서 하나님은 사자에게 본능을 거스르는 행동을 명령하지 아니하신다. 다니엘이 사자 우리에 갇혔을 때 하나님은 사자에게 명령하지 아니하시고 천사를 보내어 사자의 입에서 그를 건져내셨다. **"나의 하나님이 이미 그 천사를 보내어 사자들의 입을 봉하셨으므로 사자들이 나를 상해치 아니하였사오니 이는 나의 무죄함이 그 앞에 명백함이오며 또 왕이여 나는 왕의 앞에도 해를 끼치지 아니하였나이다"** (단 6:22). 만약 사자가 하나님의 명령을 순종할 수 있다면 하나님께서 천사를 보내지 아니하시고 직접 사자에게 명령하셨을 것이다. 사자가 하나님의 명령을 받지 못하는 이유는 자유의지가 없기 때문이다.

4) 자유의지란 하나님의 말씀을 순종함에 있어서 외부의 일체 간섭을 받지 아니하는 의지를 말한다. 예컨대, 천사가 하나님의 말씀을 순종하는데 있어서 하나님과 다른 천사들로부터 말씀의 순종을 강요받지 아니한다. 하나님의 이름을 찬양하는 직분을 가진 천사들이 있다. 하나님께서 이 천사들에게 직분의 수행을 강요하지 아니하시고 천사의 자유의지에 맡기신다. 이와 같이 외부의 일체 간섭이나 강요를 받지 아니하고 자신의 의지로 말씀의 순종과 불순종을 결정하는 의지를 자유의지라고 한다. 천사가 하나님의 말씀을 순종하는데 있어서 이 방법을 택하느냐 아니면 저 방법을 택하느냐 하는 것은 일반의지에 속하는 것이다.

5) 하나님은 천사에게 명령의 순종을 강요하지 아니하고 천사의 의지에 맡기신다. 천사는 그의 의지의 결정에 따라서 하나님의 말씀을 순종하거나 불순종하는 자유를 가지고 있다. 자유의지에는 말씀을 수용하는 의지와 거절하는 의지를 포함한다. 거절하는 의지가 없으면 천사는 기계적으로 말씀을 순종하는 꼭두각시와 같다. 하나님께서 항상 천사들이 직분을 수행하도록 감시하고 지켜보고 계시며 이렇게 하라 저렇게 하라고 지시하신다면, 천사는 하나님 앞에서 자유의지가 없는 피조물이다. 하나님께서 자기의 이름을 찬양하는 천사들 옆에서 찬양을 강요하신다면, 천사들은 직분을 버릴 생각을 가질 수 없다. 왜냐하면 하나님은 전지전능하시므로 천사는 하나님의 명령을 거절할

수 없다. 천사가 하나님의 계명을 거절할 수 있다면 하나님은 전능하신 분이 아니다. 하나님은 전능하신 분이시므로 그의 의지가 천사에게 그대로 전달된다. 따라서 천사는 강제적으로 그 말씀을 복종하게 된다.

6) 천사는 지성에 따라서 판단하여 말씀에 대한 순종여부를 결정한다. 천사는 지성으로 하나님의 존재를 알고 하나님의 말씀을 순종하는 것이 생명임을 알 수 있는 존재로 창조되었다. 천사가 하나님의 말씀을 받았을 때 지성으로 그 말씀을 순종하는 최선의 방법을 모색한다. 천사가 그의 지성으로 창조자와 피조물의 관계를 명확하게 인식하고 하나님의 말씀을 순종하는 것이 생명이다. 천사가 하나님의 말씀을 순종하려면 피조물로서 창조자 앞에서 선택의 자유를 포기하여야 한다. 하나님께서 천사에게 자유의지를 주셨지만, 천사는 생명을 얻기 위하여 말씀을 순종할 의무만 가지고 있다고 믿어야 한다. 만약 천사가 말씀을 거절할 권리를 가지고 있다고 판단하면 타락할 수 있다. 하나님은 천사에게 생명과 사망의 선택을 그의 지성의 판단과 자유의지의 결정에 맡기셨다. 천사가 생명을 선택하느냐 아니면 사망을 선택하느냐 하는 것은 그의 자유의지에 달렸다. 하나님께서 이스라엘 백성 앞에 생명과 사망, 복과 저주의 말씀을 두고 그 선택여부를 그들의 의지에 맡기신 것과 같다. **"내가 오늘날 천지를 불러서 너희에게 증거를 삼노라 내가 생명과 사망과 복과 저주를 네 앞에 두었은즉 너와 네 자손이 살기 위하여 생명을 택하고"** (신 30:19). 천사의 순종과 불순종은 자유의지의 활동이다.

7) 하나님께서 천사에게 자유의지를 주신 이유는 무엇인가 하는 것을 고찰하여 보자. 천사는 영적 존재로서 생명을 가지고 있지만 스스로 살아가지 못한다. 천사는 몸이 없으므로 음식으로 살아가는 것이 아니라 하나님의 명령을 순종함으로 생명을 얻는다. 천사들이 하나님께 받은 직분을 성실히 수행하면 생명을 유지할 수 있지만 그 직분을 버리면 사망에 이르게 된다. 천사가 죄로 인하여 사망에 이르게 되었다는 것은 그 천사의 존재가 없어진 것이 아니라 죄로 인하여 저주 받은 자가 되었다는 것이다. 천사가 생명을 선택하느냐 아니면 사망을 선택하느냐 하는 것을 하나님께서 그들의 자유의지에 맡기셨다. 동물이 본능으로 살아가듯이, 천사는 인격으로 살아간다. 천사가 하나님의 말씀을 명령으로 받아 순종하려면 인격이 있어야 한다. 사람이 소화기관을 통하여 필요한 영양소를

섭취하는 것 같이, 천사는 자유의지로 하나님의 말씀을 명령으로 받아 순종함으로 살아갈 수 있다. 따라서 천사가 가지고 있는 자유의지는 하나님의 말씀을 명령으로 받는데 있어서 필요하고도 충분한 조건이다.

8) 천사는 하나님의 말씀을 순종함에 있어서 독립적으로 의사를 결정할 수 있는 자유의지를 가지고 있지만 그 선택 결과에 대하여 하나님께 책임을 진다. 하나님께서 천사의 의지에 대하여 간섭하지 아니하시지만 천사의 자유의지가 불순종을 선택한 결과에 대하여 심판하신다. 천사가 말씀을 순종하였을 때 생명을 유지할 수 있지만 그 말씀을 불순종하였을 때 죄로 인하여 하나님의 심판을 받게 된다. 천사는 자유의지가 있으므로 하나님의 말씀을 명령으로 받아 순종할 수 있고 거절할 수도 있다. 천사가 그의 자유의지로 선택한 결과는 생명과 사망으로 나타난다.

(2) 천사의 타락

1) 사단은 타락한 천사이며 하나님께서 사단을 창조하신 것이 아니다. 하나님께서 천사들을 거룩하고 의롭게 창조하셨지만 그들 중 일부가 타락하였다. 천사가 타락하는 과정에 대한 성경의 말씀은 이사야서와 에스겔서에서 나타나고 있다. 이사야서 제14장은 바벨론 왕의 타락에 대한 말씀이고, 에스겔서 제28장은 두로 왕의 타락에 대한 말씀이다.[59] 바벨론 왕과 두로 왕은 하나님의 말씀을 순종하지 아니하는 이방인이므로 이들의 타락은 있을 수 없다. 하나님의 말씀을 순종하던 자가 죄를 범할 때 타락하는 것이지, 태어날 때부터 불순종하던 자에게 타락이란 있을 수 없기 때문이다. 따라서 성경에서 말씀하는 바벨론 왕과 두로 왕의 타락이란 사단의 타락을 모형과 비유로 보여주는 것이다.

2) 이사야서 14장에서 말씀하고 있는 천사의 타락을 살펴보자. **"너 아침의 아들 계명성이여 어찌 그리 하늘에서 떨어졌으며 너 열국을 덮는 자여 어찌 그리 땅에 찍혔는고 네가 네 마음에 이르기를 내가 하늘에 올라 하나님의 뭇별 위에 나의 보좌를 높이리라 내가 북극 집회의 산 위에 좌정하리라 가장 높은 구름에 올라 지극히 높은 자와 비기리라**

---

59) Robert Lightner, op. cit., p. 67.

하도다"(사 14:12~14). "아침의 아들 계명성"이란 빛나는 존재로서 하나님을 찬양하는 직분을 받은 천사가 타락하여 사단이 된 것을 가리킨다.60) 새벽에 밝게 빛나는 별은 모든 별들보다 아름답게 보인다. "하늘에서 떨어졌다"란 하나님의 보좌가 있는 하늘에서 쫓겨나서 흑암에 갇혔다는 것이다. 하늘은 우주 위에 있으므로 하늘에서 타락한 천사들은 하늘에서 우주로 떨어졌다. "열국을 덮는 자"란 모든 나라를 지배하는 자, 또는 땅에서 온 인류를 종으로 삼아 지배하는 자인 마귀를 의미한다. "하나님의 뭇별 위"란 하나님의 보좌를 호위하는 천사들이다. 수많은 천사들이 하늘보좌를 둘러싸고 있다. **"불이 강처럼 흘러 그 앞에서 나오며 그에게 수종하는 자는 천천이요 그 앞에 시위한 자는 만만이며 심판을 베푸는데 책들이 펴 놓였더라"(단 7:10).** 이 말씀은 하나님의 보좌 주위에 수많은 천사들이 호위하고 있다는 것을 의미한다. (사 14:13)에서는 천사들을 하나님의 뭇별로 표현하고 있다.

3) "나의 보좌를 높이다"란, 사단이 하나님의 보좌까지 자기의 보좌를 높이겠다는 것으로 하나님의 왕권에 도전하는 것이다. "가장 높은 구름"이란 하나님의 보좌를 호위하고 있는 천사들이다. "지극히 높은 자"란 하늘보좌에 앉으실 하나님의 아들을 가리킨다. "비기다"란 하나님의 아들과 같이 되겠다고 하는 것이다. (사 14:12~14)에서 말씀하는 천사의 타락과정을 보면, 천사가 하나님의 아들과 같이 되려고 하는 악한 생각을 그의 의지로 수용함으로 타락하였다. "네 마음에 이르다"란 천사의 자유의지가 악한 생각을 수용한 뒤에 그 일을 성취하겠다고 마음으로 다짐한 것을 의미한다.

4) "네 마음에 이르다"란 그의 의지가 악한 생각을 수용하였다는 것을 의미한다. 마음으로 번역된 단어, '레바브'(לֵבָב, heart)의 본뜻은 심장을 의미한다. '레바브'란 어떤 일을 하려고 마음을 정한 상태를 의미한다. 심장에서 피가 온 몸으로 전달되므로 심장은 육체를 움직이는 에너지의 원천이다. 이와 같이 마음은 생각을 행동으로 옮기기로 결정한 의지의 활동 결과이므로 언행의 원천이라고 말할 수 있다. 생각이 행위로 나타나려면 의지가 그 생각을 수용하여야 한다. 천사의 의지가 그 생각을 수용하지 아니하면, 그의 죄는 의지의 타락이 아니다. 왜냐하면 천사의 생각 자체는 의지가 아니

---

60) C. F. Keil and F. Delitzsch, The Book of Isaiah, op. cit., pp. 311, 312.

기 때문이다.61)

5) 생각과 마음은 다르다. 마음은 생각과 의지가 결합된 상태를 말한다. 천사가 악한 생각을 가지고 있더라도, 자유의지가 이를 수용하지 아니하면 그 마음은 죄가 아니다. 그러나 자유의지가 악한 생각을 수용하였을 때, 비로소 그 마음은 부패하게 된다. **"만물보다 거짓되고 심히 부패한 것은 마음이라 누가 능히 이를 알리요마는"** (렘 17:9). **"부패한 마음"**(לֵבָב)이란 자유의지가 악한 생각을 수용한 결과이다. **"땅이여 들으라 내가 이 백성에게 재앙을 내리리니 이것이 그들의 생각의 결과라 그들이 내 말을 듣지 아니하며 내 법을 버렸음이니라"** (렘 6:19). 여기서 "생각의 결과"로 번역된 단어, '페리'(פְּרִי: fruit)는 과실을 의미한다. 생각이 열매를 맺으려면 의지가 그 생각과 결합하여야 한다. 생각이 의지와 결합하면 죄를 지으려고 결심한 마음으로 나타난다. 생각의 결과란 마음을 말한다. 하나님을 대적하려는 사단의 생각이 죄가 되려면 그의 의지가 그 생각을 수용하여야 한다. (사 14:13)의 말씀에서 "네 마음에 이르다"란 완료형이며 사단의 의지가 이미 하나님의 말씀을 대적하려는 생각을 수용한 상태를 의미한다. "이르다"란 완료형(אָמַרְתָּ)으로 그가 말하였다(he said)이다. 사단의 의지가 그 생각을 수용함으로 그 생각을 행동으로 옮기기로 결정하고 마음으로 다짐한 것을 의미한다.

6) 이사야서 14장에서는 천사의 타락과정을 말씀하고 있는데 반하여, 에스겔 28장에서는 천사의 직분과 타락원인을 말씀하고 있다. 에스겔 28장의 말씀을 통하여 타락한 천사의 직분과 타락하는 원인을 살펴보자. 타락한 천사는 아름답게 창조되었고 하나님의 이름을 찬양하는 직분을 맡았다. **"네가 옛적에 하나님의 동산 에덴에 있어서 각종 보석 곧 홍보석과 황보석과 금강석과 황옥과 홍마노와 창옥과 청보석과 남보석과 홍옥과 황금으로 단장하였었음이여 네가 지음을 받던 날에 너를 위하여 소고와 비파가 예비되었었도다"** (겔 28:13). "너를 위하여 소고와 비파가 예비되었었도다"란 하나님의 이름을 찬양하는 직분을 맡은 천사를 의미한다.

---

61) 사람은 자기의 의지로 생각을 통제할 수 없다. 생각은 의지와 무관하게 솟아난다. 사람은 실현 불가능한 것을 알면서도 생각으로 동경한다. 그 생각을 억제하려고 하더라도 그 생각은 의지와 무관하게 솟아난다. 성범죄자는 이성을 만나면 성폭행하려는 생각이 그의 의지와 무관하게 솟아오른다. 그 생각은 사람의 의지가 아니다. 사람의 의지가 그 생각을 수용하면 그 결과로 나타나는 것이 마음이다. 마음은 생각과 의지가 결합된 상태이다.

7) 하나님의 이름을 찬양하는 천사가 교만하여 타락하였다. **"네가 지음을 받던 날로부터 네 모든 길에 완전하더니 마침내 불의가 드러났도다 네 무역이 풍성하므로 네 가운데 강포가 가득하여 네가 범죄하였도다 너 덮는 그룹아 그러므로 내가 너를 더럽게 여겨 하나님의 산에서 쫓아 내었고 화광석 사이에서 멸하였도다 네가 아름다우므로 마음이 교만하였으며 네가 영화로우므로 네 지혜를 더럽혔음이여 내가 너를 땅에 던져 열왕 앞에 두어 그들의 구경거리가 되게 하였도다"** (겔 28:15~17). 이 말씀은 두로 왕의 타락을 기록한 말씀이다. 따라서 두로 왕의 타락은 천사의 타락을 모형으로 보여주고 있다.62)

8) "마침내 불의가 드러났다"란 천사의 의지가 하나님의 아들과 같이 되겠다고 하는 악한 생각을 수용함으로 직분을 버린 것이 드러났다는 것이다. "드러나다"란 '마차'(מָצָא)의 수동형 '님차'(נִמְצָא)로서, 하나님 앞에서 사단의 불의가 외부로 드러났다는 것을 의미한다. 하나님을 대적하려는 사단의 마음이 말과 행동으로 나타나지 아니하였지만, 하나님께서 그 천사의 악한 마음을 드러내셨다. 천사가 마음으로 타락하였다고 하는 것이 (겔 28:16)에서도 나타난다. "네 가운데 강포가 가득하여 네가 죄를 범하였도다"란 말씀에서, "네 가운데"라고 번역된 히브리어는 토케카(תוֹכְךָ)에서 카(ךָ)는 2인칭 단수를 나타내는 어미이다. 이것은 "여러 천사들 가운데서 네가"란 말이 아니다. 이는 네(천사 자신) 가운데 강포가 가득하였다는 것으로 사단의 마음속에 강포(violence)가 가득하다는 것이다. 그 천사 자신 가운데라는 말은 사단의 마음속을 가리킨다. "네 가운데 강포가 가득하였다"란 하나님을 대적하려고 하는 생각이 그 천사의 마음속에서 용솟음치고 있다는 것이다.

9) "마음이 교만하였으며"란 타락의 원인을 의미한다. 교만으로 번역된 히브리어, 가바흐(גָּבַהּ)는 마음의 움직임을 나타내는 동사로서 마음이 높아졌다는 뜻이다. 교만은 인체의 눈과 연결된다.63) 사단의 눈높이가 하나님의 보좌와 같았기 때문에 타락하였다.

---

62) C. F. Keil and F. Delitzch, (The Prophecies of Ezekiel, op. cit., pp. 409~411)은 (겔 28:11~20)의 말씀을 사단의 타락이 아니라 두로왕의 타락이라고 해석하였다.

63) Hamilton, Victor P., "גָּבַהּ" in Theological Workbook of the Old Testament, ed. R. Laird Harris, Gleason L. Archer, Bruce K. Waltke, 번역위원회 역, 구약원어 신학사전. (요단출판사, 1986). p. 180.

눈이 높은 것은 교만이다. **"곧 교만한 눈과 거짓된 혀와 무죄한 자의 피를 흘리는 손과"** (잠 6:17). **"눈이 높은 것과 마음이 교만한 것과 악인의 형통한 것은 다 죄니라"** (잠 21:4). 천사는 자기 자신을 하나님의 지위까지 높임으로 피조물로서 자기의 신분을 망각하였다. 하나님의 말씀을 순종함으로 살아야 하는 자가 하나님의 명령으로부터 독립하려고 하였고, 스스로 살지 못하는 자가 스스로 사는 것으로 착각하였다. 하나님 앞에서 자신을 높여서 자신을 하나님과 같이 섬김을 받는 존재로 착각하는 것이 교만이다. 불의한 자가 자신을 의롭다고 생각하는 것이 교만이다. 따라서 교만은 스스로 속은 것이다. **"만일 누가 아무것도 되지 못하고 된 줄로 생각하면 스스로 속임이니라"** (갈 6:3). "스스로 속은 것"이란 착각하는 것을 말한다.

10) 천사가 지극히 높은 구름 위에 "나의 보좌를 높이리라"하고 마음으로 다짐한 것은 천사의 타락을 보여주는 것이다. 하나님은 창조주이시므로 보좌를 가지고 있지만, 피조물에게 보좌란 없다. 천사는 종으로서 하나님의 말씀을 순종할 의무만 가지고 있다. 천사에게 자유의지가 있지만 하나님 앞에서 자기의 의지를 포기하는 것이 종으로서 의무를 다하는 것이다. 천사가 하나님 앞에서 자기의 보좌를 언급하는 것은 자신을 하나님의 반열에 올려놓는 것이다. 천사는 자기의 보좌를 주장한 뒤에 이어서 "지극히 높은 자와 비기리라"하고 말하였다. 천사는 자유의지로써 하나님의 계명을 대적함으로 타락하였다.

(3) 사단의 죄의 성격

1) 하늘에서 사단은 하나님의 아들을 위하여 예비된 보좌에 오르려고 하였다. 사단은 하나님의 통치에 불만을 가지고 스스로 보좌에 올라 만물을 자신의 뜻대로 지배하려고 하였다. 이로써 사단은 하나님의 이름을 더럽히고 하나님의 영광을 훼손하였다. 따라서 하나님은 사단을 더럽고 불의하게 여기시고 영원한 결박으로 흑암에 가두셨다. 사단의 죄의 성격은 여섯 가지로 구분할 수 있다. 첫째, 사단은 유일하신 하나님을 부인하셨다. 둘째, 사단은 하늘보좌에 올라 불의와 불법으로 만물을 지배하려고 하였다. 셋째, 사단은 자신을 신격화하여 만물로부터 섬김을 받으려고 하였다. 넷째, 사단은 하나님의 이름을

더럽혔다. 다섯째, 사단은 하나님의 영광을 훼손하였다. 여섯째, 사단은 하나님의 안식을 방해하였다.

2) 첫째, 사단은 피조물로서 자신의 신분을 망각하고 하늘보좌에 오르려고 함으로 유일하신 하나님을 부인하였다. 사단이 지극히 높은 곳에 올라 자기의 보좌를 높이고 하나님과 비긴다고 하는 것은 자신을 하나님의 반열에 올려놓는 것이다(사 14:13,14). 사단이 하나님과 같이 되겠다고 하는 것은 스스로 계시는 하나님을 부인하는 것이다. 곧 사단은 피조물인 자신의 신분을 망각하고 만물을 창조하신 하나님의 존재를 부인함으로 하나님의 계명으로부터 자유하려고 하였다. 사단이 하나님과 같이 되면 하나님의 명령을 순종할 필요가 없기 때문이다.

3) 사단이 하늘보좌에 오르려고 한 것은 하나님의 아들을 대적하는 것이다. 하나님은 자기의 품 속에 계신 아들을 위하여 만물을 창조하시고 아들에게 만물을 통치하는 권세를 주셨다. 아들이 보좌에 오르려면 육신을 입으셔야 한다. 하늘과 보좌는 공간과 장소이기 때문이다. 하나님은 공간과 장소를 초월하여 스스로 계신 분이므로 만물을 통치하기 위한 보좌를 필요로 하지 아니한다. 하나님께서 만물을 통치하기 위하여 보좌를 예비하신 것은 육신으로 임하실 아들을 위한 것이다(히 1:8). 하나님께서 보좌에 아들의 이름을 두시고 그 보좌를 통하여 천사들에게 명령하셨다. 천사들은 그 보좌에서 나오는 하나님의 명령을 순종하고 있었다.

4) 둘째, 사단은 하늘보좌에 올라 불의와 불법으로 만물을 지배하려고 하였다. 그러나 하나님은 만물을 의와 공의로 통치하기로 작정하셨다. **"의와 공의가 주의 보좌의 기초라 인자함과 진실함이 주를 앞서 행하나이다"** (시 89:14). 하나님은 영이시므로 눈으로 볼 수 없다. 하나님의 존재를 믿지 아니하면 하나님의 말씀을 순종할 수 없다. 따라서 하나님은 의로 세상을 통치하신다. 하나님의 존재를 믿지 아니하고 그의 계명을 순종하는 것은 외식이다.[64] 믿음으로 말씀을 순종하는 것이 생명을 얻는 것이다. 하늘보좌에서 나오는 하나님의 명령은 믿음과 순종을 요구하므로 의와 공의의 말씀이다. 하나님의

---

[64] 바리새인들과 서기관들은 하나님의 아들을 믿지 아니하였지만 율법을 순종하려고 하였다. 이것이 외식이다.

명령이 하나님의 이름을 찬양하는 천사들에게 하달되었다.

5) 하나님의 이름을 찬양하는 천사의 장이 하나님을 대적할 생각을 가지게 되었다. 그 천사는 의와 공의에 의한 하나님의 통치를 거절하고 스스로 하늘보좌에 올라 불의와 불법으로 만물을 지배하려고 하였다. 사단의 악한 마음이 흑암에서 이루어지고 있다. 사단은 아담을 미혹하여 범죄하게 한 뒤에 사람을 지배하는 자가 되어 세상을 불의와 불법으로 지배하고 있다. 마귀는 세상을 지배하는 임금이다. 세상은 마귀에게 속하여 불의와 불법을 행하는 자들의 집단을 의미한다. 세상은 마귀에게 속하여 정욕에 따라서 범죄하는 자들의 모임이라고 성경은 말씀한다. **"이는 세상에 있는 모든 것이 육신의 정욕과 안목의 정욕과 이생의 자랑이니 다 아버지께로 좇아 온 것이 아니요 세상으로 좇아 온 것이라"** (요일 2:16). 정욕에 따라서 범하는 모든 죄가 불법이다. **"죄를 짓는 자마다 불법을 행하나니 죄는 불법이라"** (요일 3:4). 마귀가 세상을 불의와 불법으로 지배하는 것은 하늘에서 타락한 천사의 악한 마음이 행위로 표출되는 것이다.

6) 셋째, 하늘에서 사단은 자신을 신격화하여 만물로부터 섬김을 받으려고 하였다. 사단이 하늘보좌에 오른다면 만물이 그 앞에 무릎을 꿇을 것이기 때문이다. 이러한 생각이 사단의 속성이 되었다. 따라서 사단은 흑암에 갇힌 뒤에도 그의 악한 마음이 땅에서 그대로 이루어지고 있다. 사단은 우상 뒤에서 귀신을 통하여 숭배를 받고 있다. 이스라엘 백성은 하나님을 버리고 귀신에게 제사하였다. **"그들은 하나님께 제사하지 아니하고 마귀에게 하였으니 곧 그들의 알지 못하던 신, 근래에 일어난 새 신, 너희 열조의 두려워하지 않던 것들이로다"** (신 32:17). 이스라엘 백성은 하나님께 제사하지 아니하고 마귀에게 하였다.[65] 마귀란 귀신의 왕을 의미한다. 이방인들은 사단에게 속하여 귀신에게 제사하고 있다. **"대저 이방인의 제사하는 것은 귀신에게 하는 것이요 하나님께 제사하는 것이 아니니 나는 너희가 귀신과 교제하는 자 되기를 원치 아니하노라"** (고전 10:20). 귀신에게 절하는 것은 사단에게 하는 것이다.[66] 사단은 성전에 앉아 자신을 높여 자칭 하나님이라고 한다. "저는 대적하는 자라 범사에 일컫는 하나님이나 숭배함을 받는 자

---

65) 마귀로 번역된 히브리어 쉐드(שד)는 귀신으로 번역된다. BDB., p. 993.
66) 사단은 귀신의 왕이다. **"바리새인들은 듣고 가로되 이가 귀신의 왕 바알세불을 힘입지 않고는 귀신을 쫓아내지 못하느니라 하거늘"** (마 12:24).

위에 뛰어나 자존하여 하나님 성전에 앉아 자기를 보여 하나님이라 하느니라"(살후 2:4).

7) 넷째, 사단이 하늘보좌에 오르려고 함으로 하나님의 이름을 더럽혔다. 하나님은 그의 이름으로 만물을 창조하시고 그 이름으로 만물을 통치하신다. 하나님께서 그의 이름으로 모든 천사를 창조하시고 그 이름으로 그들에게 직분을 부여하셨다. 하나님은 그의 이름으로 만물을 통치하는 법을 선포하신다. 따라서 타락한 천사가 그의 직분을 버리고 하늘보좌에 오르려고 한 것은 하나님의 이름을 더럽히는 죄이다. 만약 사단이 하늘보좌에 오른다면 그의 이름은 만물을 통치하는 왕의 이름이다. 사단은 자신의 이름을 하나님의 이름과 동일한 반열에 올려놓음으로 하나님의 이름을 더럽혔다. 이로써 하나님의 이름을 둔 하늘보좌와 성전이 더러워졌고 하나님의 영광이 훼손되었다.

8) 하늘에서 사단이 하나님의 이름과 하늘성전을 더럽혔다는 증거가 마귀의 지배 아래 있던 이스라엘 백성을 통하여 나타났다. 하나님께서 자기의 이름으로 이스라엘 백성을 택하여 자기의 백성으로 삼으시고 자기 이름으로 그들에게 율법을 주셨다. 그러나 이스라엘 백성은 하나님의 율법을 버리고 우상을 섬김으로 하나님의 이름과 성소를 더럽혔다. **"나도 그 사람에게 진노하여 그를 그 백성 중에서 끊으리니 이는 그가 그 자식을 몰렉에게 주어서 내 성소를 더럽히고 내 성호를 욕되게 하였음이라"**(레 20:3). 성소를 더럽히는 이스라엘 백성의 범죄는 하늘에서 범죄함으로 하나님의 이름과 하늘성전을 더럽힌 사단의 죄를 모형으로 보여준다.

9) 다섯째, 사단은 하나님의 영광을 훼손하였다. 영광 가운데 계신 하나님은 말씀으로 자신의 영광을 나타내신다. 하나님께서 "빛이 있으라"하고 명령하셨을 때, 빛이 창조됨으로 하나님의 영광을 나타냈다. 하나님은 말씀으로 자신의 모든 속성을 나타내신다. 따라서 하나님의 모든 말씀은 하나님의 영광을 나타낸다. 하나님의 모든 말씀이 하늘보좌로부터 나오므로 보좌는 하나님의 영광의 원천이라고 말할 수 있다. 보좌로부터 하나님의 영광이 나오므로, 천사들이 보좌를 호위하며 지키고 있다(단 7:10). 사단은 자신을 높이므로 스스로 계시는 하나님을 피조물의 반열까지 끌어내렸다. 사단이 하늘보좌에 올라 만물을 지배하려고 함으로 하나님의 영광을 훼손하였다.

10) 여섯째, 사단은 범죄함으로 하나님의 안식을 훼방하였다. 죄는 하나님의 이름을 더럽히며 그의 영광을 훼손하는 것이다. 하나님은 죄로 인하여 더럽혀진 그 이름과 영광으로 인하여 괴로워하신다. 오직 거룩한 피 곧, 그리스도의 피로써 죄로 인하여 더럽혀진 것을 속할 수 있기 때문이다. 피만이 죄로 인하여 더러워진 것을 정결하게 한다. **"율법을 좇아 거의 모든 물건이 피로써 정결케 되나니 피 흘림이 없은즉 사함이 없느니라"** (히 9:22). 거룩한 피로써 죄를 속하는 것이 하나님의 법이다. 태초에 하나님께서 아들의 피로써 모든 죄를 거룩하게 할 뜻을 작정하셨다(벧전 1:18~20). 따라서 죄는 하나님의 아들의 피 흘림과 죽음의 고통을 요구한다. 이것이 하나님을 괴롭게 한다. 이스라엘의 죄는 하나님을 괴롭게 하였다. **"너는 나를 위하여 돈으로 향품을 사지 아니하며 희생의 기름으로 나를 흡족케 아니하고 네 죄 짐으로 나를 수고롭게 하며 네 죄악으로 나를 괴롭게 하였느니라"** (사 43:24).

11) 사단을 심판하고 죄로 인하여 더럽혀진 하나님의 이름을 거룩하게 하는 것은 하나님을 괴롭게 하는 것이다. 아들의 죽음과 그의 피만이 사단을 심판하고 하나님의 이름을 거룩하게 할 수 있기 때문이다. 아버지의 뜻을 위하여 죽으셔야 하는 예수 그리스도의 고통은 하나님의 괴로움이다. 예수 그리스도께서도 피 흘리는 죽음을 괴로워하셨다. **"나는 받을 세례가 있으니 그 이루기까지 나의 답답함이 어떠하겠느냐"** (눅 12:50). "나의 받을 세례"란 그리스도의 죽으심을 말한다. 그는 피 흘리는 죽음의 고통을 미리 아셨으므로 괴로워하셨다. **"조금 나아가사 얼굴을 땅에 대시고 엎드려 기도하여 가라사대 내 아버지여 만일 할만하시거든 이 잔을 내게서 지나가게 하옵소서 그러나 나의 원대로 마옵시고 아버지의 원대로 하옵소서 하시고"** (마 26:39). "이 잔"이란 하나님의 진노의 심판을 말한다.

12) 다른 측면에서 사단의 죄와 하나님 안식의 관계를 살펴보자. 사단이 죄로 인하여 하나님의 이름을 더럽혔을 때, 하나님은 훼손된 그의 명예로 인하여 괴로워하셨다. 사단이 하나님의 아들이 왕 되심을 거절한 것은 창조주 하나님을 부인한 것이다. 사단은 하나님의 아들을 피조물과 동일시하였다. 이것은 하나님의 명예를 크게 훼손한 것이다. 하나님은 이것을 괴로워하셨다. 하나님은 그의 이름이 더럽혀지고 그의 영광이 훼손되면

이로 인하여 괴로워하신다. **"너희가 말로 여호와를 괴로우시게 하고도 이르기를 우리가 어떻게 여호와를 괴로우시게 하였나 하는도다 이는 너희가 말하기를 모든 행악하는 자는 여호와의 눈에 선히 보이며 그에게 기쁨이 된다 하며 또 말하기를 공의의 하나님이 어디 계시냐 함이니라"** (말 2:17).

13) 사단은 하늘보좌에 오르려고 함으로 그 보좌의 주인이신 하나님 아들의 왕권을 부인하였다. 하나님의 아들이 육신을 입으시고 보좌에 오르셔야 하므로 창세로부터 예수 그리스도께서 부활하여 보좌에 오르시기 전까지 하늘보좌는 비어있었다. 단지 그 보좌에 하나님의 아들의 이름이 있었다. 사단은 아들을 대신하여 그 보좌에 오를 수 있다고 생각하였으므로 타락하였다. 피조물인 천사가 하늘보좌에 오르려고 함으로 하나님의 영광을 훼손하였다. 사단은 범죄함으로 하나님의 이름을 더럽히고 하나님의 영광을 훼손하였다. 이로써 하늘보좌와 하늘성전은 더럽혀졌다.

14) 타락한 천사의 죄는 스스로 계신 하나님과 창조주 하나님을 믿지 아니하는 것으로부터 시작하였다. 사단은 스스로 계신 하나님을 믿지 아니하였으므로 하늘보좌에 올라 만물을 불의와 불법으로 지배하려고 하였다. 따라서 하나님은 타락한 천사를 불의하다고 선언하셨다(겔 28:15). 타락한 천사는 하나님의 명령을 대적하고 자기의 지위를 떠났으므로 불법한 자가 되었다. 불의와 불법을 행한 사단의 속성이 우주 안에서 나타나고 있다. 흑암에 갇힌 사단은 세상을 불의와 불법으로 지배하고 있다. 사단은 하나님의 명령을 대적하려고 함으로 하나님의 이름을 더럽히고 하나님의 영광을 훼손하였다. 이로써 하늘보좌와 성전이 더럽게 되었다. 이것이 사단의 죄의 성격이며 그의 속성이다.

(4) 이해를 위한 질문

1) 하나님의 명령과 천사의 자유의지

  a. 천사는 인격을 가지고 있다. 그 인격은 무엇인가.

  b. 천사가 가지고 있는 자유의지와 일반의지란 무엇인가(왕상 22:20~22).

  c. 하나님께서 천사에게 자유의지를 주신 이유는 무엇인가.

  d. 왜 자유의지가 없는 동물은 하나님의 명령을 받을 수 없는가(단 6:22).

2) 천사의 타락

    a. 하나님의 이름을 찬양하는 직분을 맡은 천사가 하늘보좌에 오르려고 하였다. 그 이유는 무엇인가(겔 28:17).

    b. 사단이 하나님을 믿지 아니한 이유는 무엇인가.

    c. 생각과 마음은 어떻게 다른가.

    d. 천사는 교만하여 타락하였다. 교만이란 무엇인가(렘 49:16; 갈 6:3).

    e. 자유의지의 타락이란 무엇인가.

3) 사단의 죄의 성격

    a. 사단의 불의란 무엇인가(겔 28:15).

    b. 사단의 불법이란 무엇인가(요일 3:4).

    c. 사단의 죄가 하나님의 이름을 더럽히는 이유는 무엇인가.

    d. 사단의 죄가 하나님의 영광을 훼손한 이유는 무엇인가.

    e. 사단의 죄가 하나님을 괴롭게 한 이유는 무엇인가.

    f. 사단의 죄가 사람을 통하여 어떻게 행위로 표출되고 있는가(요 8:44).

2. 타락한 천사의 결박

(1) 타락한 천사의 결박과 음부

1) 하늘에서 하나님의 말씀을 대적하려는 악한 마음을 품은 천사들은 심판 때까지 음부에 갇혔다. 음부란 사단이 활동하는 공간과 장소를 말한다. 성경은 음부를 흑암이라고 말씀한다. 흑암은 첫째 날 빛이 창조되기 전 우주의 상태를 말한다. 천사가 타락한 뒤에 흑암에 갇혔다면 사단은 첫째 날 빛이 창조되기 전에 타락하였다.

2) 천사가 하나님의 보좌에 오르려고 작정하였을 때 하나님은 그 천사를 음부에 가두셨다. **"그러나 이제 네가 음부 곧 구덩이의 맨 밑에 빠치우리로다"** (사 14:15). 음부는 구덩이 맨 밑이다. 구덩이가 하늘을 기준으로 한 것이냐 땅을 기준으로 한 것이냐에 따라서 그 위치가 달라진다. 사단이 하늘에서 타락하였다면 음부는 하늘 아래 있는 구덩이다. 사단이 지구에서 타락하였다면 음부는 땅 속에 있는 구덩이다. 성경은 타락한

천사가 하늘에서 땅으로 던져졌다고 말씀한다(겔 28:17). 따라서 음부는 하늘을 기준으로 하여 구덩이 맨 밑이라고 해석할 수 있다.

3) 음부가 어디냐 하는 문제를 살펴보자. 음부로 번역된 히브리어는 스올(שׁאול)이고 헬라어는 하데스(ᾅδης)이다. 히브리 성경을 가장 권위 있게 번역한 것으로 인정되는 KJV에서는 스올을 무덤, 지옥 및 구덩이로 번역하고 있다.67) 성경에서 말씀하는 음부에 대하여 살펴보자. 음부를 지배하는 자가 있다. **"하나님은 나를 영접하시리니 이러므로 내 영혼을 음부의 권세에서 구속하시리로다(셀라)"** (시 49:15). **"누가 살아서 죽음을 보지 아니하고 그 영혼을 음부의 권세에서 건지리이까(셀라)"** (시 89:48). 음부의 권세를 잡은 자가 누구냐에 대하여 직접적인 성경의 계시는 없다. (마 16:18)의 말씀을 통하여 음부의 권세를 잡은 자를 추정할 수 있다. **"또 내가 네게 이르노니 너는 베드로라 내가 이 반석 위에 내 교회를 세우리니 음부의 권세가 이기지 못하리라"** (마 16:18). "음부의 권세"란 음부의 문(門)을 의미한다. 음부의 문을 점령한 자가 음부의 권세를 잡은 자이다. 음부의 권세를 잡은 자가 교회를 미혹하고 있다. 마귀는 교회를 미혹하는 자이므로, 음부의 권세를 잡은 자란 마귀를 의미한다고 말할 수 있다.

4) 마귀는 공중의 권세를 잡은 자이다. **"그 때에 너희가 그 가운데서 행하여 이 세상 풍속을 좇고 공중의 권세 잡은 자를 따랐으니 곧 지금 불순종의 아들들 가운데서 역사하는 영이라"** (엡 2:2). "공중의 권세를 잡은 자"란 대기권을 지배하는 자를 말한다.68) 마귀는 세상 임금이다. **"이제 이 세상의 심판이 이르렀으니 이 세상 임금이 쫓겨나리라"** (요 12:31). 마귀는 세상의 권세와 모든 영광을 가진 자이다. **"가로되 이 모든 권세와 그 영광을 내가 네게 주리라 이것은 내게 넘겨준 것이므로 나의 원하는 자에게 주노라"** (눅 4:6). 마귀는 세상의 문명과 문화를 지배하는 자이다. 마귀가 음부의 권세를 잡았다면, 마귀가 활동하는 모든 영역을 음부라고 말할 수 있다. 곧 대기권, 세상, 지하 전체를 음부라고 말할 수 있다.

---

67) Harris, R. Laird, "שׁאול" ed., R. Laird Harris, Gleason L. Archer, Bruce K. Waltke, op. cit., p. 1115.
68) 공중으로 번역된 헬라어 아에로스(ἀέρος)는 공기(air)가 있는 곳을 의미한다. 곧 공중이란 대기권을 말한다.

5) 마귀가 활동하는 모든 장소와 공간이 음부이다. 마귀는 교회를 미혹하고 있다(마 16:18). 교회는 성도들의 모임이므로 성도들이 살아가는 모든 공간과 장소를 음부라고 말할 수 있다. 뿐만 아니라 사람은 마귀에 속하여 범죄하고 있다. **"죄를 짓는 자는 마귀에게 속하나니 마귀는 처음부터 범죄함이니라 하나님의 아들이 나타나신 것은 마귀의 일을 멸하려 하심이니라"** (요일 3:8). 따라서 사람이 살아가는 모든 영역을 음부라고 말할 수 있다. (엡 2:2)에서 마귀는 대기권의 권세를 잡은 자라고 말씀하고 있으므로, 대기권 전체를 음부라고 말할 수 있다. 마귀가 역사하는 공간과 장소에서 성도들은 마귀를 대적하고 있다. **"그런즉 너희는 하나님께 순복할찌어다 마귀를 대적하라 그리하면 너희를 피하리라"** (약 4:7). 이 말씀은 마귀가 활동 모든 영역이 음부라는 것을 의미한다.

6) 음부는 의인과 악인을 구별하지 아니하고 죽은 자들의 시체가 들어가는 곳이다. 구약성경은 음부란 죽은 자들의 시체가 들어가는 곳이라고 말씀한다. 광야에서 모세와 아론을 대적한 무리들이 산채로 음부(지하)로 들어갔다. **"그들과 그 모든 소속이 산채로 음부에 빠지며 땅이 그 위에 합하니 그들이 총회 중에서 망하니라"** (민 16:33). 욥기에서는 음부를 무덤으로 기록하였다. **"내 소망이 음부로 내 집을 삼음에 있어서 침상을 흑암에 베풀고 무덤더러 너는 내 아비라, 구더기더러 너는 내 어미, 내 자매라 할찐대 나의 소망이 어디 있으며 나의 소망을 누가 보겠느냐 흙 속에서 쉴 때에는 소망이 음부 문으로 내려갈 뿐이니라"** (욥 17:13~16). **"가뭄과 더위가 눈 녹은 물을 곧 말리나니 음부가 범죄자에게도 그와 같은 것인즉 태가 그를 잊어버리고 구더기가 그를 달게 먹을 것이라 그는 기억함을 다시 얻지 못하나니 불의가 나무처럼 꺾이리라"** (욥 24:19,20). "구더기가 달게 먹는 곳"은 무덤이다. 죄인이 죽어서 음부(지하)로 들어간다는 것은 그의 시체가 무덤으로 들어가는 것을 말한다. (민 16:33)에서 음부란 모세를 대적한 자들이 산 채로 들어간 땅 속을 말한다. (욥 24:19,20)에서 말씀하는 음부도 역시 시체가 묻힌 지하를 의미한다. 예수 그리스도께서도 죽으신 뒤에 그의 시체는 음부로 들어갔다. **"미리 보는 고로 그리스도의 부활하심을 말하되 저가 음부에 버림이 되지 않고 육신이 썩음을 당하지 아니하시리라 하더니"** (행 2:31).

7) 성경은 사람이 음부에서 살아가고 있다고 말씀하고 있다. 욥은 자신이 음부에 살고

있다고 고백하였다. **"주는 나를 음부에 감추시며 주의 진노가 쉴 때까지 나를 숨기시고 나를 위하여 기한을 정하시고 나를 기억하옵소서"** (욥 14:13). 욥은 지상을 포함하여 사람이 살아가고 있는 세상을 음부라고 말하였다. 곧 주께서 살아있는 욥을 감추신 곳이 음부이다. 시편기자는 자신이 음부에서 살고 있다고 기록하였다. **"양 같이 저희를 음부에 두기로 작정되었으니 사망이 저희 목자일 것이라 정직한 자가 아침에 저희를 다스리리니 저희 아름다움이 음부에서 소멸하여 그 거처조차 없어지려니와"** (시 49:14). "정직한 자가 아침에 저희를 다스리다"란 음부에서 사람이 살아가고 있다는 것을 의미한다. 호세아 선지자는 자신이 음부에 살고 있다고 기록하였다. **"내가 저희를 음부의 권세에서 속량하며 사망에서 구속하리니 사망아 네 재앙이 어디 있느냐 음부야 네 멸망이 어디 있느냐 뉘우침이 내 목전에 숨으리라"** (호 13:14). 마귀는 음부에서 활동하고 있다. 호세아는 마귀가 지배하는 세상에서 살고 있었다.

8) 죄인이 죽은 뒤에 그 영혼은 음부로 들어간다고 성경은 말씀한다. **"이에 그 거지가 죽어 천사들에게 받들려 아브라함의 품에 들어가고 부자도 죽어 장사되매 저가 음부에서 고통 중에 눈을 들어 멀리 아브라함과 그의 품에 있는 나사로를 보고"** (눅 16:23). 부자는 죽은 뒤에 그의 영혼이 음부로 들어갔다. 성경은 음부에 활동하는 죽은 자들의 영혼을 음령 곧, 레파임(רְפָאִים)으로 기록하고 있다.69) **"그들은 죽었은즉 다시 살지 못하겠고 사망하였은즉 일어나지 못할 것이니 이는 주께서 벌하여 멸하사 그 모든 기억을 멸절하셨음이니이다"** (사 26:14). "사망하였은즉"이란 음령(레파임)이 되었다는 것이다. 음령은 음부로 들어간다. **"음령들이 큰 물과 수족 밑에서 떠나니 하나님 앞에는 음부도 드러나며 멸망의 웅덩이도 가리움이 없음이니라"** (욥 26:5,6). "큰 물"이란 두 가지 의미로 해석할 수 있다. 하나는 궁창 위의 물을, 다른 하나는 바다를 의미한다고 할 수 있다.70) 우주 안의 물은 크게 궁창 위의 물과 궁창 아래의 물로 구분할 수 있다(창 1:7). 음령 곧, 죽은 자의 영혼이 궁창 위의 물과 바다 밑(지하)에서 두려워 떨고 있다. 욥이 음부에서 살아가

---

69) Harris, R. Laird, "שְׁאוֹל," ed., R. Laird Harris, Gleason L. Archer, Bruce K. Waltke, op. cit., p. 1075.
70) F. Keil and F. Delitzch, (The book of Job, pp. 51, 52)는 "큰 물"을 바다로 해석하고 있다. 바다 밑에서 음령들이 떨며 괴로워하고 있다고 해석하였다.

고 있었다면, "큰 물"이란 궁창 위의 물로 해석하는 것이 타당할 것이다. 곧 우주 안에서 음령들이 다가올 지옥의 형벌을 두려워하며 떨고 있을 것이다.

9) 개역개정성경은 (욥 26:5)의 말씀을 이렇게 번역하고 있다. **"죽은 자의 영들이 물 밑에서 떨며 물에서 사는 것들도 그러하도다"** (욥 26:5). KJV는 이렇게 번역하고 있다. "Dead things are formed from under the waters, and the inhabitants thereof" (욥 26:5). "물 밑에 사는 것들," 곧, 거민(the inhabitants)로 번역된 히브리어 웨쉬크네헴(וְשֹׁכְנֵיהֶם)은 그리고 그들의 거주자들을 의미한다.71) "그들"이란 음령을 의미한다. 거민들이란 음령들이 죽기 전 곧, 육체가 살아있는 동안 함께 살고 있던 자들을 말하는 것으로 해석할 수 있다. (욥 26:5)의 말씀은 죽은 자들과 거민들이 다 같이 물 아래서 살고 있다는 것을 말한다. 거민들이 바다 밑에서 살아가지 못하므로 물이란 궁창 위의 물로 해석하는 것이 타당할 것이다. 육체가 죽은 자의 영혼과 육체가 살아있는 자들이 동일한 장소와 공간에 있다고 말할 수 있다.

10) 죽은 자들은 음부 안에 있다. **"오직 그 어리석은 자는 죽은 자가 그의 곳에 있는 것과 그의 객들이 음부 깊은 곳에 있는 것을 알지 못하느니라"** (잠 9:18). "죽은 자들"이란 음영(레파임)을 가리킨다. 죽은 자들이 음부의 깊은 곳에 있다. 이 말씀은 죄인이 죽은 뒤에 그들의 영혼은 음부로 들어간다는 것을 가리킨다. 성경은 죄인의 사망과 음부를 동일하게 말씀하고 있다. **"사망 중에서는 주를 기억함이 없사오니 음부에서 주께 감사할 자 누구리이까"** (시 6:5). "사망 중"과 "음부에서"란 같은 말이다. 죄인이 사망하였을 때 음부로 들어가기 때문이다. **"악인이 음부로 돌아감이여 하나님을 잊어버린 모든 열방이 그리 하리로다"** (시 9:17). **"음부와 유명은 만족함이 없고 사람의 눈도 만족함이 없느니라"** (잠 27:20). "유명"으로 번역된 히브리어, 아밧돈(אֲבַדּוֹן)은 죽음을 의미한다.72) 곧, 악인이 죽어서 들어가는 곳은 음부이다. **"곧 산 자라 내가 전에 죽었었노라 볼찌어다 이제 세세토록 살아 있어 사망과 음부의 열쇠를 가졌노니"** (계 1:18).

11) 성경은 지하, 지표면, 지상, 대기권 및 궁창을 포함하는 모든 공간과 장소를 음부

---

71) John. J. Owens, Analytical Key of the Old Testament, Vol 3, Baker Book House Company, 1989. p. 209.
72) BDB., p. 2.

라고 말씀하고 있다. 하늘에서 타락한 천사들은 음부에 갇혀있다. 음부의 권세를 잡은 자를 마귀라고 하면 마귀가 활동하는 모든 공간과 장소를 음부라고 말할 수 있다. 마귀가 음부의 문을 점령하고 있으므로 죄인은 한번 음부로 들어가면 다시 그곳을 벗어날 수 없다. 마귀는 음부에서 왕노릇하고 있다. 죄인이 음부의 문을 벗어나려면 마귀의 권세를 제압하여야 한다. 그러나 이것은 불가능하다. 하나님께서 음부를 지배하는 권세를 마귀에게 주셨기 때문이다(롬 13:1). 음부에서 육체를 벗은 죄인들의 영혼들은 음부의 권세자인 마귀의 지배를 받고 있다.

(2) 흑암과 영원한 결박

1) 타락한 천사들이 갇힌 음부를 흑암이라고 성경은 말씀한다. 하나님께서 타락한 천사들을 영원한 결박으로 흑암에 가두셨다. 흑암은 하나님의 영광이 없는 곳이다. 흑암으로 창조된 우주는 타락한 천사를 가두는 장소와 공간이라고 말할 수 있다. 비록 첫째 날 빛이 창조되었지만 우주는 하나님의 영광이 없는 흑암이다. 하나님께서 영원한 결박으로 타락한 천사들을 흑암에 가두셨으므로, 그들은 흑암을 벗어나지 못하고 있다.

2) 하나님께서 타락한 천사들을 영원한 결박으로 흑암에 가두셨다. **"또 자기 지위를 지키지 아니하고 자기 처소를 떠난 천사들을 큰 날의 심판까지 영원한 결박으로 흑암에 가두셨으며"** (유 1:6). "자기의 지위를 지키지 아니하다"란 천사가 그의 직분을 버린 것을 의미한다. 하나님의 이름을 찬양하는 천사가 그 직분을 버렸다. "자기의 처소를 떠나다"란 타락한 천사들이 하나님의 이름을 둔 하늘성전을 떠난 것을 말한다. 그 천사들은 하늘성전에서 하나님의 이름을 찬양하는 직분을 맡았다. 그들이 직분을 버리고 하늘성전을 떠났다. 모든 천사들은 그들의 직분을 수행하는 처소가 있다. 하나님의 이름을 찬양하는 직분을 맡은 천사들의 처소는 성전이다.[73]

3) "흑암에 가두다"란 우주가 하나님의 영광이 비치는 하늘과 분리되었다는 것을 의미한다. 하나님의 이름을 찬양하는 천사들이 타락하였을 때 하나님께서 그들을 하나님의

---

[73] 다윗 시대에 레위인들이 성막에서 하나님의 이름을 찬양하였다(대상 25). 성막은 하늘성전의 모형이므로 천사들이 성전에서 하나님의 이름을 찬양한다고 말할 수 있다.

영광이 비취는 하늘과 분리하여 흑암에 가두셨다. 흑암이란 창조된 빛이 아니라 영광의 빛이 없는 것을 말한다. 첫째 날 창조된 빛은 물질의 빛이다. 이에 반하여 하나님의 영광의 빛은 영적인 빛으로 생명의 빛이다(요 1:4). 전자는 살아있는 동식물에게 생명을 준다. 이에 반하여 후자는 사람과 천사에게 생명을 준다. 전자는 육신의 눈으로 볼 수 있지만 육체가 없는 천사는 보지 못한다. 후자는 육신의 눈으로 볼 수 없지만 육체가 없는 영적인 존재들은 볼 수 있다. 첫째 날 빛이 창조되었지만 우주 안에 갇힌 타락한 천사들은 태양 빛을 보지 못한다. 따라서 타락한 천사에게 있어서 우주는 커다란 흑암이다.

4) 우주는 하나님의 영광이 없는 흑암이다(창 1:2). 우주는 흑암이므로 하나님의 영광이신 예수 그리스도께서 흑암 가운데 세상의 빛으로 오셨다. **"내가 세상에 있는 동안에는 세상의 빛이로라" (요 9:5)**. 흑암인 우주 안에서 하나님의 영광이 예수 그리스도를 통하여 비취고 있었다. **"흑암에 앉은 백성이 큰 빛을 보았고 사망의 땅과 그늘에 앉은 자들에게 빛이 비취었도다 하였느니라" (마 4:16)**. 사람들은 육신의 눈으로 예수 그리스도를 통하여 비취는 하나님의 영광을 보지 못하였다.[74] 그러나 육신이 없는 귀신들은 그 영광의 빛을 보았다. **"나사렛 예수여 우리가 당신과 무슨 상관이 있나이까 우리를 멸하러 왔나이까 나는 당신이 누구인줄 아노니 하나님의 거룩한 자니이다" (막 1:24)**. 귀신들은 예수 그리스도를 통하여 비취는 하나님의 영광을 보고 그리스도를 "하나님의 거룩한 자"라고 고백하였다. 마귀도 역시 예수 그리스도를 통하여 비취는 하나님의 영광을 보았다. 마귀는 예수 그리스도를 통하여 비취는 하나님의 영광의 빛을 보았으므로 그를 시험하였다.

5) 타락한 천사들은 빛이 창조되기 이전에 흑암에 갇혔다고 전제할 때. (창 1:2)의 말씀은 (유 1:6)의 말씀과 관련된다. "하나님의 신은 수면에 운행하다"란 말씀과 "영원한 결박으로 흑암에 가두다"란 말씀은 서로 관련하여 해석할 수 있다. 하나님의 신을 성령으

---

[74] 사람은 육신의 눈으로 하나님의 영광을 보지 못하지만 믿음으로 볼 수 있다. **"예수께서 가라사대 내 말이 네가 믿으면 하나님의 영광을 보리라 하지 아니하였느냐 하신대" (요 11:40)**. 사도들은 믿음으로 예수 그리스도를 통하여 나타나는 하나님의 영광의 빛을 보았다. **"시몬 베드로가 대답하여 가로되 주는 그리스도시요 살아계신 하나님의 아들이시니이다" (마 16:16)**.

로 해석할 경우에 공간과 장소를 초월하는 하나님의 편재성과 대치된다.75) 따라서 하나님의 신을 천사로 해석할 수도 있을 것이다. (창 1:2)에서 "하나님의 신이 운행하시니라"에서 운행으로 번역된 단어 히브리어, '메라헤페트'(מְרַחֶפֶת)는 분사형이며 강조형이다. 이 동사의 원형은 라하프(רָחַף)이다.76) 분사형은 움직이는 동작이 중단되지 아니하고 계속되는 있는 상태를 의미한다. 공중을 나는 새와 항공기처럼 동작이 계속되는 것을 분사형으로 표시한다. 강조형(piel 형)은 빨리 또는 부지런히 쉬지 아니하고 운행하는 것을 말한다.77)

6) (창 1:2)에서 사용된 운행이란 말은 하나님의 신이 쉬지 않고 빨리 운행하고 있다는 의미이다. 하나님의 신이 왜 쉬지 않고 빨리 수면 위를 운행하는 이유는 무엇일까. 성경 주석가들은 이것이 성령의 창조사역을 의미하는 것으로 해석하고 있다.78) (욥 33:4)와 (시 104:30)에서 하나님의 신이 만물을 창조하셨다고 말씀하고 있기 때문이다. 하나님의 신이 수면 위를 운행하고 있다는 것은 타락한 천사의 결박과 관련하여 해석할 수도 있을 것이다. 운행이란 단어를 강조형과 분사형으로 사용한 것은 영원한 결박과 관련하여 해석될 수 있을 것이다. 이것을 "우주 종말시까지 하나님의 신이 쉬지 아니하고 빨리 운행하다"라고 해석할 때, (창 1:2)의 말씀은 성령의 창조사역보다는 타락한 천사가 우주 밖으로 나오지 못하도록 지키는 것으로 해석할 수 있다. 왜냐하면 타락한 천사들은 육체가 없으므로 공간과 장소를 초월하여 이동할 수 있기 때문이다. 소자의 수종을 드는 천사들이 하늘에 계신 하나님의 얼굴을 항상 뵙는 것과 같이(마 18:10), 흑암에 갇힌 범죄한 천사들도 순간에 흑암을 탈출하여 하늘로 올라갈 수 있다. 범죄한 천사들을 영원

---

75) 하나님은 무소부재하시므로 수면 위에도 계시고 수면 아래도 계신다. 수면 위에만 계시며 운행하는 하나님은 무소부재하신 분이 아니다. 따라서 하나님의 신이란 성령으로 해석하기보다는 천사로 해석하는 것이 타당할 것이다.
76) John. J. Owens, Analytical Key of the Old Testament, Vol. 1 (Baker Book House Company, 1989), p. 1.
77) 히브리어 동사는 일반형과 강조형으로 구분한다. 카탈(קָטַל)의 일반형의 의미는 "그가 죽었다"이지만, 강조형이 되면 '그가 잔인하게 죽었다'라는 의미가 된다. '그가 사랑하였다'라는 단어, 아하브(אָהַב)가 강조형이 되면 '그가 뜨겁게 사랑하였다'라는 의미가 된다. '그가 찾았다'라는 단어, 바카쉬(בָקַשׁ)가 강조형이 되면 '그가 샅샅이 찾았다'라는 의미가 된다. '그가 운행하다'라는 단어가 강조형이 되면 '그가 열심히 빨리 운행하다'라는 말이 된다. 운행으로 번역된 히브리어 단어는 동사로서의 분사이다.
78) Wayne Grudem, 상, op. cit., p. 389.

한 결박으로 흑암에 가두려면 그들이 흑암을 벗어나지 못하도록 결박할 필요가 있다. 하나님께서 이 직분을 천사에게 맡기셨다고 말할 수 있다.

7) 천사는 육체가 없으므로 공간과 장소를 초월하여 이동할 수 있으므로 그들을 특정한 공간에 가둘 수 없다. 따라서 천사를 특정한 장소에 가두려면 그가 나오지 못하도록 다른 천사가 지켜야 한다. (유 1:6)의 말씀에서 "영원한 결박"이란 범죄한 천사가 흑암에서 나오지 못하도록 다른 천사들이 지킨다는 것을 의미한다. 이러한 관점에서 볼 때 (창 1:2)에서 "운행하다"란 범죄한 천사들이 흑암에 갇힌 뒤로부터 우주의 종말 때까지 계속되는 행위를 가리킨다고 할 수 있다. "메라헤페트"가 분사형과 강조형으로 사용된 것은 철저하게, 물샐틈없이, 쉬지 아니하고 지키는 것으로 해석할 수 있다.

8) 하나님께서 죄를 범한 천사들을 영원한 결박으로 흑암에 가두셨다고 할 때 영원한 결박이란 무엇인가 하는 것을 살펴보자(유 1:6). 영원이란 하나님의 속성으로서 변화하지 아니하는 것을 말한다.79) "하나님은 영원하시다"란 그의 속성과 뜻이 변화하지 아니한다는 것이다. 또 다른 의미로 영원이란 하나님께서 시간을 초월하는 것을 의미한다. 영원이란 시간과 관련하여 고찰하여야 한다. 첫째 날 빛이 창조되기 전에는 시간이 존재하지 아니하였다. 시간이 없는 상태를 영원이라고 한다. 시간 속에서 모든 것은 변화하지만, 영원은 변화하지 아니한다. 시간이 창조되기 전에 있던 모든 것은 없어지지 아니하고 영원히 존재하지만, 시간이 창조된 이후부터 있던 모든 것은 시간과 함께 없어지거나 변화한다. 6일 동안 창조된 모든 것은 불에 타서 없어질 것이기 때문이다. **"그러나 주의 날이 도적 같이 오리니 그 날에는 하늘이 큰 소리로 떠나 가고 체질이 뜨거운 불에 풀어지고 땅과 그 중에 있는 모든 일이 드러나리로다"(벧후 3:10).** 우주 안에 있는 모든 것이 불타서 없어지면 (창 1:2)에서 말씀하는 흑암도 없어진다. 그러나 시간이 창조되기 전부터 있던 모든 것 곧, 하늘은 영원히 존재할 것이다.

9) 하나님께서 죄를 범한 천사들을 영원한 결박으로 심판 때까지 흑암에 가두신 장소가 우주이다. 타락한 천사들이 흑암에 갇힐 당시에, 그 곳에는 하나님의 말씀이 없었으며 창조된 빛이 없었다(유 1:6). 타락한 천사들이 갇힌 뒤에 빛이 창조되었다. 죄를 범한

---

79) 영원성은 하나님의 불변성과 관련된다. (Wayne Grudem, 상, op. cit., p. 232).

천사를 영원한 결박으로 흑암에 가두었다고 하는 것은 우주 표면이 물로 둘러싸였고 하나님의 신이 수면 위를 운행한다는 것이다. 흑암에 갇힌 범죄한 천사들은 우주를 벗어나지 못하고 심판을 기다리고 있다.

(3) 이해를 위한 질문

1) 타락한 천사의 결박

a. 하나님께서 타락한 천사들을 음부에 가두셨다(사 14:15). 음부는 어디를 가리키는가.

b. 구약성경에서 음부를 어떻게 표현하고 있나(창 37:35; 민 16:33; 욥 14:13).

c. 타락한 천사를 사단이라고 한다. 사단이 활동하고 있는 모든 공간과 장소가 음부라고 하면, 음부와 우주의 관계는 무엇인가(사 14:15).

d. 죄인이 죽으면 그 영혼은 음부로 들어간다(눅 16:23). 죽은 죄인의 영혼이 활동하는 영역은 어디인가.

2) 흑암과 영원한 결박

a. 하나님께서 타락한 천사를 영원한 결박으로 흑암에 가두셨다(유 1:6). 음부와 흑암의 관계는 무엇인가.

b. 하나님께서 타락한 천사를 지옥에 가두셨다(벧후 2:4). 음부와 흑암과 지옥의 관계는 무엇인가.

c. 천사는 공간과 장소를 초월하여 이동한다. 그러나 타락한 천사가 우주를 벗어나서 하늘로 올라가지 못하고 흑암에 갇혀있는 이유는 무엇인가(유 1:6).

d. 하나님의 영원하심이란 무엇을 의미하는가(욥 23:13).

e. 육체의 눈으로 하나님의 영광을 보지 못하는 이유는 무엇인가(마 15:14).

f. 타락한 천사들이 태양 빛을 보지 못하는 이유는 무엇인가(엡 6:12).

2.2 사단의 미혹과 아담의 타락

1. 생명과 선악과 계명의 성격

(1) 선악을 아는 지식

1) 하나님의 형상으로 창조된 사람이 사단에게 미혹을 받아 타락하였다. 사단은 자신이 타락한 대로 사람을 미혹하여 범죄하게 하였다. 스스로 사는 하나님을 부인하고 하나님과 같이 되려고 한 사단은 아담으로 하여금 스스로 사시는 하나님을 부인하게 하였다. 따라서 선악과 계명은 스스로 사시는 하나님과 관련하여 해석하여야 한다. 선과 악을 아는 것은 스스로 사는 하나님의 주권을 아는 것이다. 선악과 계명은 스스로 계신 하나님과 창조주 하나님을 아는 지식을 요구한다. 그 이유를 살펴보자.

2) 하나님께서 사람에게 육체의 양식으로 채소와 과일과 곡식을 주시고 영의 양식으로서 선악과 계명을 주셨다. 하나님께서 아담에게 선악과 계명을 주신 이유는 아담이 스스로 살지 못하기 때문이다. 아담의 영은 하나님께로부터 나오는 생명의 말씀을 순종함으로 그 생명을 유지할 수 있다. 아담이 창조시에 하나님께로부터 받은 생명은 저장되지 아니하기 때문이다. 따라서 아담은 계속하여 하나님께로부터 생명의 말씀을 받아야 하며 그 말씀을 계속하여 순종함으로 그의 생명을 유지할 수 있다.

3) 하나님께서 아담에게 선악과 계명을 언약으로 주셨다. **"여호와 하나님이 그 사람에게 명하여 가라사대 동산 각종 나무의 실과는 네가 임의로 먹되 선악을 알게 하는 나무의 실과는 먹지 말라 네가 먹는 날에는 정녕 죽으리라 하시니라"** (창 2:16,17). 하나님께서 사람에게 씨를 맺는 모든 나무의 열매와 채소를 육체의 양식으로 주셨으나(창 1:29) 동산 중앙에 있는 선악을 알게 하는 나무의 실과를 먹지 못하게 하셨다. 선악을 알게 하는 나무의 실과에 독이 있는 것이 아니라 하나님의 계명이 체화(體化)되어있다. 그 실과를 먹으면 독으로 죽는 것이 아니라 하나님의 계명에 의하여 심판을 받아 죽는다. 하나님께서 아담에게 선악을 알게 하는 실과를 금하신 이유는 "스스로 계신 하나님"과 관련된다.

4) "선과 악을 안다"는 것은 선과 악을 분별하는 것과 선과 악을 체험하는 것을 포함하

는 것으로 해석한다.80) 선과 악을 분별하는데 있어서 기준은 하나님의 뜻을 계시하는 말씀이다. 하나님의 말씀을 순종하는 것이 선이고 불순종하는 것이 악이다. 사람이 하나님의 말씀을 양심으로 가질 때 그의 말씀을 순종할 수 있다. 하나님의 말씀을 받지 못한 사람도 누구나 선과 악을 구별하는 양심을 가지고 있다. 사람의 양심은 개인에 따라서, 또한 공간과 시간에 따라서 다르게 나타난다. 예컨대, 모든 거짓말은 악하다는 양심과 경우에 따라서 거짓말을 할 수도 있다는 양심이 있다. 그러나 하나님의 양심에 의하면 모든 거짓말은 악이다(출 20:16). 사람의 양심을 선악의 기준으로 할 때, 선이 악이 되고 악이 선이 되는 경우가 있다. 그러나 하나님의 말씀은 영원히 변하지 아니하므로 선은 영원히 선이고 악은 영원히 악이다. 선악을 분별하는 것은 거룩한 것과 더러운 것을, 의로운 것과 불의한 것을 구별하는 것이다. 그 기준은 하나님의 말씀이다.

5) (창 2:17)에서 "지식"으로 번역된 히브리어, 다아트(דַּעַת)란 머리로 아는 지식과 체험을 통하여 아는 지식을 포함한다. "알다"란 남자와 여자가 결혼생활을 통하여 상대방을 아는 것과 같이 체험으로 선과 악을 아는 것을 말한다.81) 성경은 아담과 하와의 성관계를 '알다'란 히브리어 야다(יָדַע; 다아트의 동사)로 표현하고 있다. **"아담이 그 아내 하와와 동침하매 하와가 잉태하여 가인을 낳고 이르되 내가 여호와로 말미암아 득남하였다 하니라"** (창 4:1). 한글판 개역성경은 히브리어 야다를 "동침하다"로 번역하였다. 성경은 결혼하지 아니한 여자를 "남자를 알지 못하는 여자"로, 결혼한 여자를 "남자를 아는 여자"로 말씀하고 있다. **"그러므로 아이들 중에 남자는 다 죽이고 남자와 동침하여 사내를 안 여자는 다 죽이고 남자와 동침하지 아니하여 사내를 알지 못하는 여자들은 다 너희를 위하여 살려둘 것이니라"** (민 31:17,18).

6) 하나님의 말씀을 순종함으로 하나님의 속성을 체험하는 것이 선악을 아는 것이다. 성경은 하나님의 말씀을 맛보라고 말씀한다. **"너희는 여호와의 선하심을 맛보아 알찌어다 그에게 피하는 자는 복이 있도다"** (시 34:8). 하나님의 선하심을 맛보아 아는 것은 체험을 통하여 아는 것이다. 김치 맛은 말로 설명할 수 없다. 혀로써 김치의 맛을 알

---

80) C. F. Keil and F. Delitzsch, Vol. 1, The First Book of Moses, op. cit. pp 84, 85.
81) BDB., pp. 393, 394.

수 있다. 혀로써 모든 음식의 맛을 알 수 있는 것과 같이, 하나님의 말씀을 순종함으로 그 말씀을 통하여 계시되는 하나님의 속성을 알 수 있다. 따라서 성경은 말씀을 순종하는 것은 말씀을 먹는 것으로 표현하고 있다. **"내게 이르시되 인자야 내가 네게 주는 이 두루마리로 네 배에 넣으며 네 창자에 채우라 하시기에 내가 먹으니 그것이 내 입에서 달기가 꿀 같더라"** (겔 3:3). 하나님의 말씀을 통하여 선악을 아는 것은 말씀을 순종함으로 선과 악을 체험하는 것이다.

7) 이스라엘 백성은 하나님의 언약과 그 성취를 통하여 하나님의 속성을 체험하였다. 아브라함은 늙고 사라의 생리가 끝났으므로 자녀를 낳을 수 없었다. 그러나 아브라함은 하나님의 언약을 믿음으로 100세에 이삭을 낳았다. 이로써 아브라함은 전능하신 하나님을 체험하였다. 하나님께서 아브라함에게 이삭을 번제로 드리라고 명령하셨을 때, 그는 죽은 자를 살리는 하나님의 전능하신 능력을 믿었으므로 이삭을 번제로 드렸다. **"저가 하나님이 능히 죽은 자 가운데서 다시 살리실 줄로 생각한지라 비유컨대 죽은 자 가운데서 도로 받은 것이니라"** (히 11:19). 아브라함은 체험을 통하여 하나님의 전능하신 능력을 알았다.

8) 이스라엘 백성은 출애굽과정에서 나타난 하나님의 전능하심과 의로우심을 맛보았다. 하나님은 아브라함에게 약속하신 언약을 성취하기 위하여 전능하신 능력으로 이스라엘 백성을 애굽에서 인도하여 내셨다. **"내가 아브라함과 이삭과 야곱에게 주기로 맹세한 땅으로 너희를 인도하고 그 땅을 너희에게 주어 기업을 삼게 하리라 나는 여호와로라 하셨다 하라"** (출 6:8). 하나님은 애굽의 모든 초태생을 심판하시고 홍해를 마른 땅이 되게 하심으로 그의 백성을 광야로 인도하여 내셨다. 이스라엘 백성은 출애굽과정에서 나타난 하나님의 전능하심을 체험하였다. 광야에서 하나님은 불기둥과 구름기둥으로 이스라엘 백성을 인도하심으로 자신의 전능하심을 보이셨다. 하나님은 그들에게 하늘에서 내리는 만나와 반석에서 나오는 물을 주셨다. 광야에서 이스라엘 백성은 하나님의 전능하심을 체험하였다. 광야에서 하나님의 전능하심을 체험한 이스라엘 백성은 하나님을 의지하여 가나안 땅의 거민들을 정복하였다.

9) 이스라엘 백성은 출애굽과정에서 나타난 하나님의 전능하신 능력을 통하여 하나님

의 능력을 맛보았으나 하나님을 믿지 아니한 자들은 가나안 땅에 들어가지 못하였다. 이스라엘 백성이 가나안 땅을 정탐한 뒤에 장대한 그 거민들을 보았다. 이스라엘 백성은 하나님의 전능하심을 믿지 아니하고 모세와 아론을 원망하며 애굽으로 돌아가려고 하였다(민 14:1~3). 하나님께서 믿지 아니하는 자들을 책망하셨다. **"여호와께서 모세에게 이르시되 이 백성이 어느 때까지 나를 멸시하겠느냐 내가 그들 중에 모든 이적을 행한 것도 생각하지 아니하고 어느 때까지 나를 믿지 않겠느냐"** (민 14:11). 이스라엘 백성이 하나님의 전능하심을 맛보았으나 하나님을 알지 못한 것은 믿지 아니하였기 때문이다. 따라서 하나님을 아는 지식이란 믿음으로 하나님의 말씀을 순종함으로 하나님의 속성을 맛보는 것이라고 말할 수 있다.

10) 예수 그리스도께서 유대인들 앞에서 복음을 증거하시고 많은 이적과 기사를 행하였다. **"예수께서 온 갈릴리에 두루 다니사 저희 회당에서 가르치시며 천국 복음을 전파하시며 백성 중에 모든 병과 모든 약한 것을 고치시니 그의 소문이 온 수리아에 퍼진지라 사람들이 모든 앓는 자 곧 각색 병과 고통에 걸린 자, 귀신 들린 자, 간질하는 자, 중풍병자들을 데려오니 저희를 고치시더라"** (마 4:23,24). 서기관들과 바리새인들은 예수 그리스도의 말씀을 듣고 그의 능력을 보았지만 믿지 아니함으로 하나님의 아들을 알지 못하였다. 따라서 예수 그리스도께서 믿지 아니하는 것을 책망하셨다. **"예수께서 대답하시되 내가 너희에게 말하였으되 믿지 아니하는도다 내가 내 아버지의 이름으로 행하는 일들이 나를 증거하는 것이어늘"** (요 10:25). 믿지 아니하고 말씀을 순종하지 아니하면 하나님의 속성을 맛볼 수 없다.

11) 하나님을 아는 것은 체험과 믿음을 통하여 얻는 지식이다. 체험을 통하여 하나님을 아는 것은 여자가 결혼하여 남자를 아는 것과 같다. 곧 하나님과 이스라엘 백성의 관계는 남편과 아내의 관계와 같다. **"내가 네게 장가들어 영원히 살되 의와 공변됨과 은총과 긍휼히 여김으로 네게 장가들며 진실함으로 네게 장가들리니 네가 여호와를 알리라"** (호 2:19,20). 이스라엘 백성이 하나님과 결혼한 결과 하나님을 알게 되었다. 이스라엘 백성이 하나님의 아내로서 남편의 법을 순종함으로 하나님을 알았다. 따라서 선악을 아는 것은 하나님의 속성을 분별하는 것과 체험하는 것을 포함한다고 말할 수

있다. 믿음으로 하나님의 말씀을 순종할 때 하나님의 속성을 맛보아 알 수 있다.

(2) 하나님의 주권과 선악과 계명

1) "선악을 안다"란 의미를 선악을 체험하는 것으로 해석할 때, 선악을 알게 하는 실과는 스스로 계신 하나님의 주권과 관련된다. 사람이 선과 악을 체험한 결과 얻는 것은 생명과 사망이다(롬 6:23). 선을 체험하는 것은 하나님의 말씀을 순종하는 것이며 그 결과는 생명이다. 악을 체험하는 것은 말씀을 불순종하는 것이며 그 결과는 사망이다. 아담이 받은 말씀은 에덴동산을 지키고 경작하는 것과 선악을 알게 하는 실과를 먹지 말라는 것이다(창 2:15~17). 따라서 아담이 그 계명을 순종함으로 생명을 얻는 것은 선을 아는 것이며 이 계명을 불순종함으로 사망을 경험하는 것은 악을 아는 것이다. 하나님께서 금지한 실과를 먹는 것이 악을 체험하는 것이다. 그 결과는 죽음이다. "네가 먹는 날"이란 네가 악을 체험하는 날이고 "정녕 죽으리라"란 아담의 영이 반드시 죽음에 이른다는 것이다.[82]

2) 아담이 선과 악을 체험하는 것은 그의 자유의지로 계명의 순종과 불순종을 선택하는 것이다. 선악과 계명은 아담에게 선과 악, 생명과 사망의 선택을 요구한다. 아담은 하나님의 형상으로 곧, 하나님의 영광을 나타내는 그릇으로 창조되었으므로, 하나님은 그가 선을 행함으로 살기를 원하신다. 악을 행함으로 죽은 자는 하나님의 영광을 나타낼 수 없다고 성경은 말씀한다. **"사망 중에서는 주를 기억함이 없사오니 음부에서 주께 감사할 자 누구리이까"** (시 6:5). (창 2:17)에서 "정녕 죽으리라"하고 죽음을 강조한 말씀은 생명을 택하라는 것이다. 하나님은 아담에게 선과 악을 선택할 자유의지를 주셨다. 따라서 하나님의 계명 앞에서 아담은 살기 위하여 그의 의지로 생명을 선택하여야 한다. 그가 살기를 원한다면 선을 선택하여야 한다.

3) 아담이 자기의 의지로 생명과 사망을 선택할 자유가 있느냐 하는 것이 문제의 핵심이다. 이 문제는 창조주와 피조물의 관계에서 찾아야 한다. 하나님은 창조주로서

---

[82] 히브리어는 동작을 강조할 경우에 동사를 두 번 반복하여 사용한다. (창2:17)에서 죽음으로 번역된 단어(מות,무트) 반복하여 두 번 사용되었다.

만물의 주인이며 사람은 피조물로서 하나님의 종이다. 하나님은 주인으로서 법을 세우시는 분이시며, 사람은 하나님의 법을 순종하여야 하는 종이다. 사람에게 하나님의 법을 거절할 권리는 없다. 비록 하나님께서 아담에게 자유의지를 주셨지만, 아담은 선악과 계명을 순종할 의무만 있고 이를 거절할 권리는 없다. 곧 피조물인 아담은 그의 의지로 생명을 선택할 의무가 있지만 사망을 선택할 권리는 없다.

4) 아담이 창조시에 하나님께로부터 받은 생명은 그의 것이 아니라 하나님의 것이다. 아담은 피조물로서 하나님의 종이므로, 그의 모든 것은 하나님의 것이다. 종은 주인의 재산이므로 종의 모든 소유는 주인의 것이며, 주인은 종을 사고 팔 수 있다. 종이 낳은 자녀도 역시 주인의 소유이다. 아담은 피조물로서 하나님 앞에서 종의 신분이므로 그의 모든 소유(생명)는 하나님의 것이다. 따라서 아담은 자기의 의지로 그의 생명을 버릴 자유가 없다. 곧 아담은 자기의 의지로 생명과 사망을 선택할 자유가 없으며 이를 선택하는 것이 죄다. 단지 아담이 하나님의 계명을 순종함으로 그의 생명을 지키는 것이 피조물로서 의무를 다하는 것이다.

5) 시편 기자는 하나님과 이스라엘 백성의 관계를 이렇게 노래하였다. **"여호와가 우리 하나님이신줄 너희는 알찌어다 그는 우리를 지으신 자시요 우리는 그의 것이니 그의 백성이요 그의 기르시는 양이로다"** (시 100:3). 여기서 하나님은 주인이고 이스라엘 백성은 양으로 비유하고 있다. 양이 새끼를 낳으면 이는 주인의 것이다. 양의 모든 것은 주인의 것이다. 이와 같이 아담의 모든 것은 하나님의 것이며, 하나님 앞에서 아담은 자기의 소유에 대하여 권리를 주장할 수 없다. 아담의 생명도 하나님의 것이므로, 아담은 그 생명을 버릴 권리는 없다.

6) 만물은 피조물로서 하나님의 계명을 순종할 의무를 가지고 있지만 하나님의 계명을 거절할 권리는 없다. 피조물인 사람이 하나님의 계명을 거절하는 것은 생명을 상실하는 것이다. 곧 사람은 자유의지를 가지고 있지만 그 의지로 생명과 사망을 선택할 권리가 없고 오직 그 계명을 순종하여야 할 의무만 있다. 스스로 사시는 하나님만이 생명과 사망을 선택할 수 있다. **"아버지께서 나를 사랑하시는 것은 내가 다시 목숨을 얻기 위하여 목숨을 버림이라 이를 내게서 빼앗는 자가 있는 것이 아니라 내가 스스로 버리노라**

나는 버릴 권세도 있고 다시 얻을 권세도 있으니 이 계명은 내가 아버지에게서 받았노라 하시니라" (요 10:17,18). "나는 버릴 권세도 있고 다시 얻을 권세도 있다"란 생명과 사망을 선택할 권리가 있다는 것이다. 이 말씀은 스스로 계신 하나님만이 생명과 사망을 스스로 선택하실 수 있다는 것을 의미한다. 하나님의 아들은 만물을 창조하신 조물주로서 스스로 사시는 분이시며 죽을 권세와 다시 살아날 권세를 가지고 계신다.

7) 하나님은 스스로 사는 분이므로 자기의 의지로 생명과 사망을 결정하신다. 하나님은 죄가 없기 때문에 죽으실 수 없지만, 하나님의 아들이신 예수께서는 인류의 죄를 위하여 자기의 의지로 사망을 택하셨다. 죽은 자는 다시 살아 날 수 없으나 하나님께서 예수 그리스도를 죽은 자 가운데서 살리셨다. 죄가 없는 그리스도께서 죽으시고 죽은 자 가운데서 살아나신 것은, 하나님만이 자기의 의지로써 생명과 사망을 결정하실 수 있다는 것을 보여주는 것이다. 이에 반하여 사람의 생명은 하나님의 것이므로 사람은 자기의 의지로 생명과 사망을 선택할 수 없다. 또한 사람은 자기 의지로 죽었다가 다시 살아날 수 없다. 왜냐하면 사람의 목숨은 하나님의 것이므로 사람이 자기 마음대로 생명과 사망을 결정할 수 없기 때문이다. 곧 사람은 스스로 살지 못한다.

8) 하나님은 스스로 사는 분이시므로 자기의 의지로 생명과 사망을 결정할 수 있다. 그러나 피조물인 사람은 스스로 살지 못함으로 자기의 의지로 생명과 사망을 결정할 수 없다. 따라서 사람이 자기의 의지로 생명과 사망을 결정하겠다는 것은 하나님의 주권에 도전하는 것이다. 스스로 살 수 없는 존재가 스스로 살겠다는 하는 것은 피조물이 조물주와 같이 되겠다는 것이다. 사람은 하나님의 계명을 순종함으로 살 수 있으나 하나님의 계명으로부터 독립하여 하나님의 간섭을 받지 아니하고 스스로 살 수 없다. 곧 사람은 자기의 의지로 스스로 살 수 없다. 선악과 계명이 계시하는 하나님의 뜻은 사람이 하나님의 계명으로부터 독립한 결과는 죽음이라는 것이다.

9) 스스로 살지 못하는 존재가 스스로 사는 하나님과 같이 되려고 함으로 하나님의 주권을 침해하면 이에 대하여 심판을 받아야 한다. 천사는 스스로 사는 존재가 아니므로 하나님의 말씀을 순종하여야 한다. 하나님의 이름을 찬양하는 천사가 하나님처럼 스스로 살려고 하였으므로 영원한 결박으로 흑암에 갇혔다. 천사가 하나님과 비긴다고 하는

것은 하나님의 주권을 침해하는 것이다. 이와 같이 아담이 자기의 의지로 선과 악을 체험하려는 것은 하나님의 주권을 침해하는 것이다.

10) 사람이 자기의 의지로 생명과 사망을 선택하는 것은 선과 악을 결정하는 것이다. 하나님만이 선과 악을 결정할 수 있고 사람은 할 수 없다. 선과 악을 결정하는 것은 하나님의 주권이다. 선과 악에 대한 하나님의 기준은 말씀으로 계시된다. 하나님의 말씀이 선악의 기준이며 사람의 양심은 기준이 되지 못한다. 사람이 자기의 양심으로 선과 악을 결정하는 것이 죄이다.

11) 사람은 자기의 의지로 생명과 사망을 결정하지 못하고 하나님께 맡겨야 한다. 선악을 안다는 것은 선과 악을 체험하는 것이다. 사람이 자기의 의지로 선을 행함으로 생명을 체험하고 악을 행함으로 사망을 체험하려는 것이 죄이다. 하나님은 스스로 계신 분이며 생명의 원천이시므로 생명을 버릴 수도 있고 다시 얻을 수 있지만, 사람은 스스로 살지 못함으로 그렇게 할 수 없다. 사람이 생명과 사망을 하나님의 의지에 맡기는 것이 선악과 계명을 순종하는 것이다.

(3) 이해를 위한 질문

1) 선악을 아는 지식

  a. 머리로 아는 것과 체험으로 아는 것의 차이점은 무엇인가.

  b. 하나님을 체험으로 아는 지식은 어떻게 얻을 수 있는가(호 2:19).

  c. 하나님의 거룩하심을 맛보려면 어떻게 하여야 하나(시 34:8).

  d. 선을 체험한 결과로 얻는 것은 무엇인가(시 37:27).

  f. 악을 체험한 결과로 얻는 것은 무엇인가(창 2:17; 겔 18:34).

2) 하나님의 주권과 선악과 계명

  a. 생명의 원천이신 하나님의 주권은 무엇인가(롬 9:20~23).

  b. 하나님께서 자기의 의지로 생명과 사망을 결정할 수 있는 이유는 무엇인가(창 1:1).

  c. 왜 사람은 자기의 의지로 생명과 사망을 결정할 수 없나(시 36:9).

d. 선악과 계명을 통하여 계시된 하나님의 뜻은 무엇인가(사 41:4).

f. 삼위일체 하나님 가운데 성자께서 어떻게 선과 악을 체험하셨는가(요 10:17,18).

2. 사단의 미혹과 아담의 타락

(1) 사람의 타락 가능성과 사단의 미혹

1) 사람이 스스로 타락할 수 있느냐 아니면 외부의 미혹을 받아야만 타락할 수 있느냐 하는 문제를 살펴보자. 이것은 하나님의 창조계획과 관련된다. 하나님께서 사람을 불완전한 존재 곧, 외부에 영향을 받지 아니하더라도 스스로 타락할 수 있는 존재로 창조하셨다면, 사람의 죄에 대한 책임은 하나님께 귀속할 것이다. 이에 반하여 사람이 스스로 죄를 범할 수 없는 완전한 존재로 창조되었다면 사람의 죄에 대한 책임은 사람에게 귀속한다. 따라서 사람은 스스로 타락할 수 없다고 말할 수 있다. 사람이 타락하려면 외부의 미혹을 받아야 한다. 아담은 사단의 미혹을 받아 타락하였다.

2) 하나님은 완전함으로 그의 모든 창조물도 역시 완전하다. 하나님께서 자기의 영광을 나타내는 그릇으로 사람을 창조하셨다(사 43:7). 사람이 하나님의 영광을 나타내는 그릇이라면 완전하게 창조되어야 한다. 하나님은 전지하시며 전능하기 때문이다. 사람이 완전한 피조물이라면 외부의 영향을 받지 아니하고 스스로 타락할 수 없다고 말할 수 있다.[83]

3) 사람은 하나님의 형상으로 완전하게 창조되었으므로 스스로 타락할 수 없다. 만약 사람이 스스로 타락할 수 있다면 사단이 하와를 미혹하지 아니하였을 것이다. 사단은 사람이 스스로 타락하기를 기다렸을 것이다. 성경은 사람이 스스로 범죄할 수 없고 마귀에게 속하여 죄를 짓는다고 말씀하고 있다. **"죄를 짓는 자는 마귀에게 속하나니 마귀는 처음부터 범죄함이니라 하나님의 아들이 나타나신 것은 마귀의 일을 멸하려 하심이니라"** (요일 3:8). 반대해석으로 마귀에 속하지 아니한 사람은 죄를 범하지 아니한다고

---

[83] 자동차는 스스로 사고를 낼 수 없게 제조되었다. 자동차는 운전 부주의와 정비불량으로 사고를 일으킨다. 자동차가 스스로 사고를 일으킨다면 그 책임은 제조회사에게 귀속된다. 인공지능의 발달로 자율주행차량이 등장하고 있다. 자율주행차량이 교통사고를 낸다면 그 사고에 대한 책임은 제조회사에게 돌아간다.

말할 수 있다. 하나님께서 범죄한 천사들을 흑암에 가두지 아니하셨다면 사단의 미혹은 없으며 사람은 타락하지 아니하였을 것이다.

4) 사람이 스스로 타락할 수 없는 존재로 창조되었다면 천사의 타락을 어떻게 해석할 것이냐 하는 문제가 대두될 수 있다. 천사는 거룩한 천사로 완전하게 창조되었지만 스스로 타락하였다. 그러나 사람은 사단에게 미혹을 받아 타락하였다. 천사는 그 자유의지로 스스로 타락할 수 있지만 사람은 스스로 타락할 수 없다면 논리적으로 모순이 있다. 이렇게 상반되는 문제를 어떻게 해석할 것이냐 하는 것을 살펴보자.

5) 사람과 천사는 모두 완전한 자유의지를 받았다. 천사가 하나님의 말씀을 순종하느냐 아니냐의 여부는 그의 자유의지에 의존한다. 천사는 그의 자유의지로 순종을 택할 수 있고 불순종을 택할 수 있다. 타락한 천사는 그의 자유의지로 불순종을 택하였으므로 타락하였다. 타락한 천사는 누구에게 미혹을 받은 것이 아니라 스스로 타락하였다. 그는 스스로 계신 하나님과 하나님의 아들의 왕권을 인정하지 아니하였으므로 타락하였다. 이에 반하여 사람은 스스로 타락하지 못하고 사단에게 미혹을 받아 타락하였다. 이것은 하나님의 형상으로 창조되었느냐 아니냐에 따라서 결정된다고 말할 수 있을 것이다. 사람은 하나님의 형상으로 창조되었지만 천사는 그렇지 아니하다.[84] 천사와 사람이 다른 점은 사람이 하나님의 형상으로서 육체를 가진 피조물로 창조되었다는 것이다.

6) 하나님께서 사람을 자기의 형상으로 창조하신 이유는 장차 오실 그리스도의 길을 위한 것이다. 사람이 하나님의 형상으로서 하나님의 영광을 나타내는 완전한 피조물로 창조되었다. 사람이 하나님의 형상으로 창조됨으로 하나님의 영광을 나타낼 수 있으며 그리스도의 길을 준비할 수 있었다. 그러나 사람이 스스로 타락할 수 있다면 그리스도의 길은 스스로 막힐 수 있다. 하나님은 완전하시므로, 그리스도의 오시는 길은 스스로 닫히거나 차단될 수 없다. 만약 그 길이 스스로 닫힌다면 하나님은 완전하신 분이 아니다. 따라서 사람이 완전한 자유의지를 가지고 있지만 스스로 타락할 수 없는 존재로 창조되었다고 말할 수 있다. 곧 사람은 하나님의 형상으로, 그리스도 길을 준비하는

---

[84] 칼빈은 천사가 하나님의 형상으로 창조되었다고 하는 이론을 제시하였다. (John Calvin, Vol.1. 15.3).

자로 창조되었으므로 스스로 타락할 수 없다고 말할 수 있다.

8) 사단이 아담을 미혹한 이유와 그 방법을 살펴보자. 첫째, 하늘에서 하나님의 아들을 결박하고 보좌에 오르려고 한 사단의 악한 마음이 그의 속성이 되었다. 물이 위에서 아래로 흐르듯이, 사단은 어느 곳에 있든지 그의 속성대로 하나님을 대적하려고 한다. 흑암에 갇힌 뒤에 사단은 하나님을 대적하려고 하였다. 그러나 사단은 하나님의 말씀을 받지 못하였으므로 하나님을 대적할 수 없었다. 하나님의 계명을 받은 자만이 하나님을 대적할 수 있기 때문이다. 아담이 선악과 계명을 받았을 때, 사단은 아담을 통하여 하나님을 대적할 길을 찾아냈다. 흑암에 갇힌 사단이 하나님을 대적할 수 있는 길은 아담을 미혹하는 것이다. 하나님의 말씀을 받지 못한 사단은 직접 하나님을 대적할 수 없으므로 아담을 대리자로 하여 하나님의 말씀을 대적하려고 하였다.

8) 둘째, 사단이 아담을 미혹한 두 번째 이유는 사람을 통하여 우주 안에 있는 모든 것을 지배하려는 것이다. 하나님께서 사람에게 땅 위에 있는 모든 것들을 다스리는 권세를 주셨다(창 1:28). 하늘에서 하나님의 아들을 대신하여 보좌에 오르려고 한 사단은 흑암에 갇힌 뒤에 땅에서 사람을 지배하는 자가 되려고 하였다. 만일 사단이 사람을 지배한다면 사람을 통하여 땅 위에 있는 모든 것을 다스리게 될 것이기 때문이다. 따라서 사단은 아담을 미혹하였다. 아담이 사단에게 미혹을 받아 한번이라도 사단에게 복종한다면 영원히 사단의 종이 된다. **"너희 자신을 종으로 드려 누구에게 순종하든지 그 순종함을 받는 자의 종이 되는 줄을 너희가 알지 못하느냐 혹은 죄의 종으로 사망에 이르고 혹은 순종의 종으로 의에 이르느니라"** (롬 6:16).

9) 하나님의 형상으로 창조된 사람이 하나님의 말씀을 받았을 때 사단은 사람을 통하여 하나님을 대적하려고 하였다. 사람은 스스로 타락할 수 없으므로 사단은 사람을 미혹하였다. 사단은 자신의 신분을 감추기 위하여 뱀을 통하여 하와를 미혹하였다. **"여호와 하나님의 지으신 들짐승 중에 뱀이 가장 간교하더라 뱀이 여자에게 물어 가로되 하나님이 참으로 너희더러 동산 모든 나무의 실과를 먹지 말라 하시더냐"** (창 3:1). 뱀의 미혹은 하와의 믿음을 시험하는 것이다. 하와는 하나님의 계명에 대하여 의심을 품고 있었다. **"동산 중앙에 있는 나무의 실과는 하나님의 말씀에 너희는 먹지도 말고 만지지도 말라**

너희가 죽을까 하노라 하셨느니라" (창 3:3). "너희가 죽을까 하노라"란 하와의 불신앙을 보여준다.

10) 뱀의 미혹을 받았을 때 하와는 뱀의 말을 하나님의 말씀보다 더 권위 있게 생각하였다. (창 2:17)에서 하나님은 "선악을 알게 하는 실과를 먹으면 정녕 죽으리라"고 말씀하셨다. 그러나 (창 3:3)에서 하와는 "먹으면 죽을까 하노라"하고 뱀에게 대답하였다. "죽을까"로 번역된 히브리어 펜 테무툰(פֶּן־תְּמֻתוּן)은 죽음에 대한 의심(lest you die)을 나타내는 말이다. 히브리어, "펜(פֶּן)"은 미래의 사건에 대한 우려를 나타내는 말이다.85) **"이 성의 죄악 중에 함께 멸망할까 하노라" (창 19:15).** "멸망할까(lest you be consumed)"란 미래 멸망할 것에 대한 우려를 나타낸다. **"그곳 백성이 리브가로 인하여 자기를 죽일까" (창 26:7).** "자기를 죽일까(lest they should kill me)"란 장래의 죽임을 당할 것에 대한 우려를 나타난다. 아브라함은 그의 아내 사라 때문에 죽을 수도 있고 죽지 아니할 수도 있다는 것이다. **"우리가 부끄러움을 당할까(lest we be laughed at) 하노라" (창 38:23). "아버지의 모든 소속이 결핍할까(lest we come to poverty) 하나이다 하더라 하소서" (창 45:11).** 이상에 본 바와 같이 히브리어, '펜'은 미래 사건에 대한 우려를 나타내는 말로 사용되었다. 곧 (창 3:3)의 말씀은 선악과를 먹으면 죽을 수도 있다는 우려를 나타내는 말이다. 이는 선악과를 먹어도 경우에 따라서 죽지 아니할 수도 있다는 말이다.

11) 사단은 하와의 대답을 듣고 그녀에게 불신앙의 말을 넣어주었다. **"그 뱀이 여자에게 말하기를 "너희가 반드시 죽지는 아니하리라" (창 3:4).** 하나님은 네가 선악과를 먹으면 반드시 죽으리라고 말씀하셨다. 그러나 사단은 하나님의 말씀을 부인하였다. 그리고 사단은 한 걸음 더 나아가 선악과를 먹으면 하나님과 같이 된다고 미혹하였다. **"너희가 그것을 먹는 날에는 너희 눈이 밝아 하나님과 같이 되어 선악을 알줄을 하나님이 아심이니라" (창 3:5).** "하나님과 같이 되다"란 사단의 속성을 보여준다. 사단은 하늘에서 하나님과 같이 되어 하늘보좌에 오르려고 하였다. **"네가 네 마음에 이르기를 내가 하늘에 올라 하나님의 뭇별 위에 나의 보좌를 높이리라 내가 북극 집회의 산 위에 좌정하

---

85) BDB., p. 814.

리라 가장 높은 구름에 올라 지극히 높은 자와 비기리라 하도다" (사 14:13,14). "하나님과 같이 되다"와 "지극히 높은 자와 비기다"란 같은 의미이다.

12) 사단은 자신이 타락한 것과 동일한 방법으로 사람을 미혹하였다. 사람이 하나님과 같이 되면 하나님의 말씀으로부터 자유하여 스스로 살아갈 수 있으며 하나님의 말씀을 순종할 필요가 없다. 자신이 피조물임과 하나님이 만물을 창조하신 것을 믿을 때, 사람은 하나님의 말씀을 순종함으로 생명을 얻으려고 한다. 그러나 사람이 하나님을 믿지 아니하면 그 말씀으로부터 독립하려고 한다. 하와는 하나님을 믿지 아니하였으므로 선악과를 먹었다. **"여자가 그 나무를 본즉 먹음직도 하고 보암직도 하고 지혜롭게 할 만큼 탐스럽기도 한 나무인지라 여자가 그 실과를 따먹고 자기와 함께한 남편에게도 주매 그도 먹은지라"** (창 3:6). 하와가 하나님과 같이 되려는 생각으로 선악과 계명을 대적하였을 때, 하늘에서 타락한 사단의 속성이 사람을 통하여 하나님을 대적하는 행위로 나타났다.

13) 사람은 하나님의 형상으로 완전하게 창조되었으므로 스스로 타락할 수 없다. 사람은 외부의 미혹을 받아야 타락할 수 있다. 사람이 하나님의 형상으로 창조되고 하나님의 말씀을 받았을 때, 사단은 사람을 통하여 하나님의 말씀을 대적하려고 하려고 하였다. 사단의 속성은 하나님의 말씀을 대적하는 것이기 때문이다. 사단이 흑암에 갇혔을 때 하나님의 말씀을 받지 못하였으므로 하나님을 대적할 수 없었다. 그러나 사람이 하나님의 말씀을 받았을 때, 사단은 사람을 통하여 하나님을 대적할 길을 모색하였다. 사단은 자신의 신분을 속이려고 뱀을 이용하여 사람을 미혹하였다.[86] 뱀은 불신앙으로 하와를

---

[86] 짐승인 뱀이 말을 하였다고 기록되었으로 아담의 타락을 신화로 돌리는 가설이 제기되고 있다(Gerhard von Rad, International Biblical Commentary, Das erste Buch Mose, 박재순 역, 국제성서주석, 창세기. (한국신학연구소, 1985), p. 90). 그러나 뱀은 성대를 가진 짐승으로 창조되었으므로 사단은 뱀의 성대를 이용하여 자기의 생각을 말로 표현할 수 있다고 해석할 수 있다. 천사는 나귀의 성대를 통하여 하나님의 뜻을 전달하였다. **"여호와께서 나귀 입을 여시니 발람에게 이르되 내가 네게 무엇을 하였기에 나를 이같이 세 번을 때리느뇨"** (민 22:28). 사단은 타락한 천사로서 천사와 동일한 능력이 있으므로 동물의 성대를 통하여 자기의 의사를 표출할 수 있을 것이다. 아담이 타락하기 전에 모든 동물도 사람처럼 말을 할 수 있었다고 해석할 수도 있으나, 동물은 인격이 없는 존재로 창조되었으므로 말을 할 수 없는 존재이다. 성대가 있으나 인격이 없으므로 말을 하지 못하는 뱀을 통하여 사단은 하와를 미혹함으로 자신의 죄를 드러내었다. 귀신이 사람의 성대를 통하여 자신의 의사를 표현하였다. **"나사렛 예수여 우리가 당신과 무슨 상관이 있나이까 우리를 멸하러 왔나이까 나는 당신이 누구인줄 아노니 하나님의 거룩한 자니이다"** (막 1:24). 이 말은 귀신은 직접 말할 수 없으므로 사람의 성대를 통하여 말하였다. 짐승으로 창조된 뱀이 성대를

미혹하였다.

(2) 아담의 타락과 죄의 성격

1) 아담은 하나님의 말씀을 믿지 아니하였으므로 선악과 계명을 불순종하였다. 아담이 범한 죄의 성격은 사단의 죄와 일치한다. 하늘에서 하늘보좌에 오르려고 한 사단의 악한 마음이 아담을 통하여 선악과 계명을 대적하는 행위로 표출되었기 때문이다. 사단이 스스로 계신 하나님을 부인하고 스스로 살려고 한 것처럼, 아담도 하나님과 같이 되려고 함으로 스스로 사는 하나님을 부인하였다. 사단이 하나님의 이름을 더럽힌 것과 같이 아담도 더럽혔다. 사단이 하나님의 보좌 위에 올라 만물을 지배하려고 한 것처럼, 아담도 하나님과 같이 되어 스스로를 신격화하려고 하였다.

2) 뱀이 하와를 미혹하였을 때 아담에게 두 가지 생각이 있었다. 하나는 하나님의 말씀에 따라서 선악과 계명을 순종하려는 생각이다. 다른 하나는 뱀의 미혹에 따라서 선악과를 먹으려는 생각이다. 이제 아담의 자유의지는 두 가지 생각 가운데 하나를 선택하여야 한다. 아담은 외부의 간섭을 받지 아니하고 선악과 계명의 순종과 불순종을 선택할 수 있는 자유의지를 가지고 있었다. 하나님은 아담의 의지에 관여하지 아니하셨다. 아담이 순종을 택하면 생명을 유지할 수 있지만 불순종을 택하면 사망이다. 아담은 하나님의 말씀을 버리고 사단의 미혹을 택하였다. 아담이 범한 죄의 성격은 다섯 가지로 구분할 수 있다. 첫째, 아담은 스스로 계신 하나님을 부인하였다. 둘째, 아담은 하나님의 아들의 왕권을 부인하였다. 셋째, 아담은 하나님의 이름을 더럽히고 그의 영광을 훼손하였다. 넷째, 아담은 하나님의 형상을 상실하였다. 다섯째, 아담은 장차 오실 그리스도를 대적하였다.

3) 첫째, 아담은 스스로 계신 하나님을 부인하였다. 하나님만이 자기의 의지로 생명과 사망을 결정할 수 있다. 하나님은 생명의 원천이므로 자기의 의지로 생명과 사망을 결정하실 수 있으나, 사람은 그렇게 할 수 없다. 그러나 아담은 자기의 의지로 생명과 사망 곧, 선과 악을 결정하려고 하였다. 아담은 하나님과 같이 되어 스스로 생명과 사망을

가지고 있었다면, 사단은 뱀의 성대를 이용하여 화와를 미혹하였을 것이다.

체험하려고 하였다. 아담이 선악과 계명을 위반하였을 때 곧, 그의 의지로 사망을 선택하였을 때, 하나님께서 아담이 자기의 주권을 침해하였다고 말씀하셨다. **"여호와 하나님이 가라사대 보라 이 사람이 선악을 아는 일에 우리 중 하나같이 되었으니 그가 생명나무 실과도 따먹고 영생할까 하노라 하시고"** (창 3:22). "우리 중 하나"란 삼위일체 하나님 가운데 성자이신 예수 그리스도를 가리키는 말씀이다. 예수 그리스도는 자기 의지로써 생명과 사망을 경험하신 분이시다. 아담은 그의 의지로 생명과 사망을 택함으로 예수 그리스도의 주권을 침해하였다.

4) 아담은 자기의 의지로 선과 악을 결정하려고 함으로 자신을 하나님의 반열까지 끌어올렸다. "하나님과 같이 되다"란 자신을 하나님의 위치까지 끌어올림으로 하나님의 계명으로부터 자유하려고 하는 것이다. 육체가 음식으로부터 자유하면 죽는 것과 같이, 영이 하나님의 계명으로부터 자유하면 생명을 잃어버린다. 스스로 살지 못하는 자가 스스로 사는 존재로 착각함으로 하나님의 계명을 버렸다. 아담이 스스로 살려고 하나님의 계명을 대적하였을 때 그의 영은 사망에 이르게 되었고, 하나님은 다시는 그에게 말씀을 주시지 아니하셨다. 아담은 범죄한 이후부터 완전히 하나님의 말씀과 분리되었다.

5) 사람이 하나님과 같이 되려는 것은 하나님의 주권을 부정하는 것이고 스스로 죽음을 택하는 것이다. 하나님의 주권이란 창조주와 피조물과의 관계를 인정하는 것으로부터 시작한다. 하나님은 만물을 창조하셨으므로 만물의 주인 되시며 만물을 다스리신다. 하나님은 법을 세우시는 분이시며 만물은 그 법을 순종하여야 한다. 창조주와 피조물과의 관계가 무너지면 사람은 창조주의 존재를 부인하고 동시에 자기의 위치를 하나님과 동일한 반열에 올려놓으려고 한다. 사람은 하나님의 존재를 부인하고 그의 말씀을 사람의 꾸며낸 말로 치부한다. 사람이 하나님과 같이 되려고 하는 것은 스스로 죽음을 택하는 것이다. 스스로 살지 못하는 존재인 사람이 생명의 원천인 하나님의 말씀을 거절하면 죽음이다. 피조물이 하나님의 생명과 단절되면 죽음이다.

6) 모든 동식물은 창조질서에 의하여 하나님의 생명과 연결되어있다. 식물은 땅에 뿌리를 박고 이를 통하여 물과 영양분을 흡수한다. 초식동물은 식물로부터, 육식동물은 초식동물로부터 양식을 얻는다. 이와 같이 사람의 몸은 음식으로, 그 영혼은 하나님의

말씀으로 살아야 한다. 이것이 하나님의 창조질서이다. 사람이 하나님의 말씀을 거절하면 창조질서를 거스르는 것으로 죽음이다.

7) 둘째, 아담은 하나님의 아들의 존재를 부인하였다. 태초에 하나님 아버지께서 그의 뜻을 작정하시고 아들에게 그 뜻의 성취를 맡기셨다(요 4:34). 아들은 아버지의 뜻대로 만물을 창조하셨다(골 1:16). 하늘에는 아들을 위한 보좌가 있으며 아들은 아버지의 뜻대로 만물을 의와 공의로 통치하신다(히 1:8). 아들은 사람을 자기의 형상대로 창조하시고 사람에게 자기를 대신하여 땅을 정복하고 모든 동물을 다스리는 권세를 주셨다.[87] 그리고 아들은 아담에게 선악과 계명을 주셨다. 따라서 선악과 계명을 순종하는 것은 아들의 명령을 순종하는 것이며 아들의 왕권을 인정하는 것이다.

8) 아담은 선악과 계명을 불순종함으로 하나님의 아들의 왕권을 부인하였다. 하늘에서 사단은 하나님의 아들을 대신하여 하늘보좌에 오르려고 하였다. 사단의 악한 마음이 아담을 통하여 하나님의 계명을 대적하는 행위로 표출되었다. 사단은 마음으로 하나님의 아들을 부인하였지만 아담은 행위로 부인하였다. 아담의 죄로 인하여 모든 사람이 하나님의 아들을 부인하고 있다. 하나님께서 아들을 만물의 통치자로 세우시고 만물을 심판하는 권세를 아들에게 주셨지만, 아담 안에서 사람들은 이것을 인정하지 아니하고 있다. 아담 안에서 사람들은 하나님의 아들의 존재까지 부인한다.

9) 셋째, 아담은 하나님의 이름을 더럽혔다. 하나님은 그의 이름을 위하여 만물을 창조하시고 그의 이름으로 모든 계명을 선포하신다.[88] 하나님의 모든 계명에 그의 속성과 그의 이름의 영광이 체화되어있다. 따라서 하나님의 계명을 불순종하는 것은 그의 속성을 부인하는 것이며 동시에 그의 이름을 더럽히는 것이다. 천사가 그의 직분을 버리

---

[87] 하나님의 본질과 실체 안에 성부와 성자와 성령의 인격이 존재하며 각각의 인격으로 나타나는 하나님의 속성과 일과 영광이 일치한다는 것이 삼위일체이다. 성부는 그의 뜻을 작정하셨고, 아들은 성령 안에서 성부의 뜻대로 만물을 창조하시고 말씀으로 만물을 통치하신다. 따라서 성경에 계시된 하나님의 말씀은 아들의 말씀이다. 구약은 성부의 시대 신약시대는 성자의 시대, 교회시대는 성령의 시대라고 말하는 것은 단일신으로서 양태론이라고 한다. 따라서 선악과 계명을 성부의 말씀이며 아들의 말씀이 아니라고 주장하는 것도 역시 양태론이다. Alister McGrath, Historical Theology, 소기천,이 달, 임 건, 최춘혁 옮김, 신학의 역사(知와 사랑,2005), p. 109.
[88] 국회는 국법을 제정하여 정부로 이송한다. 대통령은 그 법을 자기의 이름으로 공포한다. 하나님의 모든 말씀은 피조물이 순종하여야 할 법으로 하나님의 이름으로 공포되었다.

고 하나님의 말씀을 불순종함으로 하나님의 이름을 더럽힌 것과 같이, 아담은 선악과 계명을 대적함으로 하나님의 이름을 더럽혔다. 아담은 범죄함으로 하나님의 이름을 더럽히고 하나님의 영광을 훼손하였다.

10) 범죄함으로 하나님의 이름을 더럽히는 것은 하늘보좌와 하늘성전을 더럽히는 것이다. 하나님은 아들을 위하여 하늘보좌와 성전을 예비하시고 그 곳에 아들의 이름을 두셨다. 사단은 범죄함으로 하늘보좌와 하늘성전을 더럽혔다. 이와 같이 아담도 범죄함으로 하늘보좌와 하늘성전을 더럽혔다. 이스라엘 백성은 우상을 숭배함으로 하나님의 이름과 그 이름을 둔 성소를 더럽혔다고 성경은 말씀한다. **"나도 그 사람에게 진노하여 그를 그 백성 중에서 끊으리니 이는 그가 그 자식을 몰렉에게 주어서 내 성소를 더럽히고 내 성호를 욕되게 하였음이라"** (레 20:3). 이것은 사단의 범죄로 하늘성전이 더럽혀진 것을 모형으로 보여준다.

11) 범죄함으로 하나님의 이름을 더럽히는 것은 하나님의 영광을 훼손하는 것이다. 하나님은 그의 이름으로 그의 영광을 나타내시기 때문이다. 하나님은 그의 이름과 그의 말씀으로 자신의 존재를 계시하신다. 따라서 하나님의 이름과 그의 말씀은 그의 영광과 관련된다. 하나님의 말씀을 대적하는 것은 그의 이름을 더럽히는 것이며 동시에 그의 영광을 훼손하는 것이다. 우상숭배는 하나님의 영광을 피조물의 형상으로 바꾸는 것이다. **"썩어지지 아니하는 하나님의 영광을 썩어질 사람과 금수와 버러지 형상의 우상으로 바꾸었느니라"** (롬 1:23). 아담은 범죄함으로 하나님의 영광을 훼손하였다. **"모든 사람이 죄를 범하였으매 하나님의 영광에 이르지 못하더니"** (롬 3:23).

12) 넷째, 아담은 범죄함으로 하나님의 형상을 상실하였다.[89] 하나님의 형상으로 창조된 아담은 의로움과 거룩함을 나타내고 있었다. 아담이 창조된 이후 선악과 계명을 순종하는 기간까지 하나님의 형상을 나타내고 있었다. 그러나 아담은 타락한 이후부터 하나님의 형상을 상실하였다. 아담의 외모는 하나님의 형상을 유지하고 있었으나 그는 의로움과 거룩함을 상실하였다. 아담은 타락한 이후부터 하나님의 형상을 상실하고 마귀의 형상을 나타내기 시작하였다. 죄를 범하는 자는 마귀에게 속하였으므로, 아담은 마귀

---

89) Heinrich Heppe, op. cit., pp. 477, 478.

의 형상을 나타내고 있었다. 죄인은 마귀의 속성을 나타내는 마귀의 자식이다. "**너희는 너희 아비 마귀에게서 났으니 너희 아비의 욕심을 너희도 행하고자 하느니라 저는 처음부터 살인한 자요 진리가 그 속에 없으므로 진리에 서지 못하고 거짓을 말할 때마다 제 것으로 말하나니 이는 저가 거짓말장이요 거짓의 아비가 되었음이니라**" (요 8:44). 사람이 하나님의 말씀을 순종하면 하나님의 속성을 닮음으로 하나님의 형상을 나타낸다. 그러나 사람이 사단의 미혹에 빠져서 범죄하면 사단의 속성을 닮음으로 사단의 형상을 나타낸다. 아담은 사단에게 미혹을 받아 선악과 계명을 나타냄으로 스스로 사단의 형상을 나타냈다.

13) 다섯째, 아담의 죄의 성격은 적그리스도를 반영한다. 적그리스도란 아버지와 아들을 부인하는 자이다. "**거짓말 하는 자가 누구뇨 예수께서 그리스도이심을 부인하는 자가 아니뇨 아버지와 아들을 부인하는 그가 적그리스도니**" (요일 2:22). 하나님의 아들이 육신으로 임하신 것을 부인하는 것이 적그리스도이다. "**미혹하는 자가 많이 세상에 나왔나니 이는 예수 그리스도께서 육체로 임하심을 부인하는 자라 이것이 미혹하는 자요 적그리스도니**" (요이 1:7). 그리스도의 이전과 이후로 구분하여 적그리스도의 개념을 정의할 때, 구약시대에는 장차 그리스도의 오시는 길을 방해하는 것과 그리스도의 주권을 인정하지 아니하는 것이 적그리스도라고 정의할 수 있을 것이다.

14) 아담의 타락은 적그리스도와 관련된다고 말할 수 있다. 창세전에 하나님은 아들을 육신으로 보내실 뜻을 작정하시고 이를 위하여 사람을 자기의 형상으로 창조하셨다(창 1:27). 사람이 하나님의 형상으로 창조되므로 하나님의 아들이 사람의 육체를 통하여 오실 길이 준비되었다. 아담은 의롭고 거룩하게 창조되었으므로 하나님의 아들이 그의 육체를 통하여 오실 수 있다. 그러나 아담은 타락하여 그의 육체를 더럽힘으로 하나님의 아들이 오실 길을 차단하였다. 이러한 관점에서 볼 때 아담은 장차 오실 그리스도를 대적하는 죄를 범하였다고 말할 수 있다. 따라서 아담의 죄는 적그리스도의 속성을 나타낸다.

15) 아담은 그리스도의 주권을 대적함으로 타락하였다. 예수 그리스도만이 자기의 의지로 생명과 사망을 결정하실 수 있다(요 10:18). 아담은 자기의 의지로 생명과 사망을

결정하려고 함으로 그리스도와 같이 되려고 하였다. 그리스도의 주권을 대적하는 것이 적그리스도이다. 예수 그리스도께서 그의 피로써 인류의 죄를 대속하셨으므로, 구원에 있어서 그리스도의 피를 부인하는 것이 적그리스도이다. 그리스도의 피에 의한 속죄와 구원을 부인하는 이방종교는 모두 적그리스도라고 말할 수 있다. 최근 WCC를 중심으로 하여 제기되고 있는 종교다원주의는 적그리스도이며 아담의 죄에 그 뿌리를 두고 있다고 말할 수 있다.

16) 하늘에서 타락한 사단의 속성이 아담을 통하여 하나님의 계명을 대적하는 행위로 표출되었다. 아담의 죄의 성격은 사단의 속성을 반영한다. 아담은 스스로 계신 하나님을 부인하고 스스로 하나님의 아들과 같이 되어 자기의 의지로 생명과 사망을 결정하려고 하였다. 아담은 스스로 계신 하나님의 주권을 부인하였다. 아담은 타락함으로 하나님의 아들이 오실 길을 차단하였다. 그는 죄로 인하여 그 육체와 혼과 영을 더럽힘으로 하나님의 형상을 상실하였다. 아담의 죄는 장차 오실 그리스도를 대적하는 것이다. 적그리스도가 아담으로부터 시작하였다고 말할 수 있을 것이다.

(3) 하나님의 뜻과 아담의 타락

1) 아담의 타락이 하나님의 뜻 안에서 허용된 것이냐 아니면 아담이 가지고 있는 자유의지의 속성에 기인한 것이냐 하는 것이 문제의 초점이다. 하나님의 영원하심과 전지하심을 전제로 할 때, 하나님은 그의 뜻을 작정하기 전에 미리 아담의 타락을 아셨을 것이다. 그렇다면 아담의 타락이 그의 뜻에 포함되었을 것이다. 곧 하나님께서 아담의 타락을 허용하셨을 것이라고 말할 수 있다.[90] 이와는 반대로 아담의 타락은 하나님의 뜻과는 무관하게 그의 자유의지의 속성에 기인하는 것이라고 말할 수 있다.

2) 하나님의 뜻이 창세전에 작정되었다는 것을 전제로 하고 그 뜻과 아담의 타락과의 관계를 살펴보자. 그리스도 예수의 피에 의한 속죄가 창세전에 작정되었다. **"영생의 소망을 인함이라 이 영생은 거짓이 없으신 하나님이 영원한 때 전부터 약속하신 것인데" (딛 1:2).** "영생"이란 그리스도 예수의 피에 의한 속죄를 전제로 하므로, 그리스도의

---

90) Heinrich Heppe, op. cit. pp. 451~454.

죽음은 창세전에 작정된 하나님의 뜻이라고 말할 수 있다. **"그는 창세전부터 미리 알리신 바 된 자나 이 말세에 너희를 위하여 나타내신바 되었으니"** (벧전 1:20). 그리스도의 피에 의한 속죄가 작정되었다면, 아담의 타락도 작정되었다고 말할 수 있을 것이다. 이것이 가능한 것이냐의 여부를 살펴보자.

3) 그리스도의 피는 죄를 전제로 하며, 죄는 아담의 타락을 전제로 한다. 아담의 타락이 없으면 그리스도께서 피를 흘리실 필요가 없기 때문이다. 이것은 아담의 타락이 하나님의 뜻 안에 포함되어 있다는 것을 의미한다. 그렇다면 하나님께서 아담의 타락을 작정하셨다고 해석할 수 있으나, 이것은 죄의 책임을 하나님께 돌리는 것이다. 하나님께서 아담이 타락하게 창조하셨다면 인류의 죄를 심판하실 수 없다. 하나님은 공의로우시므로 사람을 타락하게 유도한 뒤에 사람을 심판하실 수 없기 때문이다. 하나님은 병을 주시고 동시에 약을 주시는 분이 아니다. 하나님은 죄의 창조자도 아니며 아담의 타락을 유도하신 분도 아니다.[91]

4) 하나님이 죄의 창조자가 아니라는 것을 그의 속성에서 찾을 수 있다. 하나님은 거룩하시므로 죄의 방조자나 조성자(造成者)가 될 수 없다. 그는 죄를 용납하지 아니하며 죄를 기뻐하지 아니하신다. **"주는 죄악을 기뻐하는 신이 아니시니 악이 주와 함께 유하지 못하며 오만한 자가 주의 목전에 서지 못하리이다 주는 모든 행악자를 미워하시며 거짓말하는 자를 멸하시리이다 여호와께서는 피 흘리기를 즐기고 속이는 자를 싫어하시나이다"** (시 5:4~6). 하나님은 거룩하시므로 죄를 용납하지 아니한다는 증거가 심판을 통하여 계시되었다. 이스라엘 백성이 우상을 숭배하였을 때, 하나님은 그의 백성을 심판하심으로 자신의 거룩함을 나타내셨다. **"내가 또 온역과 피로 그를 국문하며 쏟아지는 폭우와 큰 우박덩이와 불과 유황으로 그와 그 모든 떼와 그 함께한 많은 백성에게 비를 내리듯 하리라 이와 같이 내가 여러 나라의 눈에 내 존대함과 내 거룩함을 나타내어 나를 알게 하리니 그들이 나를 여호와인줄 알리라"** (겔 38:22,23). **"내가 내 거룩한 이름을 내 백성 이스라엘 가운데 알게 하여 다시는 내 거룩한 이름을 더럽히지 않게 하리니 열국이 나를 여호와 곧 이스라엘의 거룩한 자인줄 알리라 하셨다 하라"** (겔 39:7). 이스라엘

---

91) Ibid. pp. 476~478.

백성의 죄는 불의한 것을 용납하지 아니하시는 하나님을 괴롭게 하는 것이다. **"너는 나를 위하여 돈으로 향품을 사지 아니하며 희생의 기름으로 나를 흡족케 아니하고 네 죄 짐으로 나를 수고롭게 하며 네 죄악으로 나를 괴롭게 하였느니라"** (사 43:24). 이 모든 말씀은 죄와 무관하신 하나님을 보여준다. 곧 하나님은 아담이 타락하도록 유도하신 분이 아니다.

5) 하나님은 거룩하시므로 죄의 조성자가 아니다. 그러나 창세전에 그리스도의 피를 통한 속죄를 작정하신 것은 그의 영원성 및 전지성과 관련된다.92) 하나님은 만물을 창조하시기 전에 천사들의 타락, 사단의 미혹 및 아담의 타락을 아시고 인류의 죄를 대속하기 위하여 그리스도 예수의 피를 작정하셨다. 하나님께서 하늘과 천사들을 창조하실 때 그의 이름을 찬양하는 직분을 맡은 천사장과 그의 수하들이 타락할 것을 아셨다. 하나님께서 우주 안에 있는 모든 것들을 지으실 때 흑암에 갇힌 사단이 아담을 미혹할 것과 아담이 타락할 것을 아셨다. 따라서 만물을 창조하기 전에 하나님은 모든 것을 아시고 타락한 천사들을 심판하고 인류의 죄를 대속하기 위하여 그리스도의 피를 작정하셨다고 말할 수 있다. 하나님께서 그리스도의 피를 작정하셨지만 천사와 사람의 타락을 작정한 것은 아니다.

6) 태초에 하나님께서 그리스도의 피를 작정하셨다고 성경은 말씀하고 있다(벧전 1:20). 그리스도의 죽으심은 창세전에 작정된 하나님의 뜻이다. 따라서 그리스도께서 잡히실 때에 그의 죽음이 아버지의 뜻을 이루는 것이라고 말씀하셨다. **"내가 만일 그렇게 하면 이런 일이 있으리라 한 성경이 어떻게 이루어지리요 하시더라"** (마 26:54). 그 뜻은 창세전에 작정된 것이다. **"곧 영원부터 우리 주 그리스도 예수 안에서 예정하신 뜻대로 하신 것이라"** (엡 3:11). "그리스도 예수 안에서"란 인류의 죄의 대속과 믿음으로 얻는 구원이 그리스도 예수 안에서 성취될 것을 의미한다.

7) 하나님께서 예수 그리스도의 피로써 인류의 죄를 대속할 뜻을 작정하셨지만, 천사 타락과 인류의 죄가 하나님의 작정에 속한 것은 아니다. 만약에 인류의 타락이 하나님의

---

92) 하나님은 다윗이 태어나기 전에 그의 모든 생애를 현재의 일로 보셨다. **"내 형질이 이루기 전에 주의 눈이 보셨으며 나를 위하여 정한 날이 하나도 되기 전에 주의 책에 다 기록이 되었나이다"** (시 139:16). 이 말씀은 하나님의 전지하심을 계시한다.

작정이라면 하나님은 죄를 작정하시고 이를 심판하시는 분이 된다. 천사와 인류의 타락은 피조물의 특성에 기인하는 것이며 하나님의 뜻은 아니라고 말할 수 있다. 예컨대, 자동차와 전기를 살펴보자. 사람이 자동차를 잘 정비하고 안전하게 운전한다면, 이는 유용한 생활의 필수품이 될 수 있다. 그러나 난폭하게 운전한다면 사고와 인명 피해가 발생할 수 있다. 자동차에 의한 사고와 인명피해를 예상하고 사고가 나게끔 자동차를 만드는 것은 아니다. 전기도 마찬가지이다. 전기는 인류의 생활에 없으면 안 되는 필수품이다. 전기의 누전사고는 재산과 인명피해를 가져온다. 전기의 사고를 예상하고 사고가 나게끔 전기를 생산하여 수용가에게 전기를 공급하는 것은 아니다. 자동차와 전기의 사고는 그 제품의 특성에 기인하는 것이며 제조회사가 사고를 유발하도록 이를 생산한 것은 아니다. 사고로 인한 인명피해는 자동차와 전기의 특성이 기인하는 것이며 사고를 허용하여 이것들을 생산하는 것은 아니다.

8) 불은 모든 것을 태우는 특성을 가지고 있다. 마지막 날에 하나님께서 만물을 불살라 없애실 것이다. **"이제 하늘과 땅은 그 동일한 말씀으로 불사르기 위하여 간수하신바 되어 경건치 아니한 사람들의 심판과 멸망의 날까지 보존하여 두신 것이니라" (벧후 3:7).** 불은 인류의 생활에 없으면 안 되는 것이다. 인류가 불을 잘못 이용하면 화재로 인하여 재산과 인명피해가 발생한다. 이것이 불의 특성이다. 하나님께서 불을 창조하실 때에 화재를 허용하신 것은 아니다. 이와 같이 천사의 타락과 사람의 죄는 피조물의 특성에 기인하는 것이며 하나님의 허용이라고 말할 수 없다.

9) 개혁주의 신학은 인류의 죄를 하나님의 허용작정으로 본다.[93] 곧, 아담의 타락이 하나님의 뜻 안에서 허용된 것으로 본다. 아담의 타락이 하나님의 뜻 안에서 허용되었다면 천사의 타락도 역시 하나님의 뜻 안에서 허용되어야 한다. 천사도 사람과 같이 완전한 피조물로서 자유의지를 가지고 있으며, 하나님은 전지하시므로 그의 뜻을 작정하시기 전에 천사의 타락도 아셨을 것이기 때문이다. 아담의 타락은 하나님의 허용작정이므로 그리스도의 피로 속죄 받았지만, 천사의 죄는 스스로 타락한 것이므로 그리스도의 피와 무관하다는 것은 논리상 일관성이 없다. 아담의 타락이 하나님의 뜻 안에서 허용된 것이

---

93) Heinrich Heppe, op. cit. p. 453.

라면, 사단의 죄도 역시 허용되어야 하기 때문이다. 이것이 하나님의 공의이다. 따라서 아담의 죄를 하나님의 허용작정으로 보는 가설은 설득력이 부족하다고 말할 수 있다. 곧 아담의 타락은 피조물의 특성에 기인한다고 말할 수 있다.

(4) 이해를 위한 질문

1) 사람의 타락 가능성과 사단의 미혹
   a. 사람은 천사처럼 자유의지를 가지고 있다. 천사들은 스스로 타락할 수 있지만 사람은 스스로 타락할 수 없다. 그 이유는 무엇인가(창 1:27).
   b. 사단이 하와를 미혹한 이유는 무엇인가.
   c. 사단이 어떻게 하와를 미혹하였는가(창 3:4,5).
   d. 사단의 미혹에 대한 하와의 반응은 어떠하였는가(창 3:6).

2) 아담의 타락과 죄의 성격
   a. 아담은 그의 자유의지로 타락하였다. 그가 타락한 이유는 무엇인가.
   b. 아담의 죄의 성격이 사단의 죄와 같은 이유는 무엇인가(엡 2:2).
   c. 아담의 타락이 그리스도의 길을 막은 이유는 무엇인가(창 1:27).
   d. 아담이 타락한 원인을 불신앙에서 찾는 이유는 무엇인가.

3) 하나님의 뜻과 아담의 타락
   a. 하나님은 만물을 창조하기 전에 아담의 타락을 아셨다. 따라서 하나님께서 아담의 타락을 작정하셨다고 말할 수 있는가.
   b. 하나님께서 아담을 타락할 수 있게 창조하셨다면 그의 죄에 대한 책임이 하나님께 귀속한다. 이 경우에 하나님께서 아담의 죄를 심판할 수 있는가.
   c. 아담의 타락을 자유의지의 특성에서 찾아야 하는 이유는 무엇인가(신 30:19).

2.3 아담의 타락과 원죄

1. 죄의 흔적

(1) 전제 조건

1) 아담의 타락으로 인한 죄의 책임이 인류에게 미치는 영향은 영혼의 창조설과 유전설, 이분설과 삼분설에 따라서 다르게 나타난다. 사람의 영혼이 각각 창조되었느냐 아니면 아담으로부터 유전되고 있느냐에 따라서 아담의 죄에 대한 책임이 온 인류에게 미치는 영향은 다르게 나타난다. 영과 혼을 하나로 보느냐 아니면 둘로 보느냐에 따라서 죄에 대한 해석이 달라진다. 우리는 영혼의 유전설과 창조설, 이분설과 삼분설에 따라서 아담의 죄가 인류에게 미치는 영향을 분석하였다.

2) 사람의 영혼이 각각 창조되느냐 아니면 아담으로부터 유전되느냐 대하여 창조설과 유전설이 제기되었다. 전자는 하나님께서 각 사람의 영혼을 각각 창조하신다고 주장한다. 후자는 아담으로부터 영혼이 유전되고 있다고 주장한다. 사람의 영혼에 대하여 상이한 학설이 대두되는 것은 예수 그리스도의 무죄성 때문이다. 영혼의 유전설을 택할 경우에, 예수 그리스도께서 마리아의 난자를 통하여 잉태하셨다면 아담의 죄로부터 자유할 수 없다. 아담 안에서 마리아가 가지고 있는 원죄가 그대로 예수 그리스도께 유전되었을 것이므로, 영혼의 창조설이 제기되었다. 하나님께서 사람의 영혼을 각각 창조하신다면, 예수 그리스도께서 여자의 몸을 통하여 태어나셨지만 그의 무죄성은 성립할 수 있다.

3) 첫째, 영혼의 창조설과 유전설에 대하여 살펴보자. 영혼의 창조설을 택할 경우에 모든 사람의 영혼은 각각 의롭고 거룩하게 창조된다. 하나님은 모든 사람의 영혼을 거룩하게 창조하신 뒤에 아담의 죄의 책임을 모든 사람에게 전가시키신다.[94] 아담은 인류의 조상으로서 선악과 계명에 있어서 인류를 대표하므로, 하나님은 아담의 죄를 모든 사람에게 전가시키신다.[95] 따라서 모든 사람은 아담과 동일한 죄의 책임을 가지고 있다. 영혼의 창조설은 예수 그리스도의 무죄성을 입증할 수 있으나 죄에 대한 책임이 하나님

---

94) Heinrich Heppe, op. cit., pp. 485~487.
95) Ibid., p.483, 484.

께 귀속되는 단점이 있다.96) 그 이유를 살펴보자.

4) 노아시대에 하나님은 노아와 그의 가족을 제외한 모든 사람들을 물로 심판하셨다. 홍수가 시작되기 직전에 태어난 자들이 범한 죄는 없다. 신생아들은 죄를 범하지 아니하였지만 죄인으로 심판을 받아 죽었다. 그들의 영혼은 거룩하고 의롭게 창조되었지만 태어나기 전에 하나님께서 아담의 죄를 그들에게 전가시키셨기 때문이다. 만약 하나님께서 그들에게 아담의 죄를 전가시키지 아니하셨다면 그들은 죄로 인하여 죽지 아니하였을 것이다. 하나님께서 홍수로 사람들을 심판하기로 작정하신 뒤에 그들에게 죄를 전가시키셨다. 영혼이 거룩하게 창조되고 죄를 범한 사실이 없음에도 불구하고 아담의 죄가 전가되므로 홍수로 심판을 받아 죽은 자들이 하나님께 '왜 내가 죄로 인하여 죽어야 합니까'라고 질문할 것이다. 이에 대하여 하나님은 자기의 주권에 속한 것이라고 대답하실 것이다. 다른 대답은 없을 것이다. 따라서 영혼의 창조설은 사람의 죄에 대한 책임이 하나님께 귀속되며 하나님의 공의를 훼손하는 문제점을 지니고 있다.

5) 영혼의 창조설은 예수 그리스도께서 마리아의 난자를 통하여 잉태하셨다면 마리아로부터 아담의 원죄가 그리스도께 유전될 수 있다는 것을 전제로 한다. 이것은 예수 그리스도의 영혼이 마리아로부터 유전된다는 것을 의미한다. 예수 그리스도의 영혼이 마리아로부터 유전되므로, 그리스도께서 원죄를 가지고 태어나셨을 것이다. 따라서 그리스도의 무죄를 입증하기 위하여 영혼의 창조설이 제시하는 가정은, 그리스도의 영혼이 아담으로부터 유전된다는 것이다. 그러나 예수 그리스도는 아버지 품 속에 계시다가 육신으로 임하셨으므로 그 영혼은 아담으로부터 유전된 것이 아니고 하늘에서 오셨다. "위로부터 오시는 이는 만물 위에 계시고 땅에서 난 이는 땅에 속하여 땅에 속한 것을 말하느니라 하늘로서 오시는 이는 만물 위에 계시나니"(요3:31). 예수 그리스도께서 하늘부터 오셨다는 것은 그의 영혼이 하늘에서 오셨다는 것을 의미한다. 예수 그리스도의 영혼이 하늘에서 오셨다면, 굳이 사람의 영혼의 창조설을 택할 이유가 없다. 사람의 영혼의 유전설을 택하더라도 예수 그리스도의 영혼이 하늘에서 오셨다면 그리스도의 영혼은 아담의 원죄와 무관하다. 곧 그리스도의 무죄성은 입증된다. 따라서 그리스도의

---

96) Louis Berkhof, 상, op. cit., 410.

영혼이 마리아로부터 유전된다는 것을 전제로 하여 창조설을 택하는 것은 그리스도의 신성을 부인하는 심각한 문제가 제기될 수 있다. 곧 창조설은 예수 그리스도는 하나님의 아들이 아니다'라는 의미를 내포하고 있다고 말할 수 있다. 여자의 난자를 통하여 태어난 자가 하나님의 아들이기 때문이다.

6) 영혼의 유전설을 택할 경우에 예수 그리스도의 무죄성을 입증할 수 없다고 주장한다. 그러나 예수께서 마리아의 난자를 통하여 잉태되지 아니하셨다면 아담의 죄와 무관하다고 말할 수 있다. 예수께서 마리아의 난자를 통하지 아니하고 잉태할 수 있는가. 예수께서 성령으로 남자의 정자와 무관하게 잉태하셨다면 또한 여자의 난자와 무관하게 잉태할 수 있었을 것이다. 하나님은 전능하시기 때문이다. 최근 생명공학은 동물의 난자에서 핵을 제거하고 수컷의 체세포에서 추출된 핵을 이식하는 연구가 진행되고 있다. 이와 같은 방법으로 복제양이 태어났다. 복제양은 예수께서 마리아의 난자와 무관하게 잉태할 수 있다는 것을 보여준다. 영혼의 유전설을 택할 경우에 원죄에 대하여 죄의 책임이 하나님께로 귀속되는 문제점을 해결할 수 있다. 따라서 예수 그리스도께서 마리아의 난자를 통하여 잉태하지 아니하셨다면 영혼의 창조설보다 유전설이 더 설득력이 있다고 말할 수 있다.

7) 둘째, 이분설과 삼분설에 대하여 살펴보자. 사람의 영과 혼이 하나이냐 둘이냐에 따라서 이분설과 삼분설로 구분한다. 이분설을 택할 경우에 성령의 은사를 설명할 수 없다. 예컨대, 방언과 방언의 통역은 성령의 은사이다. **"어떤 이에게는 능력 행함을, 어떤 이에게는 예언함을, 어떤 이에게는 영들 분별함을, 다른 이에게는 각종 방언 말함을, 어떤 이에게는 방언들 통역함을 주시나니"** (고전 12:10). "방언"이란 성령으로 영이 기도하는 것을 말한다. **"내가 만일 방언으로 기도하면 나의 영이 기도하거니와 나의 마음은 열매를 맺히지 못하리라 그러면 어떻게 할꼬 내가 영으로 기도하고 또 마음으로 기도하며 내가 영으로 찬미하고 또 마음으로 찬미하리라"** (고전 14:14,15). 방언은 알아듣는 사람이 없다. **"방언을 말하는 자는 사람에게 하지 아니하고 하나님께 하나니 이는 알아듣는 자가 없고 그 영으로 비밀을 말함이니라"** (고전 14:2). 따라서 방언을 통역하는 성령의 은사를 받아야 방언의 내용을 알 수 있다. **"만일 누가 방언으로 말하거든 두**

사람이나 다불과 세 사람이 차서를 따라 하고 한 사람이 통역할 것이요" (고전 14:27). 방언을 말하는 자가 그 방언의 내용을 알 수 있다면 영과 혼은 하나이다. 그러나 그가 방언의 내용을 알지 못한다면 영과 혼은 하나가 아니다. 영과 혼이 하나라면 방언을 말하는 자는 당연히 그 내용을 알아야 하며 방언의 통역 은사는 불필요하다. 따라서 이분설은 성경의 뒷받침을 받지 못한다고 말할 수 있다.

8) 영과 혼이 다른 것은 육체가 영의 그림자이기 때문이다. 물질계에 있어서 육체는 사람의 실체이다. 그러나 영계에 있어서 영은 사람의 실체이다.[97] 사람의 영의 모습이 어떻게 생겼을까. 옷을 벗고 거울 앞에 섰을 때 거울에 비추어진 모습이 영의 모습이다. 성도가 죽으면 그 영은 낙원으로 들어간다. 육체와 분리된 영은 사람의 실체이다. 이에 반하여 혼은 인격과 본능을 포함하는 정신세계이다. 혼은 육체와 결합할 수 있고 영과 결합할 수 있다. 사람의 육체가 살아있는 동안 혼은 육체와 결합한다. 따라서 육체가 살아있는 사람은 혼으로 육체의 상태를 알 수 있지만 영의 상태를 알지 못한다. 그러나 육체가 죽으면 흙으로 돌아가고 혼은 육체와 분리되어 영과 결합한다.[98] 따라서 육체가 죽으면 혼으로 영의 상태를 알 수 있다.

9) 사람의 혼은 인격과 본능으로 구분한다. 본능은 육체가 살아가고 결혼을 통하여 자녀를 생산하는 것과 관련된다. 본능이 있으므로 사람은 태어나면서부터 모유를 먹고 성장하며 성교육을 받지 아니하더라도 자녀를 낳고 기른다. 사람은 지성으로 하나님의 창조질서와 하나님을 알 수 있다. 학문은 창조질서를 연구하는 것이다. 자연과학은 만물에 체화된 하나님의 창조질서를 연구한다. 인문사회과학은 사람의 행동을 연구한다. 사람은 감성으로 기뻐하고 슬퍼한다. 문화예술, 스포츠, 오락, 여행은 감성과 관련된다. 사람은 의지로 하나님의 말씀을 생명의 양식으로 받을 수 있으며 어려운 일을 극복할 수 있다.

---

[97] 천사는 육체가 없다. 천사는 영이며 인격을 가지고 있다. 사람도 육체를 벗으면 천사와 마찬가지로 영이며 인격을 가지고 있다. 사람에게 있어서 육체와 영은 실체이다.

[98] 혼은 인격과 본능으로 구성된다. 사람이 죽으면 본능은 육체와 함께 흙으로 돌아가고 인격은 영과 결합한다. 그 영혼은 본능이 없으므로 부활한 몸은 결혼하지 아니한다. "**저 세상과 및 죽은 자 가운데서 부활함을 얻기에 합당히 여김을 입은 자들은 장가가고 시집가는 일이 없으며**" (눅 20:35).

10) 하나님께서 사람을 창조하신 뒤에 주신 계명은 사람의 인격을 전제로 하신 말씀이다. "하나님이 그들에게 복을 주시며 그들에게 이르시되 생육하고 번성하여 땅에 충만하라, 땅을 정복하라, 바다의 고기와 공중의 새와 땅에 움직이는 모든 생물을 다스리라 하시니라"(창1:28). "생육하고 번성하여 땅에 충만하다"란 본능과 관련된다. **"모든 생물을 다스리라"란 인격과 관련된다. "선악을 알게 하는 나무의 실과는 먹지 말라 네가 먹는 날에는 정녕 죽으리라 하시니라"(창 2:17).** 이 말씀은 자유의지와 관련된다. 사람은 자유의지가 있으므로 하나님의 말씀을 명령으로 받을 수 있기 때문이다.

11) 사람의 영은 스스로 행동하지 못하고 육체를 통하여 원하는 것을 얻는다. 육체가 양식을 사모하듯이, 영도 하나님의 말씀을 사모한다. 육체가 음식을 먹듯이, 영은 생명의 말씀의 말씀을 순종함으로 양식을 얻는다. 영은 스스로 하나님의 말씀을 순종할 수 없고 육체를 통하여 순종한다. 육체는 영을 위하여 하나님의 말씀을 순종하고 영은 육체를 통하여 생명의 양식을 얻는다. 영으로부터 하나님의 말씀을 사모하는 생각이 나온다.[99] 사람의 의지가 영의 생각을 수용하면 육체는 그 생각에 따라서 말씀을 순종한다.

12) 영혼의 창조설을 택할 경우에는 사람의 죄에 대한 책임이 하나님께 귀속되는 단점이 있다. 영과 혼이 하나라는 이분설을 택할 경우에 성령의 은사를 설명하지 못한다. 따라서 우리는 영혼이 유전된다는 것을 전제로 하여 죄로 인하여 더럽혀진 아담의 육체와 영과 혼의 특성이 어떻게 인류에게 유전되느냐 하는 것을 살펴보았다. 그리고 영과 혼을 구분하는 삼분설에 의하여 사람이 어떻게 범죄하느냐 하는 것을 검토하였다.

(2) 죄의 흔적과 유전여부

1) 사단의 악한 마음이 아담의 행위로 표출되어 선악과 계명을 대적하는 죄로 나타났다. 아담이 범죄하였을 때 그의 육체와 혼과 영에 죄의 흔적이 새겨졌다.[100] 그 죄의

---

[99] 사도 바울은 영으로부터 나오는 생각을 영의 생각이라고 기록하였다. 그 생각은 하나님의 말씀을 순종하려는 생각이다(롬 8:6).
[100] 전제군주시대에 죄인의 이마에 먹물로 문신을 새겼다. 율법은 죄인의 육체에 그 죄의 흔적을 남긴다고 말씀한다. **"그러나 다른 해가 있으면 갚되 생명은 생명으로, 눈은 눈으로, 이는 이로, 손은 손으로, 발은 발로, 데운 것은 데움으로, 상하게 한 것은 상함으로, 때린 것은 때림으로 갚을찌니라"(출 21:23~25).** 이것은 모든 죄가 흔적을 남긴다는 것을 모형으로 보여준다. 율법이 문신을 금하는 것은 죄가 흔적을 남기기 때문이다. "죽은 자를 위하

흔적은 사단의 속성을 반영한다. 사단의 미혹은 사람을 향하여 쏘는 불화살과 같다. 죄란 사단의 불화살에 맞는 것이다. 화상이 피부에 흔적을 남기듯이, 아담의 죄는 육체와 인격과 영에 흔적을 남겼다. 죄의 흔적은 영적인 것이며, 성경은 죄인의 이마에 짐승의 표가 있다고 말씀한다.

2) 죄가 흔적을 남길 수 있느냐 하는 문제가 제기될 수 있다. 하나님의 말씀을 순종한 결과 의의 흔적이 성도의 몸에 남는다. 사도 바울은 그의 몸에 예수의 흔적을 가지고 있다고 기록하였다. **"이 후로는 누구든지 나를 괴롭게 말라 내가 내 몸에 예수의 흔적을 가졌노라"(갈6:17).** "흔적"이란 몸에 새겨진 문신과 같이 지워지지 아니하는 영적인 문신을 말한다.101) "예수의 흔적"이란 예수 그리스도의 이름이 성도의 이마에 새겨진 것을 말한다. **"또 내가 보니 보라 어린 양이 시온산에 섰고 그와 함께 십사만 사천이 섰는데 그 이마에 어린 양의 이름과 그 아버지의 이름을 쓴 것이 있도다"(계 14:1). "그의 얼굴을 볼터이요 그의 이름도 저희 이마에 있으리라"(계 22:4).** 예수 그리스도의 이름이 성도들의 이마에 새겨져있다. 이것은 믿음으로 의롭다하심을 받은 흔적이다. 하나님은 의롭다하심을 받은 자의 이마에 어린 양의 이름을 새기신다.

3) 성도의 이마에 어린 양의 이름이 새겨지는 것과 같이 죄인의 이마에 죄의 흔적이 새겨진다. 죄인은 이마와 오른손에 죄의 흔적을 가지고 있다. **"저가 모든 자 곧 작은 자나 큰 자나 부자나 빈궁한 자나 자유한 자나 종들로 그 오른손에나 이마에 표를 받게 하고"(계 13:16).** "표"란 날카로운 것으로 파서 새긴 표식이나 기호를 말한다.102) 그 표는 짐승의 이름이다. **"누구든지 이 표를 가진 자 외에는 매매를 못하게 하니 이 표는 곧 짐승의 이름이나 그 이름의 수라"(계 13:17).** 죄인의 이마에 새겨진 짐승의 이름은 죄의 흔적을 말한다. 죄인의 이마에 새겨진 표는 영적인 것으로 육체의 눈으로 볼 수 없다.103)

여 너희는 살을 베지 말며 몸에 무늬를 놓지 말라 나는 여호와니라"(레 19:28).
101) 흔적으로 번역된 헬라어 스티그마(στίγμα)는 표, 낙인, 문신을 의미한다.
102) U. Wilckens, "χάραγμα," ed., Gerhard Kittel and Gerhard Friedrich, op. cit., p. 1456.
103) 최근 교계에서 베리칩을 죄인의 이마에 새겨진 666이라고 해석하는 경우가 있다. 베리칩은 눈에 보이는 것이며 영적인 죄의 흔적은 아니다. 성도에게 있는 예수 그리스도의 흔적이 보이지 아니하듯이 죄의 흔적도 역시 보이지 아니한다.

4) 아담이 범죄하였을 때 그에게 죄의 흔적이 새겨진 이유를 살펴보자. 그 이유는 아담이 사단으로부터 불화살을 맞았기 때문이다. 사단은 사람을 향하여 화전을 쏘고 있다. **"모든 것 위에 믿음의 방패를 가지고 이로써 능히 악한 자의 모든 화전을 소멸하고"** (엡 6:16). "악한 자"란 하늘에 있는 악한 영들이다. **"우리의 씨름은 혈과 육에 대한 것이 아니요 정사와 권세와 이 어두움의 세상 주관자들과 하늘에 있는 악의 영들에게 대함이라"** (엡 6:12). 사람이 범죄하는 것은 악한 영들로부터 화전을 맞는 것이다. 범죄함으로 악한 영들로부터 화전을 맞으면 화인이 남는다. **"자기 양심이 화인 맞아서 외식함으로 거짓말하는 자들이라"** (딤전 4:2). 화상이 피부에 흔적을 남기는 것과 같이, 악한 영의 화전은 육체와 혼과 영에 짐승의 이름 곧, 죄의 흔적을 남긴다.

5) 음행은 육체에 흔적을 남기는 대표적인 죄이다. 성도가 창기와 음행하면 그 몸이 창기의 육체가 된다. **"너희 몸이 그리스도의 지체인 줄을 알지 못하느냐 내가 그리스도의 지체를 가지고 창기의 지체를 만들겠느냐 결코 그럴 수 없느니라 창기와 합하는 자는 저와 한 몸인 줄을 알지 못하느냐 일렀으되 둘이 한 육체가 된다 하셨나니"** (고전 6:15,16). 믿음으로 의롭다하심을 받은 성도는 그 몸에 예수의 흔적을 가지고 있다. 그러나 성도가 창기와 음행하면 그의 몸에 새겨진 예수의 흔적은 없어지고 창기의 흔적이 남는다. 음행은 육체에 죄의 흔적을 남긴다.

6) 아담에게 새겨진 죄의 흔적을 살펴보자. 사단이 하와의 마음속에 하나님의 계명을 대적하려는 생각을 넣어주었다. **"여자가 그 나무를 본즉 먹음직도 하고 보암직도 하고 지혜롭게 할만큼 탐스럽기도 한 나무인지라 여자가 그 실과를 따먹고 자기와 함께한 남편에게도 주매 그도 먹은지라"** (창 3:6). "먹음직도 하고 보암직도 하고 지혜롭게 할만큼 탐스럽다"란 육체의 즐거움을 추구하려는 생각이다. 아담의 의지가 하나님의 말씀을 거절하고 그 생각을 선택하였다. 아담의 의지와 사단의 생각이 결합하여 선악과 계명을 대적하려는 마음으로 나타났다. 그 마음이 선악과 계명을 대적하는 행위로 표출되는 순간 아담의 육체와 혼과 영에 죄의 흔적이 새겨졌다.

7) 아담의 의지가 사단의 생각을 수용하므로 그의 의지에 죄의 흔적이 남았다. 거룩하고 의롭게 창조된 아담의 인격에 사단의 생각이 새겨졌다. 아담의 육체가 사단의 마음에

따라서 행동하므로 그의 육체에 죄의 흔적이 새겨졌다. 아담이 하나님의 말씀을 대적하므로 그의 영에 사단의 마음이 새겨졌다. 아담의 육체와 인격과 영에 죄의 흔적이 새겨졌다.104) 영혼의 유전설을 택할 경우에 아담의 죄의 흔적은 그대로 후손에게 유전된다고 말할 수 있다. 따라서 사람은 누구나 아담으로부터 받은 죄의 흔적을 가지고 태어난다.

8) 아담이 범죄한 결과 그의 육체와 인격과 영에 새겨진 죄의 흔적은 그의 유전인자에 영향을 주었을 것이다. 영은 사람의 실체이며 육체는 영의 그림자이기 때문이다. 영은 사람의 실체이므로 영에 죄의 흔적이 새겨지면 사람의 유전인자는 변화할 것이다.105) 아담의 죄가 그의 영을 더럽혔다면 육체와 인격과 영에 새겨진 죄의 흔적은 후손에게 유전될 것이다. 따라서 모든 사람은 아담과 동일한 죄의 흔적을 가지고 태어난다. 아담이 선악과 계명을 대적한 죄의 흔적이 모든 사람에게서 나타나고 있다. 아담이 스스로 사는 하나님을 믿지 아니한 것처럼, 모든 사람들도 믿지 아니한다. 아담이 하나님의 아들의 존재를 부인한 것처럼, 모든 사람도 부인한다. 아담이 자신을 스스로 사는 존재로 착각한 것처럼, 모든 사람도 착각하고 있다. 아담이 하나님의 이름을 더럽히고 그 영광을 훼손한 것처럼, 모든 사람도 그 영광을 훼손하고 있다. 아담이 하나님의 형상을 상실한 것처럼, 모든 사람도 이를 상실하였다.

9) 아담의 죄가 인류에게 유전되었으므로 가인은 부모로부터 죄의 흔적을 유전으로 받았다. 가인의 인격에 새겨진 죄의 흔적으로 인하여 그는 하나님의 말씀을 순종할 수 없었다. 하나님께서 가인에게 죄의 소원을 다스리라고 명령하셨다. **"네가 선을 행하면 어찌 낯을 들지 못하겠느냐 선을 행치 아니하면 죄가 문에 엎드리느니라 죄의 소원은 네게 있으나 너는 죄를 다스릴찌니라"** (창 4:7). 그러나 가인은 아담으로부터 받은 죄의 흔적 때문에 하나님의 말씀을 버리고 아벨을 죽였다. 아벨을 죽인 가인의 죄가 그의

---

104) 한 번도 비가 내리지 아니한 사막에 많은 비가 내렸다고 가정하자. 빗물이 몰려서 강을 이루며 흘려갈 것이다. 비가 내리고 난 뒤에 사막에는 빗물이 흘러간 커다란 골짜기가 생겼을 것이다. 이 골짜기가 강이 되어 앞으로 그 사막에 비가 내리면 빗물은 그 강으로 흘러내려갈 것이다. 이와 같이 거룩하게 창조된 아담이 범죄하였을 때 그의 인격과 육체와 영에 그 죄의 흔적이 남을 것이다.
105) 돌연변이는 유전인자에 변화를 가져온다. 육종학에서는 돌연변이를 이용한 육종이 활발하게 연구되고 있다. 이와 같이 영에 죄의 흔적이 새겨졌다는 것은 사람의 유전인자가 변형되었다는 것을 의미한다고 말할 수 있다.

인격과 육체에 흔적을 남겼다. 가인은 부모로부터 받은 죄의 흔적 위에 살인죄의 흔적을 가지고 있었다.

10) 가인이 가지고 있는 죄의 모든 흔적이 그 아들 에녹에게 그대로 유전되었느냐 아니냐의 여부를 살펴보자. 가인이 아들을 낳고 그 이름을 에녹이라고 하였다. **"아내와 동침하니 그가 잉태하여 에녹을 낳은지라 가인이 성을 쌓고 그 아들의 이름으로 성을 이름하여 에녹이라 하였더라"** (창 4:17). 가인이 가지고 있는 죄의 흔적은 아담으로부터 받은 것과 자신이 범한 살인죄의 흔적이다. 이 가운데 아담으로부터 유전으로 받은 죄의 흔적만이 그의 자손에게 유전되고 살인죄의 흔적은 유전되지 아니하였다. 그것은 아담이 범한 선악과 계명과 가인이 범한 하나님의 말씀은 그 성격이 다르기 때문이다. 아담으로부터 받은 원죄의 흔적은 유전되지만 개개인이 범한 자범죄의 흔적은 유전되지 아니한다.[106]

11) 자범죄란 율법과 양심에 의하여 정죄 받는 죄이다. 양심과 율법은 육체와 인격을 정죄하지만 영을 정죄하지 못한다. 영에 흔적을 남기지 못하는 자범죄의 흔적은 후손에게 유전되지 아니한다. 율법은 육체와 인격을 정죄하지만 영을 정죄하지 못한다. 만일 율법이 영을 정죄한다면 율법에 의하여 드리는 제사는 육체와 인격과 영을 거룩하게 하여야 한다. 이것이 가능하다면 예수 그리스도께서 인류의 죄를 위하여 피를 흘리실 필요가 없다. 소와 염소와 양의 피는 육체만을 거룩하게 한다. **"염소와 황소의 피와 및 암송아지의 재로 부정한 자에게 뿌려 그 육체를 정결케 하여 거룩케 하거든"** (히 9:13). 따라서 율법이 육체의 예법이라고 성경은 말씀한다. **"이런 것은 먹고 마시는 것과 여러 가지 씻는 것과 함께 육체의 예법만 되어 개혁할 때까지 맡겨 둔 것이니라"** (히 9:10). 자범죄는 사람의 영에 그 흔적을 남기지 못하므로, 그 흔적은 자손에게 유전되지 아니한다고 말할 수 있다.

12) 선악과 계명을 대적한 죄는 아담의 육체와 인격과 영에 흔적을 남겼다. 사단의

---

[106] 자범죄의 흔적이 유전된다면 부모의 죄의 흔적이 그대로 자녀에게 유전되고 자녀는 부모의 죄에 대한 책임을 진다. 그러나 자녀는 부모의 죄에 대하여 책임지지 아니한다. **"범죄하는 그 영혼은 죽을찌라 아들은 아비의 죄악을 담당치 아니할 것이요 아비는 아들의 죄악을 담당치 아니하리니 의인의 의도 자기에게로 돌아가고 악인의 악도 자기에게로 돌아가리라"** (겔 18:20).

생각이 아담의 죄의 흔적에 체화되었다. 그 생각은 장차 오실 그리스도를 대적하는 것이다. 이것은 적그리스도이다. 아담은 육체와 혼과 영에 적그리스도의 흔적을 가지고 있었다. 영혼의 유전설을 택할 경우에 아담이 가지고 있는 적그리스도(죄)의 흔적은 인류에게 유전되고 있다. 따라서 모든 사람은 아담과 동일한 죄의 흔적을 가지고 태어난다. 그러나 개개인이 범한 자범죄의 흔적은 후손에게 유전되지 아니한다.

(3) 이해를 위한 질문

1) 영혼의 유전설과 창조설

a. 영혼의 창조설을 지지하는 성경 말씀은 무엇인가(전 12:7; 사 42:5).

b. 영혼의 유전설을 지지하는 성경 말씀은 무엇인가(시 51:5; 롬 5:12).

c. 영혼의 창조설을 주장하는 이유는 무엇인가(히 4:15).

d. 영혼의 창조설은 사람의 죄에 대한 책임이 하나님께 귀속되는 이유는 무엇인가.

e. 영혼의 창조설은 그리스도께서 여자의 난자를 통하여 태어나셨다는 것을 전제로 한다. 예수 그리스도께서 여자의 난자를 통하여 태어나셨다면 그에게 원죄가 없을까.

f. 그리스도께서 여자의 난자와 무관하게 태어나셨다면 굳이 창조설을 택할 이유가 있는가.

2) 삼분설과 이분설

a. 사람의 구조를 몸, 혼 및 영으로 구분하는 이유는 무엇인가(살전 5:23).

b. 사람의 구조를 몸과 영혼으로 구분하는 이유는 무엇인가.

c. 방언은 성령의 은사로서, 영이 직접 하나님께 간구하는 것이다(고전 14:14). 방언과 이분설은 조화될 수 있는가.

3) 죄의 흔적과 유전여부

a. 죄의 흔적이 생기는 이유는 무엇일까(갈 6:17).

b. 죄인이 그의 오른손과 이마에 가지고 있는 표는 무엇인가(계 13:16,17).

c. 죄의 흔적은 아담의 죄의 성격과 어떤 관계가 있나.

d. 아담의 죄의 흔적이 인류에게 유전되는 이유는 무엇인가(롬 5:12).

e. 가인이 범한 살인죄가 그의 영에 흔적을 남길 수 있나.

f. 원죄의 흔적은 유전된다. 그러나 자범죄의 흔적은 유전되지 아니한다. 그 이유는 무엇인가(겔 28:20).

g. 죄의 흔적에 대한 율법의 증거는 무엇인가(레 19:28: 출 21:24).

h. 사도 바울의 몸에 예수의 흔적이 있었다(갈 6:17). 성도는 그 이마에 인을 맞는다. 그 인은 무엇인가(계 14:1).

2. 아담의 타락과 원죄

(1) 아담의 타락과 육체의 정욕

1) 아담의 육체는 거룩하게 지음을 받았다. 그러나 그는 범죄함으로 그의 육체를 더럽혔다. 선악과 계명을 대적한 죄가 아담의 육체에 흔적을 남겼다. 거룩하게 지음 받은 아담의 육체의 본질이 죄로 인하여 변화하였다. 곧 거룩한 육체의 속성이 더럽게 되었다. 죄로 인하여 변화된 육체의 속성을 육체의 정욕이라고 말할 수 있다. 죄인의 육체의 속성은 정욕으로 특징지을 수 있다. 이것은 마치 천사가 타락하므로 그의 속성이 변화하여 사단이 된 것과 같다.

2) 사단이 하나님을 대적하려는 생각을 하와에게 넣어주었다(창 3:6). "먹음직도 하고 보암직도 하고 지혜롭게 할만큼 탐스럽다"란 하나님을 대적하려는 사단의 생각이다. 사단의 생각이 아담과 하와에게 육신의 생각으로 들어왔다. 아담이 그 생각에 따라서 행동하였을 때 그 생각이 그의 육체에 새겨졌다. 사단의 생각은 눈에 보이지 아니하지만 아담이 선악과 계명을 대적하는 행위는 눈에 보인다. 눈에 보이지 아니하는 사단의 생각이 눈에 보이는 행위로 나타날 때 그 생각이 육체에 새겨진다. 곧 죄의 흔적이란 사단의 생각이 농축된 것이라고 말할 수 있다. 사단의 생각이 농축되어 사람의 육체에 죄의 흔적으로 새겨지면 그 육체는 사단처럼 불의하고 더럽게 된다.

3) 사단의 생각과 죄의 흔적은 바이러스와 암세포의 관계와 같다고 말할 수 있다.

사람의 육체에 암을 일으키는 바이러스가 들어왔을 때 면역력이 없으면 체내에 암세포가 생긴다. 눈에 보이지 아니하는 바이러스가 보이는 암세포로 나타난다. 암세포는 바이러스의 활동이 농축된 것이다. 암세포로부터 계속하여 바이러스가 나와서 암세포의 크기를 증가시킨다. 바이러스가 암세포로 나타났을 때 그 사람을 암환자라고 부른다. 면역력이 있으면 체내에 들어온 바이러스는 죽어서 없어진다. 사단의 생각이 육체에 흔적을 남기느냐의 여부는 아담의 자유의지에 의존한다. "먹음직도 하고 보암직도 하고 지혜롭게 할만큼 탐스럽다"란 하나님의 말씀을 대적하려는 육체의 욕구이다. 아담의 자유의지가 그 욕구를 수용하지 아니하였다면 그 욕구는 흔적을 남기지 못하고 단순한 생각으로 존재하다가 소멸되었을 것이다. 그러나 아담의 자유의지가 그 욕구를 수용하였을 때 그 욕구가 농축되어 육체에 죄의 흔적으로 새겨졌다. 이후로부터 아담의 육체의 욕구가 계속하여 하나님의 말씀을 대적하였다.

4) 육체의 욕구는 두 가지로 구분할 수 있다. 첫째, 본능적 욕구이다. 배가 고프면 음식을 먹으려고 하며 수분이 부족하면 물을 마시려고 하는 욕구는 본능이다. 사춘기에 이성에 대하여 호기심을 가지는 것과 피곤하면 쉬려고 하는 것도 역시 본능이다. 부부간에 잠자리를 같이 하려는 것과 부모가 자녀를 사랑하는 것은 본능이다. 가족의 생계를 위하여 열심히 일하려는 욕구는 본능인 동시에 (창 1:28)의 계명을 순종하는 것이다. 본능적인 욕구는 창조질서로서 죄가 아니다.

5) 둘째, 하나님의 말씀을 대적하는 육체의 욕구는 죄이다. 본능적 욕구가 하나님의 말씀을 대적하는 것은 죄이다. 에덴동산의 과실을 먹으려는 육체의 욕구는 죄가 아니다. 그러나 그 욕구가 하나님의 말씀을 대적하면 죄이다. 하나님은 그의 영광을 위하여 아담에게 본능적인 욕구를 절제하라고 명령하셨다(창 2:16,17). 선악을 알게 하는 나무의 실과에 본능적인 욕구를 절제하라는 계명이 체화되었다. 그러나 아담은 하나님께서 먹을 수 있는 권리를 부당하게 제한다고 생각하였다. 아담은 동산에 있는 모든 실과를 먹을 자유를 가지고 있다고 생각하였다. 아담은 하나님의 말씀이 그의 자유를 부당하게 제한다고 생각하였으므로, 그는 하나님의 말씀을 대적하였다.

6) 세상에는 수많은 사람이 살아가고 있다. 사람은 누구나 결혼을 통하여 자녀를 낳고

행복한 가정을 이루며 살아가려고 한다. 이것은 창조질서이며 본능이다. 하나님은 이러한 창조질서를 유지하기 위하여 사람에게 계명을 주셨다. **"간음하지 말찌니라"** (출 20:14). "간음"이란 혼인 이외의 모든 성행위뿐만 아니라 이성에 대한 음욕을 의미한다. **"나는 너희에게 이르노니 여자를 보고 음욕을 품는 자마다 마음에 이미 간음하였느니라"** (마 5:28). 음욕은 선악과를 만지는 것과 같다. 선악과를 보는 것은 죄가 아니나 만지는 것은 죄이다. **"동산 중앙에 있는 나무의 실과는 하나님의 말씀에 너희는 먹지도 말고 만지지도 말라 너희가 죽을까 하노라 하셨느니라"** (창 3:3).

7) 암세포가 육체의 기능을 마비시키는 것과 같이 아담의 죄는 육체의 속성을 변화시켰다. 타락하기 전에 아담의 육체의 속성은 하나님의 말씀을 위하여 육체의 본능적인 욕구를 절제하는 것이다. 그러나 타락한 뒤에 아담의 육체의 욕구는 본능적인 욕구를 위하여 하나님의 말씀을 대적하는 것이다. 성경은 육체의 본능적인 욕구를 위하여 하나님의 말씀을 대적하려는 것을 정욕이라고 말씀한다. **"이는 세상에 있는 모든 것이 육신의 정욕과 안목의 정욕과 이생의 자랑이니 다 아버지께로 좇아 온 것이 아니요 세상으로 좇아 온 것이라"** (요일 2:16). 이 말씀은 (창 3:6)과 관련된다. "먹음직도 하다"란 "육체의 정욕"으로, "보암직도 하다"란 "안목의 정욕"으로, "지혜롭게 할만큼 탐스럽다"란 "이생의 자랑"으로 해석할 수 있다.

8) 정욕에 따라서 사는 것은 육체의 욕구를 만족시키기 위하여 사는 것이다. **"우리가 육신에 있을 때에는 율법으로 말미암는 죄의 정욕이 우리 지체 중에 역사하여 우리로 사망을 위하여 열매를 맺게 하였더니"** (롬 7:5). 정욕을 위하여 일하는 것은 육체의 일이다. 육체의 일은 하나님의 말씀을 대적한다. **"육체의 일은 현저하니 곧 음행과 더러운 것과 호색과 우상 숭배와 술수와 원수를 맺는 것과 분쟁과 시기와 분냄과 당 짓는 것과 분리함과 이단과"** (갈 5:19,20). 따라서 육체의 욕구를 따라서 사는 것은 정욕을 따라서 사는 것이다. **"육체를 따라 더러운 정욕 가운데서 행하며 주관하는 이를 멸시하는 자들에게 특별히 형벌하실 줄을 아시느니라 이들은 담대하고 고집하여 떨지 않고 영광 있는 자를 훼방하거니와"** (벧후 2:10).

9) 사단의 생각이 농축된 육체의 정욕으로부터 아담과 동일한 죄를 범하려는 육신의

생각이 끊임없이 나온다. 육체의 정욕은 샘으로, 육신의 생각은 샘에서 솟아나는 샘물로 비유할 수 있을 것이다. 아담의 육체에 새겨진 죄의 흔적이 인류에게 유전되므로, 모든 사람은 본능적인 욕구를 위하여 하나님의 말씀을 대적하려고 한다. 이러한 죄는 반복된다. 아담 안에서 계속하여 동일한 죄를 반복하는 것은 죄를 죄로 여기지 아니하기 때문이다. 양심이 화인을 맞으면 죄를 죄로 여기지 아니한다. 성경은 육체에 새겨진 죄의 흔적 때문에 동일한 죄를 범한다고 말씀한다. **"자기 양심이 화인 맞아서 외식함으로 거짓말하는 자들이라"** (딤전 4:2). "자기 양심이 화인 맞다"란 양심에 죄의 흔적을 가지고 있다는 것을 의미한다. 그 죄의 흔적 때문에 계속하여 거짓말을 한다.

10) 사도 바울은 죄의 흔적이 새겨진 육신에서 하나님의 말씀을 대적하려는 생각이 나온다고 기록하였다. **"육신의 생각은 하나님과 원수가 되나니 이는 하나님의 법에 굴복치 아니할뿐 아니라 할 수도 없음이라"** (롬 8:7).[107] 육신의 생각은 하나님을 대적하려는 사단의 속성을 반영한다. 육신의 생각은 (창 3:6)에서 "먹음직도 하고 보암직도 하고 지혜롭게 할만큼 탐스럽다"를 의미한다고 말할 수 있다. 하와는 그녀의 의지로 육신의 생각을 수용함으로 선악과를 먹는 죄를 범하였고 이로 인하여 하와 안에 들어온 육신의 생각이 그녀의 육체에 죄의 흔적으로 새겨졌다.

11) 타락한 아담의 육체의 속성은 변화하거나 없어지지 아니한다. 흰 피부는 백인의 육체의 속성이며, 검은 피부는 흑인의 육체의 속성이다. 얼룩무늬는 표범의 육체의 속성이다. 이러한 육체의 속성이 변하지 아니하는 것과 같이, 아담의 육체의 속성은 없어지지 아니한다. **"구스인이 그 피부를, 표범이 그 반점을 변할 수 있느뇨 할 수 있을찐대 악에 익숙한 너희도 선을 행할 수 있으리라"** (렘 13:23). 모든 동식물은 고유한 속성을 가지고 있다. 그 속성은 변하지 아니한다. 사자가 변하여 하이에나로, 소가 변하여 말로, 양이 변하여 염소로 되지 아니한다. 식물도 마찬가지이다. 소나무가 변하여 참나무로, 사과나무가 변하여 배나무로 되지 아니한다. 이와 같이 사람의 육체의 속성은 변하거나 없어지지 아니한다. 예컨대, 맑은 물에 검은 잉크를 떨어뜨리면 그 물은 검게 된다. 그 물은

---

107) 생각으로 번역된 헬라어 프로네마($\varphi\rho\acute{o}\nu\eta\mu\alpha$)란 생각, 열망 및 의도를 의미한다. 생각은 마음과 구별한다. (마 5:28)에서 마음으로 번역된 카르디아($\kappa\alpha\rho\delta\acute{\iota}\alpha$)란 마음과 심장을 의미한다.

스스로 맑은 물이 될 수 없다. 이와 같이 죄로 인하여 육체에 새겨진 정욕은 없어지지 아니한다.

12) 아담의 육체의 정욕이 그대로 육체의 속성이 되어 후손에게 유전되고 있다. 인류는 아담으로부터 받은 육체의 속성으로 인하여 선을 행하지 못하고 하나님을 대적하고 있다. 사람이 죄를 범할 때마다 그 죄의 성격이 육체의 속성으로 추가된다. 가인이 살인하였을 때 살인이 그의 육체의 속성이 되었다. 가인은 아담으로부터 받은 육체의 속성에 살인죄의 속성이 추가되었다. 사람이 범하는 죄의 성격이 그 사람의 육체의 속성이 된다. 살인자는 살인이 그 육체의 속성이다. 외부의 환경이 조성되면 그는 살인의 충동을 느낀다. 따라서 그는 육체의 속성으로부터 나오는 육신의 생각에 따라서 계속하여 살인을 하려고 한다. 아동을 성추행한 자는 이것이 그 육체의 속성이 되어 기회가 있으면 아동을 성추행하려고 한다. 이와 같이 도적질하는 자는 도적질이, 사기하는 자는 사기가, 음행하는 자는 음행이, 우상을 숭배하는 자는 우상이, 비방하는 자는 비방이, 분쟁하는 자는 분쟁이, 교만한 자는 교만이 육체의 속성이다. 따라서 사람은 습관적으로 동일한 유형의 죄를 반복하여 범하게 된다.108)

(2) 인격에 새겨진 죄의 흔적

(가) 죄의 흔적과 지성의 타락

1) 아담의 인격에 새겨진 죄의 흔적을 살펴보자. 아담의 의지가 사단의 생각을 수용하므로 그의 지성과 감성과 의지에 죄의 흔적이 새겨졌다. 아담은 그의 지성에 죄의 흔적이 새겨짐으로 하나님을 알 수 없게 되었다. 아담의 감성이 죄의 흔적으로 인하여 타락하므로, 그는 하나님의 말씀으로 기뻐하지 아니하고 세상일로 기뻐하게 되었다. 아담은 타락함으로 그의 자유의지를 상실하였고 마귀의 종이 되었다.

2) 사람은 지성으로 하나님의 말씀을 통하여 하나님의 뜻과 창조질서를 알 수 있게 창조되었다. 아담은 타락하기 전에 만물을 창조하신 하나님을 알았다. 아담은 자기에게 모든 동물을 이끌어 오시는 하나님의 능력을 보았다(창 2:19). 하나님께서 아담을 잠들

---

108) 알콜 중독, 마약 중독, 성 중독 등은 죄의 흔적이 만들어낸 것들이라고 말할 수 있을 것이다.

게 하시고 그의 갈빗대로 여자를 만드셨을 때, 아담은 만물을 창조하신 하나님을 알았다. **"여호와 하나님이 아담에게서 취하신 그 갈빗대로 여자를 만드시고 그를 아담에게로 이끌어 오시니 아담이 가로되 이는 내 뼈 중의 뼈요 살 중의 살이라 이것을 남자에게서 취하였은즉 여자라 칭하리라 하니라"** (창 2:22,23). "내 뼈 중의 뼈요 살 중의 살이라"란 만물을 창조하신 하나님에 대한 믿음의 고백이다. 아담은 자기의 뼈와 살로 창조된 여자를 통하여 만물을 창조하신 하나님을 알았다.

3) 아담은 만물을 창조하신 하나님을 알고 선악과 계명을 순종하였으며 선악과 계명을 하와에게 전하였다. 하와가 창조되기 전에 아담은 선악과 계명을 받았고 이를 하와에게 전하였다. 그러나 아담이 사단에게 미혹을 받아 범죄한 이후 죄의 흔적으로 그의 지성이 타락하였다. 사단의 미혹은 스스로 계시는 하나님과 만물을 창조하신 하나님을 부인하는 것이다. 그 미혹은 하나님 아버지와 아들의 존재를 부인하는 것이다. 그 미혹은 사람을 하나님의 반열까지 끌어올리는 것이다. 이러한 사단의 미혹이 아담의 지성에 그대로 새겨졌다. 이것이 타락한 아담의 지성의 특성이다.

4) 아담이 타락한 이후 그의 타락한 지성이 인류에게 유전되고 있다. 따라서 사람은 스스로의 노력으로 하나님을 알지 못한다. 하나님은 사람으로 하여금 만물을 통하여 하나님의 신성을 알 수 있게 하신다. **"창세로부터 그의 보이지 아니하는 것들 곧 그의 영원하신 능력과 신성이 그 만드신 만물에 분명히 보여 알게 되나니 그러므로 저희가 핑계치 못할찌니라"** (롬 1:20). 그러나 죄로 인하여 지성이 타락하므로 사람은 만물을 통하여 하나님의 신성을 알지 못한다.[109] 그렇지만 사람에게 영원을 사모하는 마음이 있으므로 사람들은 이방종교를 만들어냈다(전3:11). 이방종교는 죄로 인하여 타락한 지성으로 만들어낸 종교이다.[110] 사람의 타락한 지성은 이방종교를 탄생시켰으며 이방신을 위한 거대한 사원을 건축하였다.

5) 사람들의 타락한 지성이 하나님을 대적하는 가설을 제시하고 있다. 대표적인 이론

---

109) 만물을 통하여 계시된 하나님의 신성을 일반계시라고 한다. 일반계시를 통하여 하나님을 알고 믿을 수 있다는 이론이 자연신학이다. 에밀 브룬너(Emil Brunner)는 자연신학을 주장하였다. 목창균, 현대 신학 논쟁, (도서출판 두란노, 1995), pp. 159~163.
110) Heinrich Heppe, op. cit. p. 31.

이 하나님의 창조사역을 부인하는 진화론이다. 이 이론은 하나님과 인류를 분리시키고 있다. 또한 합리주의에 바탕을 두고 있는 일부 신학자들은 과학적으로 또는 역사적으로 검증되지 아니하였다는 것을 이유로 성경의 말씀을 부인하고 있다. 그들은 아브라함 이전 역사를 설화(legend)로 취급하고 있다. 그들은 창조사역, 아담의 창조와 타락, 노아의 방주와 홍수에 의한 심판을 설화로 취급함으로 하나님의 말씀을 부정하고 있다. 한 걸음 더 나아가서 그들은 그리스도의 동정녀 탄생과 부활까지도 부인한다.[111]

6) 하나님의 영광을 위하여 주어진 지성이 타락하므로 사람은 하나님을 대적하는 지식을 양산하고 있다. 세상학문은 하나님이 계시지 아니하며 사람의 영이 없다는 것을 전제로 하고 사람의 육체에 관한 것만을 다룬다. 의학은 육체의 질병을 연구하지만 그 질병이 죄와 저주로부터 왔다는 것을 부인한다. 심리학은 사람의 마음을 다루지만 영의 문제는 논외로 한다. 19세기에 등장한 공산주의는 하나님을 관념적인 존재로 보고 기독교를 비과학적인 단체로 규정하여 말살하는 정책을 추진하여왔다. 이와 같이 세상학문은 보이는 것만을 연구대상으로 삼음으로 보이지 아니하는 하나님을 대적하고 있다. 따라서 사도 바울은 세상학문이 하나님을 대적한다고 기록하였다. **"누가 철학과 헛된 속임수로 너희를 노략할까 주의하라 이것이 사람의 유전과 세상의 초등 학문을 좇음이요 그리스도를 좇음이 아니니라"** (골 2:8).

7) 아담은 창조시에 하나님의 말씀을 통하여 하나님의 속성을 알 수 있는 완전한 지성을 받았다. 그러나 아담의 죄로 인하여 지성이 타락하였으므로, 인류는 하나님의 말씀을 통하여 하나님을 알 수 있는 능력을 상실하였다. 하나님께서 가인에게 "죄의 소원을 다스려라"하고 명령하셨다. 그러나 가인의 지성은 죄로 인하여 타락하였으므로, 그는 하나님을 알지 못하고 계명을 대적하였다. 하나님께서 모세를 통하여 이스라엘에게 율법을 주셨지만, 그들의 지성이 타락하였으므로 그들은 율법을 통하여 하나님의 뜻을 알지 못하였다. 그들은 하나님의 뜻을 알지 못하고 끝내 우상숭배에 빠지게 되었다. 따라서 호세아 선지자는 하나님을 알지 못함으로 멸망하게 된 이스라엘 백성을 슬퍼하였다. **"내 백성이 지식이 없으므로 망하는도다 네가 지식을 버렸으니 나도 너를 버려 내**

---

[111] 목창균,전게서, pp. 29,30.

제사장이 되지 못하게 할 것이요 네가 네 하나님의 율법을 잊었으니 나도 네 자녀들을 잊어버리리라" (호 4:6).

8) 죄로 인하여 지성이 타락하였으므로 사람은 자신의 죄를 알지 못한다. 선과 악은 하나님의 말씀을 기준으로 한다. 사람의 양심은 주관적이며 변화하므로 선과 악의 기준이 되지 못한다. 사람이 자신의 죄를 알려면 하나님의 말씀을 통하여 계시되는 의로움과 거룩함을 알아야 한다. 사람은 하나님을 알지 못함으로 의로움과 거룩함을 알지 못한다. 사람은 자신을 의롭고 거룩한 것으로 착각하고 있다. 불의한 자가 자신을 의로운 것으로 알고 더러운 자가 자신을 거룩한 것으로 착각하는 것은 스스로 속은 것이다. **"만일 누가 아무것도 되지 못하고 된 줄로 생각하면 스스로 속임이니라" (갈 6:3).** 사단은 자신이 하나님처럼 스스로 사는 존재로 착각하였으므로 타락하였다. 아담도 마찬가지이다. 하나님은 알지 못하면 스스로 속은 자가 된다. 이것을 교만이라고 한다. 그 이유는 그의 인격이 죄로 인하여 타락하였기 때문이다. 이러한 관점에서 볼 때 모든 사람의 교만은 태어날 때부터 가지고 있다고 말할 수 있다. 곧 교만은 생래적(生來的, innate, in born)이다.112)

9) 아담의 타락으로 그의 지성에 죄의 흔적이 새겨졌다. 하나님의 뜻과 창조질서를 알 수 있게 창조된 지성이 타락하므로, 사람은 스스로의 노력으로 하나님을 알 수 없게 되었다. 아담의 타락한 지성이 모든 인류에게 유전되므로, 사람들은 하나님을 알지 못하고 있다. 타락한 지성은 하나님을 대적하는 자연종교를 만들어냄으로 사람들은 하나님의 영광을 훼손하고 있다. 타락한 사람의 지성은 하나님을 대적하는 학문을 만들어내고 있다. 사람들은 진화론으로 창조주 하나님을 부인하고 있다. 자유주의 신학은 예수 그리스도의 동정녀 탄생과 부활을 부인하고 있다.

(나) 죄의 흔적과 감성의 타락

1) 사람의 감성은 하나님의 말씀으로 기뻐하도록 창조되었다. (창 1:28)의 계명을 순종하므로 육체가 기뻐하고 (창 2:17)의 선악과 계명을 순종하므로 영이 기뻐하는 것이

---

112) John Calvin, Vol. I, I. 2

하나님의 뜻이다. 땅을 정복하여 문명을 건설하고 문화생활을 영위하므로 육체가 즐거워하는 것, 스스로 계신 하나님을 인정하고 그의 계명을 순종하기 위하여 육체의 즐거움을 절제하는 것, 선악과를 먹지 아니하므로 영이 즐거워하는 것이 하나님의 뜻이다. 하나님의 영광을 위하여 (창 1:28)의 말씀을 순종하므로 육체가 즐거워한다. 영원한 생명을 위하여 (창 2:17)의 말씀을 순종하므로 영이 즐거워한다. 이 모든 것은 타락하지 아니한 감성을 통하여 주시는 하나님의 은혜이다.

2) 사단의 미혹은 육체의 본능으로부터 얻는 즐거움을 극대화하는 것이다. 그 미혹은 육체의 즐거움을 위하여 하나님의 말씀을 대적하는 것이다. 그 미혹은 육체의 즐거움을 인생의 최고의 가치로 삼는 것이다. 그 미혹은 육체의 명예로 즐거워하는 것이다. 그 미혹은 세상에 속한 것으로 즐거워하는 것이다. 그 미혹은 세상에 속한 것들을 얻을 수 있는 재물로 기뻐하는 것이다. 아담이 타락하므로 이러한 사단의 미혹이 그의 감성에 그대로 새겨졌다.

3) 아담은 죄로 인하여 그의 감성이 타락하였으므로 하나님의 영광과 영원한 생명으로부터 오는 즐거움을 상실하였다. 그 결과 인류는 하나님의 영광을 버리고 육체의 쾌락을 위하여 땅을 정복하고 문화생활을 영위하고 있다. 하나님의 말씀을 순종함으로 하나님을 섬기는 것이 아니라 세상신의 법을 따라서 우상을 섬기고 있다. 육체의 정욕으로 육체가 즐거워하고 우상으로 영이 괴로워하는 것이 타락한 감성의 특성이다.

4) 아담이 타락한 뒤에 사람들은 육체의 즐거움을 위하여 땅을 정복하기 시작하였다. 가인은 땅을 갈고 곡식을 재배하였으며 아벨은 가축을 길렀다(창 4:2). 아벨은 믿음으로 제사를 드렸으나, 가인은 그의 자존심을 위하여 곧, 육체의 즐거움을 위하여 하나님께 농사한 것을 제물로 드렸다. 가인은 그의 명예 곧, 하나님께 인정받기 위하여 예물을 드렸다. 가인은 자기를 위하여 성을 쌓았고(창 4:17), 라멕은 자기를 위하여 사람을 죽이고 이것을 육체의 자랑으로 삼았다(창 4:23). 노아시대에 하나님의 아들들은 육체를 위하여 사람의 딸들을 아내로 취하였다(창 6:2).[113] 노아는 육체를 위하여 포도주를

---

[113] 하나님의 아들들을 천사로 보는 가설과 셋의 후손으로 보는 가설이 제기되고 있다. 천사는 결혼하지 아니하므로 이를 셋의 후손으로 보는 가설이 성경과 일치한다고 말할 수 있다(마 22:30). C. F. Keil and F. Delitzch, The First Book of Moses, po. cit. pp.

마셨고(창 9:21), 그의 후손들은 그들의 육체를 위하여 바벨탑을 쌓았다(창 11:5). 사람들은 육체의 즐거움을 위하여 밭을 갈고 곡식과 포도를 재배하며 성을 쌓았다. 죄인들이 건설한 문명은 육체의 정욕을 위한 것이다.

5) 감성의 타락은 우상숭배를 가져왔다. 사람들은 하나님의 말씀을 버리고 우상으로 기뻐한다. 광야에서 이스라엘 백성이 우상을 만들고 그 앞에서 먹고 마시고 기뻐하였다. **"이튿날에 그들이 일찍이 일어나 번제를 드리며 화목제를 드리고 앉아서 먹고 마시며 일어나서 뛰놀더라" (출 32:6).**[114] 그들의 육체는 우상으로 즐거워하였지만 그들의 영은 우상으로 괴로워하였다. 사람의 육체가 문화생활과 우상숭배로 즐거워할 때 그 영은 이를 괴로워한다. 곧 우상으로 하나님과 사람의 영이 분리될 때 그 영이 괴로워한다. 영이 원하는 것을 육체를 통하여 얻지 못할 때 그 영이 괴로워하고 있다. **"내 영혼아 네가 어찌하여 낙망하며 어찌하여 내 속에서 불안하여 하는고 너는 하나님을 바라라 나는 내 얼굴을 도우시는 내 하나님을 오히려 찬송하리로다" (시 42:11).**[115]

6) 타락한 감성으로 인하여 음행과 동성애가 세상에 들어오게 되었다. 음행은 우상숭배와 더불어 육체의 쾌락을 위하여 하나님의 창조질서를 대적하는 대표적인 죄이다. 음행의 흔적을 가진 자들은 이것을 합법화하기 위하여 종교와 음행을 결합하였다. 바알 신과 아세라 신을 숭배하는 가나안 종교는 음행과 결합되어있었다.[116] 이방신전에는 동녀와 동남이 있었다. 이방신전에서 이방사제들은 동남과 동녀들과 음행을 하였다. 이 음행이 종교행사이었으므로 우상을 숭배하는 자들은 거리낌 없이 음행을 하였다. 뿐만 아니라 일반 백성들도 음행하였다. **"또 제비 뽑아 내 백성을 취하고 동남으로 기생을 바꾸며 동녀로 술을 바꾸어 마셨음이니라" (욜 3:3).**

7) 하나님께서 이스라엘 백성에게 율법을 주시고 육체의 정욕을 다스리게 하셨다.

127~133.
114) "뛰놀다"로 번역된 히브리어, 차하크(צחק)는 '비웃다, 소리 내어 웃다, 운동경기 하다'란 의미를 가지고 있다. BDB., op. cit., 850.
115) (시 42:11)에서 영혼이란 혼(네페쉬)을 의미한다. 영의 괴로움이 혼의 고통으로 나타나고 있다. 믿지 아니하는 자들이 미래의 일에 대하여 불안감을 가지고 있는 것은 그 영의 괴로움을 반영하는 것이다.
116) Roland K. Harrison, Introduction To The Old Testament, 류호준·박철현 옮김, 구약서론, 상(크리스챤 다이제스트, 1988), p. 453.

그러나 아담의 죄로 인하여 그들의 감성이 타락하였으므로, 그들은 육체의 즐거움을 위하여 하나님의 계명을 범하였다. 그들은 먹고 마시는 것을 위하여 곧, 육체의 정욕을 위하여 하나님을 대적하였다(민 11:4~6). 그들은 권력과 명예를 위하여 모세와 아론을 대적하였다(민 16:1). 이스라엘 백성은 광야에서 육체를 위하여 바알브올에게 제사하고 이방여인들과 행음하였다. **"이스라엘이 싯딤에 머물러 있더니 그 백성이 모압 여자들과 음행하기를 시작하니라"** (민 25:1). 그들이 문화생활을 하는 목적은 하나님의 영광을 위한 것이 아니라 육체의 즐거움을 누리기 위한 것이다.

8) 현대인은 재물을 얻기 위하여 시간과 노력을 투자한다. 재물은 육체를 즐겁게 하는 모든 것을 얻을 수 있기 때문이다. 보다 많은 문명의 혜택을 누리려고 하는 욕망, 이를 위하여 보다 많은 재물을 얻으려는 욕심이 하나님과 사람을 갈라놓고 있다. 따라서 사도 바울은 돈을 사랑하지 말라고 경고하였다. **"돈을 사랑함이 일만 악의 뿌리가 되나니 이것을 사모하는 자들이 미혹을 받아 믿음에서 떠나 많은 근심으로써 자기를 찔렀도다"** (딤전 6:10). 육체의 즐거움을 위하여 땅을 다스리는 욕구, 문명으로부터 얻는 편리함과 안락을 위하여 재물을 얻으려는 욕심은 감성의 타락을 반영하는 것이다.

9) 감성의 타락은 하나님을 대적하는 예술을 만들어내고 있다. 이는 육체의 본능을 자극함으로 모방범죄를 양산하는 예술뿐만 아니라 하나님의 말씀을 대적하는 예술이 끊임없이 생산되고 있다. 성인영화는 사람들을 본능을 자극하여 성범죄를 유발하고 있다. 예수 그리스도의 신성을 부인하는 영화가 관객의 시선을 끌고 있는 실정이다. 일부 종교에서는 예술을 빙자하여 우상을 만들고 있다.

10) 아담의 죄로 감성이 타락하였으므로 사람들은 하나님의 말씀으로 기뻐하지 아니하고 그 말씀을 대적하는 것으로 기뻐한다. 사람은 자기를 파멸로 이끄는 재물과 명예를 기뻐한다. 곧 사람은 죄악을 기뻐한다.[117] **"너희 어리석은 자들은 어리석음을 좋아하며 거만한 자들은 거만을 기뻐하며 미련한 자들은 지식을 미워하니 어느 때까지 하겠느냐"** (잠 1:22). **"행악하기를 기뻐하며 악인의 패역을 즐거워하나니"** (잠 2:14). 사람들은 창조질서를 대적하고 동성애를 즐기고 있다. **"이와 같이 남자들도 순리대로 여인 쓰기를**

---

117) Heinrich Heppe, op. cit. p. 532.

버리고 서로 향하여 음욕이 불 일듯 하매 남자가 남자로 더불어 부끄러운 일을 행하여 저희의 그릇됨에 상당한 보응을 그 자신에 받았느니라"(롬 1:27).

11) 아담의 타락으로 그의 감성에 죄의 흔적이 새겨졌다. 아담의 타락한 감성이 모든 인류에게 유전되므로 사람들은 하나님으로 기뻐하지 아니하고 세상에 속한 것으로 기뻐한다. 사람들은 육체의 즐거움을 위하여 하나님의 말씀을 대적하고 있다. 사람은 물질문명으로부터 얻는 즐거움을 위하여 영원한 생명을 포기하고 있다. 사람들은 본능적인 욕구를 위하여 하나님을 대적함으로 죄악을 즐기고 있다.

(다) 죄의 흔적과 의지의 타락

1) 삼분설을 전제로 할 때, 자유의지의 타락으로 사람이 하나님의 말씀을 순종할 능력을 상실한 이유를 설명할 수 있다. 영혼을 하나로 보는 이분설의 경우에 의지의 타락은 영의 타락과 같다. 영혼이 부패하였으므로 하나님의 말씀을 순종할 수 없다. 이분설은 이것이 전부이다. 이 이상 더 나아가서 이분법은 왜 사람이 하나님의 말씀을 순종할 수 없느냐 하는 이유를 설명할 수 없다. 그러나 삼분설을 택할 경우에 사람이 하나님의 말씀을 순종할 수 없는 이유와 자유의지의 상실을 설명할 수 있다.

2) 아담이 사단에게 미혹을 받았을 때 그 마음에는 두 가지 생각이 있었다. 하나는 하나님의 말씀을 순종하려는 영의 생각이고, 다른 하나는 사단의 미혹에 따라서 하나님의 말씀을 대적하려는 육신의 생각이다. 아담은 자유의지로 영의 생각을 거절하고 육신의 생각을 수용함으로 타락하였다.118) 아담의 자유의지가 영의 생각을 거절하였을 때, 그의 의지는 영과 단절되었고 아담은 자유의지를 상실하였다. 타락한 뒤에 그의 영은 하나님의 말씀과 단절되었고 그에게 영의 생각이 끊어졌다. 그의 육체의 정욕이 육체의 속성이 되었고 이로부터 육신의 생각만 나왔다. 그의 마음속에 육신의 생각만 자리를 잡게 되었고 그의 의지는 그 생각을 수용함으로 하나님의 말씀을 대적하게 되었다.

3) 아담의 죄로 인하여 그의 의지와 영이 완전히 분리되었다. 아담의 의지가 영의

---

118) 이분법에 의하여 영혼을 하나로 볼 경우에 자유의지는 영의 생각을 거절할 수 없다. 영혼이 하나이면 자유의지와 영의 생각은 항상 일치한다.

생각을 거절하고 육체의 생각을 수용하였다. 그 결과 그의 의지는 영의 생각과 분리되고 육신의 생각과 결합되었다. 의지와 영이 분리되려면 양자의 사이를 가로막는 존재가 있어야 한다. 그것이 육체의 생각이다. 곧 아담의 의지와 영 사이에 육체의 정욕이 들어와 자리를 잡게 되었다. 아담의 범죄로 그의 의지와 영 사이에 영의 생각은 없어지고 그 빈자리에 육신의 생각이 들어왔다.

4) 아담이 범죄하기 전에 그의 영 안에 선악과 계명이 있었다. 아담이 성령의 감동을 받아 하나님의 말씀을 순종한 이후부터 그의 영으로부터 그 말씀을 순종하려는 영의 생각이 나왔다. 그 말씀을 순종하려는 영의 생각과 그의 자유의지가 결합하여 말씀을 순종하였다. 그러나 그가 범죄한 이후 그의 영에 있는 하나님의 말씀은 도말되었고, 이로 인하여 그의 영으로부터 말씀을 순종하려는 생각이 나오지 아니하였다. 말씀을 순종하려는 영의 생각이 없으므로 아담의 의지와 영은 단절되었다. 영의 생각이 없으면 의지와 영 사이에 육신의 생각 곧, 육체의 정욕이 들어온다. 육신의 생각이 의지와 영을 완전히 분리시킨다. 의지와 영이 단절되므로 의지는 육신의 생각과 자연스럽게 연결된다. 곧 아담의 의지가 영의 생각과 단절됨과 동시에 육신의 생각과 연결되었다. 사람의 의지와 육신의 생각이 하나로 결합된다. 따라서 육신의 생각은 육체로 하여금 하나님과 원수가 되게 한다. **"육신의 생각은 하나님과 원수가 되나니 이는 하나님의 법에 굴복치 아니할뿐 아니라 할 수도 없음이라"** (롬 8:7).

5) 아담이 선악과 계명을 위반하였을 때 육체의 정욕이 육체의 속성이 되었고 이로부터 나오는 육신의 생각이 그의 의지를 사로잡았다. 그의 의지가 육신의 생각에 예속되었다. 곧 그의 의지가 정욕의 노예가 되었다. 이것을 자유의지의 상실이라고 한다. 자유의지의 상실이란 의지가 육신의 생각에 예속된 상태를 말한다.[119] 육신의 생각은 사단으로부터 왔으므로 그 생각은 사단의 인격을 반영한다. "먹음직하고 보암직하고 지혜롭게 할 만큼 탐스럽다"란 사단으로부터 온 육신의 생각이다. 아담은 타락하므로 그의 의지가

---

119) 사람의 의지가 육신의 생각에 예속되었다고 할 때, 후자를 사람의 인격으로 오인할 수 있다. 사람의 의지는 인격에만 예속될 수 있기 때문이다. 육신의 생각을 사람의 인격이라고 하면, 영의 생각 또한 사람의 인격이다. 그렇다면 사람에게는 세 개의 인격이 존재하는 셈이다. 사람의 인격은 하나이므로, 영의 생각과 육신의 생각도 사람의 인격이 아니다.

육신의 생각 곧, 사단의 인격에 예속되었다.

6) 아담의 의지가 육신의 생각에 예속되므로, 그의 의지와 영은 완전히 분리되었다. 육신의 생각 곧, 마귀의 인격이 사람의 의지와 영 사이에 들어와서 자리를 잡았다. 이제 아담의 의지와 그의 영은 완벽하게 분리되었다. 이로써 사람은 하나님의 말씀을 순종할 능력을 완전히 상실하였다. 사람의 의지가 육신의 생각과 마귀의 인격에 완전히 예속된 상태를 인격의 완전한 부패라고 말한다.120)

7) 범죄하기 전에 아담은 외부의 어떠한 간섭도 받지 아니하고 선악과 계명을 순종할 수 있고 이를 불순종할 수 있는 자유의지를 가지고 있었다. 하나님은 아담의 의지에 간섭하지 아니하셨다. 그리고 사단도 역시 아담의 의지에 간섭하지 못하였다. 선악과 계명을 순종함에 있어서 아담은 완전한 자유를 누리고 있었다. 그러나 범죄한 뒤에 아담의 의지가 육신의 생각에 예속되었으므로 그는 자유의지를 상실하였다. 이제 아담은 그의 의지로 선악과 계명을 순종할 수 없게 되었다. 이것이 자유의지의 타락이다.

8) 죄의 흔적이 인격에 새겨졌다는 것은 위에서 논의한 바와 같이 지성과 감성과 의지의 타락을 통하여 설명할 수 있다. 유전설을 전제로 할 경우에 죄로 인하여 타락한 인격이 아담으로부터 온 인류에게 유전되고 있다고 말할 수 있다. 하나님께서 만물을 통하여 그의 신성을 보여주시고 있지만 사람은 인격이 타락하였으므로 하나님의 존재를 알지 못하고 있다. 하나님을 모른다고 하더라도 사람은 영원을 사모하는 마음이 있으므로 우상을 만들어 신으로 섬기고 있다. 이것이 자연종교로 발전하였다. 사람은 아담의 죄로 인하여 감성이 타락하였으므로 육체의 쾌락을 위하여 하나님의 말씀을 대적한다. 사람은 죄로 인하여 자유의지를 상실하였음으로 하나님의 말씀을 순종할 수 없다.

(3) 아담의 타락과 영의 사망

1) 아담이 사단의 마음에 따라서 선악과 계명을 대적하므로 사단의 속성이 그의 영에 죄의 흔적으로 새겨졌다. 죄로 인하여 사단의 속성이 의롭고 거룩하게 창조된 아담의 영에 체화되었다. 아담의 영은 죄로 인하여 불의하고 더럽게 되었다. 따라서 아담의

---

120) Louis Berkhof, 상, op. cit. p. 465.

영은 모든 기능을 상실하였다. 그의 영 안에 하나님의 생명의 말씀이 없으며 그의 영으로부터 하나님의 말씀을 순종하려는 생각이 나오지 아니하였다. 영의 모든 활동이 정지되었고 영과 인격이 완전히 분리되므로, 사람은 자기의 인격으로 영의 존재를 알지 못하게 되었다.

2) 사람의 영은 스스로 행동할 수 없고 육체의 도움을 받아야 한다. 사람의 영은 직접 말씀을 순종하지 못하고 육체를 통하여 순종한다. 영은 인격과 육체의 도움을 받아 말씀을 순종할 수 있다. 배가 고프면 육체는 음식을 섭취하려고 한다. 수분이 부족하면 육체는 수분을 섭취하려고 한다. 이와 같이 생명의 양식이 부족하면 영은 말씀을 사모한다. 이것이 영의 생각으로 나타난다. 영의 생각은 의지(인격)가 아니므로 직접 육체를 움직이지 못한다. 따라서 영은 의지의 도움을 받아 육체를 통하여 생명을 얻을 수 있다.121) 의지가 영의 생각을 수용하면 육체는 말씀을 순종하고 동시에 영은 생명을 얻는다.

3) 육체가 순종한 말씀만이 영의 양식이 된다. 사람이 하나님의 말씀을 들으면 그 말씀은 인격(지성)에 들어온다.122) 사람이 그 말씀을 순종하면 그 말씀은 비로소 영에 들어온다. 영에 들어온 말씀이 영의 양식이다. 육체가 말씀을 순종할 때 영은 그 말씀을 통하여 양식을 얻는다. 뷔페식당에 많은 음식이 있지만 먹은 음식만이 육체의 양식이 되는 것과 같이, 인격 안에 많은 말씀이 들어와 있더라도 그 가운데 육체가 순종한 말씀만이 영의 양식이 된다. "쉬지 말고 기도하라"는 말씀을 들으면 그 말씀은 인격에 들어온다. 그 말씀에 의지하여 기도하였을 때 그 말씀은 영 안에 들어온다(살전 5:17). 예수 그리스도의 복음을 증거하라는 말씀을 순종하여 복음을 전파하였을 때 그 말씀이 영의 양식이 된다(행 1:8).

---

121) 영혼을 하나로 보는 이분설을 택하면, 영은 의지의 도움을 받을 필요가 없다. 영이 생명을 사모하면, 의지는 자동으로 육체를 통하여 말씀을 순종하게 한다. 영혼이 하나라고 하면 영의 생각과 의지는 항상 일치할 것이기 때문이다. 그러나 영과 혼은 하나가 아니다. 육체가 갈증을 느끼더라도 의지가 이를 수용하지 아니하면 육체는 물을 마시지 아니하고 갈증을 참는다. 이와 같이 영이 말씀을 사모하더라도 의지가 이를 수용하지 아니하면 육체는 말씀을 순종하지 아니한다.
122) 육체와 영은 장소와 공간이므로 말씀을 저장할 수 있다. 사람이 살아있을 동안 육체와 인격이 결합함으로 말씀이 육체에 저장되었다는 것은 인격에 저장된 것으로 볼 수 있다. 사람이 죽으면 인격은 육체와 분리되어 영과 결합한다. 인격에 저장된 것은 영으로 옮겨진다.

4) 선악과 계명과 아담의 관계는 타락하기 전과 그 이후로 구분할 수 있다. 타락하기 전에 아담이 선악과 계명을 들었을 때 그 말씀은 인격에 저장되었다. 세상지식과 마찬가지로 귀를 통하여 들어오는 모든 것은 인격에 저장된다. 아담이 그 말씀을 순종하였을 때 그의 인격에 저장된 말씀이 영 안으로 들어왔다. 아담의 영에 들어온 말씀이 그의 영 안에 양식이 되었다. 그러나 아담이 타락한 후에 그의 영 안에 들어온 말씀은 도말되었다. 죄로 인하여 영이 더러워지면 그 안에 있는 하나님의 말씀은 없어진다고 말할 수 있다. 하나님의 말씀은 의롭고 거룩하므로 죄로 인하여 더럽혀진 영 안에 머물 수 없기 때문이다. 의와 불의, 거룩함과 더러움이 함께 할 수 없다.

5) 아담은 생명의 양식으로 선악과 계명을 받았지만, 그의 자유의지가 이를 거절하므로 그의 영은 하나님의 말씀과 분리되었다. 영이 하나님의 말씀과 단절되면 생명을 잃어버리게 된다. 곧 영은 사망에 이르게 된다. 영이 죽었다는 것은 그 존재가 없어진 것이 아니라 그 영에 죄의 흔적이 새겨졌다는 것을 의미한다. 죄의 흔적 때문에 영은 기능을 상실하였다. 곧 죽은 영의 모든 활동이 정지된다. 영의 활동은 하나님의 말씀과 관련된다. 사람의 영은 하나님의 말씀을 담는 그릇이다. 영은 그 안에 있는 하나님의 말씀을 순종하려고 한다. 이를 영의 생각이라고 한다. 영에 죄의 흔적이 새겨지면 곧, 영이 사단의 화인을 맞으면 영의 모든 활동이 정지된다.

6) 죽은 영은 하나님의 말씀을 받지 못하며 그 말씀을 저장하지도 못한다. 따라서 죽은 영으로부터 영의 생각이 나오지 아니하며, 그 영은 원하는 것을 하나님께 구하지 아니한다. 그러나 영이 비록 죄로 인하여 죽었다고 할지라도 양식이 없으므로 기근을 느낀다. 죄로 인하여 죽은 영은 기근으로 인하여 양식을 사모한다. 영의 기근이란 하나님의 말씀을 듣지 못하는 것이다. **"주 여호와께서 가라사대 보라 날이 이를찌라 내가 기근을 땅에 보내리니 양식이 없어 주림이 아니며 물이 없어 갈함이 아니요 여호와의 말씀을 듣지 못한 기갈이라"** (암 8:11). 죽은 영이 양식을 사모하지만 하나님의 말씀을 들을 귀가 없으므로 말씀을 듣지 못한다.[123]

---

[123] 청각 장애인은 사람의 영이 하나님의 말씀을 듣지 못하는 것을 모형으로 보여준다. 육체의 일은 영의 일을 모형으로 보여준다.

7) 죽은 영은 양식을 사모하지만 하나님의 말씀을 받지 못함으로 양식이 무엇인지 알지 못한다.124) 그 영은 육체 안에서 기근을 느끼며 양식만을 사모할 뿐이다. 죄로 인하여 영과 인격이 분리되어 있으므로, 사람의 인격은 영이 원하는 것을 알지 못한다. 사람은 영이 죄로 인하여 죽었다는 사실과 그 영이 양식이 없으므로 굶주리는 것을 알지 못한다. 따라서 사람은 영이 없는 것과 같이 행동한다. 그러나 사람의 영은 육체의 모든 것을 알고 있다. **"사람의 사정을 사람의 속에 있는 영 외에는 누가 알리요 이와 같이 하나님의 사정도 하나님의 영 외에는 아무도 알지 못하느니라"** (고전 2:11). 영은 육체의 실상이기 때문이다.

8) 영이 양식을 사모하고 있지만 육체는 이것을 알지 못한다. 사람은 영의 존재를 알지 못함으로 육체의 정욕에 따라서 육체만을 위하여 행동한다. 영과 인격이 단절되었으므로, 영이 양식을 위하여 할 수 있는 일은 아무 것도 없다. 단지 죄로 인하여 더러워진 영은 양식이 없으므로 육체 안에서 탄식한다. 육체가 범죄할 때마다 영이 탄식한다. **"여호와는 마음이 상한 자에게 가까이 하시고 중심에 통회하는 자를 구원하시는도다"** (시 34:18). "중심"이란 영을 의미하며 히브리어 루아흐을 번역한 것이다. 영이 스스로 육체를 주장할 수 없으므로 자기의 죄에 대하여 괴로워한다.

9) 아담의 영에 사단의 속성이 농축된 죄의 흔적을 가지고 있더라도 육체가 범하는 죄에 대하여 탄식한다. 아무리 악한 사람이라고 하더라도 자신이 범한 죄에 대하여 양심의 가책을 받는 것과 같이, 사람의 영에 사단의 속성이 흔적으로 새겨졌다고 하더라도 그 영은 육체의 죄에 대하여 탄식할 것이다. 노인들이 죽음을 앞두고 불안하여 하는 것은 그 영이 육체의 죄에 대하여 탄식하고 있다는 증거이다. 뿐만 아니라 하나님의 말씀을 순종하려고 하지 아니한다.

10) 사람의 영은 영원히 존재하지만 육체는 죽어서 흙으로 돌아간다. 따라서 영은 육체의 실상이며 육체는 영의 모형이라고 말할 수 있다. 영에 새겨진 죄의 흔적은 영원히 존재한다. 그렇다면 육체와 인격에 새겨진 죄의 흔적은 아담으로부터 인류에게 유전되어

---

124) 아담은 선악과 계명을 받았으므로 타락한 뒤에 말씀이 생명의 양식임을 알고 있었을 것이다. 그러나 하나님의 말씀을 받아본 적이 없는 자들은 생명의 말씀을 알지 못한다. 아담의 후손인 인류는 하나님의 말씀이 영의 생명임을 알지 못한다.

야 한다. 영에 있는 죄의 흔적이 유전되고 육체와 인격에 있는 죄의 흔적이 유전되지 아니한다면, 신생아는 거룩하고 의로운 육체와 인격을 가지고 있지만 더러운 영을 가지고 있을 것이다. 이것은 육체가 영의 모형이라는 우리의 전제조건과 상반된다. 영이 더러우면 그 육체도 역시 더러워야 하기 때문이다. 이를 해결하려면 영에 새겨진 죄의 흔적은 사람의 유전인자를 변화시킨다는 가설을 도입하여야 한다. 아담이 타락한 결과 그의 영에 새겨진 죄의 흔적은 그의 유전인자를 변화시켰을 것이다. 육체와 혼과 영에 새겨진 아담의 죄의 흔적이 전 인류에게 유전되고 있다. 이에 반하여 자범죄는 영에 흔적을 남기지 아니하므로 그 흔적이 자손에게 유전되지 아니한다.

(4) 영의 호흡의 단절

1) 육체가 죽으면 그 호흡이 단절된다. 이와 같이 영이 죽으면 그 호흡이 끊어진다. 사람의 육체는 공기로 호흡하지만 그 영은 성령으로 호흡한다. 아담이 타락하므로 그의 영이 사망에 이르게 되었다는 것은 그 영의 호흡이 끊어졌다는 것을 의미한다. 사람의 영은 호흡이 끊어지더라도 그 존재가 없어지는 것은 아니고 영의 모든 기능이 정지된다.

2) 육체가 음식을 섭취하고 호흡하는 것과 같이, 사람의 영도 생명의 양식을 섭취하고 호흡한다. 육체는 산소로 호흡을 하지만 영은 성령으로 호흡을 한다. 구약성경에서 루아흐는 호흡(breath), 바람(wind) 및 영(spirit)이란 뜻으로 번역되고 있다.125) (창 8:1), (출 15:10), (민 11:31), (삼하 22:11), (시 1:4)에서 루아흐는 바람으로 번역되었다. (창 7;22), (욥 7:7; 27:3), (시 104:29; 146:4), (전 3:19), (단 5:4)에서 루아흐는 호흡으로 번역되었다. (창 1:2; 6:3), (민 11:17,25,27), (삼상 10:6,10; 19:20)에서 루아흐는 하나님의 영으로 번역되었다. 루아흐는 사람의 마음으로 번역되었다(전 7:8; 사 29:24).

3) 신약성경에서 프뉴마($\pi\nu\varepsilon\tilde{u}\mu\alpha$)는 영으로 번역되고 있다. 프뉴마는 악한 영인 귀신으로(마 8:16;10:1), 사람의 영으로(살전 5:23; 히 4:12), 성령으로(마 1:18,20; 3:11; 16:4:1) 번역되고 있다. 70인 역에서는 루아흐와 동일하게 프뉴마를 호흡, 바람 및 영으

---

125) BDB, pp. 924, 925.

로 번역하고 있다.126)

4) 하나님께서 사람의 육체를 흙으로 창조하시고 그 코에 생기를 불어넣으셨다. **"여호와 하나님이 흙으로 사람을 지으시고 생기를 그 코에 불어 넣으시니 사람이 생령이 된지라"**(창2:7). "생기"란 생명의 호흡을, "생령"이란 살아있는 혼(네페쉬)이다. 하나님께서 사람에게 생기를 불어넣으신 것은 성령의 사역이다. 하나님은 사람처럼 입으로 생기를 불어넣으신 것이 아니라 성령으로 불어넣으셨다고 말할 수 있다. 사람의 코로 생기가 들어온 것은 성령의 사역이다. 곧 사람은 성령으로 호흡하게 되었다고 말할 수 있다.

5) 하나님께서 사람을 흙으로 지으시고 그의 코에 생기를 불어넣으신 것은 성령의 사역이다. 하나님의 영으로 번역된 루아흐는 호흡이란 의미를 가지고 있으므로 하나님께서 성령으로 사람의 코에 생기를 불어넣으셨다고 말할 수 있다. 성령으로 사람은 비로소 호흡을 할 수 있게 되었고 이때부터 사람의 영혼은 살아있는 존재 곧, 생령이 되었다. 영은 비물질이지만 실체이며 살아있는 존재이므로 육체처럼 양식을 섭취하고 호흡을 하여야 한다. 하나님께서 사람의 코에 생기를 불어넣으셨다는 것은 사람의 영이 호흡하는 존재가 되었음을 의미한다.

6) 하나님께서 사람에게 생기를 불어넣기 전 곧, 생령이 되기 전에 사람은 살아있는 존재이냐 아니면 흙덩어리로 빚은 조각품이냐 하는 것은 영의 호흡과 관련된다. (창2:7)에서 하나님께서 흙으로 사람을 지으셨다고 말씀하고 있다. 사람으로 번역된 히브리어 아담(אדם)이란 육체가 살아서 움직이는 사람을 의미한다. 곧 공기로 호흡하는 존재이다. 사람이 영혼이 없으면 그 육체는 죽은 것이며 공기로 호흡할 수 없으므로, 하나님께서 육체가 살아있는 사람을 창조하신 뒤에 지체 없이 그 코에 생기를 불어넣으셨다고 해석할 수 있을 것이다.

7) 하나님께서 사람을 흙으로 지으셨을 때 사람에게 영혼은 없었다. 하나님께서 성령으로 생기(영혼)를 불어넣으셨을 때 비로소 코로 호흡을 하기 시작하였다. 영이 사람의

---

126) E. Schweizer, "πνεῦμα," ed. Gerhard Kittel and Gerhard Friedrich, op. cit., pp. 643, 644.

실체이고 육체가 영의 그림자라고 하면, 육체의 호흡은 영의 호흡이 있다는 것을 의미한다. 살아있는 육체가 호흡을 하는 것과 같이, 살아있는 영도 호흡을 한다. 육체가 공기로 호흡을 한다면 영은 성령으로 호흡을 한다고 말할 수 있다. 하나님께서 성령으로 생기를 불어넣으셨기 때문이다. 또한 루아흐가 바람, 호흡 및 영의 의미를 가지는 것은 이것을 반영하는 것으로 해석할 수 있다.

8) 하나님께서 사람에게 과일과 채소와 열매를 육체의 양식으로, 선악과 계명을 영의 양식으로 주셨다. 그리고 하나님께서 사람의 육체는 공기로 호흡을 하고 영은 성령으로 호흡을 하게 하셨다. 사람의 육체는 공기를 마시고 영은 성령을 마신다. 성령은 사람의 영에게 바람과 같다고 말할 수 있다. 아담이 선악과 계명을 순종하였을 때 그의 영은 그 계명으로부터 양식을 얻고 성령으로 호흡을 하고 있었다. 사람이 성령으로 호흡하는 것은 육체의 감각으로 느끼지 못한다. 그가 말씀을 순종하는 것은 성령으로 호흡하는 증거라고 말할 수 있다.

9) 사람은 호흡을 통하여 산소를 마신다. 폐에서 산소와 만난 피는 새롭게 되어 각종 영양분을 세포에 공급하고 육체는 그 영양분으로부터 에너지를 얻어 움직인다. 이와 같이 영에 저장된 하나님의 말씀은 성령과 만남으로 비로소 역사한다. 영에 저장된 하나님의 말씀이 성령의 인도하심으로 역사한다. 곧 사람의 영은 성령으로 호흡한다고 말할 수 있다. 따라서 사도 바울은 성령을 마시라고 권고하였다. **"우리가 유대인이나 헬라인이나 종이나 자유자나 다 한 성령으로 세례를 받아 한 몸이 되었고 또 다 한 성령을 마시게 하셨느니라"** (고전 12:13).

10) 아담의 타락으로 영의 호흡이 끊어졌다고 말할 수 있다. 사람의 영이 하나님의 말씀과 단절되면 성령의 호흡도 끊어진다. 하나님의 말씀이 사람의 영 안에 들어왔을 때 그 영은 하나님의 말씀을 통하여 성령으로 호흡할 수 있다. 하나님의 말씀과 사람의 영이 분리되면 그 영은 성령으로 호흡을 할 수 없다. 성령은 하나님의 말씀을 통하여 역사하기 때문이다. 노아시대에 홍수에 의한 심판은 사람의 영의 호흡이 끊어진 것을 보여준다. 홍수 전에 사람의 죄로 인하여 하나님의 영이 사람과 함께하지 아니한다고 성경은 말씀하고 있다. **"여호와께서 가라사대 나의 신이 영원히 사람과 함께하지 아니하**

리니 이는 그들이 육체가 됨이라 그러나 그들의 날은 일백이십 년이 되리라 하시니라"(창 6:3). "나의 영"이란 성령이다. 아담이 타락한 뒤로 사람이 계속하여 범죄하므로 성령께서 사람을 떠나게 되었다. 이것은 영이 성령으로 호흡할 수 없게 되었다는 것을 의미한다.

11) 홍수의 심판으로 인하여 기식으로 호흡하는 모든 자가 죽었다. **"내가 홍수를 땅에 일으켜 무릇 생명의 기식 있는 육체를 천하에서 멸절하리니 땅에 있는 자가 다 죽으리라"**(창 6:17). "생명의 기식"이란 루아흐 하임을 말한다. 이를 번역하면 살아있는 영이다. KJV에서 이를 생명의 호흡(the breath of life)으로 해석하고 있다. **"육지에 있어 코로 생물의 기식을 호흡하는 것은 다 죽었더라"**(창 7:22). "기식"이란 루아흐 하임의 번역이다. 방주로 들어간 노아와 그의 가족을 제외한 모든 사람들이 죽었다. 이것은 죄인의 영이 성령으로 호흡하는 것이 단절되었다는 것을 모형으로 보여주는 것이다. 하나님께서 홍수를 통하여 호흡하는 모든 자들을 심판하심으로 성령과 사람의 영의 관계가 단절되었음을 선언하셨다.

12) 노아가 방주에서 나온 뒤에 하나님께서 그에게 무지개언약을 주셨다. **"내가 구름으로 땅을 덮을 때에 무지개가 구름 속에 나타나면 내가 나와 너희와 및 혈기 있는 모든 생물 사이의 내 언약을 기억하리니 다시는 물이 모든 혈기 있는 자를 멸하는 홍수가 되지 아니할찌라 무지개가 구름 사이에 있으리니 내가 보고 나 하나님과 땅의 무릇 혈기 있는 모든 생물 사이에 된 영원한 언약을 기억하리라"**(창 9:14~16). 하나님께서 홍수로 사람을 멸하지 아니하신다는 언약을 주신 이유는 아담 안에서 모든 사람의 영이 성령과 단절되었기 때문이다. 이미 성령의 호흡이 단절된 사람의 영은 두 번 다시 성령과 단절될 수 없기 때문이다. 또한 율법은 육체의 예법으로서 육체만을 정죄하지만 사람의 영을 심판할 수 없기 때문이다.

13) 하나님께서 사람을 흙으로 만드시고 그 코에 생기를 불어넣으심으로 사람은 생령이 되었다(창 2:7). 하나님께서 사람에게 성령으로 영혼을 불어넣으셨다. 사람의 육체는 공기로, 그 영은 성령으로 호흡하게 되었다. 아담이 선악과 계명을 순종할 때 그 영은 성령으로 호흡하고 있었다. 그러나 아담은 범죄하므로 그 영은 하나님의 말씀과 단절되

었고 호흡이 끊어졌다. 노아 시대에 하나님의 신이 사람과 함께하지 아니한다는 것은 아담의 영이 죄로 인하여 호흡이 끊어졌다는 것을 모형으로 보여주는 것이다.

(5) 이해를 위한 질문

1) 아담의 타락과 육체의 정욕

   a. 사단이 하와에게 넣어준 육신의 생각은 무엇인가(창 3:6).

   b. (창 3:7)과 (요일 2:16)은 어떤 관계가 있나.

   c. 아담의 육체에 새겨진 죄의 흔적의 특성이 정욕이다. 그 이유는 무엇인가.

   d. 육체의 정욕과 육체의 속성의 관계는 무엇인가(롬 7:17,18).

   e. 아담의 육체의 정욕이 유전하는 이유는 무엇인가(롬 5:12).

2) 지성의 타락과 죄의 흔적

   a. 지성의 타락이란 무엇인가(호 4:6).

   b. 사람은 하나님을 대적하는 지식을 개발하고 우상을 숭배하는 종교를 만들어냈다. 그 이유는 무엇인가(고후 4:4)

   c. 사람이 하나님을 알지 못하는 상태로 태어나서 성장한 뒤에도 하나님의 존재를 부인 하는 이유는 무엇인가(시 51:5).

3) 감성의 타락과 죄의 흔적

   a. 감성의 타락은 무엇을 의미하는가(잠 2:14).

   b. 감성의 타락으로 사람은 예술을 통하여 하나님을 대적하고 있다. 구체적인 사례는 무엇인가.

   c. 본능과 육체의 쾌락을 자극하는 예술은 지성의 타락과 어떠한 관계가 있나.

4) 의지의 타락과 죄의 흔적

   a. 사람의 영이 스스로 하나님의 말씀을 순종하지 못하고 육체를 통하여 순종하는 이유는 무엇인가.

   b. 아담의 의지가 영의 생각을 거절하고 육신의 생각을 선택하므로 사람의 인격과

영은 단절되었다. 그 결과는 무엇인가(겔 18:20).

　　c. 사람이 자신의 인격으로 영의 존재를 알지 못하는 이유는 무엇인가(요일 2:11; 4:8).

　　d. 아담이 타락함으로 죄의 종이 되었다는 것은 무엇을 의미하는가(요 8:34).

5) 아담의 타락과 영의 사망

　　a. 아담의 타락으로 그의 영에 새겨진 죄의 흔적의 성격은 무엇인가.

　　b. 아담이 타락하였을 때 그의 영 안에 있던 선악과 계명은 어떻게 되었나.

　　c. 아담이 타락한 뒤에 그에게 영의 생각이 끊어진 이유는 무엇인가.

　　d. 아담이 타락한 이후로부터 그의 영은 생명의 양식을 얻지 못하여 기근으로 고통을 당하게 되었다. 그의 영이 기근 가운데서 사모하는 것은 무엇인가(암 8:11).

　　e. 아담이 타락하기 전에 그의 영은 무엇으로 호흡하였는가.

　　f. 아담이 타락한 뒤에 그의 영은 호흡이 끊어졌다. 그 이유는 무엇인가.

2.4 아담의 타락과 마귀의 권세

1. 아담의 타락과 마귀의 권세

(1) 아담의 타락과 마귀의 종

1) 선악과 계명을 대적함으로 하나님과 같이 되려는 아담의 생각은 하나님의 계명으로부터 독립하려는 것이다. 뱀은 아담에게 하나님의 계명으로부터 자유하라고 미혹하였다. 아담 앞에 두 갈래 길이 놓였다. 하나님의 말씀을 순종함으로 하나님의 종이 되느냐 아니면 뱀의 생각을 따름으로 뱀의 종이 되느냐 하는 것이다. 아담은 뱀을 다스릴 권세를 받았지만 그 권세를 포기하고 스스로 뱀의 종이 되려고 하였다. 하나님은 사람의 의지를 초월하지 아니하고 아담의 소원대로 그를 뱀의 종이 되게 하셨다.

2) 하나님께서 사람에게 땅을 정복하고 모든 동물을 다스리는 권세를 주셨다(창 1:28). 뱀이 아담의 명령을 순종하는 것이 창조질서이다. 뱀이 하와를 미혹하였을 때, 아담은 뱀에게 하나님을 시험하지 말고 물러가라고 명령할 권세를 가지고 있었다. 그러

나 아담은 스스로 그 권세를 포기하였다. 아담은 하나님의 종 됨을 거절하고 뱀의 미혹을 받아드림으로 스스로 뱀의 종이 되려고 하였다. 아담이 뱀의 미혹에 따라서 선악과 계명을 대적하였을 때, 하나님은 아담의 소원대로 뱀의 종이 되게 하셨다. **"너희 자신을 종으로 드려 누구에게 순종하든지 그 순종함을 받는 자의 종이 되는 줄을 너희가 알지 못하느냐 혹은 죄의 종으로 사망에 이르고 혹은 순종의 종으로 의에 이르느니라"** (롬 6:16). 아담이 하나님의 명령을 버리고 뱀의 말을 순종함으로 뱀의 종이 되었다.

3) 뱀의 미혹은 아담으로 하여금 하나님의 계명으로부터 독립하게 하는 것이다. **"너희가 그것을 먹는 날에는 너희 눈이 밝아 하나님과 같이 되어 선악을 알줄을 하나님이 아심이니라"** (창 3:5). "하나님과 같이 되다"란 하나님의 계명으로부터 독립하는 것이다. 아담이 하나님의 반열까지 높아지면 하나님의 계명을 순종할 필요가 없다. 아담은 피조물로서 만물을 창조하신 하나님의 계명을 순종하여야 한다. 그러나 아담의 신분이 하나님과 같아지면 그는 하나님의 계명을 순종할 필요가 없다. 뱀은 아담에게 하나님의 계명으로부터 자유하라고 미혹하였다. 하나님의 종으로부터 벗어나 자유하려면 선악과를 먹어라. 이것이 뱀의 미혹이다.

4) 아담이 하나님의 계명으로부터 자유하려고 하였지만 도리어 뱀의 종이 되었다. **"저희에게 자유를 준다 하여도 자기는 멸망의 종들이니 누구든지 진 자는 이긴 자의 종이 됨이니라"** (벧후 2:19). "저희에게 자유를 주다"라고 미혹한 자는 뱀이다. "진 자"란 뱀의 미혹에 넘어가 하나님의 계명을 대적한 아담을 의미한다. "이긴 자"란 아담을 미혹하여 자기의 말을 순종하게 한 뱀이다. 아담은 이긴 자의 종이 되었다. 뱀은 아담에게 하나님의 계명으로부터 독립하라고 미혹한 뒤에 아담의 의지를 지배하는 자가 되었다.

5) 이스라엘 백성과 이방인의 관계는 뱀과 아담의 관계를 모형으로 보여준다. 이스라엘 백성이 가나안 땅에 들어가기 전에 하나님은 그들에게 이방여자를 아내로 취하지 말라고 경고하셨다. **"또 그들과 혼인하지 말찌니 네 딸을 그 아들에게 주지 말 것이요 그 딸로 네 며느리를 삼지 말 것은 그가 네 아들을 유혹하여 그로 여호와를 떠나고 다른 신들을 섬기게 하므로 여호와께서 너희에게 진노하사 갑자기 너희를 멸하실 것임이니라"** (신 7:3,4). 그러나 이스라엘 백성은 가나안 땅에 정착한 뒤에 이방여자를 취하여

아내로 삼았다. 그들은 이방여자들의 미혹에 빠져서 우상을 숭배하였다. **"이스라엘 자손은 마침내 가나안 사람과 헷 사람과 아모리 사람과 브리스 사람과 히위 사람과 여부스 사람 사이에 거하여 그들의 딸들을 취하여 아내를 삼으며 자기 딸들을 그들의 아들에게 주며 또 그들의 신들을 섬겼더라"** (삿 3:5,6).

6) 이스라엘 백성은 하나님의 계명을 거절하고 이방여자의 미혹을 받아드려 우상을 숭배하였다. 이스라엘 백성은 남편으로서 법을 세우는 자이며 이방여자는 아내로서 남편의 법을 순종하는 것이 창조질서이다. 이방여자들이 이스라엘을 미혹하였을 때, 그들은 아내에게 하나님의 명령을 순종하라고 권고하지 아니하였다. 이스라엘 백성은 남편으로서 권위를 포기하고 아내의 말을 순종하여 우상을 숭배하였다. 이스라엘 백성이 스스로 이방인(여자)의 종이 되려고 하였으므로, 사람의 인격을 초월하지 아니하는 하나님은 그들을 이방인의 종이 되게 하셨다. **"여호와께서 이스라엘에게 진노하사 그들을 메소보다미아 왕 구산 리사다임의 손에 파셨으므로 이스라엘 자손이 구산 리사다임을 팔 년을 섬겼더니"** (삿 3:8).

7) 하나님은 사람의 인격을 초월하여 역사하지 아니하신다. 사람이 하나님의 종 됨을 거절하고 뱀의 종이 되기를 원하면, 하나님은 사람의 인격을 존중하시고 사람의 선택을 허락하신다. 피조물의 위계질서는 하나님의 주권에 속한 것이므로, 아담이 타락한 이후 뱀의 종이 된 것은 하나님의 결정이다. 피조세계의 모든 질서와 권세는 하나님께로부터 나온다. **"각 사람은 위에 있는 권세들에게 굴복하라 권세는 하나님께로 나지 않음이 없나니 모든 권세는 다 하나님의 정하신바라"** (롬 13:1).

8) 사단은 뱀을 이용하여 아담을 미혹하고 타락하게 한 뒤에 사람을 지배하는 자가 되었으므로, 성경은 뱀과 사단과 마귀를 하나라고 말씀한다. **"큰 용이 내어 쫓기니 옛 뱀 곧 마귀라고도 하고 사단이라고도 하는 온 천하를 꾀는 자라 땅으로 내어 쫓기니 그의 사자들도 저와 함께 내어 쫓기니라"** (계 12:9). **"용을 잡으니 곧 옛 뱀이요 마귀요 사단이라 잡아 일천 년 동안 결박하여"** (계 20:2). "마귀요 사단"이란 마귀와 사단이 같은 자임을 의미한다. 사단이란 하늘에서 하나님의 이름을 찬양하는 직분을 맡은 천사들의 장으로서 하늘보좌에 오르려고 함으로 타락하여 흑암에 갇힌 자이다(유 1:6). 사단

이 하나님의 뜻을 대적하고 보좌에 오르려고 하였다. 따라서 사단이란 하나님을 대적하는 자로서 하나님의 원수를 의미한다.127)

9) 사단이란 하나님을 대적하는 자이다. 이에 비하여 마귀란 사망의 권세를 잡은 자를 의미한다. **"자녀들은 혈육에 함께 속하였으매 그도 또한 한 모양으로 혈육에 함께 속하심은 사망으로 말미암아 사망의 세력을 잡은 자 곧 마귀를 없이 하시며"** (히 2:14). 피조물에게 하나님을 대적할 권세는 없다. 따라서 마귀의 권세는 사람에 대한 것이다. 곧 사단은 타락한 천사와 하나님의 관계에서 하나님을 대적하는 자로, 마귀는 타락한 천사와 사람의 관계에서 사람을 지배하는 자로 정의되는 용어라고 말할 수 있다.128) 아담이 타락한 뒤에 하나님께서 사단에게 사람을 지배하는 권세를 주셨다. 이때로부터 사단을 마귀라고 부르게 되었다. 마귀는 사람의 인격을 지배하는 세상의 임금이다. **"이제 이 세상의 심판이 이르렀으니 이 세상 임금이 쫓겨나리라"** (요 12:31).

10) 마귀는 사람의 의지를 지배한다. 아담이 타락한 뒤에 사람은 마귀의 지배 아래 있으므로 하나님의 말씀을 순종할 능력이 없다. 가인은 마귀에게 속하여 아벨을 죽였다. **"가인 같이 하지 말라 저는 악한 자에게 속하여 그 아우를 죽였으니 어찐 연고로 죽였느뇨 자기의 행위는 악하고 그 아우의 행위는 의로움이니라"** (요일 3:12). 가인을 통하여 아벨을 죽인 마귀는 최초로 살인한 자가 되었다. **"너희는 너희 아비 마귀에게서 났으니 너희 아비의 욕심을 너희도 행하고자 하느니라 저는 처음부터 살인한 자요 진리가 그 속에 없으므로 진리에 서지 못하고 거짓을 말할 때마다 제 것으로 말하나니 이는 저가 거짓말장이요 거짓의 아비가 되었음이니라"** (요 8:44). 사람은 마귀에게 예속되어 범죄하고 있다. **"죄를 짓는 자는 마귀에게 속하나니 마귀는 처음부터 범죄함이니라 하나님의 아들이 나타나신 것은 마귀의 일을 멸하려 하심이니라"** (요일 3:8).

11) 하나님께서 사람에게 땅을 정복하고 모든 동물을 다스리는 권세를 주셨다(창 1:28). 사람이 하나님의 영광을 위하여 땅을 정복하여 문명을 건설하고 문화생활을 하는 것이 창조질서이다. 그러나 아담이 타락한 이후부터 인류는 마귀에게 속하여 하나님의

---

127) BDB. pp. 966.
128) W. Foester, "διαβάλλω." ed. Gerhard Kittel and Gerhard Friedrich, op. cit., p. 169.

영광을 훼손하는 문명을 건설하고 마귀의 영광을 위하여 모든 동물을 다스리고 있다. 마귀는 사람을 통하여 땅과 모든 동물을 다스리는 명실상부한 세상의 임금이다. 마귀는 세상의 권세와 영광을 가지고 있다. **"마귀가 또 예수를 이끌고 올라가서 순식간에 천하만국을 보이며 가로되 이 모든 권세와 그 영광을 내가 네게 주리라 이것은 내게 넘겨준 것이므로 나의 원하는 자에게 주노라"** (눅 4:5,6). "이것은 내게 넘겨준 것이다"란 마귀가 가지고 있는 모든 영광과 권세는 하나님께로부터 넘겨받았다는 것이다. 예수 그리스도께서 마귀의 권세를 그대로 인정하셨다. 이로써 하늘에서 보좌에 올라 불의와 불법으로 만물을 지배하려고 한 사단의 뜻이 땅에서 이루어지고 있다.

12) 마귀가 사람을 지배하는 이유는 사람으로 하여금 하나님을 대적하게 하는 것이다. 사람은 마귀의 지배 아래서 하나님을 대적한다. 따라서 사람이 하나님을 대적하는 행위는 사단의 속성을 그대로 보여주는 것이다. 사람은 마귀의 지배 아래서 사단의 형상을 나타내고 있다. 하나님께서 가인에게 죄의 소원을 다스리라고 명령하셨지만, 그는 마귀에게 속하여 하나님을 대적하였다. 하나님께서 이스라엘 백성에게 우상을 숭배하지 말라고 명령하셨으나, 그들은 마귀에게 속하여 하나님을 대적하였다. 마귀는 사람으로 하여금 하나님을 대적하게 한다.

(2) 마귀의 권세와 사람의 육체

1) 마귀는 사람의 육체를 지배하는 자이다. 아담의 타락에 있어서 그 주체는 육체이다. 아담의 육체가 선악과를 먹으므로 그의 영은 하나님의 말씀과 분리되었고 생명을 잃어버렸다. 육체가 뱀의 종이 되려고 하였으므로, 하나님은 마귀에게 사람의 육체를 지배하고 형벌하는 권세를 주셨다. 마귀는 사람의 육체를 지배하므로, 사람의 육체는 마귀의 권세 아래서 고통을 당하고 있다. 이스라엘 백성이 애굽의 바로의 권세 아래서 고통을 당한 것과 같다.

2) 하나님께서 마귀에게 사람의 육체를 지배하는 권세를 주셨다. 아담이 하나님의 계명을 위반하여 선악과를 먹었을 때, 하나님께서 뱀을 저주하시고 종신토록 흙을 먹게 하셨다. **"여호와 하나님이 뱀에게 이르시되 네가 이렇게 하였으니 네가 모든 육축과**

들의 모든 짐승보다 더욱 저주를 받아 배로 다니고 종신토록 흙을 먹을지니라"(창 3:14). "흙을 먹다"란 흙을 지배하는 것을 말한다. 하나님은 범죄한 아담에게 흙이니 흙으로 돌아가라고 말씀하셨다(창 3:19). 사람의 육체는 흙으로 창조되었다. 따라서 마귀는 사람의 육체뿐만 아니라 흙으로부터 나오는 모든 문명과 문화를 지배하는 자가 되었다. "종신토록"이란 마귀가 심판을 받을 때까지를 의미한다.129)

3) 마귀는 사람의 육체와 그 육체가 소유한 모든 것을 지배한다. 마귀와 사람의 육체의 관계를 보여주는 것이 욥의 사례이다. 사단은 욥의 모든 소유를 빼앗아 갔으며 욥의 자녀를 죽였다.130) 한 걸음 더 나아가 사단은 욥에게 질병을 가져다주었다. **"이제 주의 손을 펴서 그의 뼈와 살을 치소서 그리하시면 정녕 대면하여 주를 욕하리이다 여호와께서 사단에게 이르시되 내가 그를 네 손에 붙이노라 오직 그의 생명은 해하지 말찌니라 사단이 이에 여호와 앞에서 물러가서 욥을 쳐서 그 발바닥에서 정수리까지 악창이 나게 한지라"**(욥 2:5~7). "그를 네 손에 붙이다"란 욥의 육체를 지배하는 권세가 사단의 손에 있음을 보여준다. 사단은 이 권세로 욥에게 악창을 가져다주었다. 욥은 사단의 권세 아래서 육체의 고통을 당하였다.

4) 마귀가 사람에게 질병을 가져다줄 수 있느냐 하는 것을 살펴보자. 마귀는 타락한 천사로서 그의 능력이 천사와 같다고 할 수 있다. 이것은 믿는 자와 믿지 아니하는 자가 세상일을 하는데 있어서 그 능력의 차별이 없는 것과 같다. 천사는 죄인을 온역으로 죽일 수 있다. 다윗이 범죄하였을 때 하나님은 천사를 통하여 칠만 명을 온역으로 죽이셨다. **"이에 여호와께서 그 아침부터 정하신 때까지 온역을 이스라엘에게 내리시니 단부터 브엘세바까지 백성의 죽은 자가 칠만 인이라 천사가 예루살렘을 향하여 그 손을 들어 멸하려 하더니 여호와께서 이 재앙 내림을 뉘우치사 백성을 멸하는 천사에게 이르시되 족하다 이제는 네 손을 거두라 하시니 때에 여호와의 사자가 여부스 사람 아라우나의 타작마당 곁에 있는지라"**(삼하 24:15,16). "이스라엘에게 온역을 내리다"와 "천사가

---

129) 예수 그리스도께서 십자가에서 피를 흘리심으로 마귀를 심판하시고 그의 모든 권세를 박탈하셨다. 아담의 타락 이후부터 예수 그리스도까지 마귀는 사람의 육체를 합법적으로 지배하였다. 본서 4.2.2. (2) 참조
130) 하나님께서 사단에게 욥의 모든 소유를 지배하는 권세를 주셨다. 이것은 사람의 육체를 지배하는 마귀의 권세를 모형으로 보여준다.

손을 들어 멸하다"는 같은 의미이다. 천사가 이스라엘에게 온역을 가져다주었다. 천사가 하나님의 명령으로 사람에게 질병을 가져다 줄 수 있다. 곧 천사는 병의 원인이 되는 미생물을 지배할 수 있다.131)

5) 마귀는 한 명인데 반하여 현재 지구상의 인구는 대략 75억 명이 넘는다. 마귀는 무소부재한 존재가 아니며 전능하지도 아니하다. 그렇다면 마귀가 어떻게 많은 사람의 육체를 지배할 수 있는가 하는 문제가 제기될 수 있다. 이에 대한 해답은 귀신에서 찾을 수 있다. 성경에서 마귀를 단수로, 귀신을 복수로 기록하고 있다. 이것은 귀신의 수가 많다는 것을 의미한다. 한 사람에게 많은 수의 귀신이 들어갈 수 있다. **"이에 물으시되 네 이름이 무엇이냐 가로되 내 이름은 군대니 우리가 많음이니이다 하고"** (막 5:9). 군대로 번역된 헬라어, 레기온($\lambda \varepsilon \gamma \iota \acute{\omega} \nu$)은 로마제국의 병사 약 6,000명으로 알려지고 있다.132) 한 사람에게 6,000명이 넘는 귀신이 들어간다는 것은 지상에 셀 수 없이 많은 귀신이 존재한다는 것을 말해준다. 마귀는 그의 지배 아래 있는 귀신을 통하여 사람의 육체를 지배한다고 말할 수 있다.

6) 귀신이 사람의 육체 안에 들어가면 사람은 질병을 앓는다. 귀신이 사람의 육체에 들어가면 그 귀신의 속성이 육체에 나타난다. 더러운 귀신이 들어가면 그 사람의 육체가 더러워진다. 악한 귀신이 들어가면 그 사람의 성품이 악하게 된다. 벙어리 귀신이 들어가면 그 사람은 벙어리가 된다. 눈먼 귀신이 들어가면 그 사람은 소경이 된다. "그 때에 귀신들려 눈멀고 벙어리 된 자를 데리고 왔거늘 예수께서 고쳐 주시매 그 벙어리가 말하며 보게 된지라" (마12:22). 점하는 귀신이 들어가면 그 사람은 신접한 자가 된다.133)

---

131) 의사협회를 상징하는 마크는 막대기를 감고 있는 뱀이다. 이 마크는 전 세계 의사협회가 공통으로 사용하고 있다. 이것은 모든 질병이 악한 영들로부터 온다는 것을 상징적으로 보여준다. 악한 영들은 사람의 육체에 질병을 가져다주고, 의사들과 제약회사들은 그 병을 치료함으로 돈을 벌고 있다.
132) H. Preisker, "$\lambda \varepsilon \gamma \iota \acute{\omega} \nu$," ed., Gerhard Kittel and Gerhard Friedrich, op. cit., p. 572.
133) (신 18:11)의 말씀에서 초혼자란 "죽은 자들을 불러내어 그에게 묻는 자를 말한다. H. Schlier, "$\delta \alpha \acute{\iota} \mu \omega \nu$." ed. Gerhard Kittel and Gerhard Friedrich, op. cit. p. 155. NIV에서는(신 18:11)의 초혼자를 "who consult the dead"로, KJV에서는 이를 "a necromancer"로 번역하고 있다. (신 18:11)에서 초혼자로 번역된 히브리어, 다라쉬(דרש)

7) 예수 그리스도께서 귀신에 관하여 이렇게 가르치셨다. **"더러운 귀신이 사람에게 나갔을 때에 물 없는 곳으로 다니며 쉬기를 구하되 얻지 못하고 이에 내가 나온 내 집으로 돌아가리라 하고 와 보니 그 집이 비고 소제되고 수리되었거늘 이에 가서 저보다 더 악한 귀신 일곱을 데리고 들어가서 거하니 그 사람의 형편이 전보다 더욱 심하게 되니라 이 악한 세대가 또한 이렇게 되리라"** (마 12:43~45). 귀신은 사람의 육체를 자기의 집이라고 말하고 있다. "내가 나온 내 집"이란 귀신이 사람의 육체를 집으로 삼아 쉬는 장소라고 말할 수 있다. 따라서 귀신은 사람의 육체에서 나가면 쉴 곳이 없다. "육체가 수리되다"란 고장 난 육체가 질서를 회복하였다는 것이다. "수리되다"로 번역된 헬라어의 동사원형, 코스메오($\kappa o \sigma \mu \acute{\epsilon} \omega$)는 "정렬하다, 치장하다, 갖추다"라는 의미를 가지고 있으며 명사인 코스모스는 "우주, 세상"이란 뜻이다.134)

8) 처음 창조될 때 우주(지구)는 하나님의 창조질서를 그대로 간직하고 있었다. 그러나 사람의 무분별한 개발로 자연이 파괴되므로 지구는 창조질서를 벗어나고 있다. 창조질서가 파괴된 지구가 수리된다는 것은 창조질서를 회복하는 것이다. 사람의 육체가 창조질서를 회복한다는 것은 질병으로 인하여 고장 난 육체가 치료되었다는 것을 말한다. 질병으로 저주 받은 귀신이 사람에게 들어오면 그 육체에 귀신의 속성이 질병으로 나타난다. (마 12:44)에서 말씀은 귀신으로 인한 육체의 고장이란 육체가 창조질서를 벗어남으로 기능을 상실하였다는 것이며, 이는 육체의 질병을 의미하는 것이다. 귀신이 육체 안에 들어왔을 때에 사람은 질병을 앓을 수 있다. 마귀는 귀신을 통하여 사람의 육체에 질병을 넣어준다.

9) 예수 그리스도께서 18년 동안을 귀신들려 앓으며 꼬부라져 조금도 펴지 못하는 여자를 고치셨다. **"십팔 년 동안을 귀신들려 앓으며 꼬부라져 조금도 펴지 못하는 한 여자가 있더라"** (눅13:11). 귀신으로 인하여 질병을 앓는 것은 사단에 매인 자이다. 귀신은 사단의 지배 아래 있기 때문이다. **"그러면 십팔 년 동안 사단에게 매인바 된**

는 찾다(seek), 묻다(consult)란 뜻(BDB., p. 205)이며 함메팀(המתים)은 그 죽은 자들(the deads, BDB.,P. 559)을 말한다. 곧 초혼자 또는 신접한 자란 죽은 자를 불러내어 사람의 길흉화복을 묻는 자이다.

134) H. Sasse, "$\kappa o \sigma \mu \acute{\epsilon} \omega$." ed. Gerhard Kittel and Gerhard Friedrich, op. cit. p. 523.

이 아브라함의 딸을 안식일에 이 매임에서 푸는 것이 합당치 아니하냐" (눅 13:16). "사단에 매이다"란 질병을 가지고 온 귀신이 사단의 지배를 받는 더러운 영임을 의미한다. 귀신으로 인하여 질병으로 고통을 당하는 자를 마귀에게 눌린 자라고 한다. "**하나님이 나사렛 예수에게 성령과 능력을 기름붓듯 하셨으매 저가 두루 다니시며 착한 일을 행하시고 마귀에게 눌린 모든 자를 고치셨으니 이는 하나님이 함께 하셨음이라**" (행 10:38).

10) 귀신이 가져오는 병에 대하여 살펴보자. "**저물매 사람들이 귀신 들린 자를 많이 데리고 예수께 오거늘 예수께서 말씀으로 귀신들을 쫓아내시고 병든 자를 다 고치시니**" (마 8:16). 귀신들린 자에게서 귀신을 쫓아냈을 때 귀신이 가져온 질병이 치료되었다. "**그 때에 귀신들려 눈멀고 벙어리 된 자를 데리고 왔거늘 예수께서 고쳐 주시매 그 벙어리가 말하며 보게 된지라**" (마 12:22). 소경과 벙어리에게서 귀신이 나가면 모든 것이 정상으로 돌아온다. "**예수께 이르러 그 귀신 들렸던 자 곧 군대 지폈던 자가 옷을 입고 정신이 온전하여 앉은 것을 보고 두려워하더라**" (막 5:15). 간질 병자에게서 귀신이 나갔을 때 그의 정신이 온전하여졌다. "**이에 데리고 오니 귀신이 예수를 보고 곧 그 아이로 심히 경련을 일으키게 하는지라 저가 땅에 엎드러져 굴며 거품을 흘리더라**" (막 9:20).

11) 귀신이 육체에 들어가면 육체는 질병을 앓을 수 있다. 귀신들려 눈멀고 벙어리 된 자(마 12:22), 귀신들려 정신이상 된 자(마 8:29,29), 귀신들려 벙어리 되고 간질병을 앓는 자(마 17:15~17), 귀신들려 꼬부라져 앓는 자(눅 13:11) 등의 말씀은 귀신이 사람의 육체를 지배하는 것을 보여주고 있다. 귀신들려 눈멀고 벙어리가 되었다는 것은 귀신이 사람의 신경조직을 지배한다는 것을 의미한다. 귀신들려 간질병을 앓는다는 것은 귀신이 뇌 세포를 파괴한다는 것을 보여준다. 귀신들려 정신이상 되었다는 것은 귀신이 사람의 생각을 좌우한다는 것을 의미하는 것이다. 귀신이 사람의 육체 안에 들어와서 사람의 신경계통과 두뇌를 포함하는 육체의 모든 기관을 지배하며 사람의 생각까지도 지배한다.

12) 예수 그리스도께서 질병을 인격으로 취급하셨다. 예수 그리스도께서 질병을 꾸짖

으셨다. **"예수께서 가까이 서서 열병을 꾸짖으신대 병이 떠나고 여자가 곧 일어나 저희에게 수종드니라"** (눅 4:39). 귀신은 인격을 가진 존재로서 열병을 가지고 왔으므로, 예수 그리스도께서 그 귀신을 꾸짖으셨다. "병이 떠나고"란 귀신이 사람의 몸에서 떠나는 것을 의미한다. 귀신이 가지고 온 병은 그 귀신이 나감으로 치료된다.

13) 아담이 타락한 뒤부터 마귀는 사람의 육체를 지배하는 자가 되었다. 마귀는 사람의 육체를 병들게 한다. 마귀는 그의 지배 아래 있는 귀신을 통하여 사람의 육체를 병들게 한다. 마귀는 사람의 육체 밖에서 사람에게 질병을 가져다준다. 이에 반하여 귀신은 사람의 육체 안에 들어와 그 육체를 병들게 한다. 마귀는 귀신을 이용하여 사람의 육체를 지배하고 육체에 고통을 가한다. 사람은 죄를 범함으로 스스로 마귀의 지배 아래 들어가서 육체의 고통을 당하고 있다.

(3) 이해를 위한 질문

1) 아담의 타락과 마귀의 종
  a. 아담이 타락함으로 자유의지를 상실하고 마귀의 종이 된 이유는 무엇인가(벧후 2:19).
  b. 아담이 뱀을 다스리는 권세를 포기하고 스스로 뱀의 종이 되려고 하였을 때 하나님께서 뱀에게 주신 권세는 무엇인가(창 3:14).
  c. 사단과 마귀는 동일한 자이다(계 12:9). 사단과 마귀의 의미는 무엇인가.
  d. 하나님께서 모든 피조계의 질서를 정하시는 이유는 무엇인가(롬 13:1).

2) 마귀의 권세와 사람의 육체
  a. 욥과 사단과의 관계는 사람의 육체와 마귀의 관계를 모형으로 보여준다. 하나님께서 마귀에게 사람의 육체를 지배하는 권세를 주신 이유는 무엇인가(히 2:14).
  b. 마귀는 단수이다. 따라서 마귀는 모든 죄인의 육체를 지배할 수 없다. 마귀는 누구를 통하여 사람의 육체를 지배하는가(마 12:44,45).
  c. 마귀가 사람의 육체를 지배한 결과는 무엇으로 나타나는가(마 12:22; 눅 13:11).
  d. 사람이 범죄하는 이유는 무엇인가(요일 3:8).

2. 마귀와 죄의 권세

(1) 마귀의 권세와 사람의 인격

1) 아담의 타락으로 정욕은 육체의 속성이 되었고 이로부터 육신의 생각이 나온다. 육신의 생각이 사람의 의지를 사로잡아 육체로 하여금 하나님을 대적하게 한다. 육신의 생각이 사람의 의지를 사로잡으려면 인격이어야 한다. 인격만이 사람의 의지를 사로잡을 수 있기 때문이다. 육신의 생각이 인격이면 사람의 의지를 사로잡을 수 있다. 아담의 타락으로 인하여 그의 육체에 사단의 속성이 죄의 흔적으로 새겨졌으므로, 이로부터 나오는 육신의 생각은 마귀의 인격을 반영한다.

2) 육신의 생각이 사람 자신의 생각일까 아니면 악한 영의 생각일까 하는 문제를 살펴보자. 사람이 생각을 통제할 수 있으면 그 생각은 자기의 것이다. 아름다운 이성을 보았을 때 마음속에서 솟아나는 호기심, 싫어하는 사람을 만났을 때 미워하는 생각, 하나님의 존재를 의심하게 하는 생각 등은 사람의 인격과 무관하게 솟아난다. 사람의 인격과 무관하게 솟아나는 생각은 그 사람의 인격이 아니다. 하와가 선악과를 보았을 때 "먹음직도 하고 보암직도 하고 지혜롭게 할만큼 탐스럽다"는 생각이 그녀의 인격과 무관하게 솟아났다. 사람의 인격과 무관하게 솟아나는 생각은 그 사람의 인격이 아니다.[135]

3) 율법은 탐내지 말라고 말씀한다. **"네 이웃의 집을 탐내지 말찌니라 네 이웃의 아내나 그의 남종이나 그의 여종이나 그의 소나 그의 나귀나 무릇 네 이웃의 소유를 탐내지 말찌니라"** (출 20:17). 이웃의 아내와 이웃의 소유를 탐내는 탐심은 사람의 의지와 무관하게 솟아나는 육신의 생각이다. 탐심이 사람의 의지를 사로잡아 하나님을 대적하게 한다. 따라서 사도 바울은 자기의 의지와 무관하게 솟아나는 탐심이 자기의 의지를 사로잡아 범죄하게 하려고 하는 것을 괴로워하였다. **"내 지체 속에서 한 다른 법이 내 마음의 법과 싸워 내 지체 속에 있는 죄의 법 아래로 나를 사로잡아 오는 것을 보는도다 오호라**

---

[135] 심리학에서 육신의 생각은 무의식이라고 정의한다. 사람의 지성으로 알지 못하는 의식이 무의식이다. 사람은 자기의 육체에 체화된 마귀의 인격을 알지 못한다. 성경의 말씀을 통하여 무의식의 정체가 마귀의 인격을 반영하는 육신의 생각임을 알 수 있다.

나는 곤고한 사람이로다 이 사망의 몸에서 누가 나를 건져 내랴" (롬 7:23,24). "내 지체 속에서 한 다른 법"이란 죄를 범하려는 탐심이다. 바울은 자기의 의지로 탐심이 솟아나는 것을 통제할 수 없으므로 괴로워하였다.136)

4) 마귀는 육신의 생각 곧, 탐심을 통하여 사람의 인격을 지배한다. 마귀는 사람의 지성과 감성과 의지를 지배한다. 사람의 지성을 혼미케 하여 하나님을 알지 못하게 한다. 그 결과 사람은 소망을 육체에 두고 육체만을 위하여 살아간다. 마귀는 사람으로 하여금 육체의 일로 기뻐하게 한다. 따라서 사람은 육체의 일에 빠져서 하나님의 말씀을 대적하고 있다. 마귀는 사람의 의지를 지배하므로 사람은 일생동안 마귀에게 종노릇하고 있다.

5) 첫째, 마귀는 사람의 지성을 지배한다. 마귀는 사람의 마음을 혼미하게 함으로 하나님을 알지 못하게 한다. **"그 중에 이 세상 신이 믿지 아니하는 자들의 마음을 혼미케 하여 그리스도의 영광의 복음의 광채가 비취지 못하게 함이니 그리스도는 하나님의 형상이니라" (고후 4:4).** "마음을 혼미케 하다"란 신령한 눈이 멀어서 하나님을 알지 못하는 것이다.137) 소경이 사물을 분간하지 못하는 것 같이, 믿지 아니하는 자들은 하나님을 아는 지식에 있어서 소경과 같다.

6) 마귀의 지배 아래 있는 자들은 영적으로 소경이 된다. 영적인 소경이란 하나님의 말씀을 통하여 하나님의 뜻을 깨닫지 못하는 것을 말한다. 예수 그리스도께서 안식일에 소경의 눈을 고치셨다. **"이르시되 실로암 못에 가서 씻으라 하시니 (실로암은 번역하면 보냄을 받았다는 뜻이라) 이에 가서 씻고 밝은 눈으로 왔더라" (요 9:7).** 예수 그리스도께서 소경의 눈을 밝히신 것은 만물의 창조자로서의 능력을 보이신 것이다. 창조질서는 육체의 눈으로 사물을 보는 것이다. 눈이 창조질서에서 벗어나면 소경이 된다. 말씀으로 창조질서를 회복시키는 분은 창조자만이 하실 수 있는 일이다.

7) 예수 그리스도께서 소경을 고치시기 전에 자신의 신분을 밝히셨다. **"내가 세상에**

---

136) (롬 7:7)에서 탐심으로 번역된 헬라어는 정욕을 가리키는 에피뒤미아($\epsilon\pi\iota\theta\upsilon\mu\iota\alpha$)이다. 육신의 생각이 정욕으로부터 나오므로 성경은 양자를 동일하게 보고 있다.
137) "마음"으로 번역된 헬라어 노에마타($\nu o\eta\mu\alpha\tau\alpha$)란 하나님의 뜻과 창조질서에 대한 인지력, 사고, 깨닫는 마음을 의미한다. "혼미케 하다"로 번역된 헬라어 에튀플로센($\epsilon\tau\upsilon\varphi\lambda\omega\sigma\epsilon\nu$)이란 눈을 멀게 하는 것을 의미한다.

있는 동안에는 세상의 빛이로라"(요 9:5). "세상의 빛"이란 예수 그리스도의 말씀과 사역은 하나님의 뜻을 알 수 있게 비취는 빛임을 의미한다.138) 따라서 예수 그리스도의 말씀을 통하여 하나님의 뜻을 알지 못하면 영적인 소경이다. 바리새인들이 안식일에 소경을 고치신 예수 그리스도를 정죄하려고 하였을 때, 예수께서 그들을 영적인 소경이라고 말씀하셨다.139) "바리새인 중에 예수와 함께 있던 자들이 이 말씀을 듣고 가로되 우리도 소경인가 예수께서 가라사대 너희가 소경 되었더면 죄가 없으려니와 본다고 하니 너희 죄가 그저 있느니라"(요 9:40,41). "소경된 바리새인아 너는 먼저 안을 깨끗이 하라 그리하면 겉도 깨끗하리라"(마23:26).

8) 마귀의 지배 아래 있는 자들은 영적인 소경으로서 하나님의 뜻을 알지 못하기 때문에 하나님의 영광을 위하여 일하지 아니하고 육체만을 위하여 일한다. 마귀는 사람의 모든 소망을 육체에 두게 한다. 따라서 사람의 지성은 육체만을 위하여 창조질서를 이해하고 학문을 개발하고 있다. 사람의 육체는 시간, 장소 및 공간에 의하여 제약을 받는다. 사람은 육체의 한계를 극복하기 위하여 끊임없이 노력한다. 사람은 새처럼 날기를 원한다. 그 육체의 소원은 항공기를 만드는 지식을 개발하고 기술을 발전시키고 있다. 사람은 멀리 있는 사람의 모습을 보고 그의 목소리를 들으려고 한다. 이것이 텔레비전과 무선전화를 탄생시켰다. 인류가 사용하는 문명의 이기(利器)는 창조질서를 아는 지식으로부터 온 것이다. 사람은 더 빠르고 더 안전하고 더 편리한 것을 추구함으로 이를 위하여 더 많은 지식과 기술을 요구하고 있다.

9) 마귀는 거짓 선지자들을 통하여 교회를 육체의 일로 인도하고 있다. 교회는 그리스도의 지체로서 하나님의 영광을 위하여 일하는 하나님의 교회임에도 불구하고, 거짓 선지자들은 세상에 속한 것으로 교회를 인도한다. 거짓 선지자들은 교회로 하여금 권력

---

138) "세상의 빛"이란 태양 빛을 의미하는 것이 아니라 하나님의 영광의 빛을 말한다. 하늘에는 보좌로부터 나오는 하나님의 영광의 빛이 밝게 비취고 있다. 우주 안에서 그 빛이 예수 그리스도를 통하여 비취고 있다.
139) 영적인 소경으로 하나님을 알지 못하면 선과 악을 분별하지 못한다. 하나님의 말씀만이 선과 악의 기준이기 때문이다. 바리새인들과 서기관들은 율법으로 자신의 죄를 알지 못하였다. 뿐만 아니라 그들은 예수 그리스도를 알지 못하였다. 율법으로 선과 악을 분별하지 못하는 것을 모형으로 보여주는 것이 문둥병자이다. 그들은 육체의 감각이 없으므로 뜨거운 것과 찬 것을 구별하지 못한다.

과 명예와 재물을 위하여 하나님께 구하게 한다.140) 거짓 선지자들은 윤리와 도덕을 강조함으로 교회를 외식하는 자로 전락하게 한다. 말세에 마귀에게 미혹을 받은 거짓 선지자들이 교회를 육체의 일로 이끌어가고 있다. 육체를 위하여 심으면 육체로부터 썩어질 것을 거둔다. **"자기의 육체를 위하여 심는 자는 육체로부터 썩어진 것을 거두고 성령을 위하여 심는 자는 성령으로부터 영생을 거두리라"** (갈 6:8).

10) 둘째, 마귀는 사람의 감성을 지배한다. 마귀는 사람으로 하여금 육체의 일로 기뻐하게 한다. 사람은 마귀의 지배 아래서 육체의 일을 기뻐한다. **"내 마음에 궁구하기를 내가 어떻게 하여야 내 마음에 지혜로 다스림을 받으면서 술로 내 육신을 즐겁게 할까 또 어떻게 하여야 어리석음을 취하여서 천하 인생의 종신토록 생활함에 어떤 것이 쾌락인지 알까 하여"** (전 2:3). 육체의 쾌락을 추구하는 일은 하나님을 대적한다. **"곧 모든 불의, 추악, 탐욕, 악의가 가득한 자요 시기, 살인, 분쟁, 사기, 악독이 가득한 자요 수군수군하는 자요 비방하는 자요 하나님의 미워하시는 자요 능욕하는 자요 교만한 자요 자랑하는 자요 악을 도모하는 자요 부모를 거역하는 자요 우매한 자요 배약하는 자요 무정한 자요 무자비한 자라"** (롬 1:29~31). 육체의 일은 **"음행, 호색, 우상숭배, 술 취함"** 같은 것들이다(갈 5:19~21) 이것들은 육체를 즐겁게 하는 대표적인 것들이다.

11) 육체의 일은 육체를 즐겁게 하기 때문에 사람은 이것들을 즐긴다.141) 육체의 일은 죄이므로, 결과적으로 사람은 죄를 즐긴다고 말할 수 있다. **"행악하기를 기뻐하며 악인의 패역을 즐거워하나니"** (잠 2:14). **"다툼을 좋아하는 자는 죄과를 좋아하는 자요 자기 문을 높이는 자는 파괴를 구하는 자니라"** (잠 17:19). 사람들이 육체의 일을 즐기는 것은 마귀의 생각으로 기뻐하기 때문이다.142) 마귀는 자기의 지배 아래 있는 사람이

---

140) 성경은 재물을 위하여 구하지 말라고 말씀한다. **"그러므로 염려하여 이르기를 무엇을 먹을까 무엇을 마실까 무엇을 입을까 하지 말라"** (마 6:31). 사도들은 복음증거를 위하여 성령의 권능을 구하였다. **"주여 이제도 저희의 위협함을 하감하옵시고 또 종들로 하여금 담대히 하나님의 말씀을 전하게 하여 주옵시며 손을 내밀어 병을 낫게 하옵시고 표적과 기사가 거룩한 종 예수의 이름으로 이루어지게 하옵소서 하더라"** (행 4:29,30).

141) 교회가 육체가 잘되는 것을 하나님의 복으로 알고 기뻐하면 타락의 길을 걷게 될 것이다. 교회는 하나님의 영광을 위하여 육체의 즐거움을 포기한다. 솔로몬은 육체가 잘되는 것을 하나님의 복으로 알고 있다가 끝내 우상을 숭배하는 죄에 빠지게 되었다. 이방종교는 하나같이 육체의 일을 좇아간다.

142) 믿음으로 구원을 받은 자들은 하나님의 말씀으로 기뻐한다. **"내가 주를 기뻐하고 즐거워하**

자기의 뜻대로 하나님의 말씀을 대적할 때 그 사람에게 자기의 기쁨을 넣어준다.143) 사람이 죄를 통하여 기뻐하는 것은 이 때문이다. 라멕은 사람을 죽이고 이를 자랑으로 여김으로 죄를 기뻐하였다(창 4:23). 이스라엘 백성은 광야에서 우상을 만들고 그 앞에서 뛰놀며 기뻐하였다(출 32:6). 그들은 하나님을 대적한 뒤에 마귀의 기쁨으로 충만하여 먹고 마셨다.144)

(2) 마귀의 권세와 하나님의 형상의 파괴

1) 선악과 계명은 생명을 주는 언약인 동시에 하나님의 형상을 나타내는 말씀이다. 아담은 의롭고 거룩하게 창조되었으므로 그 계명을 순종하였다면 생명을 유지하고 하나님의 형상을 나타낼 수 있었다. 그러나 아담은 그 언약을 불순종함으로 생명과 하나님의 형상을 잃어버렸다.145) 그의 몸과 혼과 영은 죄로 인하여 불의하고 더러워졌다. 하나님의 형상으로서 외형은 남아있지만 그 속성을 통하여 나타나는 하나님의 형상은 잃어버렸다.146) 아담이 타락한 이후에 마귀는 남아있는 하나님의 형상을 파괴하기 위하여 살인하기 시작하였다. 마귀는 하나님의 형상을 완전히 없애기 위하여 사람을 살인과 우상숭배 및 음행의 도가니로 몰아넣고 있다.

2) 아담이 범죄함으로 하나님의 형상을 상실하였다는 증거가 그의 후손을 통하여 나타나고 있다. 하나님의 속성은 의로움과 거룩함이다. 하나님의 의로움이 믿음을 통하여 사람에게 나타난다. 하나님은 자신을 믿는 자들을 의롭다고 하시기 때문이다(창

며 지극히 높으신 주의 이름을 찬송하리니"(시 9:2). "너희 의인들아 여호와를 기뻐하며 즐거워 할찌어다 마음이 정직한 너희들아 다 즐거이 외칠찌어다"(시 32:11).
143) 마귀는 사람의 생각을 지배한다. 마귀는 사람으로 하여금 죄를 기뻐하게 한다.
144) 마귀의 속성은 사람으로 하여금 하나님의 말씀을 대적하게 하는 것이다 사람이 마귀의 지배 아래서 하나님을 대적할 때 마귀는 그 사람으로 기뻐한다. 악인은 구원받은 자들을 핍박하고 그들이 당하는 환난을 즐거워한다. "나의 하나님이여 내가 주께 의지하였사오니 나로 부끄럽지 않게 하시고 나의 원수로 나를 이기어 개가를 부르지 못하게 하소서"(시 25:2). "여호와여 악인이 언제까지, 악인이 언제까지 개가를 부르리이까"(시 94:3).
145) Louis Berkhof, 상,op. cit., p.418.
146) 하나님께서 자기의 영광을 나타내는 그릇으로 사람을 창조하셨다. 그러나 사람은 범죄함으로 하나님의 영광을 나타내지 못하고 있다. 하나님은 죄인을 자기의 영광을 위하여 사용화지 못하신다. 중풍병자는 이것을 모형으로 보여준다. 중풍병자는 신경이 마비되어 사람의 생각대로 그 지체가 움직이지 아니한다.

15:6). 아벨이 믿음으로 제사를 드리고 의롭다하심을 얻었으므로 아담 안에서 상실하였던 하나님의 형상이 그를 통하여 나타났다. 이제 마귀는 하나님의 형상을 파괴하기 위하여 가인을 통하여 아벨을 죽였다. 따라서 가인의 죄의 책임이 마귀에게 돌아갔다(요 8:44). 마귀가 가인을 통하여 아벨을 죽였다. 마귀는 믿음으로 의롭다하심을 받은 아벨을 죽임으로 하나님의 형상을 파괴하였다(요일 3:12). 마귀에게 속하여 아벨을 죽인 가인의 형상은 마귀의 형상이다(요 8:44). 아담이 타락함으로 하나님의 형상을 상실하였을 때 그를 통하여 나타난 것이 마귀의 형상이다.

3) 가인을 통하여 나타난 살인자의 형상이 인류의 역사를 통하여 계속하여 나타나고 있다. 인류의 역사는 끊임없는 전쟁과 살인의 역사이다. 인류의 역사는 전쟁을 통하여 많은 사람을 죽음으로 몰아넣음으로 하나님의 형상을 파괴하려는 마귀의 형상을 그대로 노출하고 있다. 또한 사람들은 여러 가지 이유로 사람을 죽이고 있다. 지금도 세계도처에서 종교분쟁, 종족분쟁 및 영토분쟁으로 많은 사람들이 죽임을 당하고 있다. 이와 같이 마귀는 살인을 통하여 자신의 불의를 드러내고 있다.

4) 마귀의 지배 아래서 하나님의 형상이 상실된 것을 가장 잘 보여주는 것이 우상숭배이다. 우상은 하나님의 영광(형상)을 피조물(버러지)의 영광(형상)으로 바꾸는 것이다. **"썩어지지 아니하는 하나님의 영광을 썩어질 사람과 금수와 버러지 형상의 우상으로 바꾸었느니라" (롬 1:23)**. 하나님은 믿는 자들에게서 나타나는 자기의 형상을 통하여 그의 영광을 나타내시지만, 우상은 하나님의 형상을 동물의 형상으로 만든다. 이스라엘 백성은 광야에서 하나님의 형상으로 송아지를 만들었다(출 32:4). 그들은 창조주 하나님을 송아지의 형상으로 취급하였다. 이것은 사람이 하나님의 형상을 잃어버리고 송아지의 형상이 되었다는 것을 보여주는 것이다.

5) 우상숭배는 마귀의 형상을 닮으려는 적극적인 의지를 공개적으로 보여주는 것이다. 사람이 마귀의 생각을 언행으로 나타내려고 하는 맹세가 우상숭배로 나타난다. 곧 사람이 하나님의 형상을 잃어버리고 마귀의 형상을 닮았다는 것을 공개적으로 보여주는 것이 우상숭배이다. 섬기는 자는 섬김을 받는 자를 닮으려고 한다. 우상숭배자는 우상을 닮으려고 한다. 불교도들은 부처를 닮으려고 한다. 마음속에 우상을 가지고 있는 자들도

그 우상을 닮으려고 한다. 따라서 예수 그리스도께서는 마귀의 뜻에 따라서 생각하는 서기관들과 바리새인을 향하여 독사(마귀)의 자식이라고 말씀하셨다. **"뱀들아 독사의 새끼들아 너희가 어떻게 지옥의 판결을 피하겠느냐"** (마 23:33). 이와는 반대로 믿는 자들은 그리스도를 닮으려고 한다. **"내가 그리스도를 본받는 자 된 것 같이 너희는 나를 본받는 자 되라"** (고전 11:1).

6) 우상숭배는 영적인 간음을 예표로 한다. 하나님과 이스라엘 백성의 관계는 남편과 아내의 관계이다(호 2:19). 남편은 법을 세우는 자이며 아내는 그 법을 순종하는 자이다. 사람이 하나님의 법을 순종하는 것은 하나님을 남편으로 섬기는 것이다. 반면에 사람이 우상을 섬기는 것은 우상을 남편으로 섬기는 것이다. 남자가 여자와 합하여 한 육체가 되는 것 같이(창 2:24), 사람이 우상과 합하면 우상과 한 몸이 된다. 곧 사람이 우상에게 절하면 우상의 형상을 닮는다. 마귀는 우상을 통하여 섬김을 받으므로, 우상을 숭배하는 자는 마귀의 형상을 나타낸다(고전 10:20).

7) 아담의 범죄로 하나님의 형상을 잃어버렸다는 증거가 간음으로 표출되고 있다. 결혼은 하나님의 창조질서이다. 남자와 여자가 합하여 한 몸이 되는 것이 결혼이다. 이것은 하나님의 신성을 보여준다. 그리스도와 성도와의 관계를 모형으로 보여주는 것이 부부관계이다. **"이는 남편이 아내의 머리됨이 그리스도께서 교회의 머리 됨과 같음이니 그가 친히 몸의 구주시니라 그러나 교회가 그리스도에게 하듯 아내들도 범사에 그 남편에게 복종할찌니라"** (엡 5:23,24). 간음이란 부부 이외의 모든 성관계를 말한다. 간음은 이성간, 동성간, 사람과 짐승간의 성관계로 구분할 수 있다.

8) 첫째, 이성간의 음행을 살펴보자. 남편과 아내의 관계는 하나님(남편)과 사람(아내)의 관계를 모형으로 보여준다. 남편이 아내를 사랑하지 아니하고 다른 여자를 사랑하며 아내가 다른 남자의 법을 따르는 것이 간음이다. 여자가 남편 이외의 타인과 음행하는 것은 하나님(남편)을 버리고 우상(타인)을 섬기는 것을 모형으로 보여주는 것이다. 곧 믿는 자들의 음행은 자신이 장차 예수 그리스도를 떠날 것을 몸으로 보여주는 것이다. 이러한 이유로 사도 바울은 음행을 경고하였다. **"저희 중에 어떤 이들이 간음하다가 하루에 이만 삼천 명이 죽었나니 우리는 저희와 같이 간음하지 말자"** (고전 10:8). **"음행

과 온갖 더러운 것과 탐욕은 너희 중에서 그 이름이라도 부르지 말라 이는 성도의 마땅한 바니라"(엡 5:3). 성도와 불신자를 막론하고 음행하는 자는 반드시 심판을 받을 것이다. **"모든 사람은 혼인을 귀히 여기고 침소를 더럽히지 않게 하라 음행하는 자들과 간음하는 자들을 하나님이 심판하시리라"**(히 13:4).

9) 믿는 자의 음행은 하나님의 성전을 더럽히는 것이다. 성도의 몸은 성령께서 거하시는 성전이다(고전 3:16). 성도가 불신자 또는 창기와 합하면 그들과 한 육체가 된다. **"창기와 합하는 자는 저와 한 몸인 줄을 알지 못하느냐 일렀으되 둘이 한 육체가 된다 하셨나니"**(고전 6:16). 음행으로 성령께서 거하시는 성전을 창기의 육체로 만드는 것은 하나님의 형상을 파괴하는 것이다. 불신자는 독사의 자식이다(마 23:33). 성도가 불신자와 음행하면 그의 몸은 독사와 한 몸이 된다. 불신자와 음행함으로 하나님의 성전을 독사의 육체로 만든 것에 대한 심판을 받아야 한다. 성도가 불신자와 음행함으로 뱀의 육체가 되었다는 것은 하나님의 형상이 파괴되고 마귀의 형상을 나타내는 것을 말한다.

10) 둘째, 동성간의 음행은 창조질서에 대한 중대한 도전이다. 하나님은 피조물이 순종하여야 할 법을 정하신 분이며 만물은 그 법을 순종함으로 존재할 수 있다. 창조질서는 남자와 여자가 결혼하여 한 몸이 되는 것이다. **"이러므로 남자가 부모를 떠나 그 아내와 연합하여 둘이 한 몸을 이룰찌로다"**(창 2:24). 만물은 창조질서를 순종함으로 존재한다. **"천지가 주의 규례대로 오늘까지 있음은 만물이 주의 종이 된 연고니이다"**(시 119:91). 남편이 아내를 사랑하고 아내가 남편의 법을 순종하는 것은 하나님과 만물의 존재 이유를 인정하는 것이다. 따라서 남녀 간의 결혼을 부인하는 동성간의 음행은 하나님과 피조물의 관계를 근본적으로 부정하는 것이다. 한걸음 더 나아가 그리스도의 길을 차단하려는 것이다. 그리스도께서 사람의 육체를 통하여 오실 것이기 때문이다. 따라서 율법은 동성애를 금하고 있다. **"너는 여자와 교합함 같이 남자와 교합하지 말라 이는 가증한 일이니라"**(레 18:22).

11) 사도 바울은 동성애로 인하여 사람이 저주를 받는다고 경고하였다. **"이를 인하여 하나님께서 저희를 부끄러운 욕심에 내어 버려두셨으니 곧 저희 여인들도 순리대로 쓸 것을 바꾸어 역리로 쓰며 이와 같이 남자들도 순리대로 여인 쓰기를 버리고 서로**

향하여 음욕이 불 일듯 하매 남자가 남자로 더불어 부끄러운 일을 행하여 저희의 그릇됨에 상당한 보응을 그 자신에 받았느니라"(롬 1:26,27). 성도가 동성애를 범하면 불신자와 동일하게 불의한 자가 된다. **"불의한 자가 하나님의 나라를 유업으로 받지 못할 줄을 알지 못하느냐 미혹을 받지 말라 음란하는 자나 우상 숭배하는 자나 간음하는 자나 탐색하는 자나 남색하는 자나"** (고전 6:9).

12) 셋째, 사람과 짐승간의 음행은 사람이 하나님의 형상을 짐승의 형상으로 만드는 것이다. 사람이 짐승과 합하면 그 육체는 짐승과 동일하게 된다. 수간을 통하여 사람의 육체가 개와 양과 염소의 육체와 동일하게 된다. 사람과 짐승간의 음행은 사람이 하나님의 형상을 상실하였다는 것을 보여주는 결정적인 증거이다. 하나님께서 사람을 짐승으로 보시는 것은 이 때문이다(행 10:12). 따라서 하나님께서 수간을 금하신다(레 18:23). **"남자가 짐승과 교합하면 반드시 죽이고 너희는 그 짐승도 죽일 것이며 여자가 짐승에게 가까이 하여 교합하거든 너는 여자와 짐승을 죽이되 이들을 반드시 죽일찌니 그 피가 자기에게로 돌아가리라"** (레 20:16).

13) 아담은 하나님의 형상으로 창조되었다. 하나님의 형상은 두 가지로 나타난다. 첫째, 아담의 외모는 하나님의 아들을 닮은 것이다. 둘째, 하나님의 말씀을 순종함으로 하나님의 속성을 닮는 것이다. 아담이 타락하여 그의 육체에 죄의 흔적이 새겨졌다고 하더라도 그 외모가 변한 것은 아니다. 그러나 아담은 타락함으로 하나님의 속성을 닮지 못하고 사단의 속성을 나타내게 되었다. 아담은 타락함으로 하나님의 형상을 상실하였다. 아담의 타락으로 하나님의 형상을 상실한 결과 인류는 살인, 우상숭배 및 음행을 범하고 있다. 이러한 죄를 통하여 하나님의 형상을 상실한 사람들은 마귀의 형상을 나타내고 있다.

(3) 마귀의 인격과 음부의 권세

1) 마귀는 두 가지 방법으로 사람의 인격을 지배한다. 첫째, 마귀는 육신의 생각을 통하여 사람의 인격을 지배한다. 육체의 정욕으로부터 나오는 육신의 생각은 마귀의 인격으로서 사람의 인격을 지배한다. 둘째, 마귀는 이방종교 및 정치권력을 통하여 외부

에서 강제로 사람의 인격을 지배한다. 또한 마귀는 자유주의 신학에 기초를 둔 종교다원주의와 동성애로 교회를 미혹한다.

2) 사람의 육체 안에 있는 육신의 생각이 마귀의 인격이라면 아담 안에서 모든 사람은 마귀의 권세 아래 있다고 말할 수 있을 것이다. 마귀의 권세는 하나님의 나라와 관련하여 해석을 하여야 한다. 하나님의 말씀에 의하여 지배를 받는 영역을 하나님의 나라라고 정의하면, 마귀의 지배 아래 있는 영역을 음부라고 말할 수 있을 것이다. 성경은 하나님의 나라가 우리의 안에 있다고 말씀한다. **"또 여기 있다 저기 있다고도 못하리니 하나님의 나라는 너희 안에 있느니라"** (눅 17:21). 이 말씀은 만물을 통치하는 하나님의 말씀이 성도 안에 있다는 것을 의미한다. 그렇다면 마귀의 인격이 죄인의 육체 속에 있으면, 음부가 죄인 안에 있다고 말할 수 있다.

3) 마귀는 음부의 권세를 잡은 자이다. **"하나님은 나를 영접하시리니 이러므로 내 영혼을 음부의 권세에서 구속하시리로다(셀라)"** (시 49:15). "음부의 권세"란 음부를 지배하는 마귀를 의미한다. 사람의 육체 안에 있는 정욕이 사람의 의지를 지배하여 사람으로 하여금 하나님의 말씀을 대적한다. 따라서 마귀의 인격을 나타내는 육체의 정욕은 음부의 권세라고 말할 수 있다. 아담 안에서 모든 사람은 그 육체 안에 음부의 권세를 가지고 있다. 따라서 이 땅에는 하나님의 말씀이 통치하는 하나님의 나라와 마귀가 지배하는 음부가 공존하고 있다. 하나님의 나라는 하나님의 형상을, 음부는 마귀의 형상을 나타낸다.

4) 성경은 사람의 육신은 귀신이 살고 있는 마귀의 집이라고 말씀한다. **"이에 가로되 내가 나온 내 집으로 돌아가리라 하고 와 보니 그 집이 비고 소제되고 수리되었거늘"** (마 12:44). "내 집"이란 사람의 육체가 귀신이 쉬며 살아가는 장소임을 의미한다. 일반적으로 사람이 집밖에서 자기의 뜻에 반하여 힘들게 일하지만 집에 들어오면 자기의 뜻대로 행동하며 모든 짐을 내려놓고 쉰다. 사람이 집에 들어오면 거의 모든 일을 자기의 뜻대로 할 수 있으므로 안식을 누린다. 이와 같이 악한 귀신은 사람의 육체 안에서 자신이 하고 싶은 모든 일을 할 수 있으므로 안식을 누린다.

5) 마귀는 귀신을 통하여 사람의 육체를 지배한다. 마귀는 사람의 육체의 속성인 정욕

을 통하여 하나님의 말씀을 대적한다. 사람은 마귀가 귀신을 통하여 넣어주는 육체의 생각에 따라서 하나님의 말씀을 대적한다. 사람은 마귀의 생각에 따라서 하나님을 대적하는 문명을 건설하고 문화를 양산한다. 사람은 마귀의 생각에 따라서 하나님을 대적하는 이방종교, 정치권력 및 예술을 통하여 마귀의 영광을 나타내는 사회질서를 만들고 있다. 마귀의 생각과 사람의 인격이 완전히 조화를 이루고 있으므로, 귀신은 사람의 육체 안에서 안식을 누린다. 따라서 귀신이 사람의 육체 밖으로 나가면 자기의 뜻대로 할 수 없으므로 쉬지 못한다.

6) 마귀는 육체의 정욕을 통하여 사람의 모든 것을 지배하므로 사람의 육체는 음부이다. 성경은 육체의 정욕에 따라서 행동하는 사람의 모임 곧, 음부의 집단을 세상이라고 말씀한다. "이는 세상에 있는 모든 것이 육신의 정욕과 안목의 정욕과 이생의 자랑이니 다 아버지께로 좇아 온 것이 아니요 세상으로 좇아 온 것이라" (요일 2:16). 따라서 마귀, 세상 및 육체의 정욕은 동일한 것이라고 말할 수 있다. **"이러한 지혜는 위로부터 내려온 것이 아니요 세상적이요 정욕적이요 마귀적이니"** (약 3:15). 아담 안에서 사람의 육체는 마귀의 지배를 받는 음부이므로, 모든 죄인은 말하고 걸어 다니는 음부이다. 음부, 흑암 및 사망은 같은 의미이므로 그리스도께서 오시기 전의 세상은 흑암이 가득한 음부라고 말할 수 있다.

7) 아담 안에서 모든 사람은 영은 죄로 인하여 사망에 이르게 되었고 육체만 살아서 활동한다. 사람의 육체는 흙으로 창조되었으므로 그 육체는 죽은 영을 담고 있는 흙이다. 죽은 영이 흙속에 있다. 이것은 아담 안에서 모든 사람의 육체가 무덤이라는 것을 의미한다. 성경은 바리새인들과 서기관들은 살아서 걸어 다니는 무덤이라고 말씀한다. **"화 있을찐저 외식하는 서기관들과 바리새인들이여 회칠한 무덤 같으니 겉으로는 아름답게 보이나 그 안에는 죽은 사람의 뼈와 모든 더러운 것이 가득하도다**"(마 23:27). "회칠한 무덤"이란 율법의 행위로 육체를 의롭게 보이려고 하는 것을 의미한다. 바리새인들과 서기관들은 율법을 완전히 순종한 것으로 착각함으로 죽은 영을 담은 육체를 거룩하게 보이려고 하였다. 그들은 율법의 행위로 자신의 육체를 의롭다고 착각하였다. 그러나 성경은 그들의 육체는 죽은 영을 담고 있는 무덤이라고 선언한다. 무덤은 죽은 육체가

들어간 땅과 죽은 영을 담고 있는 사람의 육체로 구분할 수 있다. 따라서 아담 안에서 모든 사람의 육체는 무덤이며 음부이라고 말할 수 있다.

8) 음부가 집단을 이룬 사회와 국가는 집단으로 하나님을 대적한다. 마귀는 이방종교를 통하여 집단으로 하나님을 대적한다. 이방종교 특히 이슬람은 신도들의 개종을 용납하지 아니한다. 무슬림이 기독교로 개종하였을 때, 가족들에 의하여 죽임을 당한다. 힌두교들도 역시 기독교로 개종을 용납하지 아니한다. 로마 가톨릭과 동방정교는 기독교를 빙자한 이방종교로서 하나님을 대적하는 교리로서 신도들을 미혹하고 있다. 이방종교를 따르는 자들이 일생 동안 기독교로 개종할 수 있는 가능성은 거의 없다고 말할 수 있다. 이슬람을 국교로 하는 국가에서 복음증거는 허용되지 아니한다.147)

9) 마귀는 정치권력을 통하여 국민들을 하나님을 대적하는 구덩이로 몰아넣고 있다. 대표적인 것이 칼 마르크스의 자본론에 기초한 공산주의 정치권력이다. 공산주의 국가는 하나님을 관념적인 존재로 인식함으로 기독교를 비과학적인 종교로 치부하고 기독교의 말살 정책을 시행하고 있다. 공산주의 국가에서 종교의 자유가 있는 것처럼 선전하기 위하여 일부 예배당을 건축하였지만, 이는 하나님의 말씀에 기초한 교회가 아니라 외부에 보여주기 위한 건축물에 불과하다.

10) 마귀는 학문이란 미명하에 자유주의 신학에 기초한 종교다원주의와 동성애를 통하여 교회는 미혹하고 있다. WCC를 중심으로 종교다원주의와 동성애가 활발하게 논의되고 있다. 서 유럽의 여러 국가, 미국과 캐나다, 호주와 뉴질랜드에서는 종교다원주의와 동성애를 합법화하고 있다. 서 유럽에서 하나님의 말씀에 기초한 교회는 그 흔적을 찾아 볼 수 없으며 미국과 캐나다의 교회는 급속히 붕괴되고 있다. 우리나라도 진보정당을 중심으로 차별금지법을 입법화하려는 집요한 공세가 전국의 교회를 긴장시키고 있는 실정이다. 일부 교회에서는 마귀의 미혹에 빠져서 진보정당에서 추진하는 차별금지법의 입법화에 동조하고 있으며, 평신도들은 차별금지법에 가르침을 받지 못하였으므로 이법

---

147) 많은 교회에서 이슬람을 국교로 하는 국가에 선교사를 파견하고 있으나 기대하는 만큼 성과를 내지 못하고 있다. 성령께서 위험지역에서 복음을 증거하려는 사도 바울의 발길을 막으셨다. "**성령이 아시아에서 말씀을 전하지 못하게 하시거늘 브루기아와 갈라디아 땅으로 다녀가**" (행 16:6).

에 대하여 무관심하고 있다.

11 마귀는 육체의 정욕을 통하여 육신의 생각을 넣어줌으로 사람의 인격을 지배한다. 아담 안에서 마귀는 사망의 권세로 사람의 인격을 지배하는 세상의 임금이다. 마귀가 지배하는 영역을 음부라고 하면 아담 안에 있는 모든 사람은 말하고 행동하는 음부이다. 마귀는 이방종교와 정치권력을 통하여 사람을 지배하며 종교다원주의와 동성애를 통하여 교회를 흔들고 있다. 그리스도의 재림을 앞두고 하나님의 말씀에 기초한 교회는 바람 앞에 놓인 촛불과 같이 붕괴의 문턱에 서있다.

(4) 이해를 위한 질문

1) 마귀의 권세와 사람의 인격

a. 마귀의 지배 아래서 사람들이 하나님을 알지 못하는 이유는 무엇인가(고후 4:4).

b. 성경이 말씀하는 영적인 소경이란 무엇인가(마 15:14; 요 9:39).

c. 마귀가 사람으로 하여금 육체의 일에 집착하게 하는 이유는 무엇인가(요일 2:16).

d. 육체의 일이 육체를 즐겁게 하는 이유는 무엇인가.

e. 하나님의 말씀을 순종할 때 사람의 영이 기쁨을 누리는 이유는 무엇일까(요 15:11).

2) 아담의 타락과 하나님의 형상의 상실

a. 아담이 타락함으로 상실한 하나님의 형상은 무엇인가.

b. 아담은 하나님의 형상을 상실한 뒤에 누구의 형상을 나타내었나(요 8:44).

c. 마귀의 형상이 가인을 통하여 어떻게 나타났나(요일 3:12).

d. 마귀가 살인을 통하여 하나님의 형상을 파괴하는 이유는 무엇인가.

e. 우상숭배가 마귀의 형상을 나타내는 이유는 무엇인가(고전 10:20).

f. 음행이 하나님의 형상을 파괴하는 이유는 무엇인가(고전 6:15).

3) 마귀의 인격과 음부의 권세

a. 사람이 마귀의 종이라고 하는 것은 마귀가 사람의 인격을 지배한다는 것을 의미

한다. 마귀가 사람의 인격을 어떻게 지배하는가(요 13:2).

　b. 마귀의 지배 아래 있는 자들의 육체가 음부이며 무덤인 이유는 무엇인가.

　c. 성경은 죄를 인격이라고 말씀한다(요 8:34). 죄는 누구의 인격인가(요일 3:8).

2.5 요약 및 결론

1. 제2부에서는 천사의 타락, 아담의 타락과 마귀의 권세에 대하여 논의하였다. 2.1에서는 하나님의 이름을 찬양하는 직분을 맡은 천사들의 타락과 결박, 2.2에서는 사단의 미혹과 아담의 타락, 2.3에서는 아담의 타락과 원죄, 2.4에서는 타락한 인류를 지배하는 마귀의 권세에 대하여 살펴보았다. 여기서 우리는 천사와 사람이 타락하게 된 원인과 그 결과를 밝히려고 노력하였다.

천사와 사람은 인격을 가진 존재로 창조되었다. 천사는 자유의지가 있으므로 하나님의 말씀을 명령으로 받을 수 있다. 자유의지란 하나님의 말씀을 순종함에 있어서 외부로부터 일체의 간섭을 받지 아니하는 의지이다. 자유의지는 하나님의 말씀을 수용하고 거절하는 의지를 포함한다. 천사가 하나님의 말씀을 순종하느냐 불순종하느냐에 대하여 하나님은 간섭하지 아니하신다. 하나님의 말씀을 순종하느냐 불순종하느냐의 여부는 오직 천사의 의지에 달려있다. 이에 반하여 하나님의 말씀을 순종하는 방법은 여러 가지이다. 이 가운데 최상의 방법을 모색하는 의지를 일반의지라고 말할 수 있다.

천사에게 자유의지가 없다면 천사는 하나님의 말씀을 순종할 수 없다. 천사는 자유의지를 받았으므로 하나님의 말씀을 받을 수 있다. 자유의지가 없는 동물은 하나님의 말씀을 받지 못한다. 동물이 본능에 따라서 기계적으로 행동하는 것이 창조질서이다. 굶주린 사자는 먹잇감을 만나면 공격하는 것이 그의 본능이다. 굶주린 사자는 기계적으로 먹잇감을 사냥한다. 따라서 하나님은 사자에게 본능을 거스르라고 명령하지 아니하신다. 다니엘이 사자 굴에 들어갔을 때 하나님은 사자에게 명령하지 아니하고 천사를 보내어 사자의 입을 막으셨다. 천사에게 있는 자유의지는 하나님의 말씀을 받을 수 있는 필요하고 충분한 조건이다.

하나님께서 아들을 위하여 하늘을 창조하시고 보좌와 성전을 예비하셨다. 하나님께서 그 보좌에 아들의 이름을 두시고 천사들로 하여금 지키게 하셨다. 그 보좌는 아들을 위한 것이므로 아들 이외에 누구도 그 보좌에 앉을 수 없기 때문이다. 하나님은 천사들로 하여금 성전에서 아들의 이름을 찬양하게 하셨다. 아들이 육신으로 임하시기 전까지 보좌는 비어있었다. 성전에서 아들의 이름을 찬양하는 직분을 맡은 천사가 하늘보좌에 오르려고 하였다. 그 천사는 자유의지로 하나님의 계명을 거절하고 자신을 높여 하늘보좌에 오르려고 하였다. 그 천사는 피조물로서 하나님의 계명을 순종하여야 할 의무만 있고 그 말씀을 거절할 권리는 없다. 그러나 하나님의 이름을 찬양하는 직분을 맡은 천사의 장이 하나님의 아들의 위하여 예비된 보좌에 올라 만물을 불의와 불법으로 지배하려고 하였다. 하나님은 그 천사의 악한 마음을 아시고 그와 그를 따르는 천사들을 영원한 결박으로 흑암에 가두셨다. 이 흑암은 우주이다. 흑암이란 하나님의 영광이 없는 곳을 말한다.

빛이 창조되기 전에 우주는 흑암이었으며 우주의 표면은 물이다. 하나님의 신이 수면 위에 운행하고 있다. 우주는 타락한 천사가 활동하고 있는 흑암이다. 따라서 천사는 빛이 창조되기 전에 타락하여 흑암에 갇혔다고 말할 수 있다. 한편 하나님의 신이 수면 위를 운행하는 것은 타락한 천사들의 영원한 결박과 관련된다. 천사는 육체가 없는 영적인 피조물이므로 공간과 장소를 초월하여 이동할 수 있다. 따라서 하나님께서 타락한 천사들을 흑암에 가두셨더라도 그 천사는 순간에 흑암을 벗어날 수 있다. 이러한 관점에서 볼 때 수면을 운행하는 하나님의 신은 타락한 천사의 영원한 결박과 관련되었을 것이다.

사단의 죄의 성격을 여섯 가지로 구분할 수 있다. 첫째, 사단은 스스로 계신 하나님을 부인하고 그의 주권을 침해하였다. 스스로 계신 하나님만이 보좌에 올라 만물을 통치할 수 있기 때문이다. 둘째, 사단은 하늘보좌에 올라 불의와 불법으로 만물을 지배하려고 하였다. 셋째, 사단은 자신을 신격화하여 만물로부터 섬김을 받으려고 하였다. 사단은 자신을 높여 하나님의 반열에 올라 피조물로부터 섬김을 받으려고 함으로 자신을 우상화하였다. 넷째, 사단은 하나님의 이름을 더럽혔다. 천사들은 창조시에 하나님의 이름으로 각각 그들의 직분을 받았다. 따라서 천사가 그 직분을 버리는 것은 하나님의 이름을 더럽히는 것이다. 천사가 하늘보좌에 올라 만물을 지배한다면 그의 이름은 하나님의 이름과 동일한 반열에 오르는 것이다. 사단은 하나님의 이름과 하늘성전을 더럽혔다. 성전에 하나님의 이름이 있다. 사단의 죄로 인하여 하나님의 이름이 더러워지면 그 이름을 둔 성전도 더러워진다. 다섯째, 사단은 하나님의 영광을 훼손하였다. 사단은 하나님의 아들을 대신하여 보좌에 오르려고 함으로 하나님의 아들을 대적하였다. 보좌는 육신으로 임하실 그리스도를 위하여 예비되었기 때문이다. 이로써 하나님의 영광이 훼손되었다. 여섯째, 사단은 하나님의 안식을 방해하였다. 범죄함으로 하나님의 이름을 더럽히고 그의 영광을 훼손하는 것은 하나님을 괴롭게 하는 것이다.

2. 하나님께서 아담에게 선악과 계명을 주셨다. 이 계명은 스스로 계신 하나님의 주권을 계시한다. 선악을 안다는 것은 선과 악을 구분하는 것과 체험하는 것을 포함한다. 선악을 구분하는 것은 이성으로 선한 것과 악한 것을 분별하는 것이다. 선악을 체험하는 것은 말씀을 순종함으로 생명을 체험하는 것과 말씀을 불순종함으로 사망을 체험하는 것을 말한다. 선을 체험한 결과는 생명이며 악을 체험한 결과는 사망이기 때문이다. 지식으로 번역된 히브리어 "다아트"는 결혼생활을 통하여 부부가 서로를 아는 것과 같이 체험을 통하여 선과 악을 아는 것을 말한다. 선악과를 먹지 말라고 하는 것은 사람이 자기의 의지로 선과 악을 체험함으로 생명과 사망을 결정하지 말라는 것이다.

하나님은 생명의 원천이시므로 그의 의지로 생명을 버릴 권세와 이를 다시 얻을 권세를 가지고 있다. 하나님은 자기의 의지로 생명과 사망을 결정할 수 있다. 하나님은 아들을 통하여 그 권세를 보여주셨다. 육신으로 임하신 아들은 그의 생명을 버릴 권세와 이를 다시 얻을 권세를 보여주셨다(요 10:18). 그러나 사람은 하나님의 말씀을 순종함으로 생명을 유지할 의무를 가지고 있지만 말씀을 불순종함으로 사망을 선택할 권리는 없다. 하나님께로부터 받은 생명은 사람의 것이 아니기 때문이다. 단지 사람은 생명을 보존할 의무만 가지고 있다. 이러한 관점에서 볼 때 선악과 계명은 스스로 계신 하나님의 주권을 인정하는 것이다.

사단의 속성은 하나님을 대적하는 것이다. 흑암에 갇힌 사단은 하나님의 말씀을 받지 못하였으므로 하나님을 대적할 수 없었다. 아담이 하나님의 말씀을 받았을 때 사단은 아담을 통하여 하나님을 대적할 길을 모색하였다. 사단은 자신의 신분을 숨기기 위하여 뱀을 통하여 하와를 미혹하였다. 뱀은 하와에게 선악과를 먹으면 죽지 아니하고 하나님과 같이 된다고 미혹하였다. 사람이 선악과를 먹으면 스스로 계시는 하나님과 같이 되어 자기의 의지로 생명과 사망을 결정할 수 있다고 뱀은 미혹하였다. 하와는 뱀의 미혹에 빠져 선악과 계명을 대적하였다. 아담도 하와와 함께 선악과를 먹고 타락하였다. 이로써 아담의 육체는 저주를 받았고 그의 영은 불의하고 더럽게 됨으로 사망에 이르게 되었다.

아담의 타락은 자유의지의 타락이다. 아담이 뱀의 미혹을 받았을 때, 그의 마음속에는 영의 생각과 육신의 생각이 함께 있었다. 아담은 자유의지로 하나님의 말씀을 순종하려는 영의 생각을 거절하고 하나님의 말씀을 대적하려는 육신의 생각을 수용하였다. 그는 육신의 쾌락을 위하여 하나님의 계명을 대적하였다. 아담은 그의 자유의지로 사망을 선택하고 하나님을 대적하였다.

하늘에서 타락한 사단의 마음이 아담을 통하여 선악과 계명을 대적하는 행위로 표출되었으므로, 아담의 죄의 성격은 사단의 죄와 동일하다. 아담은 자기의 의지로 생명과 사망을 결정하려고 함으로 스스로 계신 하나님의 주권을 침해하였다. 아담은 하나님과 같이 되려고 함으로 피조물을 신격화하였다. 하나님과 같이 되어 만물로부터 섬김을 받으려는 것은 자신을 우상화하는 것이다. 선악과 계명은 하나님의 이름으로 선포된 계명이므로, 이를 대적하는 것은 하나님의 이름을 더럽히는 것이다. 하나님의 아들만이 그의 의지로 생명과 사망을 결정할 수 있으므로, 선악과 계명을 대적하는 것은 아들의 왕권을 부인하는 것이다. 하나님께서 그리스도의 길을 위하여 사람을 자기의 형상으로 창조하셨다. 아담은 범죄함으로 그의 몸을 더럽혔고 이로 인하여 그리스도께서 오실 길이 차단되었다. 그리스도는 의롭고 거룩하시므로 죄로 인하여 더럽혀진 육체를 통하여 오실 수 없기 때문이다.

3. 사람을 육체와 영과 혼으로 구분하는 삼분설과 영혼의 유전설을 전제로 할 때 아담의 죄의 결과는 전 인류에게 유전되고 있다. 사람을 육체와 영혼으로 구분하는 이분설은 성령의 은사인 방언과 통역은사를 설명하지 못한다. 영혼의 창조설은 예수 그리스도께서 여자의 난자를 통하여 잉태하셨다는 것을 전제로 하며 사람의 죄의 책임이 하나

님께로 귀속되는 단점을 가지고 있다. 따라서 우리는 삼분설과 영혼의 유전설을 전제로 하여 아담의 죄의 결과가 인류에게 미치는 영향을 분석하였다.

아담의 죄는 그의 육체와 영과 혼에 흔적을 남겼다. 사단은 하와에게 육신의 생각을 넣어주었다. 하와가 선악과를 보았을 때 그 과실이 "먹음직하고 보암직하고 지혜롭게 할 만큼 탐스럽게" 보인 것은 사단으로부터 온 육신의 생각이다. 하와는 선악과 계명을 순종하려는 영의 생각을 버리고 사단으로부터 온 육신의 생각을 수용하였다. 그 생각이 육체의 행위로 나타남으로 그녀의 육체에 죄의 흔적이 새겨졌다. 사단의 미혹은 불화살과 같으므로 그 미혹에 빠져서 범죄하면 육체에 죄의 흔적이 남는다. 성경은 죄의 흔적을 죄인의 이마와 손에 있는 짐승의 이름이라고 말씀한다(계 13:16,17). 선악과 계명을 대적함으로 육체에 새겨진 죄의 흔적이 아담으로부터 온 인류에게 유전되고 있다.

아담의 타락으로 육체에 죄의 흔적이 새겨짐으로 육체의 속성이 변화하였다. 그 육체의 속성은 육체의 욕구를 위하여 하나님의 말씀을 대적하는 것이다. 이것은 육체의 정욕이다. 아담의 타락으로 그의 육체의 정욕이 육체의 속성이 되었다. 육체의 정욕은 사단이 하와에게 넣어준 육신의 생각이 농축된 것으로 아담의 죄의 성격을 반영한다(요일 2:16). 육체의 정욕이 모든 인류에게 유전되고 있다. 모든 사람은 육체의 정욕을 가지고 태어난다.

아담의 타락으로 그 인격에 죄 흔적이 새겨졌다. 아담은 하나님의 말씀을 통하여 하나님을 알 수 있게 창조되었으나 그 지성이 죄로 인하여 타락함으로 하나님을 알 수 없게 되었다. 타락한 사람의 지성은 하나님을 대적하는 이방종교를 창안하였고 학문을 통하여 하나님을 부인하고 있다. 아담은 그의 감성으로 하나님의 말씀을 기뻐할 수 있었으나 타락함으로 세상에 속한 것으로 기뻐하게 되었다. 사람들이 죄를 기뻐하는 것은 그의 감성에 죄의 흔적이 새겨졌기 때문이다. 타락한 사람의 감성은 범죄를 기뻐하고 하나님을 대적하는 예술을 만들어내고 있다. 아담은 그의 의지로 영의 생각을 거절하고 육신의 생각을 수용하였다. 이로써 그의 의지는 육신의 생각에 예속되었다. 아담의 범죄로 타락한 그의 인격이 그대로 온 인류에게 유전되고 있다.

아담의 영은 의롭고 거룩하게 창조되었으나 타락하므로 그의 영에 죄의 흔적이 새겨졌다. 죄의 흔적이 불의와 더러움으로 나타났다. 따라서 아담의 영은 모든 기능을 상실하였다. 그의 영으로부터 말씀을 순종하려는 생각이 끊어졌고 그의 영은 사람의 인격과 완전히 분리되었다. 따라서 사람은 자기의 지성으로 영의 존재를 알지 못하고 영을 위하여 생명의 양식을 구하지 아니한다. 하나님의 말씀을 순종하려는 영의 생각이 없어짐으로 사람의 의지는 육신의 생각과 결합되었다.

아담의 죄로 인하여 새겨진 죄의 흔적이 유전되는 이유는 그 죄가 육체의 유전인자에 영향을 미쳤기 때문이다. 선악과 계명은 영에 관한 계명이므로 이를 불순종한 결과는 그의 영을 더럽혔다. 영은 사람의 실체이며 육체는 영의 그림자이므로 영에 새겨진 죄의 흔적은 유전인자를 변화시켰다고 말할 수 있을 것이다. 그러나 양심과 율법에 의하여 정죄 받는 자범죄의 흔적은 유전되지 아니한다. 양심과 율법은 영을 정죄하지 못하기 때문이다. 양심과 율법은 육체에 관한 예법으로서 육체와 인격을 정죄하지만 영은 정죄하지 못한다. 가인은 아벨을 죽임으로 그의 육체와 인격에 살인죄의 흔적을 남겼지만 그 흔적이 후손에게 유전되지 아니하였다.

사람은 누구나 아담으로부터 받은 죄의 흔적을 가지고 태어난다. 사람은 일생동안 수많은 죄를 범한다. 그 모든 죄는 육체와 인격에 흔적을 남긴다. 사람이 살아가는 동안 그 얼굴에 기미와 잡티가 늘어나듯이 죄의 흔적이 쌓인다. 사람이 죽으면 육체에 있는 죄의 흔적은 육체와 함께 흙으로 돌아가고, 혼이 영과 결합하므로 인격에 있는 죄의 흔적은 그 영혼으로 옮겨진다.

4. 아담은 타락함으로 사단의 종이 되어 하나님의 말씀을 대적하게 되었다. 이것은 아담이 스스로 선택한 결과이다. 하나님께서 아담에게 지상의 모든 동물을 다스리는 권세를 주셨다(창 1:28). 그러나 아담은 하나님의 말씀을 거절하고 뱀의 말을 순종함으로 스스로 뱀의 종이 되려고 하였다. 하나님은 아담의 소원대로 그를 뱀의 종이 되게 하셨다. 이로써 사단은 사람을 지배하는 권세자가 되었다. 이때로부터 사단은 마귀로 불리게 되었다. 사단이란 하나님을 대적하는 불법자이며, 마귀란 사람을 지배하는 권세자를 말한다. 마귀는 사람을 통하여 문명과 문화, 동물과 식물을 지배하는 세상의 임금이 되었다.

아담이 타락한 뒤에 하나님의 심판이 뱀에게 임하였다. 뱀은 일생동안 흙을 먹고 살아야 한다(창 3:14). 뱀이 흙을 먹는다는 것은 흙으로 창조된 육체를 지배하는 것을 말한다. 뱀은 육식동물로서 흙을 먹고 살지 못한다. 흙이란 흙으로 창조된 육체를 가리키는 것으로 해석할 수 있다. 흙을 지배하는 뱀의 권세를 모형으로 보여주는 것이 사단과 욥의 관계이다. 사단은 욥의 육체와 그가 소유한 모든 것을 지배하였다. 사단은 욥의 자녀를 죽였으며 욥의 재산을 약탈하였다. 또한 사단은 욥에게 육체의 질병을 가져다주었다. 이처럼 아담이 타락한 뒤에 마귀는 사람의 육체를 지배하고 고통을 가하고 있다.

마귀는 사람의 인격을 지배한다. 마귀는 사람의 지성을 혼미하게 하여 하나님을 알지 못하게 한다. 마귀는 사람의 지성을 통하여 하나님을 대적하는 학문과 사상을 만들어내고 있으며 한 걸음 더 나아가 이방종교의 교리를 창안하였다. 마귀는 사람의 감성을 통하여 하나님을 대적하는 미술과 조각, 문학과 음악, 영화와 연극을 만들어내고 있다. 특히 마귀는 사람의 정욕을 자극하는 예술을 통하여 하나님과 사람 사이를 갈라놓고 있다. 마귀는 사람으로 하여금 하나님을 대적하는 문명을 건설하고 문화를 만들어내게 하고 있다.

아담이 타락한 이후부터 사람은 마귀의 종이 되어 하나님을 대적하고 있다. 인」4. 소 속하여 아벨을 죽였다(요일 3:12). 이스라엘 백성은 마귀에게 속하여 율법을 버리고 우상을 숭배하였다. 바리새인들과 서기관들은 마귀에게 속하여 예수 그리스도를 십자가에 못 박았다. 유대인들은 마귀에게 속하여 교회를 박해하고 사도들과 믿는 자들을 죽였다. 마귀는 명실상부한 세상의 임금이다. 마귀는 사람을 통하여 자신의 악한 마음을 행위로 드러냄으로 하나님을 대적하고 있다.

아담은 범죄함으로 자유의지를 상실하고 마귀의 종이 되어 마귀의 생각에 따라서 행동하였다. 하나님의 형상으로 창조된 사람이 하나님의 아들의 외모는 유지하고 있지만 그 행위를 통하여 마귀의 형상을 나타내고 있다. 마귀의 형상이 사람을 통하여 의롭다하심을 받은 자를 죽이고 핍박하며 우상을 숭배하고 간음하는 행위로 표출되고 있다. 이스라엘 백성은 우상을 숭배함으로 마귀의 형상을 나타내었다. 인류가 아담 안에 범하는 모든 죄는 마귀의 생각을 행위로 표출하는 것이며 이로 인하여 마귀의 형상이 나타나고 있다.

율법과 예수 그리스도의 모형

3.1 믿음으로 의롭다하심을 얻는 언약과 율법
    1. 칭의 언약
    2. 칭의 언약과 율법

3.2 심판과 속죄의 모형
    1. 율법과 심판의 모형
    2. 율법과 속죄의 모형

3.3 율법과 장차 오실 예수 그리스도의 준비
    1. 율법과 예수 그리스도의 준비
    2. 신구약 중간사와 예수 그리스도의 준비

3.4 요약 및 결론

3.5 보충적 설명: 이스라엘의 역사와 신정국가

"아브람이 여호와를 믿으니 여호와께서 이를 그의 의로 여기시고"(창 15:6)

"내가 이것을 말하노니 하나님의 미리 정하신 언약을 사백삼십 년 후에 생긴 율법이 없이 하지 못하여 그 약속을 헛되게 하지 못하리라"(갈 3:17).

"그러므로 율법의 행위로 그의 앞에 의롭다하심을 얻을 육체가 없나니 율법으로는 죄를 깨달음이니라"(롬 3:20)

"이같이 율법이 우리를 그리스도에게로 인도하는 몽학선생이 되어 우리로 하여금 믿음으로 말미암아 의롭다하심을 얻게 하려 함이니라"(갈 3:24)

제3부 율법과 예수 그리스도의 모형

3.1 믿음으로 의롭다하심을 얻는 언약과 율법

1. 칭의 언약

(1) 하나님의 뜻과 칭의 언약

1) 아담이 타락한 뒤에 하나님께서 칭의 언약과 율법을 주신 이유는 무엇인가. 인류를 구원하기 위함인가, 아니면 다른 이유가 있는 것일까. 하나님의 뜻은 완전하므로, 그의 뜻이 인류를 구원하기 위한 것이라면 모든 사람이 믿음으로 구원을 얻어야 한다. 그러나 믿지 아니하는 자들이 존재한다. 하나님을 믿음으로 의롭다하심을 받는 자들과 그렇지 아니한 자들이 공존하는 이유는 무엇일까. 이에 대한 해답은 하나님의 뜻과 그 뜻을 성취하신 예수 그리스도에게서 찾아야 한다.

2) 하나님께서 사람을 자기의 형상으로 창조하신 것은 장차 아들이 육신으로 임하신다는 약속이다. 사람이 하나님의 형상으로 창조되지 아니하였다면 아들이 오실 수 없기 때문이다. 아담이 타락함으로 하나님의 형상을 상실하였을 때 아들의 오실 길이 막혔다. 하나님의 아들은 의롭고 거룩하시므로 죄로 인하여 더럽혀진 육체를 통하여 오실 수 없다. 아담이 타락함으로 아들이 오실 길이 막혔으나 하나님은 아들을 보내신다고 약속하셨다. **"내가 너로 여자와 원수가 되게 하고 너의 후손도 여자의 후손과 원수가 되게 하리니 여자의 후손은 네 머리를 상하게 할 것이요 너는 그의 발꿈치를 상하게 할 것이니라 하시고"** (창 3:15). "여자의 후손"이란 육신으로 임하실 하나님의 아들을 의미한다.

3) 아담은 가인과 아벨을 낳았다. 가인은 농사한 곡식으로 제사하였고 아벨은 기른 양으로 제사하였다. 가인은 자기의 의를 나타내기 위하여 하나님께 제사하였지만,[148]

---

[148] 농사는 사람의 노력을 요구한다. 가인은 자기의 노력한 결과로 얻은 곡식을 드림으로 자기

아벨은 믿음으로 하나님의 영광을 위하여 제사하였다. 아벨은 자신의 죄를 깨닫고 그 죄를 용서하실 하나님께 제사하였다. 따라서 하나님은 가인의 제사를 거절하시고 아벨의 제사를 받으셨다. 하나님은 아벨의 믿음을 의로 여기셨다. **"믿음으로 아벨은 가인보다 더 나은 제사를 하나님께 드림으로 의로운 자라 하시는 증거를 얻었으니 하나님이 그 예물에 대하여 증거하심이라 저가 죽었으나 그 믿음으로써 오히려 말하느니라"** (히 11:4).

4) 아벨은 아담 안에서 원죄를 가지고 있으므로 그의 의지로 하나님을 믿을 수 없었다. 그가 믿음으로 제사를 드린 것은 하나님의 은혜이다.149) 하나님께서 성령으로 아벨을 감동하셨으므로, 그는 믿음으로 제사를 드렸다. 아벨이 믿음으로 의롭다하심을 받으므로, 아담의 타락으로 막혔던 하나님의 아들의 길이 다시 열리게 되었다. 그러나 마귀는 가인을 통하여 아벨을 죽임으로 그 길을 다시 차단하였다. 아벨이 죽임을 당한 뒤에 장차 오실 아들의 길을 위하여 하나님은 택한 자들에게 믿음을 주셨다. 에녹은 성령의 감동을 받아 믿음으로 의롭다하심을 받았다. **"에녹이 하나님과 동행하더니 하나님이 그를 데려 가시므로 세상에 있지 아니하였더라"** (창 5:24).

5) 믿음은 아담 안에 잃어버린 의롭다하심과 거룩함을 회복하는 것이다. 에녹의 믿음으로 죄로 인하여 차단된 하나님의 아들의 길이 열리게 되었다. 따라서 하나님은 에녹의 믿음을 기뻐하셨다. **"믿음으로 에녹은 죽음을 보지 않고 옮기웠으니 하나님이 저를 옮기심으로 다시 보이지 아니하니라 저는 옮기우기 전에 하나님을 기쁘시게 하는 자라 하는 증거를 받았느니라"** (히 11:5). "죽음을 보지 않고 옮기웠다"란 믿는 자는 죽음을 영원히 맛보지 아니하는 것을 모형으로 보여준다. **"무릇 살아서 나를 믿는 자는 영원히 죽지 아니하리니 이것을 네가 믿느냐"** (요 11:26).

6) 에녹의 믿음이 노아에게 이어졌다. **"노아의 사적은 이러하니라 노아는 의인이요

의 의를 나타내려고 하였을 것이다. 바리새인들과 서기관들이 율법의 행위를 나타내려고 한 것과 같이 가인은 자기의 공로를 나타내려고 하였을 것이다.

149) 믿음은 구원이다. 구원은 하나님의 선물이다. **"너희가 그 은혜를 인하여 믿음으로 말미암아 구원을 얻었나니 이것이 너희에게서 난 것이 아니요 하나님의 선물이라"** (엡 2:8). 믿음으로 의롭다하심을 얻는 것이 하나님의 은혜라면 아벨을 성령의 감동하심으로 믿었다고 말할 수 있다. **"우리가 성령으로 믿음을 좇아 의의 소망을 기다리노니"** (갈 5:5).

당세에 완전한 자라 그가 하나님과 동행하였으며"(창 6:9). "완전한 자"란 양심대로 살았다는 것이 아니라 하나님에 대한 믿음에 흠이 없다는 것을 의미한다. "하나님과 동행하다"란 하나님의 말씀을 순종하였다는 것을 의미한다. 노아의 완전함이 방주를 건축하는 순종으로 나타났다. **"믿음으로 노아는 아직 보지 못하는 일에 경고하심을 받아 경외함으로 방주를 예비하여 그 집을 구원하였으니 이로 말미암아 세상을 정죄하고 믿음을 좇는 의의 후사가 되었느니라"**(히 11:7). "세상을 정죄하고"란 노아에게 속하지 아니한 세상은 불의한 자로 심판 받은 것을 의미한다. "믿음을 좇는 의의 후사가 되다"란 믿음으로 의롭다하심을 받은 자의 후손이 되었다는 것을 의미한다.

7) 세상은 의롭다하심을 받은 자들을 죽이고 핍박하였다. 가인은 아벨을 죽이고 세상은 의를 행하는 노아를 핍박하였다. 노아는 불의를 행하는 자들로 인하여 그 마음이 상하였다. **"이 의인이 저희 중에 거하여 날마다 저 불법한 행실을 보고 들음으로 그 의로운 심령을 상하니라"**(벧후 2:8). 하나님은 세상으로부터 노아를 보호하기 위하여 세상을 홍수로 심판하셨다. 홍수로 인한 심판은 의롭다하심을 받은 자들을 대적함으로 장차 오실 아들의 길을 차단하려는 마귀에 대한 경고이다.

8) 아벨과 에녹과 노아는 믿음으로 의롭다하심을 얻는 언약을 받지 못하였다. 그러나 하나님께서 그들의 믿음을 의롭다고 하셨다. 그 이유는 창세전에 하나님께서 의와 공의로 만물을 통치하시기로 작정하셨기 때문이다. **"의와 공의가 주의 보좌의 기초라 인자함과 진실함이 주를 앞서 행하나이다"**(시 89:14). 하나님의 말씀을 순종하면 거룩하게 되지만 불순종하면 더러워진다. 만물을 의와 공의로 세상을 통치하기로 작정하신 하나님은 아벨과 에녹과 노아의 믿음을 의롭다고 선언하셨다.

9) 하나님은 아브라함에게 비로소 믿음으로 의롭다하심을 얻는 언약을 주셨다. **"아브람이 여호와를 믿으니 여호와께서 이를 그의 의로 여기시고"**(창 15:6). 믿음으로 의롭다하심을 받으면 세상으로부터 박해를 받으므로, 하나님은 장차 오실 아들을 위하여 의롭다하심을 받은 자를 지키신다고 약속하셨다. **"너를 축복하는 자에게는 내가 복을 내리고 너를 저주하는 자에게는 내가 저주하리니 땅의 모든 족속이 너를 인하여 복을 얻을 것이니라 하신지라"**(창 12:3). 아브라함 이후부터 하나님은 칭의 언약에 의하여 의롭다

하심을 받은 자들을 세상으로부터 지키신다. 애굽의 바로가 아브라함의 아내 사라를 취하였을 때, 하나님은 그 언약에 따라서 바로를 저주하셨다. **"여호와께서 아브람의 아내 사래의 일로 바로와 그 집에 큰 재앙을 내리신지라"** (창 12:17). 야곱이 그의 형, 에서를 피하여 하란으로 내려갔을 때 하나님은 세상으로부터 그를 지키셨다. **"네 자손이 땅의 티끌 같이 되어서 동서 남북에 편만할찌며 땅의 모든 족속이 너와 네 자손을 인하여 복을 얻으리라 내가 너와 함께 있어 네가 어디로 가든지 너를 지키며 너를 이끌어 이 땅으로 돌아오게 할찌라 내가 네게 허락한 것을 다 이루기까지 너를 떠나지 아니하리라 하신지라"** (창 28:14,15). 야곱이 하란에서 아비의 집으로 돌아올 때 라반이 그를 죽이려고 쫓아왔다. 그러나 하나님은 그 언약에 의하여 야곱을 라반의 손에서 건지셨다. **"밤에 하나님이 아람 사람 라반에게 현몽하여 이르시되 너는 삼가 야곱에게 선악간에 말하지 말라 하셨더라"** (창 31:24).

10) 칭의 언약은 믿는 자들로 하여금 의롭다하심을 얻게 하고 동시에 장차 하나님의 아들이 오실 길을 준비하는 것을 목적으로 한다. 칭의 언약을 통하여 하나님은 의롭다하심을 받은 자와 불의한 자를 구분하고 세상으로부터 의인들을 보호하신다. 모든 사람은 믿음으로 의롭다하심을 받은 자들과 그렇지 아니한 자들로 구분한다. 불의한 자가 의롭다하심을 받은 자를 핍박하는 것은 하나님의 뜻 곧, 장차 오실 그리스도를 대적하는 것이므로 저주를 받았다. 성경은 의롭다하심을 받은 자를 대적하지 말라고 경고한다. **"그러나 그는 사람이 그들을 억압하는 것을 용납하지 아니하시고 그들로 말미암아 왕들을 꾸짖어 이르시기를 나의 기름 부은 자를 손대지 말며 나의 선지자들을 해하지 말라 하셨도다"** (시 105:14,15). 곧 칭의 언약은 장차 오실 그리스도의 길을 준비하기 위하여 주신 언약이라고 말할 수 있을 것이다.

(2) 칭의 언약의 전제조건

1) 칭의 언약은 세 가지를 전제조건으로 한다. 첫째, 하나님은 그의 약속을 반드시 지키는 분이시다. 따라서 하나님의 모든 말씀은 믿을 수 있다. 둘째, 모든 죄는 그리스도의 피에 의하여 거룩하게 된다. 셋째, 양심과 율법에 의하여 죄를 깨달아야 한다. 첫째와

둘째는 하나님께 속한 것이나 셋째는 사람에게 속한 것이다. 첫째는 하나님의 속성에 속한 것이고 둘째는 창세전에 작정된 하나님의 뜻에 속한 것이다. 셋째는 사람이 양심과 율법에 의하여 자기의 죄를 깨달아야 하는 것이므로 사람의 의지에 속한다고 말할 수 있으나 성령의 감동을 받아야 한다.

2) 첫째, 하나님은 그의 약속을 지키신다. 따라서 하나님은 의로우신 분이다. "**그 마음이 주 앞에서 충성됨을 보시고 더불어 언약을 세우사 가나안 족속과 헷 족속과 아모리 족속과 브리스 족속과 여부스 족속과 기르가스 족속의 땅을 그 씨에게 주리라 하시더니 그 말씀대로 이루셨사오니 주는 의로우심이로소이다**" (느 9:8). "그 말씀대로 이루셨사오니 주는 의로우심이로소이다"란 하나님의 의로움에 대한 정의이다. 하나님의 의로움이란 약속을 지키시는 하나님을 의미한다. 하나님은 거짓말을 못하시므로 의로운 분이다. "**이는 하나님이 거짓말을 하실 수 없는 이 두 가지 변치 못할 사실을 인하여 앞에 있는 소망을 얻으려고 피하여 가는 우리로 큰 안위를 받게 하려 하심이라**" (히 6:18).

3) 하나님은 약속을 지키시는 분이므로 믿을 수 있다. 이것을 하나님의 의로움이라고 한다. 하나님께서 선지자들을 통하여 약속하신 모든 말씀을 성취하심으로 자기의 의로우신 증거를 나타내셨다. 하나님께서 아브라함과 그의 후손에게 가나안 땅을 기업으로 주신다고 약속하셨다. "**내가 너와 네 후손에게 너의 우거하는 이 땅 곧 가나안 일경으로 주어 영원한 기업이 되게 하고 나는 그들의 하나님이 되리라**" (창 17:8). 하나님은 아브라함에게 하신 약속을 지키기 위하여 모세를 택하여 이스라엘을 애굽에서 인도하여 내셨다. "**내가 아브라함과 이삭과 야곱에게 주기로 맹세한 땅으로 너희를 인도하고 그 땅을 너희에게 주어 기업을 삼게 하리라 나는 여호와로라 하셨다 하라**" (출 6:8). 하나님께서 애굽의 모든 초태생을 죽이신 이유는 약속을 지키기 위함이다.

4) 아담이 타락한 뒤에 하나님은 뱀을 심판하시고 인류를 구원하실 그리스도를 보내신 다고 약속하셨다(창 3:15). 뱀의 머리를 상하게 하실 여자의 후손은 장차 오실 하나님의 아들이다.[150] 그는 여자의 후손으로 오실 것이다. 여자의 후손이 뱀의 머리를 상하게

---

[150] C. F. Keil and F. Delitzch, the first book of Moses, op. cit., pp.

하신 뒤에 죄인을 구원하실 것이다. 이 말씀이 아담의 후손에게 믿음이 되었다. 아벨과 에녹과 노아는 그 언약이 반드시 성취된다는 것을 믿음으로 의롭다하심을 받았다. 그들은 장차 오실 그리스도께서 그들의 죄를 용서하실 것을 믿었다.

5) 둘째, 칭의 언약은 그리스도의 피에 의한 속죄를 전제로 한다. 거룩한 피에 의한 속죄가 하나님의 법이다. 뱀이 여자의 후손의 발꿈치를 상하게 하면 여자의 후손은 피를 흘릴 것이다. 그 피는 사람의 죄를 대속하기 위하여 흘리는 피다. **"무릇 사람의 피를 흘리면 사람이 그 피를 흘릴 것이니 이는 하나님이 자기 형상대로 사람을 지었음이니라"** (창 9:6). "사람의 피를 흘리다"란 사람이 죄로 인하여 사망에 이르게 되었다는 것을 의미한다. 죄의 결과는 피를 흘리는 죽음이기 때문이다. "사람이 그 피를 흘릴 것이니"란 사람의 몸을 통하여 오실 그리스도께서 피를 흘리실 것을 의미한다.

6) 거룩한 피를 흘림으로 죄를 없이하는 것이 하나님의 법이다. **"율법을 좇아 거의 모든 물건이 피로써 정결케 되나니 피 흘림이 없은즉 사함이 없느니라"** (히 9:22). 하나님은 소와 염소와 양의 피를 뿌리는 제사를 통하여 칭의 언약이 그리스도의 피 흘림을 전제로 한 언약임을 나타내셨다. 그리스도의 피는 창세전에 작정된 하나님의 뜻이다. **"오직 흠 없고 점 없는 어린 양 같은 그리스도의 보배로운 피로 한 것이니라 그는 창세전부터 미리 알리신바 된 자나 이 말세에 너희를 위하여 나타내신바 되었으니"** (벧전 1:19,20). "창세전에 알리셨다"란 태초에 작정된 하나님의 뜻을 의미한다. 하나님께서 그리스도의 피로써 인류의 죄를 대속하실 뜻을 작정하시고 아브라함을 통하여 믿음으로 의롭다하심을 얻는 언약을 주셨다. 아브라함은 그 언약을 통하여 장차 오실 그리스도를 믿고 사모하였다. **"너희 조상 아브라함은 나의 때 볼 것을 즐거워하다가 보고 기뻐하였느니라"** (요 8:56).

7) 셋째, 칭의 언약은 아담 안에서 모든 사람이 죄인임을 전제로 한다. 자신의 죄를 깨달은 자만이 그 죄를 용서하실 하나님의 은혜를 간구한다. 하나님께서 그의 언약을 지키신다는 것을 아는 자만이 하나님을 믿는다. 다윗은 율법에 의하여 자신의 죄를 깨닫고 장차 오실 그리스도를 사모하였다. **"무수한 재앙이 나를 둘러싸고 나의 죄악이 내게 미치므로 우러러 볼 수도 없으며 죄가 나의 머리털보다 많으므로 내 마음이 사라졌음이**

니이다 여호와여 은총을 베푸사 나를 구원하소서 여호와여 속히 나를 도우소서"(시 40:12,13). 다윗은 장차 오실 그리스도께서 그의 죄를 사하실 것을 믿음으로 의롭다하심을 받았다. "가라사대 그러면 다윗이 성령에 감동하여 어찌 그리스도를 주라 칭하여 말하되"(마 22:43).

8) 사람이 양심을 통하여 죄를 깨닫는 것을 살펴보자. 아벨과 가인은 아담으로부터 하나님과 에덴동산의 생활, 선악과 계명과 죄에 대한 심판의 말을 들었을 것이다. 아담이 에덴동산에서 쫓겨나서 이마에 땀을 흘리며 땅을 경작하는 것은 하나님을 대적한 죄 때문임을 알고 그들은 하나님을 경외하였을 것이다. 죄로 인하여 땅이 저주를 받고 이로 인하여 그들은 얼굴에 땀을 흘리며 일을 하였다. 이것은 그들이 아담의 죄 아래서 저주를 받았다는 것을 의미한다. 따라서 그들은 아담의 타락으로 자신들도 죄인임을 알았다. 그 결과가 하나님께 드리는 제사로 나타났다. "세월이 지난 후에 가인은 땅의 소산으로 제물을 삼아 여호와께 드렸고 아벨은 자기도 양의 첫 새끼와 그 기름으로 드렸더니 여호와께서 아벨과 그 제물은 열납하셨으나 가인과 그 제물은 열납하지 아니하신지라 가인이 심히 분하여 안색이 변하니"(창 4:3~5).

9) 아벨이 양을 제물로 드렸기 때문에 그 제사가 하나님께 열납된 것이 아니라 믿음으로 드렸기 때문이라고 성경은 말씀한다(히 11:4). 아벨은 자신의 죄를 깨닫고 그 죄를 용서하실 하나님의 은혜를 사모하며 제사를 드렸다. 그러나 가인은 자신의 죄와 무관하게 자신의 의를 드러내기 위하여 제사를 드렸다. 따라서 하나님은 가인의 제사를 받지 아니하시고 아벨의 제사를 받으시고 그를 의롭다고 하셨다.

10) 아담의 타락으로 인하여 들어온 사람의 죄를 용서하신다는 하나님의 약속을 알고 있던 사람들은 하나님의 이름을 불렀다. "셋도 아들을 낳고 그 이름을 에노스라 하였으며 그 때에 사람들이 비로소 여호와의 이름을 불렀더라"(창 4:26). 사람들이 하나님의 이름을 부른 이유는 가뭄과 홍수로 인한 흉작이 죄와 저주로 인하여 왔음을 알고 하나님의 은혜를 사모하였기 때문이다. 그들은 아담의 죄로 인하여 땅이 저주 받은 것을 알았다. "땅이 네게 가시덤불과 엉겅퀴를 낼 것이라 너의 먹을 것은 밭의 채소인즉"(창 3:18). 가뭄과 홍수 같은 자연재해를 통하여 그들은 자신의 죄를 깨닫고 그 죄를 용서하

실 하나님을 믿었다.151) 이러한 믿음이 에녹에게 이어졌다. 에녹은 양심으로 자신의 죄를 깨닫고 그 죄를 용서하실 하나님을 믿었다. 에녹은 믿음으로 의롭다하심을 받고 죽음을 보지 아니하였다.

11) 세상 모든 사람들의 생각이 악함을 알고 있던 노아는 자신도 역시 양심에 의하여 죄인임을 알고 그 죄를 용서하실 하나님을 믿었다. 노아는 세상을 악하다고 선언하시는 하나님의 말씀을 듣고 자신의 죄도 깨달았을 것이다. **"하나님이 노아에게 이르시되 모든 혈육 있는 자의 강포가 땅에 가득하므로 그 끝날이 내 앞에 이르렀으니 내가 그들을 땅과 함께 멸하리라"**(창 6:13). 사람이 죄를 범하면 그 죄로 인하여 땅도 동시에 저주를 받는다. 죄로 인하여 사람뿐만 아니라 땅에서 호흡을 하는 모든 동물까지 저주를 받았으므로, 하나님은 사람을 땅과 함께 멸하신다고 말씀하셨다. 노아는 홍수로 세상을 심판하실 하나님의 말씀을 듣고 믿음으로 방주를 건설하였다.

12) 하란에서 아브라함의 아비는 우상을 섬겼다. **"여호수아가 모든 백성에게 이르되 이스라엘 하나님 여호와의 말씀에 옛적에 너희 조상들 곧 아브라함의 아비, 나홀의 아비 데라가 강 저편에 거하여 다른 신들을 섬겼으나"** (수 24:2). 하란에서 데라가 우상을 섬길 때 아브라함은 자기의 죄를 깨달았을 것이다. 그는 하나님께로부터 부르심을 받았을 때 우상숭배가 만연한 하란을 떠나 가나안 땅으로 나아갔다. 그는 가는 곳마다 자기를 지키시는 하나님의 손길을 깨닫고 하나님의 언약이 성취되는 것을 알았다(창 12:3). 그는 세상의 모든 사람들이 죄인임을 깨닫고 그 죄를 용서하실 하나님을 믿었다.

13) 믿음으로 의롭다하심을 얻는 언약은 아담 안에서 모든 사람이 죄인이며 그리스도께서 인류의 죄를 대속하기 위하여 오실 것을 전제로 한 약속이다. 아담이 타락한 뒤에 하나님은 장차 오실 그리스도의 약속을 주셨으며 소와 염소와 양의 피를 드리는 제사를 통하여 그리스도의 피에 의한 속죄의 약속을 모형으로 보여주셨다. 그리고 하나님은 땅을 저주하심으로 사람으로 하여금 죄를 깨닫게 하셨다. 자신의 죄를 깨달은 자들은 장차 오실 그리스도의 피를 통한 속죄를 믿음으로 의롭다하심을 받았다.

---

151) 전제 군주시대에 가뭄이나 홍수를 하늘에서 내리는 벌로 알고 이를 위하여 하늘을 향하여 제사를 드렸다. 당시에 사람들은 죄로 인하여 가뭄이나 홍수가 오는 것으로 알고 있었다.

(3) 아브라함의 믿음과 칭의 언약

1) 하나님은 아브라함에게 의와 공의로 만물을 통치하는 기준을 언약으로 주셨다. 그 언약은 믿음으로 의롭다하심을 받는 말씀이다(창 15:6). 이 언약은 아벨, 에녹 및 노아가 믿음으로 의롭다하심을 얻은 것을 인칠 뿐 아니라 아브라함 이후 사람들도 이 언약에 의하여 믿으면 의롭다하심을 얻게 하는 약속이다. 믿음으로 의롭다하심을 받으면 자범죄를 용서받음으로 그 육체가 의롭고 거룩하게 된다.

2) 믿음으로 의롭다하심을 얻는 것이 무엇이냐 하는 것을 살펴보자. 믿음으로 의롭다하심을 받는 것은 아담으로부터 받은 원죄를 용서받는 것이 아니라 개개인이 범한 죄를 용서받는 것이다. 사도 바울은 아브라함이 믿음으로 의롭다하심을 받은 것에 대하여 이렇게 기록하였다. **"그런즉 육신으로 우리 조상된 아브라함이 무엇을 얻었다 하리요"** (롬 4:1). **"성경이 무엇을 말하느뇨 아브라함이 하나님을 믿으매 이것이 저에게 의로 여기신바 되었느니라"** (롬 4:3). "육신으로 우리 조상된 아브라함"이란 아브라함이 우리의 육신의 조상이란 의미가 아니다.152) "우리"란 구원을 얻은 유대인과 이방인을 포함하기 때문이다. 믿음으로 구원을 얻은 이방인도 아브라함의 자손이다(갈 3:7). 믿음으로 의롭다하심을 얻은 이방인은 육신의 혈통으로 아브라함과 아무런 관계가 없다. 따라서 로마의 교인 대다수가 유대인들이었다고 해석하는 가설이 제기되고 있다.153) 그러나 대부분의 로마 교인을 유대인이라고 보는 것은 (롬 4:11,12)의 말씀과 일치하지 아니한다. 왜냐하면 아브라함은 할례자와 무할례자의 조상이기 때문이다.

3) 아브라함이 받은 언약이 육체에 관한 약속이라는 것이 할례를 통하여 계시되었다. 하나님께서 아브라함과 언약을 세운 뒤에 할례를 명하셨다. 아브라함이 하나님의 언약을 받았다는 증거가 할례이다. **"너희는 양피를 베어라 이것이 나와 너희 사이의 언약의 표징이니라"** (창 17:11). 또한 할례는 하나님의 언약이 아브라함의 육체에 있다는 증거이다. **"너희 집에서 난 자든지 너희 돈으로 산 자든지 할례를 받아야 하리니 이에 내 언약이 너희 살에 있어 영원한 언약이 되려니와"** (창 17:13). "내 언약이 너희 살에

---

152) Ernst Käsemann, An die Römer, in International Biblical Commentary, 박재순 역, 국제성서 주석(한국신학연구소, 1985), p. 180.
153) William Hendriksen, Romans, op. cit., p. 144.

있다"란 하나님의 언약이 육체에 관한 언약임을 의미한다. 하나님께서 아브라함에게 가나안 땅과 아들을 주신다고 약속하셨다. 이 모든 것은 육체에 관한 약속이다. 만약 그 언약이 영에 관한 것이라면 '내 언약이 너희 영에 있다'라고 말씀하셨을 것이다.

4) 아브라함이 받은 언약이 육체에 관한 언약임을 전제로 하자. 그렇다면 그 언약에 의하여 믿음으로 얻는 의롭다하심도 역시 육체에 관한 것이라고 말할 수 있다. 곧 아브라함이 그 언약을 믿음으로 의롭다하심을 받은 것은 육체라고 말할 수 있다. 아브라함이 하나님을 믿음으로 그 육체가 의롭다하심을 얻었다면, (롬 4:1)의 말씀은 "우리 조상된 아브라함이 육신으로 무엇을 얻었다 하리요"라고 해석할 수 있을 것이다. 이렇게 해석할 경우에 (롬 4:1)의 말씀은 (롬 4:7,8)의 말씀과 조화를 이룬다. **"그 불법을 사하심을 받고 그 죄를 가리우심을 받는 자는 복이 있고 주께서 그 죄를 인정치 아니하실 사람은 복이 있도다 함과 같으니라"(롬 4:7,8).** "그 불법과 그 죄"란 아담으로부터 받은 원죄가 아니라 아브라함이 범한 것이다. 하나님은 의롭다하심을 얻은 자의 불의와 죄를 용서하신다. 의롭다하심은 법정에서 행하여지는 죄인에 대한 사면의 선언이다.154) 곧, "의롭다하심"이란 아브라함의 믿음이 하나님의 언약의 조건을 충족하였음을 법적으로 선언하는 것이다.155) 의롭다하심이란 죽음에서 생명을 얻었다는 것이다. **"이는 죽은 자가 죄에서 벗어나 의롭다하심을 얻었음이니라"(롬 6:7).**

5) 아브라함이 믿음으로 그 육체가 의롭다하심을 받았다. 이 경우에 인격은 육체에 포함되는 것으로 해석할 수 있다. 사람을 몸과 영과 혼으로 구분할 경우에 영은 아담의 죄로 인하여 사망에 이르게 되었으므로 양심과 율법은 살아있는 육체와 혼만을 정죄한다. 이러한 관점에서 볼 때 칭의 언약에 의하여 육체와 혼이 의롭다하심을 받는다고 말할 수 있을 것이다. 따라서 다윗은 믿음으로 그의 영혼이 소생하고 의롭다하심을 받았다고 고백하였다. **"내 영혼을 소생시키시고 자기 이름을 위하여 의의 길로 인도하시는도다"(시 23:3).** 여기서 "영혼"으로 번역된 히브리어는 네페쉬(נֶפֶשׁ)로서 혼을 의미한다.156) 믿음으로 그 혼이 의롭다하심을 받았으므로 혼이 하나님을 사모하여 찬양하였다.

---

154) Louis Berkhof, 하, op. cit., p. 769.
155) Wayne Grudem, 중, op. cit., p. 356.
156) 구약성경에서 네페쉬를 거의 대부분 영혼으로 번역하고 있다.

"여호와여 나의 영혼이 주를 우러러 보나이다" (시 25:1). "내 영혼이 여호와로 자랑하리니 곤고한 자가 이를 듣고 기뻐하리로다" (시 34:2). "내 영혼이 여호와를 즐거워함이여 그 구원을 기뻐하리로다" (시 35:9). 곧 그리스도 이전 사람들은 칭의 언약에 의하여 믿음으로 육체와 혼이 의롭다하심을 받았다고 말할 수 있다.

6) 아브라함이 범한 죄에 대하여 살펴보자. 율법이 오기 전이므로 그의 죄는 양심에 가책을 받은 죄이다.157) 양심에 의하여 가책을 받는 자범죄는 영에 영향을 주지 못하지만 육체와 인격을 더럽힌다. 양심은 죄를 깨닫게 하는 법으로서 아담 안에서 죄로 인하여 죽은 영을 정죄하지 못하고 살아있는 육체만을 정죄하기 때문이다. 율법도 육체에 관한 언약으로서 영을 정죄하지 못하고 육체만을 정죄한다. 율법은 육체의 죄를 깨닫게 한다. 따라서 아브라함은 의롭다하심을 얻음으로 양심에 의하여 정죄 받은 그의 자범죄를 용서받았다. 그의 영은 원죄로 인하여 사망에 이르게 되었으나 그의 자범죄는 사함을 받았다. 곧 아브라함의 육체와 인격이 의롭다하심을 받았다.

7) 하나님은 아브라함에게 믿음으로 의롭다하심을 얻는 언약을 주신 뒤에 그의 후손을 통하여 예수 그리스도께서 오실 것을 약속하셨다. **"내가 네게 큰 복을 주고 네 씨로 크게 성하여 하늘의 별과 같고 바닷가의 모래와 같게 하리니 네 씨가 그 대적의 문을 얻으리라 또 네 씨로 말미암아 천하 만민이 복을 얻으리니 이는 네가 나의 말을 준행하였음이니라 하셨다 하니라"** (창22:17,18). "네 씨"란 장차 오실 예수 그리스도를 의미한다. **"이 약속들은 아브라함과 그 자손에게 말씀하신 것인데 여럿을 가리켜 그 자손들이라 하지 아니하시고 오직 하나를 가리켜 네 자손이라 하셨으니 곧 그리스도라"** (갈 3:16).

8) 하나님은 아브라함에게 칭의 언약(창 15:6)을 주신 뒤에 그 언약이 그리스도의 피 흘림을 전제로 한 것임을 밝히셨다. 하나님께서 그에게 이삭을 번제로 드리라고 명령하셨다. **"여호와께서 가라사대 네 아들 네 사랑하는 독자 이삭을 데리고 모리아 땅으로 가서 내가 네게 지시하는 한 산 거기서 그를 번제로 드리라"** (창 22:2). 아브라함이 이삭을 번제로 드린 것은 그의 의롭다하심을 보증하는 것이다. **"우리 조상 아브라함이**

---

157) 애굽에서 아브라함은 죽음을 두려워하여 그의 아내를 누이라고 속이고 바로에게 넘겨주었다(창 12:12,13). 아브라함은 이 사건으로 인하여 양심에 가책을 받았을 것이다. 그러나 하나님은 그의 죄를 죄로 여기지 아니하셨다.

그 아들 이삭을 제단에 드릴 때에 행함으로 의롭다하심을 받은 것이 아니냐" (약 2:21). 번제로 드려진 이삭은 그리스도를 예표로 한다. 따라서 아브라함이 하나님의 말씀을 순종하여 이삭을 번제로 드렸을 때, 하나님은 그에게 그리스도의 피에 의한 속죄의 언약을 주셨다(창 22:17,18).

9) 아브라함의 씨로 인하여 천하 만민이 복을 얻으려면 그 씨가 인류의 죄와 저주를 담당하여야 한다. 복은 생명을 통하여 오며, 생명은 그리스도의 피에 의한 속죄를 통하여 오기 때문이다.158) 곧, 인류가 생명과 복을 얻는 것은 그리스도의 피에 의한 속죄를 전제로 한다. 따라서 (창 22:17,18)의 언약은 아브라함의 믿음을 의롭다고 한 이유를 설명하고 있다. 아브라함은 양심에 의하여 자신의 죄를 깨닫고 장차 그리스도께서 오시면 인류의 모든 죄를 담당하실 것을 알고 믿었다. 아브라함의 믿음의 대상은 장차 오실 그리스도이다(요 8:56).

10) 장차 오실 그리스도의 모형이 모리아 산에서 이삭을 대신하여 죽은 어린 양으로 나타났다. "**아브라함이 눈을 들어 살펴본즉 한 수양이 뒤에 있는데 뿔이 수풀에 걸렸는지라 아브라함이 가서 그 수양을 가져다가 아들을 대신하여 번제로 드렸더라**" (창 22:13). 그는 모리아 산으로 올라갈 때 하나님께서 이삭을 대신하여 어린 양을 준비하실 것을 알았다. "**아브라함이 가로되 아들아 번제할 어린 양은 하나님이 자기를 위하여 친히 준비하시리라 하고 두 사람이 함께 나아가서**" (창 22:8). 아브라함은 이삭을 대신하여 죽임을 당한 어린 양이 장차 오실 그리스도의 모형이라는 것을 알았다.

11) 하나님께서 그리스도의 피로써 인류의 죄를 대속하실 것을 작정하셨으므로 믿음으로 의롭다하심을 받는 언약을 주시고 그 언약을 믿는 자들을 의롭다고 선언하셨다. 하나님은 믿음으로 영생을 얻는 언약(요 3:16)을 주시기 전에 육체에 관한 언약(창 15:6)을 아브라함에게 주시고 그 언약을 통하여 믿는 자들의 육체와 인격을 의롭다고 하셨다. (창 15:6)의 언약은 육체에 관한 언약으로서 육체와 인격을 의롭게 하는 언약이다. 육체

---

158) 율법은 생명과 사망, 복과 저주의 말씀이다. 율법은 순종하면 생명과 복을 얻지만 불순종하면 사망과 저주 아래 놓이게 된다. 따라서 하나님께서 이스라엘에게 살기 위하여 생명과 복을 택하라고 명령하셨다. "**내가 오늘날 천지를 불러서 너희에게 증거를 삼노라 내가 생명과 사망과 복과 저주를 네 앞에 두었은즉 너와 네 자손이 살기 위하여 생명을 택하고**" (신 30:19).

에 관한 언약을 받은 자들은 그 언약에 의하여 믿음으로 육체와 인격이 의롭다하심을 받았다. 그 언약이 아브라함으로부터 이삭에게로, 이삭으로부터 야곱에게로, 야곱으로부터 열두 형제로 이어졌다.

12) 아브라함이 받은 칭의 언약은 아담으로부터 받은 원죄를 용서받는 것이 아니라 자범죄를 용서받는 언약이다. 아브라함은 믿음으로 의롭다하심을 받음으로 그의 육체가 의롭고 거룩하게 되었다. 이로써 예수 그리스도께서 오실 길이 준비되었다. 칭의 언약은 아브라함에게만 주신 언약이 아니라 모든 인류에게 주신 언약이다. 그 언약은 1,000대까지 이르는 언약이다. **"그는 그 언약 곧 천대에 명하신 말씀을 영원히 기억하셨으니 이것은 아브라함에게 하신 언약이며 이삭에게 하신 맹세며 야곱에게 세우신 율례 곧 이스라엘에게 하신 영영한 언약이라"** (시 105:8~10). 칭의 언약은 그리스도의 피에 의한 속죄를 전제로 한 언약이므로 아브라함과 그의 후손들은 장차 오실 그리스도를 믿음으로 의롭다하심을 받았다.

(4) 이해를 위한 질문

1) 하나님의 뜻과 칭의 언약

a. 아담이 타락함으로 하나님의 형상을 상실하였다. 이로써 그리스도의 길이 차단되었다. 그 이유는 무엇인가(창 1:26).

b. 마귀가 가인을 통하여 아벨을 죽인 이유는 무엇인가(요일 3:12).

c. 어떻게 하나님은 믿음으로 의롭다하심을 받은 자들을 보호하시는가(창 12:3).

d. 아브라함에게 칭의 언약을 주신 이유는 무엇인가(마 1:1),

e. 칭의 언약이 오기 전에 하나님께서 믿는 자들을 의롭다고 선언하신 이유는 무엇인가(시 89:14).

2) 칭의 언약의 전제조건

a. "하나님은 의로우시다"란 증거는 무엇인가(느 9:8).

b. 하나님께서 약속을 지키기는 이유는 무엇인가.

c. 거룩한 피 흘림에 의한 속죄와 칭의 언약의 관계는 무엇인가(창 15:6; 롬 5:9).

d. 왜 자신의 죄를 깨닫는 자만이 하나님을 믿을 수 있는가(시 40:12,13).

 3) **아브라함의 믿음과 칭의 언약**

    a. 아브라함이 의롭다하심을 받음으로 얻은 것은 무엇인가(롬 4:1).

    b. 칭의 언약에 의하여 자범죄만을 용서받는 이유는 무엇인가(롬 4:7,8).

    c. 이스라엘이 칭의 언약에 의하여 육체와 인격이 의롭다하심을 받는 이유는 무엇인가.

    d. 하나님께서 아브라함에게 그리스도의 언약을 주신 이유는 무엇인가. 칭의 언약과 그리스도의 언약은 어떤 관계가 있나(창 22:17,18).

2. 칭의 언약과 율법

(1) 율법과 정죄

 1) 하나님은 의와 공의로 만물을 통치하신다. 공의에 의한 통치란 율법과 율법의 행위에 따른 심판을 의미한다. 율법이 오기 전에 세상에 자범죄가 있었으나 하나님은 이것을 죄로 여기지 아니하셨다. 하나님은 모세를 통하여 비로소 세상을 공의로 심판하는 율법을 주셨다. 율법은 보이지 아니하는 하나님의 양심을 성문화한 것으로 선과 악에 대한 절대적인 기준이다. 율법은 사람의 모든 생각과 마음과 행위를 판단하는 공의의 법이다. 율법은 변하지 아니하는 자범죄의 기준이다.

 2) 아담으로부터 모세까지 사람들은 각자의 양심에 따라서 행동하고 있었다. 사람의 양심은 장소와 시간에 따라서 따르게 나타난다. 고대 애굽의 양심과 현대 애굽의 양심은 다르다. 애굽의 양심과 바벨론의 양심은 다르다. 동일한 사람의 양심도 장소와 시간에 따라서 변화한다. 곧 사람의 양심은 객관성과 통일성이 없다. 따라서 율법이 오기 전에 하나님은 양심에 가책 받는 죄를 심판하였으나 형벌하지 아니하셨다. **"죄가 율법 있기 전에도 세상에 있었으나 율법이 없을 때에는 죄를 죄로 여기지 아니하느니라"** (롬 5:13). "죄를 죄로 여기지 아니하다"란 죄를 형벌하지 아니한 것을 의미한다. 심판과 형벌은 다르다. 전자는 양심에 의하여 가책을 받은 자를 죄인이라고 선언하는 것이며, 후자는 그 죄에 대하여 형벌을 가하는 것이다. 모든 죄인은 마지막에 지옥에서 형벌을 받을

것이다.

3) 율법이 오기 전에 사람은 양심에 의하여 정죄를 받았다. 하나님은 양심에 의하여 정죄 받은 죄에 대하여 형벌하지 아니하셨지만 창조질서를 위반하는 죄, 장차 오실 그리스도의 길을 차단하려는 죄, 의롭다하심을 받은 자를 대적하는 죄를 심판하셨다.159) 소돔과 고모라 사람들은 동성애에 빠짐으로 창조질서를 위반하였다. 그들은 사람의 형상으로 나타난 천사들과 동성애를 즐기려고 하였다. **"롯을 부르고 그에게 이르되 이 저녁에 네게 온 사람이 어디 있느냐 이끌어내라 우리가 그들을 상관하리라"** (창 19:5). 하나님은 그들의 죄를 용서하지 아니하시고 그들을 유황불로 형벌하셨다. **"소돔과 고모라와 그 이웃 도시들도 저희와 같은 모양으로 간음을 행하며 다른 색을 따라 가다가 영원한 불의 형벌을 받음으로 거울이 되었느니라"** (유 1:7).

4) 그리스도께서 사람의 육체를 통하여 오시려면 남자와 여자가 결혼하여 자녀를 생산하여야 한다. 사람의 육체는 영원히 살지 못하므로 결혼을 통하여 자녀를 생산함으로 그리스도의 길을 준비하여야 한다. 동성애는 창조질서를 대적하는 동시에 그리스도의 길을 차단하는 죄이다. 피임도 같은 죄이다. 따라서 하나님은 자녀의 생산을 거절한 오난을 죽이셨다. **"오난이 그 씨가 자기 것이 되지 않을줄 알므로 형수에게 들어갔을 때에 형에게 아들을 얻게 아니하려고 땅에 설정하매 그 일이 여호와 목전에 악하므로 여호와께서 그도 죽이시니"** (창 38:9,10).

5) 노아는 불의한 자들로부터 마음의 상처를 받았다. 노아 당시에 사람들의 모든 생각이 악하였기 때문이다. **"때에 온 땅이 하나님 앞에 패괴하여 강포가 땅에 충만한지라 하나님이 보신즉 땅이 패괴하였으니 이는 땅에서 모든 혈육 있는 자의 행위가 패괴함이었더라"** (창 6:11,12). 사람들의 강포로 인하여 노아의 심령이 상하였다. 하나님은 의롭다하심을 받은 자의 마음을 상하게 하는 사람들을 심판하셨다. 믿음으로 의롭다하심을 받은 자를 대적하는 것은 장차 오실 그리스도의 길을 차단하려는 것이므로 심판을 받았

---

159) 아담이 타락함으로 그리스도의 길이 막혔으나 하나님은 아벨을 통하여 그 길을 열어놓으셨다. 그러나 가인은 아벨을 죽임으로 그 길을 다시 차단하였다. 따라서 하나님은 의롭다하심을 받은 자들을 보호하신다. 의롭다하심을 받은 자를 대적하는 것은 그리스도의 길을 대적하는 것으로 심판을 받았다.

다. "이르시기를 나의 기름 부은 자를 만지지 말며 나의 선지자를 상하지 말라 하셨도다" (시 105:15).

6) 사람의 양심에 의하여 정죄 받는 죄는 객관성과 통일성이 없으므로, 하나님은 율법을 자범죄의 기준으로 주셨다. 율법은 하나님의 양심을 성문화한 것으로 자범죄에 대한 객관적이며 통일적인 기준이다. 율법은 공간과 장소와 시간을 초월하여 모든 사람에게 적용되는 자범죄에 대한 기준이다. 율법은 세상 끝날까지 변하지 아니한다. **"진실로 너희에게 이르노니 천지가 없어지기 전에는 율법의 일점일획이라도 반드시 없어지지 아니하고 다 이루리라"** (마 5:18). 율법은 변화하지 아니함으로 사람의 모든 언행을 객관적이고 통일적으로 판단한다.

7) 율법은 사람의 언행뿐만 아니라 마음과 생각까지 판단한다. 십계명의 제1계명으로부터 제9계명까지의 말씀은 사람의 말과 행위를 판단한다. 제10계명은 사람의 마음과 생각을 판단한다. **"네 이웃의 집을 탐내지 말찌니라 네 이웃의 아내나 그의 남종이나 그의 여종이나 그의 소나 그의 나귀나 무릇 네 이웃의 소유를 탐내지 말찌니라"** (출 20:17). "탐내지 말라"란 모든 탐심이 죄임을 의미한다. 악한 말과 악한 행위가 탐심으로부터 시작하기 때문에 율법은 탐심을 정죄한다. **"입에서 나오는 것들은 마음에서 나오나니 이것이야말로 사람을 더럽게 하느니라 마음에서 나오는 것은 악한 생각과 살인과 간음과 음란과 도적질과 거짓 증거와 훼방이니"** (마 15:19). 따라서 율법은 만물 가운데 가장 악한 것이 사람의 마음이라고 선언한다. **"만물보다 거짓되고 심히 부패한 것은 마음이라 누가 능히 이를 알리요마는"** (렘 17:9).

8) 율법은 아담 안에서 범죄하는 자들에게 죄를 깨닫게 하기 위하여 주신 언약이다. 율법은 사람의 생각을 정죄하므로 사람은 율법을 온전히 순종할 수 없다. 사람은 자기의 의지로 악한 생각을 통제할 수 없기 때문이다. 마귀의 인격을 반영하는 육신의 생각이 하나님의 말씀을 대적한다. **"육신의 생각은 하나님과 원수가 되나니 이는 하나님의 법에 굴복치 아니할뿐 아니라 할 수도 없음이라"** (롬 8:7). 하나님을 대적하는 육신의 생각이 사람의 의지를 사로잡는다. **"내 지체 속에서 한 다른 법이 내 마음의 법과 싸워 내 지체 속에 있는 죄의 법 아래로 나를 사로잡아 오는 것을 보는도다"** (롬 7:23). 따라서 사람은

육신이 연약하여 율법을 순종할 수 없으므로 율법의 행위로 의롭다하심을 얻지 못한다. **"그러므로 율법의 행위로 그의 앞에 의롭다하심을 얻을 육체가 없나니 율법으로는 죄를 깨달음이니라"** (롬 3:20).

9) 율법은 사람을 의롭게 하는 법이 아니라 죄를 깨닫게 하는 법이므로, 율법의 행위로 의롭다하심을 얻으려는 자들은 모두 버림을 당하였다. 남 왕국이 바벨론의 포로가 된 이후에 유대인들은 그들의 죄와 조상의 죄로 인하여 저주를 받은 것을 깨달았다. 하나님께 택함을 받은 백성이 이방인들에게 멸망을 당한 이유는 우상숭배 때문이라고 믿은 유대인들은 철저하게 율법을 순종하려고 하였다. 이 결과 바리새인들과 서기관들이 출현하였다. 그들은 율법을 철저하게 순종하려고 노력하였으므로 율법의 행위로 그들 자신을 의롭다고 믿고 있었다. **"또 자기를 의롭다고 믿고 다른 사람을 멸시하는 자들에게 이 비유로 말씀하시되"** (눅 18:9). 그러나 예수 그리스도께서 율법으로 그들을 불의하다고 선언하셨다. **"화 있을찐저 외식하는 서기관들과 바리새인들이여 회칠한 무덤 같으니 겉으로는 아름답게 보이나 그 안에는 죽은 사람의 뼈와 모든 더러운 것이 가득하도다 이와 같이 너희도 겉으로는 사람에게 옳게 보이되 안으로는 외식과 불법이 가득하도다"** (마 23:27,28).

10) 바리새인들과 서기관들은 율법을 순종하기 위하여 많은 교육과 훈련을 받았지만 율법을 온전히 순종하지 못하였다. 율법은 사람의 생각을 정죄하기 때문이다. 악한 생각과 음욕은 사람의 의지와 무관하게 솟아난다. 율법은 음욕을 간음으로 정죄한다. **"나는 너희에게 이르노니 여자를 보고 음욕을 품는 자마다 마음에 이미 간음하였느니라"** (마 5:28). 율법은 미워하는 마음을 살인으로 정죄한다. **"그 형제를 미워하는 자마다 살인하는 자니 살인하는 자마다 영생이 그 속에 거하지 아니하는 것을 너희가 아는 바라"** (요일 3:15). 율법은 탐심을 우상숭배와 동일한 죄로 심판한다. **"그러므로 땅에 있는 지체를 죽이라 곧 음란과 부정과 사욕과 악한 정욕과 탐심이니 탐심은 우상 숭배니라"** (골 3:5).

11) 사람의 양심은 장소와 공간과 시간에 따라서 각각 다르게 나타나므로 통일성과 객관성이 없다. 이에 반하여 율법은 장소와 시간을 초월하여 통일되고 객관적인 기준으

로 사람의 행위를 심판한다. 따라서 하나님은 율법으로 사람을 심판하신다. 율법은 모든 사람을 심판함으로 하나님의 공의를 나타낸다. 율법은 사람의 생각까지 정죄하므로 사람은 율법을 순종하지 못한다. 따라서 율법은 모든 사람을 정죄하여 하나님의 심판 아래 가둔다(롬 3:19).

(2) 칭의 언약과 율법

 1) 믿음으로 의롭다하심을 얻는 언약이 아브라함으로부터 이삭으로, 이삭으로부터 야곱으로, 야곱으로부터 열두 지파로 이어졌다. 이스라엘이 애굽으로 들어간 이후부터 그 언약을 잃어버리고 우상을 숭배하기 시작하였다. 그들은 죄를 알지 못하였으므로 그들의 죄를 용서하실 하나님을 알지 못하고 애굽의 신을 섬겼다. 따라서 하나님께서 이스라엘 백성을 위하여 율법을 주셨다. 율법은 모든 사람을 정죄하여 죄를 깨닫게 하여 칭의 언약으로 인도한다. 따라서 율법은 칭의 언약을 견고하게 하는 언약이라고 말할 수 있다.

 2) 아브라함이 받은 언약과 모세가 받은 율법은 서로 상충되는 것 같이 보인다. 아브라함이 받은 언약은 믿음으로 의롭다하심을 받는 언약이지만, 모세가 받은 율법은 순종함으로 의롭다하심을 받은 언약이기 때문이다. **"우리가 그 명하신대로 이 모든 명령을 우리 하나님 여호와 앞에서 삼가 지키면 그것이 곧 우리의 의로움이니라 할찌니라"** (신 6:25). 믿음으로 의롭다하심을 얻는 언약과 순종함으로 의롭다하심을 얻는 율법이 서로 모순되느냐, 아니면 서로 보완하는 것이냐 하는 문제를 살펴보자. 바리새인들과 서기관들은 후자가 전자를 폐하는 것으로 알고 있었으므로 믿음을 버리고 율법의 행위로 의롭다하심을 얻으려고 하였다. 그러나 사도 바울은 후자가 전자를 굳게 세운다고 가르쳤다. 그 이유를 살펴보자.

 3) 율법은 의롭다하심을 얻으려는 자에게 온전한 순종을 요구한다. **"너희는 나의 법도를 좇으며 나의 규례를 지켜 그대로 행하라 나는 너희의 하나님 여호와니라"** (레 18:4). 율법을 온전히 순종하면 거룩하게 된다. **"너희는 내 규례를 지켜 행하라 나는 너희를 거룩케 하는 여호와니라"** (레 20:8). 거룩하다는 것은 의롭다하심을 받았다는 것을 의미

한다. 그러나 율법은 생각을 정죄하므로 사람은 율법을 온전히 순종할 수 없다(출 20:17). 곧 사람은 율법의 행위로 의롭다하심을 얻을 수 없다(롬 3:20). 율법은 마귀의 지배 아래 있는 모든 사람을 불의하다고 선언한다. **"기록한바 의인은 없나니 하나도 없으며"** (롬 3:10). 사람이 율법으로 의롭다하심을 얻을 수 없음에도 불구하고, 하나님께서 율법을 주신 이유는 무엇일까. 율법은 모든 사람을 정죄하여 하나님의 심판 아래 가둠으로 믿음으로 의롭다하심을 얻는 언약으로 인도한다. 이것이 해답이다.

4) 사람이 율법의 행위로 의롭다함을 얻을 수 없다면 믿음으로 의롭다하심을 얻어야 한다. 율법은 이스라엘 백성으로 하여금 그들의 죄를 깨닫게 하고 그 죄를 용서하실 하나님의 은혜를 사모하게 하였다. 다윗은 율법으로 자신의 죄가 머리털의 수와 같이 많은 것을 깨닫고 하나님의 구원을 사모하였다. **"하나님이여 주의 인자를 좇아 나를 긍휼히 여기시며 주의 많은 자비를 좇아 내 죄과를 도말하소서 나의 죄악을 말갛게 씻기시며 나의 죄를 깨끗이 제하소서 대저 나는 내 죄과를 아오니 내 죄가 항상 내 앞에 있나이다"** (시 51:1~3). 율법으로 자신의 죄를 깨닫는 자만이 그 죄를 용서하실 하나님을 믿고 그 은혜를 간구한다. 따라서 율법이 아브라함의 언약을 폐하는 것이 아니라 든든히 세우는 것이다. **"내가 이것을 말하노니 하나님의 미리 정하신 언약을 사백삼십 년 후에 생긴 율법이 없이 하지 못하여 그 약속을 헛되게 하지 못하리라 만일 그 유업이 율법에서 난 것이면 약속에서 난 것이 아니리라 그러나 하나님이 약속으로 말미암아 아브라함에게 은혜로 주신 것이라"** (갈 3:17,18). 곧 율법은 모든 사람을 정죄하여 믿음으로 의롭다함을 얻는 언약으로 인도한다.

5) 율법은 칭의 언약을 폐하는 것이 아니다. 이스라엘이 애굽에서 칭의 언약을 버리고 우상을 숭배하고 있었다. 그들은 우상으로 의롭다하심을 받으려고 하였다. **"그들이 내게 패역하여 내 말을 즐겨 듣지 아니하고 그 눈을 드는바 가증한 것을 각기 버리지 아니하며 애굽의 우상들을 떠나지 아니하므로 내가 말하기를 내가 애굽 땅에서 나의 분을 그들의 위에 쏟으며 노를 그들에게 이루리라 하였었노라"** (겔 20:8). 따라서 하나님은 그들에게 죄를 알게 하는 율법을 주셨다. 율법은 사람의 노력과 고행으로 의롭다하심을 얻을 수 없다는 것을 알게 한다. 사람이 율법의 행위로 의롭다하심을 얻을 수 없다면 하나님의

은혜로 의롭다하심을 얻어야 한다. 따라서 믿음으로 의롭다하심을 얻는 언약은 하나님의 은혜를 드러낸다. 믿음으로 의롭다하심을 얻는 언약이 하나님의 은혜임을 드려내려면 율법이 모든 사람의 행위를 판단하여 율법의 행위로 의롭다하심을 얻을 수 없다는 것을 선언하여야 한다. 곧 율법은 모든 사람을 죄 아래 가둠으로 하나님의 은혜를 드러내고 하나님의 의로우심을 나타낸다. **"그러나 성경이 모든 것을 죄아래 가두었으니 이는 예수 그리스도를 믿음으로 말미암은 약속을 믿는 자들에게 주려 함이니라"** (갈 3:22).

6) 율법은 칭의 언약을 보완하고 굳게 세우기 위하여 주신 언약이다. 이것을 아는 자들은 율법으로 자신의 죄를 깨닫고 그들의 죄를 용서하실 하나님의 은혜를 사모하였다. 그러나 바리새인들과 서기관들은 이것을 알지 못하고 율법의 행위로 의롭다하심을 얻으려고 하였다. 바리새인들과 서기관들은 율법을 순종하기 위하여 율법의 엄한 교육을 받고 철저하게 자신을 절제하는 훈련을 받았다(행 22:23). 그들이 율법을 순종한 것은 그들의 노력의 결과이다.160) 그들이 고행을 한 결과 얻은 것이 율법의 행위이므로 그들의 행위에 대하여 자부심을 가지고 있다. 따라서 그들은 하나님 앞에서 자신의 행위를 자랑하였다. **"바리새인은 서서 따로 기도하여 가로되 하나님이여 나는 다른 사람들 곧 토색, 불의, 간음을 하는 자들과 같지 아니하고 이 세리와도 같지 아니함을 감사하나이다 나는 이레에 두 번씩 금식하고 또 소득의 십일조를 드리나이다 하고"** (눅 18:11,12). 바리새인들과 서기관들은 하나님 앞에서 자기의 의로운 행위를 드려내려고 하였다. 곧 그들은 자신의 노력으로 의롭다하심을 받으려고 하였다. **"또 자기를 의롭다고 믿고 다른 사람을 멸시하는 자들에게 이 비유로 말씀하시되"** (눅 18:9). 그러나 하나님은 율법의 행위로 의롭다하심을 받으려는 그들의 행위를 외식이라고 선언하셨다. **"화 있을찐저 외식하는 서기관들과 바리새인들이여 잔과 대접의 겉은 깨끗이 하되 그 안에는 탐욕과 방탕으로 가득하게 하는도다"** (마 23:25).

7) 이스라엘은 자신의 죄를 알지 못하였으므로 하나님을 믿지 아니하였다. 하나님을 믿는다는 것은 장차 인류의 죄를 대속하실 예수 그리스도를 믿는 것이다. 아브라함은

---

160) 로마 가톨릭의 수도원과 수녀원은 율법을 순종하기 위하여 세상과 분리된 장소에서 생활을 강요하고 있다. 수도사들은 자신의 노력으로 율법을 순종하려고 하므로 그들의 행위에 대하여 자부심을 가지고 있다.

그의 죄를 용서하실 그리스도를 믿었다(요 8:56). 다윗은 성령의 감동하심으로 장차 오실 그리스도를 주님이라고 시인하였다. **"가라사대 그러면 다윗이 성령에 감동하여 어찌 그리스도를 주라 칭하여 말하되 주께서 내 주께 이르시되 내가 네 원수를 네 발 아래 둘 때까지 내 우편에 앉았으라 하셨도다 하였느냐"** (마 22:43,44). 그리스도 이전 사람들은 양심과 율법에 의하여 자신의 죄를 깨닫고 장차 오실 그리스도를 믿음으로 의롭다하심을 받았다. 따라서 율법은 모든 사람을 정죄하여 그리스도께로 인도하여 의롭다하심을 얻게 하는 언약이라고 성경은 말씀한다. **"이같이 율법이 우리를 그리스도에게로 인도하는 몽학선생이 되어 우리로 하여금 믿음으로 말미암아 의롭다하심을 얻게 하려 함이니라"** (갈 3:24).

8) 율법은 칭의 언약을 폐하는 것이 아니라 이를 보완하고 굳게 세우는 언약이다. 율법은 모든 사람으로 하여금 죄인임을 깨닫게 한다. 율법은 모든 사람의 행위를 정죄하여 죄인을 장차 오실 그리스도께로 인도한다. 율법은 이스라엘 백성을 음부의 권세에서 이끌어내어 그리스도께로 인도하였다. 율법에 의하여 자신의 죄를 깨닫는 자만이 장차 오실 그리스도를 믿음으로 의롭다하심을 받으려고 하였다. 이스라엘 백성과 달리 이방인들은 율법을 받지 못하였으므로 그들의 죄를 알지 못하였고 그 결과 하나님을 믿지 아니하였다. 애굽의 바로는 전능하신 하나님의 권능을 보았지만 자신의 죄를 알지 못하였으므로 하나님을 믿지 아니하였다.

(3) 이해를 위한 질문

1) 율법과 정죄

 a. 사람의 양심이 사람을 심판하는 법으로 적절하지 아니한 이유는 무엇인가.

 b. 율법이 오기 전에 하나님께서 양심으로 사람을 심판하셨지만 형벌하지 아니하신 이유는 무엇인가(롬 5:13).

 c. 율법이 오기 전에 하나님께서 사람을 심판하여 형벌하신 죄는 무엇인가(벧후 2:6,7).

 d. 율법이 사람을 정죄하는 법으로서 객관적이며 통일성을 가지고 있다. 그 이유는

무엇인가(출 20:17)

    e. 왜 사람은 율법을 온전히 순종할 수 없는가(롬 8:3).

    f. 율법이 탐심을 정죄하는 이유는 무엇인가(롬 7:7; 골 3:5).

2) 칭의 언약과 율법

    a. 율법이 칭의 언약을 폐지하지 못하는 이유는 무엇인가(갈 3:17).

    b. 율법과 칭의 언약의 관계는 무엇인가(마 3:2).

    c. 왜 율법이 칭의 언약을 굳게 세우는가(롬 3:20).

    d. 어떻게 율법은 사람을 그리스도께로 인도하는가(갈 3:24).

3.2 심판과 속죄와 구원의 모형

1. 출애굽과 구원의 모형

(1) 유월절 어린 양의 피와 출애굽

1) 출애굽은 예수 그리스도의 피를 통한 인류의 구원을 모형으로 보여준다. 애굽은 세상을, 애굽 왕 바로는 세상 임금인 마귀를, 이스라엘 백성은 택함을 받은 자들, 유월절 어린 양은 예수 그리스도를, 이스라엘 백성이 홍해를 건넌 것은 세례를 모형으로 보여준다. 이스라엘 백성이 그들의 능력으로 애굽에서 나오지 못하고 하나님의 은혜로 나온 것은 구원이 하나님의 은혜에 속한 것임을 모형으로 보여준다.

2) 첫째, 애굽은 세상을, 이스라엘 백성은 세상의 임금인 마귀의 지배 아래서 종노릇하는 인류를 모형으로 보여준다. 이스라엘 백성이 애굽에서 약 430년 동안 노예생활을 하였다(출 12:40). 애굽의 바로는 이스라엘 백성으로 하여금 국고성 라암셋을 건축하게 하였다. 이스라엘 백성은 애굽을 위하여 흙을 이겨서 벽돌을 굽고 건물을 건축하는 고된 일을 하였다. 바로는 이스라엘 백성을 칼과 채찍으로 통치하고 신생아 가운데 남자 아이를 죽였다. 바로는 이스라엘 백성의 노동력을 착취하고 그들의 생명을 빼앗다. 애굽과 이스라엘 백성의 관계는 주인과 노예의 관계이다. 이스라엘은 아담 안에서 마귀에게 종노릇하는 인류를 모형으로 보여준다. 애굽은 세상의 모형이며 바로는 세상 임금의

그림자이다.

3) 성경은 애굽이 세상을 모형으로 보여준다고 말씀하고 있다. 사람이 세상을 의지하는 것은 멸망의 길을 가는 것이므로, 성경은 애굽을 의지하지 말라고 경고한다. "**도움을 구하러 애굽으로 내려가는 자들은 화 있을찐저 그들은 말을 의뢰하며 병거의 많음과 마병의 심히 강함을 의지하고 이스라엘의 거룩하신 자를 앙모치 아니하며 여호와를 구하지 아니하거니와**" (사 31:1). "**애굽은 사람이요 신이 아니며 그 말들은 육체요 영이 아니라 여호와께서 그 손을 드시면 돕는 자도 넘어지며 도움을 받는 자도 엎드러져서 다 함께 멸망하리라**" (사 31:3). "**보라 네가 애굽을 의뢰하도다 그것은 상한 갈대지팡이와 일반이라 사람이 그것을 의지하면 손에 찔려들어가리니 애굽 왕 바로는 그 의뢰하는 자에게 이와 같으니라**" (사 36:6). 이 말씀은 이스라엘 백성이 하나님을 버리고 애굽을 의지하면 망한다는 것을 의미한다. 사람이 하나님을 믿지 아니하고 세상을 의지하면 버림을 받는다.

4) 남 왕국이 바벨론에게 멸망한 뒤에 가나안 땅에 남아있던 유대인들은 살기 위하여 애굽으로 피신하려고 하였다. 하나님은 예레미야를 통하여 애굽을 의지하지 말고 하나님을 의뢰하라고 권고하셨다. 애굽은 세상의 모형이므로 애굽을 의지하면 망하기 때문이다. "**너희 유다의 남은 자여 이제 여호와의 말씀을 들으라 만군의 여호와 이스라엘의 하나님이 이같이 말씀하시되 너희가 만일 애굽에 들어가서 거기 거하기로 고집하면 너희의 두려워하는 칼이 애굽 땅으로 따라가서 너희에게 미칠 것이요 너희의 두려워하는 기근이 애굽으로 급히 따라가서 너희에게 임하리니 너희가 거기서 죽을 것이라**" (렘 42:15,16).

5) 유대인들은 하나님의 말씀을 버리고 바벨론을 피하여 애굽으로 내려갔다. 하나님의 말씀대로 바벨론 왕 느부갓네살이 애굽을 멸망시킬 때 그곳으로 내려간 유대인들은 죽임을 당하였다. "**그가 와서 애굽 땅을 치고 죽일 자는 죽이고 사로잡을 자는 사로잡고 칼로 칠 자는 칼로 칠 것이라 내가 애굽 신들의 집에 불을 놓을 것인즉 느부갓네살이 그들을 불사르며 그들을 사로잡을 것이요 목자가 그 몸에 옷을 두름 같이 애굽 땅을 자기 몸에 두르고 평안히 그곳을 떠날 것이며 그가 또 애굽 땅 벧세메스의 주상들을**

깨프리고 애굽 신들의 집을 불사르리라 하셨다 할찌니라" (렘 43:11~13).

6) 구약성경을 기록한 히브리어는 하나님의 신성을 보여준다. 애굽이 영적으로 세상을 예표로 한다는 것을 보여주는 것이 애굽으로 번역된 히브리어의 명사의 수(number)를 나타내는 어미의 형태이다.161) 이것은 동일한 애굽이 쌍으로 존재한다는 것을 의미한다. 곧 육체의 눈으로 볼 수 있는 물질의 애굽과 볼 수 없는 영적인 애굽이 있다. 영적인 애굽은 세상이다. 애굽은 마귀의 지배 아래 있는 세상을 모형으로 보여준다고 말할 수 있다.

7) 둘째, 유월절 어린 양은 예수 그리스도를 예표로 한다. 하나님께서 모세의 손을 통하여 애굽의 바로에게 자신의 전능하신 능력을 보이시고 이스라엘 백성을 보내라고 말씀하셨다. **"여호와께서 모세에게 이르시되 바로에게 들어가서 그에게 이르라 히브리 사람의 하나님 여호와께서 말씀하시기를 내 백성을 보내라 그들이 나를 섬길 것이니라"** (출 9:1). 그러나 바로는 마음이 강퍅하여 이스라엘 백성을 보내지 아니하였다. **"그러나 여호와께서 바로의 마음을 강퍅케 하셨으므로 이스라엘 자손을 보내지 아니하였더라"** (출 10:20). 하나님은 마지막으로 애굽의 모든 초태생(初胎生)을 죽이시고 이스라엘 백성을 애굽에서 인도하여 내셨다. 하나님께서 애굽의 초태생을 죽이시려면 그들의 죄를 밝히셔야 한다. 무조건 애굽의 초태생을 죽이는 것은 하나님의 공의가 아니기 때문이다. 애굽의 죄는 하나님의 장자를 핍박한 것이다.

8) 하나님께서 이스라엘 백성을 자기의 장자로 택하셨다. **"너는 바로에게 이르기를 여호와의 말씀에 이스라엘 백성은 내 아들 내 장자라"** (출 4:22). 이스라엘 백성은 하나님의 아들이며 장자이다. 바로는 하나님의 장자인 이스라엘 백성을 지배할 수 없다. 지금까지 바로가 하나님의 장자인 이스라엘 백성을 지배한 것은 불법이다. 따라서 하나님께서 바로에게 이스라엘 백성을 보내라고 말씀하셨다. 만약 바로가 이스라엘 백성을 보내지 아니한다면, 하나님은 애굽의 모든 초태생을 죽이실 것이다. 애굽의 바로가 하나

---

161) 애굽으로 번역된 히브리어 미츠라임(מִצְרַיִם)은 쌍수(雙數)어미를 가지고 있다. 히브리어에서 "아임"은 쌍수 어미이다. 눈(에나임), 귀(오즈나임), 날개(케나파임), 손(야다임) 및 발(라그라임) 등의 단어는 동일한 것이 쌍으로 존재하므로 쌍수어미를 가지고 있다. 히브리어에서 애굽은 동일한 것이 쌍으로 존재하는 것을 의미하는 쌍수형인 미츠라임이다.

님의 장자인 이스라엘 백성을 핍박하고 죽인 것처럼, 하나님은 애굽의 모든 초태생을 죽이실 것이다. **"내가 네게 이르기를 내 아들을 놓아서 나를 섬기게 하라 하여도 네가 놓기를 거절하니 내가 네 아들 네 장자를 죽이리라 하셨다 하라 하시니라"** (출 4:23).

9) 애굽의 바로가 끝내 이스라엘 백성을 보내지 아니하자, 하나님은 애굽의 모든 초태생을 죽이기로 작정하셨다. 하나님은 애굽과 이스라엘 백성을 구별하기 위하여 어린 양을 잡아 그 피를 문설주와 인방에 바르게 하셨다. **"이 달 십사 일까지 간직하였다가 해 질 때에 이스라엘 회중이 그 양을 잡고 그 피로 양을 먹을 집 문 좌우 설주와 인방에 바르고"** (출 12:6,7). 이스라엘 백성이 어린 양의 피를 문설주와 인방에 바른 그 날 밤에 하나님은 애굽의 모든 초태생을 죽이셨다. **"밤중에 여호와께서 애굽 땅에서 모든 처음 난 것 곧 위에 앉은 바로의 장자로부터 옥에 갇힌 사람의 장자까지와 생축의 처음 난 것을 다 치시매 그 밤에 바로와 그 모든 신하와 모든 애굽 사람이 일어나고 애굽에 큰 호곡이 있었으니 이는 그 나라에 사망치 아니한 집이 하나도 없었음이었더라"** (출 12:29,30).

10) 유월절날 밤에 하나님께서 이스라엘 백성의 초태생을 살리시고 애굽의 모든 초태생만을 치셨다. 이것은 하나님의 공의 심판이 아니라고 주장할 수 있다. 이스라엘 백성은 죄가 없느냐고 주장할 수 있다. 애굽의 바로가 이스라엘 백성을 보내지 아니한 것만 죄이고 이스라엘 백성이 애굽에서 우상을 숭배한 것은 죄가 아니냐고 말할 수 있다. 이스라엘 백성이 애굽에서 애굽의 우상을 숭배하였기 때문이다(겔 20:8). 하나님께서 애굽을 심판하시려면 이스라엘 백성도 그들과 함께 심판하시는 것이 하나님의 공의이다. 하나님은 이스라엘 백성의 죄를 심판하는 대신에 유월절 어린 양의 피로써 그들의 죄를 대속하셨다.

11) 유월절 어린 양의 피가 이스라엘 백성의 죄를 대속한 이유를 살펴보자. 모든 동물은 창조질서에 의하여 받은 본능에 따라서 기계적으로 행동함으로 죄를 범할 수 없다. 하나님께서 소와 염소와 양을 거룩한 동물로 선언하셨다(레 11:3). 따라서 양의 피가 이스라엘 백성의 육체의 죄를 대속할 수 있다. **"육체의 생명은 피에 있음이라 내가 이 피를 너희에게 주어 단에 뿌려 너희의 생명을 위하여 속하게 하였나니 생명이 피에

있으므로 피가 죄를 속하느니라" (레 17:11). 하나님께서 이스라엘 백성의 죄를 대신하여 죄가 없는 어린 양을 죽여서 그 피를 뿌리게 하셨다. 이스라엘 백성의 죄를 대신하여 어린 양이 죽임을 당하였다는 증거가 그의 피다. 곧 어린 양의 피가 이스라엘 백성의 자범죄를 씻었으므로, 하나님께서 애굽의 모든 초태생을 심판하셨지만 이스라엘 백성의 초태생을 살리셨다. "내가 그 밤에 애굽 땅에 두루 다니며 사람과 짐승을 무론하고 애굽 나라 가운데 처음 난 것을 다 치고 애굽의 모든 신에게 벌을 내리리라 나는 여호와로라 내가 애굽 땅을 칠 때에 그 피가 너희의 거하는 집에 있어서 너희를 위하여 표적이 될찌라 내가 피를 볼 때에 너희를 넘어가니 재앙이 너희에게 내려 멸하지 아니하리라" (출 12:12,13).

12) 셋째, 이스라엘 백성이 애굽에서 나온 뒤에 홍해를 지난 것은 세례의 모형이다.162) "형제들아 너희가 알지 못하기를 내가 원치 아니하노니 우리 조상들이 다 구름 아래 있고 바다 가운데로 지나며 모세에게 속하여 다 구름과 바다에서 세례를 받고" (고전 10:1,2). 세례는 물속으로 들어감으로 육체의 정욕에 따라서 살아가는 옛 사람이 죽고, 물에서 올라옴으로 새 사람을 입는 것을 말한다. "만일 우리가 그의 죽으심을 본받아 연합한 자가 되었으면 또한 그의 부활을 본받아 연합한 자가 되리라 우리가 알거니와 우리 옛 사람이 예수와 함께 십자가에 못 박힌 것은 죄의 몸이 멸하여 다시는 우리가 죄에게 종노릇 하지 아니하려 함이니" (롬 6:5,6). 이스라엘 백성을 따르던 애굽의 모든 군대는 홍해바다에 빠져 죽었으나, 이스라엘 백성은 바다를 통과하여 광야로 나왔다. 홍해바다에서 죽은 애굽의 군대는 성도들을 미혹하여 범죄하게 하는 육체의 정욕을 예표로 한다.

13) 세례는 그리스도의 죽음과 부활에 연합하는 표이다. 믿는 자들이 세례를 받을 때 물 아래로 내려가는 것은 육체의 정욕의 죽음을, 물 위로 올라오는 것은 새 사람을 입는 것을 의미한다. 그리스도께서 십자가에 못 박히신 것과 같이 믿는 자의 육체의 정욕이 십자가에 못 박히고, 그리스도께서 부활하신 것과 같이 믿는 자가 새 사람을 입는다. "너희는 유혹의 욕심을 따라 썩어져 가는 구습을 좇는 옛 사람을 벗어 버리고"

---

162) 홍해와 세례 대하여 6.1.1 참조.

(엡 4:22). "하나님을 따라 의와 진리의 거룩함으로 지으심을 받은 새 사람을 입으라" (엡 4:24).

14) 애굽은 마귀가 사망의 권세로 지배하고 있는 세상을 예표로 한다. 이스라엘 백성이 애굽에서 고난을 당하는 것은 인류가 마귀의 권세 아래서 육체의 저주로 고통을 당하는 것을 모형으로 보여준다. 이스라엘 백성이 하나님의 은혜로 애굽에서 나오는 것은 믿는 자들이 마귀의 권세에서 곧, 죄에서 벗어나는 것을 모형으로 보여준다. 출애굽은 인류의 구원을 예표로 보여준다. 이스라엘 백성이 어린 양의 피로 그들의 죄를 대속하고 애굽에서 광야로 나온 것은 믿는 자들이 예수 그리스도의 피로 구원을 받는 것의 모형이다. 이스라엘 백성이 구름 아래를 지나고 홍해를 통과하므로 광야로 나온 것은 믿는 자들이 그리스도 예수 안에서 받는 세례를 모형으로 보여준다. 유월절 어린 양의 피는 인류의 죄를 대속한 예수 그리스도의 피를 예표로 한다. 출애굽을 통하여 계시된 하나님의 뜻이 예수 그리스도를 통하여 그대로 성취되었다.

(2) 광야 생활과 신앙생활의 모형

1) 이스라엘이 애굽에서 나와서 광야를 통과하여 가나안 땅을 들어가는 것은 예수 이름을 믿음으로 구원을 얻은 자들이 세상을 통과하여 천국으로 들어가는 것을 모형으로 보여준다. 이스라엘 백성의 광야생활은 믿는 자들의 신앙생활을 모형으로 보여준다. 이스라엘 백성이 광야에서 하늘로부터 내려온 만나를 먹은 것은 믿는 자들의 생명의 양식 곧, 예수 그리스도의 말씀을, 반석에서 나온 물은 예수 그리스도께서 보내주시는 성령을, 이스라엘 백성을 인도한 불기둥과 구름기둥은 믿는 자들을 인도하는 성령을, 이스라엘 백성과 이방인과의 전쟁은 믿는 자들의 영적 전쟁을, 이스라엘 백성의 타락은 믿는 자들이 범하는 죄를 모형으로 보여준다.

2) 첫째, 유월절날 밤에 이스라엘 백성은 애굽에서 급하게 나왔다. 그들은 집과 가재도구, 생활필수품과 양식을 버리고 광야로 나왔다. 그들은 광야를 통과하기 위하여 필요한 아무것도 준비하지 못하고 한 벌 옷과 발교되지 아니한 가루반죽, 그리고 가축을 이끌고 광야로 나왔다. 광야에서 그들은 생활에 필요한 아무 것도 구할 수 없었다. 아침에 태양

이 떠오르면 온 대지는 서서히 뜨거워지기 시작하여 낮에는 불덩어리로 변한다. 반면에 저녁이 되면 대기의 온도는 서서히 내려가 새벽이면 추위가 온 지면을 덮는다. 광야에는 전갈과 독사가 사람의 목숨을 위협하고 있다. 이러한 광야의 환경과 생활필수품 부족으로 그들은 스스로의 능력으로 광야를 통과하여 가나안 땅에 들어갈 수 없었다.

3) 하나님은 그들을 위하여 먹을 양식을 예비하셨다. 그것은 하늘에서 내리는 만나이다. "그 이슬이 마른 후에 광야 지면에 작고 둥글며 서리 같이 세미한 것이 있는지라 이스라엘 자손이 보고 그것이 무엇인지 알지 못하여 서로 이르되 이것이 무엇이냐 하니 모세가 그들에게 이르되 이는 여호와께서 너희에게 주어 먹게 하신 양식이라"(출 16:14,15). 이스라엘 백성은 이른 아침에 그것을 거두어 양식으로 사용하였다. 이스라엘 백성은 40년 동안 만나를 먹고 광야를 통과하여 가나안 땅으로 들어갔다. "이스라엘 족속이 그 이름을 만나라 하였으며 깟씨 같고도 희고 맛은 꿀 섞은 과자 같았더라 이스라엘 자손이 사람 사는 땅에 이르기까지 사십년 동안 만나를 먹되 곧 가나안 지경에 이르기까지 그들이 만나를 먹었더라"(출 16:35). 이스라엘 백성이 가나안 땅에 들어가서 그 땅에서 생산된 곡식을 먹자, 하늘에서 더 이상 만나가 내리지 아니하였다. "그 땅 소산을 먹은 다음 날에 만나가 그쳤으니 이스라엘 사람들이 다시는 만나를 얻지 못하였고 그 해에 가나안 땅의 열매를 먹었더라"(수 5:12).

4) 광야에서 이스라엘 백성이 먹은 만나는 육체의 양식으로서 영의 양식인 예수 그리스도의 말씀을 모형으로 보여준다. 성경은 예수 그리스도의 말씀을 생명의 양식이라고 말씀한다. "내가 곧 생명의 떡이로라 너희 조상들은 광야에서 만나를 먹었어도 죽었거니와 이는 하늘로서 내려오는 떡이니 사람으로 하여금 먹고 죽지 아니하게 하는 것이니라"(요 6:50). "생명의 양식"이란 믿음으로 영생을 얻은 자들의 영이 그 생명을 유지하기 위한 양식을 말한다. 1.1.2에서 논의한 바와 같이 사람이 하나님께로부터 받은 생명은 영원히 저장되지 아니하므로, 사람은 계속하여 하나님께로부터 생명의 양식을 받아야 한다. 그 양식은 예수 그리스도의 말씀이다. 그리스도의 말씀을 순종하는 것이 생명의 양식을 얻는 것이다. "나는 하늘로서 내려온 산 떡이니 사람이 이 떡을 먹으면 영생하리라 나의 줄 떡은 곧 세상의 생명을 위한 내 살이로라 하시니라"(요 6:51).

5) 둘째, 이스라엘 백성이 반석에서 나온 물을 마신 것은 믿는 자들이 받을 성령을 예표로 한다. 광야에서 이스라엘이 물을 구하자, 하나님은 모세에게 반석을 쳐서 물이 나오게 하라고 명령하셨다. 모세가 지팡이로 반석을 치자 그 반석이 깨지며 물이 나왔다. **"내가 거기서 호렙산 반석 위에 너를 대하여 서리니 너는 반석을 치라 그것에서 물이 나리니 백성이 마시리라 모세가 이스라엘 장로들의 목전에서 그대로 행하니라"** (출 17:6). 모세가 지팡이로 친 반석은 예수 그리스도를 예표로 한다. **"다 같은 신령한 음료를 마셨으니 이는 저희를 따르는 신령한 반석으로부터 마셨으매 그 반석은 곧 그리스도시라"** (고전 10:4).

6) 반석이 깨진 것은 예수 그리스도의 육체가 찢어지는 것을 의미한다. 곧 예수 그리스도께서 죽으신 뒤에 성령께서 그의 찢어진 육체를 통하여 임하셨다. **"나를 믿는 자는 성경에 이름과 같이 그 배에서 생수의 강이 흘러나리라 하시니 이는 그를 믿는 자의 받을 성령을 가리켜 말씀하신 것이라 (예수께서 아직 영광을 받지 못하신 고로 성령이 아직 저희에게 계시지 아니하시더라)"** (요 7:38,39). "예수께서 아직 영광을 받지 못하셨다"란 그리스도께서 죽고 부활하지 아니하셨다는 것을 말한다. 예수 그리스도께서 부활하여 승천하신 뒤에 믿는 자들에게 성령을 보내주신다. **"하나님이 오른손으로 예수를 높이시매 그가 약속하신 성령을 아버지께 받아서 너희 보고 듣는 이것을 부어 주셨느니라"** (행 2:33). 따라서 "반석을 치라"란 예수 그리스도를 죽이라는 명령이다.

7) 이스라엘 백성이 가데스에 이르렀을 때 마실 물을 구하였다. 하나님께서 모세에게 반석을 명하여 물이 나오게 하라고 명령하셨다. **"지팡이를 가지고 네 형 아론과 함께 회중을 모으고 그들의 목전에서 너희는 반석에게 명하여 물을 내라 하라 네가 그 반석으로 물을 내게 하여 회중과 그들의 짐승에게 마시울찌니라"** (민 20:8). 그러나 모세는 하나님의 능력을 믿지 아니하고 지팡이로 반석을 쳐서 물이 나오게 하였다. **"그 손을 들어 그 지팡이로 반석을 두번 치매 물이 많이 솟아나오므로 회중과 그들의 짐승이 마시니라"** (민 20:11). 모세가 지팡이로 반석을 두 번 친 것은 예수 그리스도를 두 번 죽이는 죄이다. 예수 그리스도를 한번 죽으실 분이며 두 번 죽으실 분은 아니다. 오순절 날에 성령을 받은 이후부터는 예수 그리스도를 다시 못 박지 말고 그에게 성령 받기를

간구하는 것이 하나님의 뜻이다. 모세는 이 죄로 인하여 가나안 땅에 들어가지 못하였다.163) **"여호와께서 모세와 아론에게 이르시되 너희가 나를 믿지 아니하고 이스라엘 자손의 목전에 나의 거룩함을 나타내지 아니한고로 너희는 이 총회를 내가 그들에게 준 땅으로 인도하여 들이지 못하리라 하시니라"** (민 20:12).

8) 셋째, 광야의 낮은 뜨겁고 밤은 춥다. 이스라엘 백성이 광야를 통과하려면 더위와 추위를 견디어야 한다. 또한 그들은 가나안 땅으로 나가는 길을 알지 못하였으므로 길을 안내할 자를 필요로 하였다. 낮에는 하나님께서 구름기둥으로 그들을 더위로부터, 밤에는 불기둥으로 추위로부터 보호하셨다. **"이 땅 거민에게 고하리이다 주 여호와께서 이 백성 중에 계심을 그들도 들었으니 곧 주 여호와께서 대면하여 보이시며 주의 구름이 그들 위에 섰으며 주께서 낮에는 구름기둥 가운데서, 밤에는 불기둥 가운데서 그들 앞에서 행하시는 것이니이다"** (민14:14).

9) 광야에서 구름기둥과 불기둥이 이스라엘 백성을 가나안 땅으로 인도하였다. **"항상 그러하여 낮에는 구름이 그것을 덮었고 밤이면 불 모양이 있었는데 구름이 성막에서 떠오르는 때에는 이스라엘 자손이 곧 진행하였고 구름이 머무는 곳에 이스라엘 자손이 진을 쳤으니 이스라엘 자손이 여호와의 명을 좇아 진행하였고 여호와의 명을 좇아 진을 쳤으며 구름이 성막 위에 머무는 동안에는 그들이 유진하였고"** (민 9:16~18). 아침에 구름이 떠올라 앞서 가면 이스라엘 백성은 가나안 땅을 향하여 나갔으며 구름이 머물러 있으면 이스라엘 백성은 진에 머물러 있었다.

10) 이스라엘 백성을 인도한 구름과 불은 성령이 아니라 천사의 사역이다. 성령은 하나님의 영으로서 사람의 눈으로 볼 수 없으나 구름과 불은 볼 수 있기 때문이다. 또한 성령은 인격을 가지고 계시지만 구름과 불에는 인격이 없다. 따라서 구름과 불은 천사의 사역으로 나타난 것이라고 말할 수 있다. **"또 천사들에 관하여는 그는 그의 천사들을**

---

163) 이 사건은 두 가지로 해석할 수 있다. 첫째, 예수 그리스도를 두 번 십자가에 못 박는 죄는 속죄 받지 못한다. **"한번 비췸을 얻고 하늘의 은사를 맛보고 성령에 참여한바 되고 하나님의 선한 말씀과 내세의 능력을 맛보고 타락한 자들은 다시 새롭게 하여 회개케 할 수 없나니 이는 자기가 하나님의 아들을 다시 십자가에 못 박아 현저히 욕을 보임이라"** (히 6:4~6). 믿고 영생을 얻은 뒤에 배교한 자는 다시는 회개하여 새롭게 할 수 없다(살후 2:3). 둘째, 모세를 통하여 주신 율법으로 천국에 들어갈 수 없다.

바람으로, 그의 사역자들을 불꽃으로 삼으시느니라 하셨으되"(히 1:7). 이스라엘 백성을 보호하고 인도한 구름과 불은 믿는 자들을 인도하시는 성령을 모형으로 보여준다. 성령께서는 믿는 자들을 인도하신다. **"무릇 하나님의 영으로 인도함을 받는 그들은 곧 하나님의 아들이라"** (롬 8:14).

11) 넷째, 광야에서 이스라엘 백성과 이방인의 전쟁은 믿는 자들의 영적 싸움을 모형으로 보여준다. 이스라엘 백성이 광야를 지나갈 때 아말렉이 그들을 대적하였다. 모세는 이스라엘 백성을 위하여 산에서 기도하였고, 그들은 아말렉을 쳐서 파하였다. **"여호수아가 모세의 말대로 행하여 아말렉과 싸우고 모세와 아론과 훌은 산꼭대기에 올라가서 모세가 손을 들면 이스라엘이 이기고 손을 내리면 아말렉이 이기더니"** (출 17:10,11). 모세가 손을 든 것은 전쟁을 위하여 하나님께 기도한 것이다. 이것은 모든 전쟁에 있어서 승패는 하나님의 뜻에 달린 것을 보여준다.164) 모세가 기도를 멈추지 아니하였으므로, 이스라엘 백성은 그 전쟁에서 승리하였다. **"모세의 팔이 피곤하매 그들이 돌을 가져다가 모세의 아래에 놓아 그로 그 위에 앉게 하고 아론과 훌이 하나는 이편에서, 하나는 저편에서 모세의 손을 붙들어 올렸더니 그 손이 해가 지도록 내려오지 아니한지라 여호수아가 칼날로 아말렉과 그 백성을 쳐서 파하니라"** (출 17:12,13).

12) 성경은 믿는 자들에게 하늘에 있는 악한 영들과 싸움에서 승리하라고 말씀하신다. **"우리의 씨름은 혈과 육에 대한 것이 아니요 정사와 권세와 이 어둠의 세상 주관자들과 하늘에 있는 악의 영들에게 대함이라"** (엡 6:12). "어둠의 세상 주관자"란 마귀를 의미한다. **"마귀의 궤계를 능히 대적하기 위하여 하나님의 전신갑주를 입으라"** (엡 6:11). 마귀와의 전쟁에서 승리하려면 믿음과 구원과 평안과 하나님의 말씀을 가져야 한다. **"그런즉 서서 진리로 너희 허리 띠를 띠고 의의 흉배를 붙이고 평안의 복음의 예비한 것으로 신을 신고 모든 것 위에 믿음의 방패를 가지고 이로써 능히 악한 자의 모든 화전을 소멸하고 구원의 투구와 성령의 검 곧 하나님의 말씀을 가지라"** (엡 6:14~17).

---

164) 이스라엘은 하나님의 백성이고 이방인들은 세상에 속한 자들이다. 하나님은 이스라엘의 임금으로서 이방인과 그들의 전쟁을 주관하셨다. **"또 여호와의 구원하심이 칼과 창에 있지 아니함을 이 무리로 알게 하리라 전쟁은 여호와께 속한 것인즉 그가 너희를 우리 손에 붙이시리라"** (삼상 17:47).

13) 다섯째, 이스라엘 백성이 타락하였기 때문에 광야에서 죽고 가나안 땅에 들어가지 못한 것은 믿는 자들이 범죄함으로 멸망한 것을 모형으로 보여준다. **성경은 광야에서 이스라엘 백성이 범한 죄를 우상숭배, 간음, 시험 및 원망으로 구분하였다.** "저희 중에 어떤 이들과 같이 너희는 우상 숭배하는 자가 되지 말라 기록된바 백성이 앉아서 먹고 마시며 일어나서 뛰논다 함과 같으니라 저희 중에 어떤 이들이 간음하다가 하루에 이만 삼천 명이 죽었나니 우리는 저희와 같이 간음하지 말자 저희 중에 어떤 이들이 주를 시험하다가 뱀에게 멸망하였나니 우리는 저희와 같이 시험하지 말자 저희 중에 어떤 이들이 원망하다가 멸망시키는 자에게 멸망하였나니 너희는 저희와 같이 원망하지 말라"(고전 10:7~10). 이러한 죄를 범한 자들은 모두 광야에서 죽고 가나안 땅에 들어가지 못하였다.

14) 우상숭배, 간음, 시험 및 원망 등의 죄는 하나님에 대한 불신앙을 행동으로 보여주는 것이다. 하나님은 애굽에서 그의 백성을 구원하여 내신 뒤에 믿지 아니하는 모든 자들을 광야에서 멸하셨다.[165] **"너희가 본래 범사를 알았으나 내가 너희로 다시 생각나게 하고자 하노라 주께서 백성을 애굽에서 구원하여 내시고 후에 믿지 아니하는 자들을 멸하셨으며"** (유 1:5). 광야에서 이스라엘 백성이 범죄함으로 멸절당한 것은 믿는 자들에 대한 경고이다. **"저희에게 당한 이런 일이 거울이 되고 또한 말세를 만난 우리의 경계로 기록하였느니라"** (고전 10:11). 이스라엘 백성의 타락은 믿는 자들이 배교함으로 멸망할 수 있다는 것을 모형으로 보여준다.

15) 이스라엘 백성이 유월절 어린 양의 피로써 애굽에서 광야로 나온 것은 구원을, 그들의 광야생활은 믿는 자들의 신앙생활을 모형과 그림자로 보여준다. 광야에서 이스라엘 백성이 하나님의 은혜로 먹고 마시며 구름기둥과 불기둥으로 인도받은 것은 예수 그리스도의 말씀과 성령으로 믿는 자들이 광야 같은 세상을 통과하는 것을 모형으로 보여준다. 광야에서 이스라엘 백성의 타락은 믿는 자들이 세상으로부터 미혹을 받아

---

165) 애굽에서 나온 남자들 가운데 20세 이상 전쟁에 참여할 수 있는 자들의 수는 605,330명이었다. **"계수함을 입은 자의 총계가 육십만 오천 삼백삼십 명이었더라"** (민 1:46). 레위인들은 계수에서 제외되었다. 이들 가운데 갈렙과 여호수아 두 사람을 제외한 모든 자들이 범죄함으로 광야에서 죽었다.

타락하는 것을 모형으로 보여준다.

(3) 이해를 위한 질문

1) **유월절 어린 양의 피와 출애굽**

   a. 출애굽을 구원의 모형이라고 할 때, 애굽이 영적으로 세상을 예표로 하는 이유는 무엇인가(사 31:1; 약 3:15)

   b. 애굽의 바로는 누구를 예표로 하나.

   c. 유월절 어린 양의 피가 예수 그리스도의 피를 모형으로 보여주는 이유는 무엇인가(고전 5:7).

   d. 유월절날 밤에 애굽의 모든 초태생은 죽임을 당하였다. 그 이유는 무엇인가(출 4:23).

   e. 유월절날 밤에 이스라엘의 모든 초태생은 죽임을 당하지 아니하였다. 그 이유는 무엇인가(출 12:13).

   f. 이스라엘이 홍해를 통과한 것이 그리스도 예수 안에서 받는 세례를 모형으로 보여 주는 이유는 무엇인가(고전 10:2).

   g. 홍해에서 죽은 애굽의 군사는 무엇을 예표로 하는가(롬 6:6; 갈 5:24).

2) **광야 생활과 신앙생활의 모형**

   a. 이스라엘의 광야생활이 믿는 자들의 신앙생활을 모형으로 보여주는 이유는 무엇인가.

   b. 만나의 영적인 의미는 무엇인가(요 6:48~50).

   c. 반석에서 나온 물은 영적으로 무엇을 의미하는가(요 7:37~39).

   d. 가데스에서 모세가 지팡이로 반석을 쳐서 물이 나오게 한 것이 죄가 되는 이유는 무엇인가(민 20:12; 히 6:6).

   e. 광야에서 이스라엘을 인도한 불기둥과 구름기둥은 무엇을 예표로 하나(롬 8:14).

   f. 광야에서 이스라엘이 하나님을 믿지 아니함으로 멸절되고 가나안 땅에 들어가지 못하였다(유 1:5). 성막에서 드린 소와 염소와 양의 피가 그들의 죄를 없이하지

못한 이유는 무엇인가.

   g. 우상숭배, 음행, 시험 및 원망이 불신앙과 관련되는 이유는 무엇인가(히 3:19).

   h. 애굽에서 나온 자들 가운데 20세 이상 전쟁에 참여한 자들은 603,550명이었다(민 1:46). 이들 가운데 두 명만이 가나안 땅에 들어간 이유는 무엇인가(민 14:11).

2. 율법과 심판의 모형

(1) 이방인의 미혹과 이스라엘의 범죄

1) 아담이 뱀에게 미혹을 받아 범죄한 뒤에 그의 인격이 마귀에게 예속되었다. 이로 인하여 온 인류는 마귀의 지배 아래 놓이게 되었다. 마귀는 사람의 인격을 사로잡아 사람으로 하여금 하나님을 대적하게 한다. 아담 안에서 사람이 마귀의 지배를 받아 범죄하고 있다는 것을 깨닫게 하는 법이 율법이다. 이스라엘 백성과 이방인의 관계를 통하여, 율법은 아담 안에 있는 사람과 마귀의 관계를 모형으로 보여준다. 사단이 아담을 미혹하여 범죄하게 한 뒤에 사람의 인격을 지배하는 자가 된 것과 같이, 이방인은 이스라엘 백성을 미혹하여 우상을 숭배하게 한 뒤에 그들을 종으로 사로잡아 지배하였다.

2) 아담은 뱀에게 미혹을 받아 범죄한 뒤에 마귀의 종이 되었다. 사단은 뱀을 통하여 아담을 미혹하여 선악과 계명을 대적하게 한 뒤에 사람을 지배하는 자가 되었다. 이것을 모형으로 보여주는 것이 율법 아래서 이스라엘 백성과 이방인의 관계이다. 이스라엘 백성이 가나안 땅에 들어가기 전에 하나님께서 그들에게 이방인을 가까이 하지 말라고 경고하셨다. **"너는 스스로 삼가 네가 들어가는 땅의 거민과 언약을 세우지 말라 그들이 너희 중에 올무가 될까 하노라"**(출 34:12). 이방여자들이 이스라엘 백성을 미혹하여 우상을 숭배하게 할 것이기 때문이다. **"또 그들과 혼인하지 말찌니 네 딸을 그 아들에게 주지 말 것이요 그 딸로 네 며느리를 삼지 말 것은 그가 네 아들을 유혹하여 그로 여호와를 떠나고 다른 신들을 섬기게 하므로 여호와께서 너희에게 진노하사 갑자기 너희를 멸하실 것임이니라"**(신 7:3,4).

3) 이스라엘은 가나안 땅에 들어간 뒤에 하나님의 말씀을 버리고 우상을 섬기는 이방

여자를 취하여 아내로 삼았다. 하나님께서 금하시는 이스라엘과 이방인과의 결혼을 어떻게 해석할 것이냐 하는 문제가 제기될 수 있다. 결혼이란 하나님께서 짝지어 주시는 것이다. **"이러한즉 이제 둘이 아니요 한 몸이니 그러므로 하나님이 짝지어 주신 것을 사람이 나누지 못할찌니라 하시니"** (마 19:6). 특히 하나님의 백성으로 택함을 받은 자들이 하나님의 허락을 받지 못한 결혼을 감행한 것은 결혼이라고 말할 수 없을 것이다. 이스라엘 백성과 이방인의 결혼을 허락하지 아니하신 하나님은 그들의 성관계를 음행으로 여기셨다. 하나님께서 허락하신 결혼관계 이외의 성관계를 음행으로 본다면, 그들의 성관계는 음행이기 때문이다. 이스라엘 백성과 이방인 사이에 음행은 우상숭배로 이어졌다. 하나님의 백성으로 택함을 받은 자들이 우상을 숭배하는 이방여자와 성관계를 가지면 그들의 육체는 우상의 형상을 나타내기 때문이다.

4) 우상을 숭배하는 이방여자의 육체는 우상의 흔적을 가지고 있다. 성관계는 남자와 여자가 한 몸이 되는 것이므로, 이스라엘 백성이 우상을 숭배하는 이방인과 성관계를 맺으면 그들의 육체는 이방인의 육체와 같이 된다. 곧 이스라엘 백성의 육체에 우상의 흔적이 새겨진다. 따라서 이방여자들이 이스라엘 백성을 우상으로 미혹하였을 때, 그들은 그 미혹을 이길 능력이 없었다. 이스라엘 백성은 이방여자들의 미혹에 빠져서 하나님을 버리고 우상을 숭배하였다고 성경은 말씀한다 **"그들의 딸들을 취하여 아내를 삼으며 자기 딸들을 그들의 아들에게 주며 또 그들의 신들을 섬겼더라 이스라엘 자손이 여호와 목전에 악을 행하여 자기들의 하나님 여호와를 잊어버리고 바알들과 아세라들을 섬긴지라"** (삿 3:6,7). 이스라엘 백성이 율법을 버리고 이방인의 미혹을 받아 우상을 섬기는 것은 스스로 이방인의 종이 되겠다는 의사표시이다. 이스라엘 백성이 하나님의 말씀을 버리고 이방인의 종이 되어 우상을 섬겼을 때, 하나님은 그들의 선택을 그대로 인정하셨다. 하나님은 그들의 소원대로 그들을 이방인의 손에 붙이셨다. **"여호와께서 이스라엘에게 진노하사 그들을 메소보다미아 왕 구산 리사다임의 손에 파셨으므로 이스라엘 자손이 구산 리사다임을 팔 년을 섬겼더니"** (삿 3:8). 이스라엘 백성은 구산 리사다임의 노예가 되어 팔 년 동안 그들을 섬겼다.[166]

---

[166] 하나님과 이스라엘 백성의 관계는 결혼관계이다. 그들이 우상을 숭배함으로 간음하였을 때

5) 이스라엘 백성이 우상을 숭배함으로 이방인의 종이 되었을 때, 이방인들은 이스라엘의 재산을 약탈하였다. "**이스라엘이 파종한 때면 미디안 사람, 아말렉 사람, 동방 사람이 치러 올라와서 진을 치고 가사에 이르도록 토지 소산을 멸하여 이스라엘 가운데 식물을 남겨두지 아니하며 양이나 소나 나귀도 남기지 아니하니**" (삿 6:3,4). 이스라엘 백성이 이방인의 종으로서 학대를 받는 것을 보여주는 것이 애굽의 노예생활이다. 애굽에서 이스라엘 백성이 바로를 위하여 국고성을 쌓았다. 그들은 노동에 대한 임금을 받지 못하였고 생명의 위협을 당하며 살았다. 바로는 이스라엘 백성의 신생아 가운데 사내아이를 죽였다. "**가로되 너희는 히브리 여인을 위하여 조산할 때에 살펴서 남자여든 죽이고 여자여든 그는 살게 두라**" (출 1:16). 애굽은 채찍과 칼로 이스라엘 백성을 지배하였다.

6) 이스라엘 백성이 이방인의 지배 아래서 고통을 당할 때 그들의 죄를 깨달았다. 이스라엘 백성이 우상을 버리고 그들의 죄를 회개하며 하나님께로 돌아왔을 때, 하나님은 사사를 통하여 그들을 이방인의 손에서 구원하셨다. 이스라엘 백성은 이방인들로부터 독립하여 잠시 동안 평화를 누리다가 다시 이방여자들에게 미혹을 받아 우상을 숭배하였다. 그들이 하나님을 버리고 우상을 숭배하였을 때, 하나님은 다시 그들을 이방인의 손에 붙이셨다. 사사시대에 이러한 일이 반복하여 일어났다. 사사시대가 끝나고 왕정시대가 시작되었다. 다윗 시대에 이스라엘 백성은 우상을 버리고 온전히 하나님을 섬겼다.

7) 다윗은 이스라엘의 주권자가 된 이후 의와 공의로 나라를 통치하였다. "**다윗이 온 이스라엘을 다스려 모든 백성에게 공과 의를 행할쌔**" (삼하 8:15). 다윗의 통치 아래서 이스라엘은 율법에 따라서 하나님을 섬겼다. 따라서 하나님께서 율법을 통하여 약속하신 대로 이스라엘에게 복을 주셨다(신 28:1~14). 다윗은 하나님의 은혜로 주변 국가를 정복하여 식민(植民)으로 삼고 그들로부터 조공을 받았다. "**다메섹 아람에 수비대를 두매 아람 사람이 다윗의 종이 되어 조공을 바치니라 다윗이 어디를 가든지 여호와께서 이기게 하시니라**" (삼하 8:6). 다윗이 죽은 뒤에 솔로몬은 지혜로 나라를 다스렸으나 노년에 우상숭배에 빠지게 되었다. 그는 하나님의 이름을 위하여 성전을 건축하고 하나

하나님을 그들을 우상의 아내로 내주셨고 그들에게 이혼증서를 주셨다. "**내게 배역한 이스라엘이 간음을 행하였으므로 내가 그를 내어 쫓고 이혼서까지 주었으되 그 패역한 자매 유다가 두려워 아니하고 자기도 가서 행음함을 내가 보았노라**" (렘 3:8).

님의 지혜로 나라를 다스렸다. 그러나 노년에 그는 율법을 버리고 많은 이방여자를 아내로 취하였고 그녀들에게 미혹을 받아 우상을 섬겼다. **"솔로몬의 나이 늙을 때에 왕비들이 그 마음을 돌이켜 다른 신들을 좇게 하였으므로 왕의 마음이 그 부친 다윗의 마음과 같지 아니하여 그 하나님 여호와 앞에 온전치 못하였으니 이는 시돈 사람의 여신 아스다롯을 좇고 암몬 사람의 가증한 밀곰을 좇음이라"** (왕상 11:4,5).

8) 솔로몬 이후 이스라엘은 북 왕국과 남 왕국으로 갈라졌다. 북 왕국의 여로보암은 정치적인 목적으로 산당을 세우고 우상을 만들어 섬겼다(왕상 12:28,29). 아합은 이방여자 이세벨을 아내로 맞이하였고 그녀에게 미혹을 받아 바알과 아세라신을 섬겼다(왕상 16:31~33). 아합 이후 북 왕국은 우상숭배에서 벗어나지 못하다가 끝내 앗수르에게 멸망하였다. 앗수르는 북 왕국을 미혹하여 그들의 신을 섬기게 하였다. **"오홀라가 내게 속하였을 때에 행음하여 그 연애하는 자 곧 그 이웃 앗수르 사람을 사모하였나니 그들은 다 자색 옷을 입은 방백과 감독이요 준수한 소년, 말 타는 자들이라 그가 앗수르 중에 잘 생긴 그 모든 자들과 행음하고 누구를 연애하든지 그들의 모든 우상으로 스스로 더럽혔으며"** (겔 23:5~7). "오홀라"는 북 왕국을 가리킨다. 앗수르에게 미혹을 받아 그들의 신을 섬긴 북 왕국은 그들에게 멸망하였다. **"그러므로 내가 그를 그 정든 자 곧 그 연애하는 앗수르 사람의 손에 붙였더니 그들이 그 하체를 드러내고 그 자녀를 빼앗으며 칼로 그를 죽여 그 누명을 여자에게 드러내었나니 이는 그들이 그에게 심문을 행함이니라"** (겔 23:9,10).

9) 북 왕국을 정복한 앗수르는 이스라엘 백성을 본국으로, 그들의 국민을 가나안 땅으로 이주시켰다(왕하 17:23,24). 이로써 유다와 베냐민 지파를 제외한 나머지 열 지파는 이방인들과 혼혈이 되었다. 하나님께서 이스라엘 백성에게 이방인들과 혼인하지 말라고 명령하셨으나, 그들은 끝내 우상숭배로 인하여 이방인과 혼혈이 되었다. 동시에 하나님만을 섬기는 이스라엘의 종교도 이방종교와 혼합되었다. **"그 여러 민족이 여호와를 경외하고 또 그 아로새긴 우상을 섬기더니 그 자자손손이 그 열조의 행한 것을 좇아 오늘까지 그대로 하니라"** (왕하 17:41). 성경은 이방인과 혼혈된 이스라엘 백성을 사마리아인이라고 말씀한다(왕하 17:24~33).

10) 북 왕국이 우상숭배로 인하여 앗수르에게 멸망한 것을 알고 있던 남 왕국도 바벨론에게 미혹을 받아 그들의 신을 섬겼다. "**그가 보고 곧 연애하여 사자를 갈대아 그들에게로 보내매 바벨론 사람이 나아와 연애하는 침상에 올라 음란으로 그를 더럽히매 그가 더럽힘을 입은 후에 그들을 싫어하는 마음이 생겼느니라 그가 이와 같이 그 음행을 나타내며 그 하체를 드러내므로 내 마음이 그 형을 싫어한 것 같이 그를 싫어하였으나**" (겔 23:16~18). 남 왕국은 바벨론에게 미혹을 받아 예루살렘 성전에서 드리던 제사를 폐하고 성전에 우상을 세웠다. "**또 자기가 만든 아로새긴 아세라 목상을 전에 세웠더라 옛적에 여호와께서 이 전에 대하여 다윗과 그 아들 솔로몬에게 이르시기를 내가 이스라엘 모든 지파 중에서 택한 이 전과 예루살렘에 내 이름을 영원히 둘찌라**" (왕하 21:7). 바벨론에 의하여 미혹을 받아 우상을 섬긴 남 왕국은 그에 의하여 멸망당하였다. "**그러므로 오홀리바야 나 주 여호와가 말하노라 내가 너의 연애하다가 싫어하던 자들을 격동시켜서 그들로 사방에서 와서 너를 치게 하리니**" (겔 23:22). 바벨론은 남 왕국을 미혹하여 우상을 숭배하게 한 뒤에 예루살렘을 점령하고 성벽을 헐고 성전을 파괴하였다(대하 36:18,19). 바벨론은 남 왕국을 멸망시키고 그들을 사로잡아 본국으로 끌고 갔다.

11) 이스라엘 백성이 이방인에게 미혹을 받아 우상을 숭배한 결과 이방인의 종이 되어 전 세계에 흩어지게 되었다. 북 왕국이 앗수르에게, 남 왕국이 바벨론에게 멸망을 당한 뒤에 이스라엘 백성은 영토와 주권을 잃어버리고 전 세계에 흩어져 살아가게 되었다. 바벨론이 멸망한 뒤에 그들은 메대 바사의 지배를 받았다. 메대 바사가 멸망한 뒤에 그들은 헬라의 지배를 받았다. 헬라가 멸망한 뒤에 그들은 로마제국의 지배를 받았다. 1948년 독립하기까지 이스라엘은 영토와 주권이 없이 전 세계를 떠도는 민족이 되었다.

12) 이스라엘 백성과 이방인의 관계는 아담과 마귀의 관계를 모형으로 보여준다. 사단은 뱀을 통하여 아담을 미혹하여 범죄하게 한 뒤에 사람을 종으로 삼아 지배하고 있다. 이방인은 자신의 딸들을 통하여 이스라엘 백성을 미혹한 뒤에 그들을 사로잡아 종으로 지배하였다. 이스라엘의 역사는 마귀의 미혹과 사람의 죄의 관계를 모형과 그림자로 보여주고 있다.

(2) 이스라엘의 죄와 마귀의 심판의 모형

1) 하나님은 사람의 죄를 통하여 마귀의 악한 생각을 드러내신다. 마귀는 사람을 미혹하여 사람으로 하여금 하나님을 대적하게 하기 때문이다. 하나님은 사람의 양심과 율법을 통하여 마귀의 죄를 드러내신다. 사람이 죄로 인하여 심판을 받은 것은 사람을 미혹한 마귀가 받을 심판을 모형으로 보여준다. 하나님은 범죄한 아담을 심판하심으로 그를 미혹한 사단의 죄를 드러내고 장차 받을 사단의 심판을 예언하셨다. **"내가 너로 여자와 원수가 되게 하고 너의 후손도 여자의 후손과 원수가 되게 하리니 여자의 후손은 네 머리를 상하게 할 것이요 너는 그의 발꿈치를 상하게 할 것이니라 하시고"** (창 3:15).

2) 율법은 두 단계 심판을 통하여 마귀의 죄를 드러내고 있다. 첫째, 율법은 마귀에게 속하여 이방인에게 미혹을 받아 범죄한 이스라엘 백성을 심판하였다. 우상을 숭배한 이스라엘 백성의 죄는 그들이 이방인에게 미혹을 받았다는 증거이다. 동시에 이것은 마귀가 이방인을 통하여 이스라엘 백성을 미혹하였다는 증표이다. 이스라엘 백성이 우상 숭배로 인하여 심판을 받은 것은 그들을 미혹한 이방인과 마귀의 죄를 드러내는 것이다. 둘째, 율법은 하나님의 백성을 핍박한 이방인들을 심판하였다. 이방인은 하나님의 백성을 미혹하여 우상을 숭배하게 한 뒤에 칼로 그들을 사로잡아 종으로 지배한 죄로 심판을 받았다. 이방인이 받은 심판은 이스라엘 백성을 미혹한 마귀가 받을 심판을 모형으로 보여준다.

3) 하늘에서 하나님의 뜻을 대적하고 하늘보좌에 오르려고 하므로 흑암에 갇힌 사단은 사람을 통하여 그의 악한 생각을 드러내고 있다. 사단은 아담에게 하나님과 같이 되려는 생각을 넣어주었고, 아담은 사단의 미혹에 빠져서 그리스도의 주권을 침해하였으며 장차 오실 그리스도의 길을 차단하였다. 마귀는 가인을 통하여 자신의 악한 생각을 드러내었다. 마귀는 가인에게 아벨을 죽이도록 사주하였다. 가인은 마귀의 생각에 따라서 믿음으로 의롭다하심을 받은 아벨을 죽였다. **"가인 같이 하지 말라 저는 악한 자에게 속하여 그 아우를 죽였으니 어찐 연고로 죽였느뇨 자기의 행위는 악하고 그 아우의 행위는 의로움이니라"** (요일 3:12). 가인이 아벨을 죽였지만 그 죄에 대한 책임이 마귀에게로 돌아갔다(요 8:44). 마귀는 실제로 살인한 자이며 가인은 마귀의 사주를 받은 자이다.

4) 율법이 오기 전에 사람의 양심은 죄를 유형에 따라서 온전하게 분류하지 못하였다. 율법이 오기 전에 사람들은 자신의 행위와 생각이 죄임을 알지 못하였다. 사람들의 죄에 대한 기준도 각각 다르게 나타났다. 사람의 양심이 장소와 시대에 따라서 각각 다르게 나타났기 때문이었다. 율법이 오기 전에 하나님은 사람의 양심을 심판의 기준으로 삼으셨다. **"율법 없는 이방인이 본성으로 율법의 일을 행할 때는 이 사람은 율법이 없어도 자기가 자기에게 율법이 되나니 이런 이들은 그 양심이 증거가 되어 그 생각들이 서로 혹은 송사하며 혹은 변명하여 그 마음에 새긴 율법의 행위를 나타내느니라"** (롬 2:14,15). 사람의 양심이 각각 다르므로, 양심에 가책을 받는 죄를 기준으로 사람의 생각을 통하여 역사하는 마귀의 죄를 드러낼 수 없었다.

5) 사람을 미혹하여 범죄하게 하는 마귀의 죄를 드러내려면 마귀의 지배 아래 있는 사람의 죄를 객관화하여 통일할 필요가 있다. 사람에 따라서 양심이 각각 다르게 나타난다면 죄에 대한 기준도 각각 다르므로, 사람의 죄를 통하여 마귀의 악한 생각을 드러내는 것은 불가능하다. 바벨론에서는 동성애를 국법으로 금지하였지만, 그러나 소돔과 고모라에서는 동성애가 국법에 의하여 정죄 받는 죄가 아니었다. 따라서 사람의 죄에 대하여 통일적이고 객관적인 기준을 정할 필요가 있다. 하나님은 율법으로 사람의 죄를 분류하여 객관적이며 통일적인 죄의 기준을 정하셨다.

6) 율법은 사람의 죄를 생각과 마음으로 범하는 죄, 그리고 말과 행위로 범하는 죄로 구분한다. 십계명에서 제1계명부터 제9계명까지는 말과 행위로 범하는 죄를, 제10계명에서는 생각과 마음으로 범하는 죄를 규정하고 있다. 율법은 사람의 모든 생각과 행위를 의와 공의로 심판한다. 율법은 이스라엘이 범한 죄를 유형별로 구분하여 하나님을 대적한 죄와 이웃에게 범한 죄로 구분한다. 율법으로 사람의 생각을 정죄하는 것은 죄의 시작이 마귀로부터 시작되고 있음을 선포하는 것이다. 동시에 생각을 정죄하는 것은 육체의 행위로 범하는 죄가 불신앙으로부터 시작하는 것을 보여준다. 하나님을 믿지 아니하므로 그 생각이 악하고 악한 마음으로부터 악한 말과 행위가 나타나기 때문이다. **"독사의 자식들아 너희는 악하니 어떻게 선한 말을 할 수 있느냐 이는 마음에 가득한 것을 입으로 말함이라"** (마 12:34).

7) 이스라엘 백성이 율법을 받았을 때 마귀는 그들을 통하여 하나님을 대적하였다. 마귀는 자신의 신분을 감추기 위하여 이방인을 통하여 이스라엘 백성을 미혹하였다. 마귀의 미혹은 두 단계를 통하여 나타났다. 첫째, 마귀는 이스라엘 백성으로 하여금 이방여자를 아내로 취하도록 미혹하였다. 하나님께서 이스라엘 백성에게 이방인과 접촉을 금하셨을 뿐만 아니라 이방여자를 아내로 취하지 말라고 명령하셨다(신 7:3,4). 이방인들은 바알과 아세라신을 섬기고 있었기 때문이다. 하나님의 백성으로 택함을 받은 이스라엘 백성이 이방여자와 결혼하여 한 몸이 되면 이방신을 섬기게 될 것이기 때문이다. 둘째, 마귀는 이방여자를 통하여 이스라엘 백성을 미혹하여 우상을 섬기게 하였다.

8) 이스라엘 백성이 우상을 숭배함으로 성전의 제사를 폐하고 음행에 빠지게 되었다. 당시에 가나안 지역의 종교는 음행과 관련되었으므로, 이스라엘 백성은 음행과 동성애에 빠지게 되었다. 우상숭배가 만연할 때 동성애도 성행하였다. 사사시대에 베냐민 지파의 사람들은 동성애에 빠져있었다. **"그들이 마음을 즐겁게 할 때에 그 성읍의 비류들이 그 집을 에워싸고 문을 두들기며 집 주인 노인에게 말하여 가로되 네 집에 들어온 사람을 끌어내라 우리가 그를 상관하리라"** (삿 19:22). 베냐민 지파 사람들은 레위인과 동성애를 범하려고 하였다. 그 결과는 전쟁으로 인한 집단 살인을 가져왔다. 베냐민 지파의 모든 남자들이 전쟁에서 죽임을 당하였다(삿21:3). 우상숭배는 음행과 살인을 동반하였다.

9) 하나님께서 우상을 숭배하는 이스라엘 백성을 이방인의 칼과 온역, 그리고 가뭄으로 인한 기근으로 저주하셨다. 이스라엘 백성은 이방인과의 전쟁에서 패하여 이방인의 종이 되었다. 젊은 남자들은 전쟁에서 칼로 죽임을 당하고, 어린이와 노인들은 사로잡혀 죽음을 당하고 부녀자들은 겁탈을 당하였다. **"하사엘이 이르되 내 주여 어찌하여 우시나이까 하는지라 대답하되 네가 이스라엘 자손에게 행할 모든 악을 내가 앎이라 네가 그들의 성에 불을 지르며 장정을 칼로 죽이며 어린 아이를 메치며 아이 밴 부녀를 가르리라 하니"** (왕하 8:12). **"대적들이 시온에서 부녀들을, 유다 각 성읍에서 처녀들을 욕보였나이다"** (애 5:11). 이스라엘 백성은 기근으로 인하여 자녀를 삶아먹는 죄를 범하였다. **"딸 내 백성이 멸망할 때에 자비로운 부녀들이 자기들의 손으로 자기들의 자녀들을 삶아 먹었도다"** (애 4:10).

10) 이스라엘 백성이 범죄함으로 심판을 받은 것은 마귀로부터 사주를 받았다는 증거이다. 마귀는 하나님의 말씀을 받지 못하였으므로 하나님을 대적할 수 없으나 이스라엘 백성을 통하여 하나님의 율법을 대적하였다. 마귀의 악한 생각이 이스라엘 백성의 범죄를 통하여 행위로 표출되었다. 이스라엘 백성의 범죄는 마귀의 죄를 모형으로 보여준다. 이스라엘 백성이 받은 심판은 장차 마귀가 받을 심판을 모형으로 보여준다.

11) 이스라엘 백성이 우상을 숭배하므로 이방인의 종이 된 것은 뱀을 통하여 사람을 미혹하여 범죄하게 한 뒤에 세상을 지배하는 자가 된 마귀를 모형으로 보여준다. 이스라엘 백성의 모든 죄는 마귀의 지배 아래서 범하는 것으로서 마귀의 악한 생각을 행동으로 표출하는 것이다. 육체가 없는 영적인 존재인 마귀의 죄는 사람의 말과 행위를 통하여 밖으로 드러난다. 하나님의 말씀을 받지 못한 마귀는 직접 하나님을 대적할 수 없다. 마귀는 하나님의 말씀을 받은 이스라엘 백성을 통하여 하나님을 대적하였다. 따라서 이스라엘 백성의 죄는 마귀의 악한 생각을 행위로 보여준다.

(3) 이방인의 죄와 마귀의 심판의 모형

1) 이방인은 율법을 받지 못하였으므로 직접 하나님을 대적할 수 없었다. 단지 그들은 양심에 가책을 받는 죄로 인하여 심판을 받았지만 그 죄에 대하여 형벌을 받지 아니하였다. 그러나 그들이 마귀의 사주를 받아 이스라엘 백성을 미혹하여 우상을 숭배하게 하고 그들을 칼로 사로잡아 박해한 죄로 인하여 형벌을 받았다. 이스라엘 백성을 미혹하여 우상을 숭배하게 한 죄로 인하여 이방인들이 받은 심판은 마귀의 죄를 드러낸다. 이방인들은 마귀에게 속하여 이스라엘 백성을 미혹하여 우상을 숭배하게 한 죄로 심판을 받았다.

2) 이방인들이 이스라엘 백성을 미혹하여 우상을 숭배하게 한 것이 죄가 되느냐 하는 것을 살펴보자. 첫째, 아브라함의 후손인 이스라엘 백성은 장차 오실 그리스도의 언약을 받은 백성이다. 장차 오실 그리스도의 언약을 받았다는 것은 그리스도를 잉태하였다는 것을 말한다. 이스라엘 백성이 율법에 의하여 자신의 죄를 깨닫고 장차 오실 그리스도를 믿음으로 의롭다하심을 받음으로 그리스도의 길을 준비하는 것이 하나님의 뜻이다. 그러

나 그들이 그리스도의 언약을 버리고 우상을 숭배하는 것은 그리스도를 유산(流産)하는 것이다. 이방인이 이스라엘 백성을 미혹하여 우상을 숭배하게 하는 것은 그들로 하여금 그리스도를 유산하게 하는 죄를 범하는 것이다. 이방인들은 이스라엘 백성을 미혹하여 우상을 숭배하게 함으로 그리스도의 길을 차단하려고 하였다.

3) 둘째, 이스라엘 백성은 하나님의 백성으로 택함을 받았으므로 율법을 순종함으로 하나님을 섬겨야 한다. 이스라엘 백성은 하나님을 섬기기 위하여 애굽에서 나와서 광야를 통과하여 가나안 땅에 정착하였다(출 9:1). 이스라엘 백성이 율법을 순종하는 과정에서 육신이 연약하여 범한 죄를 위하여 성전에서 소와 염소와 양의 피를 뿌림으로 하나님의 이름을 거룩하게 하는 것이 하나님을 섬기는 것이다. 제사장은 하나님께 예물을 드림으로 하나님을 섬기는 직분을 받았다. **"너와 네 아들들은 단과 장안의 모든 일에 대하여 제사장의 직분을 지켜 섬기라 내가 제사장의 직분을 너희에게 선물로 주었은즉 거기 가까이 하는 외인은 죽이울찌니라"** (민 18:7). 이방인들은 이스라엘 백성을 미혹하여 우상을 숭배하게 함으로 성전에서 드리는 제사를 폐하게 하였다. 이방인들은 이스라엘 백성으로 하여금 하나님을 섬기지 못하게 하였다.

4) 이스라엘 백성은 하나님의 백성으로서 하나님의 다스림을 받아야 한다. 하나님은 율법으로 그의 백성을 다스리신다. 그들이 하나님의 백성으로 택함을 받았으므로 율법을 순종하면 하나님의 거룩한 백성이 될 수 있다. **"세계가 다 내게 속하였나니 너희가 내 말을 잘 듣고 내 언약을 지키면 너희는 열국 중에서 내 소유가 되겠고 너희가 내게 대하여 제사장 나라가 되며 거룩한 백성이 되리라 너는 이 말을 이스라엘 자손에게 고할찌니라"** (출 19:5,6). 그러나 그들은 율법을 버리면 하나님의 백성이 될 수 없다. 이방인은 이스라엘 백성을 미혹하여 우상을 숭배하게 함으로 그들로 하여금 하나님께로부터 버림을 받게 하였다. 이스라엘 백성이 하나님께로부터 버림을 받은 후에, 이방인들은 칼로 그들을 사로잡아 노예로 지배하였다. 이방인이 하나님의 백성인 이스라엘 백성을 박해하는 것은 하나님을 박해하는 것이다.

5) 이방인들은 율법을 받지 못하였으므로 하나님을 직접 대적할 수 없었다. 그들은 양심을 통하여 하나님을 대적하였다. 양심은 통일성과 객관성이 없으므로, 하나님은

양심에 의하여 가책을 받는 행위를 죄로 인정하셨으나 이 죄로 인하여 그들을 형벌하지 아니하셨다. 그들은 마귀에게 속하여 이스라엘 백성을 미혹하여 그들로 하여금 율법을 범하게 함으로 하나님을 대적하였다. 이방인들은 율법을 받은 이스라엘 백성을 통하여 하나님을 대적하였다. 이방인들은 그들의 딸을 통하여 이스라엘 백성을 미혹하였다. 이스라엘 백성은 이방여자를 아내로 취하였고 그녀들은 이스라엘 백성을 미혹하여 우상을 섬기게 하였다. 이에 대한 하나님의 심판이 이방인들에게 임하였다.

6) 하나님은 이스라엘 백성을 미혹하여 우상을 숭배하게 하고 그들을 칼로 죽이고 재산을 약탈한 이방인들을 심판하셨다. 북 왕국을 멸망시킨 앗수르는 하나님의 백성을 대적한 죄로 인하여 바벨론에게 멸망하였다. 하나님은 바벨론을 통하여 앗수르를 이 땅에서 흔적도 없이 쓸어버리셨다. 바벨론은 앗수르의 수도 니느웨를 점령하고 완전히 파괴하여 그 흔적을 지워버렸다. **"만군의 여호와의 말씀에 내가 네 대적이 되어 너의 병거들을 살라 연기가 되게 하고 너의 젊은 사자들을 칼로 멸할 것이며 내가 또 너의 노략한 것을 땅에서 끊으리니 너의 파견자의 목소리가 다시는 들리지 아니하리라 하셨느니라"** (나 2:13). 앗수르 사람들은 포로가 되어 바벨론으로 끌려갔다. **"그가 포로가 되어 사로잡혀 갔고 그 어린 아이들은 길 모퉁이 모퉁이에 메어침을 당하여 부서졌으며 그 존귀한 자들은 제비 뽑혀 나뉘었고 그 모든 대인은 사슬에 결박되었나니"** (나 3:10).

7) 하나님은 남 왕국을 멸망시키고 예루살렘 성과 하나님의 성전을 파괴한 바벨론을 심판하셨다. 바벨론은 완전히 멸망하여 사람이 영원히 살지 못하는 땅으로 변하였다. **"슬프다 세삭이 함락되었도다 온 세상의 칭찬 받는 성이 빼앗겼도다 슬프다 바벨론이 열방 중에 황폐하였도다 바다가 바벨론에 넘침이여 그 많은 파도가 그것에 덮였도다 그 성읍들은 황폐하여 마른 땅과 사막과 거민이 없는 땅이 되었으니 그리로 지나가는 인자가 없도다 내가 벨을 바벨론에서 벌하고 그 삼킨 것을 그 입에서 끌어 내리니 열방이 다시는 그에게로 흘러가지 아니하겠고 바벨론 성벽은 무너지리로다"** (렘 51:41~44). 메대 바사는 하나님의 뜻대로 바벨론을 멸망시킴으로 바벨론의 죄를 온 세상에 드러내었다.

8) 앗수르와 바벨론뿐만 아니라 이스라엘의 주변 국가들도 그들을 미혹하여 범죄하게 한 뒤에 그들을 대적한 죄로 인하여 심판을 받았다. 다메섹은 이스라엘을 압박한 죄로

인하여 심판을 받았다. "**여호와께서 가라사대 다메섹의 서너가지 죄로 인하여 내가 그 벌을 돌이키지 아니하리니 이는 저희가 철 타작기로 타작하듯 길르앗을 압박하였음이라 내가 하사엘의 집에 불을 보내리니 벤하닷의 궁궐들을 사르리라 내가 다메섹 빗장을 꺾으며 아웬 골짜기에서 그 거민을 끊으며 벧에덴에서 홀 잡은 자를 끊으리니 아람 백성이 사로잡혀 길에 이르리라 이는 여호와의 말씀이니라**" (암 1:3~5). 가사는 이스라엘 백성을 사로잡아 에돔 족속에게 종으로 팔아넘긴 죄로 인하여 심판을 받았다. "**여호와께서 가라사대 가사의 서너 가지 죄로 인하여 내가 그 벌을 돌이키지 아니하리니 이는 저희가 모든 사로잡은 자를 끌어 에돔에 붙였음이라 내가 가사성에 불을 보내리니 그 궁궐들을 사르리라 내가 또 아스돗에서 그 거민과 아스글론에서 홀 잡은 자를 끊고 또 손을 돌이켜 에그론을 치리니 블레셋의 남아 있는 자가 멸망하리라 이는 주 여호와의 말씀이니라**" (암 1:6~8).

9) 야곱의 형 에돔은 이스라엘 백성을 칼로 친 죄로 인하여 심판을 받았다. "**여호와께서 가라사대 에돔의 서너 가지 죄로 인하여 내가 그 벌을 돌이키지 아니하리니 이는 저가 칼로 그 형제를 쫓아가며 긍휼을 버리며 노가 항상 맹렬하며 분을 끝없이 품었음이라 내가 데만에 불을 보내리니 보스라의 궁궐들을 사르리라**" (암 1:11,12). 암몬은 길르앗을 침공하여 칼로 이스라엘의 부녀자를 죽인 죄로 심판을 받았다. "**여호와께서 가라사대 암몬 자손의 서너가지 죄로 인하여 내가 그 벌을 돌이키지 아니하리니 이는 저희가 자기 지경을 넓히고자하여 길르앗의 아이 밴 여인의 배를 갈랐음이라 내가 랍바성에 불을 놓아 그 궁궐들을 사르되 전쟁의 날에 외침과 회리바람 날에 폭풍으로 할 것이며 저희의 왕은 그 방백들과 함께 사로잡혀 가리라 이는 여호와의 말씀이니라**" (암 1:13~15).

10) 이방인들은 하나님의 백성을 미혹하여 범죄하게 한 죄로 인하여 심판을 받았다. 하나님의 백성을 미혹하여 우상을 숭배하게 하고 그들을 칼로 정복하여 종으로 삼아 핍박한 이방인들은 마귀의 사역자로 이용되었으므로 심판을 받았다. 특히 하나님의 이름을 둔 성전과 예루살렘 성을 파괴한 바벨론은 심판을 받아 완전히 멸망하였다. 이방인들이 받은 심판은 사람을 미혹하여 죄를 범하게 하고 사람을 종으로 삼아 지배하는 마귀가

받을 심판을 모형으로 보여준다. 이방인의 죄는 마귀의 죄를 모형으로 보여준다.

(4) 이해를 위한 질문

1) **이방인의 미혹과 이스라엘의 범죄**

   a. 이스라엘이 가나안 땅을 정복할 때 그 곳의 거민을 완전히 정복하지 못하였다. 그 이유는 무엇인가(삿 3:1,2).

   b. 이스라엘이 이방여자를 아내로 취한 이유는 무엇인가(삿 2:10).

   c. 이스라엘은 이방여자들의 미혹에 빠져서 우상을 숭배하였다. 하나님은 그들을 이방인의 종이 되게 하신 이유는 무엇인가.

   d. 이스라엘이 이방인의 종으로 고통을 당할 때 그들의 죄를 깨닫고 회개하며 하나님께로 돌아왔다. 하나님은 그들을 맞이하시고 이방인의 손에서 구원하여 내셨다. 이스라엘이 그들의 능력으로 죄를 깨달을 수 있었나.

   e. 이스라엘은 끝내 우상숭배로 인하여 앗수르와 바벨론에게 멸망당하였다. 이것은 영적으로 무엇을 의미하는가.

   f. 이스라엘과 이방인은 영적으로 무엇을 예표로 하나.

   g. 가나안 종교는 풍요의 종교로서 음행과 관련되어있었다. 바알신과 아세라신의 관계는 무엇인가(민 25:1,2).

2) **이스라엘의 죄와 마귀에 대한 심판의 모형**

   a. 사람의 양심이 사람을 심판하는 기준으로서 통일성과 객관성이 없는 이유는 무엇인가.

   b. 이스라엘은 누구에게 미혹을 받아 범죄하였는가(삿 3:6).

   c. 하나님은 율법으로 우상을 숭배하는 이스라엘을 칼과 온역과 기근으로 저주하셨다. 이스라엘의 죄는 누구의 죄를 모형으로 보여주는가.

   d. 하나님께서 율법으로 이스라엘을 심판하신 이유는 무엇인가(신 17:7; 겔 36:23).

3) 이방인의 죄와 마귀에 대한 심판의 모형

    a. 이방인들은 율법을 받지 못하였지만 하나님을 대적하였다. 어떻게 그들은 하나님을 대적하였는가

    b. 이스라엘이 이방여자를 아내로 취한 원인은 무엇인가(삿 2:10).

    c. 이스라엘이 우상을 숭배한 이유는 이방여자들에게 미혹을 받았기 때문이다. 하나님은 이스라엘을 심판하심으로 그들을 미혹한 이방인들이 하나님을 대적하였다는 것을 드러내셨다. 이방인은 누구를 모형으로 보여주는가.

    d. 하나님께서 율법을 받지 못한 이방인을 형벌하신 이유는 무엇인가(암 1장)

    e. 이방인이 받은 심판은 무엇을 모형으로 보여주는가.

3. 율법과 속죄의 모형

(1) 성막과 속죄의 모형

1) 율법은 예수 그리스도의 피에 의한 속죄사역을 모형으로 보여준다. 속죄제사는 성막과 제물과 제사장을 전제로 한다. 하나님께서 이스라엘 백성에게 율법을 주셨다. 하나님은 그들이 율법을 온전히 순종하지 못할 것을 아시고 그들에게 성막을 세우게 하셨다. 그리고 하나님은 아론과 그의 후손을 택하여 제사장의 직분을 담당하게 하셨다. 제사장들은 성막에서 소와 염소와 양의 피를 뿌리는 제사를 통하여 이스라엘 백성의 죄를 대속함으로 장차 오실 그리스도의 피에 의한 속죄사역을 모형으로 보여주었다.

2) 하나님께서 이스라엘 백성을 그의 백성으로 택하여 부르시고 애굽에서 인도하여 내셨다. 이스라엘 백성이 하나님의 백성이라면 하나님께서 그들 가운데 계셔야 한다. **"내가 이스라엘 자손 중에 거하여 그들의 하나님이 되리니 그들은 내가 그들의 하나님 여호와로서 그들 중에 거하려고 그들을 애굽 땅에서 인도하여 낸 줄을 알리라 나는 그들의 하나님 여호와니라"** (출 29:45,46). 하나님이 이스라엘 백성과 함께 계신다는 증거가 성막이다. 하나님께서 이스라엘 백성 가운데 거하시려고 그들에게 성막을 세우게 하셨다. **"내가 그들 중에 거할 성소를 그들을 시켜 나를 위하여 짓되 무릇 내가 네게 보이는 대로 장막의 식양과 그 기구의 식양을 따라 지을찌니라"** (출 25:8,9).

3) 애굽에서 이스라엘 백성을 택하여 부르시고 그들에게 율법을 주신 하나님께서 그들 가운데 계신다는 증거가 성막이다. 성막은 하나님이 거하시는 하나님의 집이다. 성막으로 번역된 히브리어 미쉬칸(מִשְׁכָּן)은 하나님이 거하는 장소(居, dwell)를 의미한다.167) 따라서 하나님은 성막에서 말씀하시고 대제사장을 만나셨다. 시내산에서 영광 가운데서 말씀하신 하나님께서 속죄소 위 그룹 사이에서 말씀하셨다. 제사장은 성막에 임한 영광 가운데서 하나님의 말씀을 들었다. **"거기서 내가 너와 만나고 속죄소 위 곧 증거궤 위에 있는 두 그룹 사이에서 내가 이스라엘 자손을 위하여 네게 명할 모든 일을 네게 이르리라"** (출 25:22).

4) 성막에서 하나님은 이스라엘 백성에게 자기의 사랑을 나타내셨다. 성막에서 이스라엘 백성에 대한 하나님의 사랑이 송아지와 염소와 양의 피로 나타났다. 하나님은 예물의 피로써 이스라엘 백성의 죄를 대속하였다. 만약 예물의 피에 의한 속죄가 없었다면 이스라엘 백성은 한 사람도 살아남지 못하였을 것이다. 사람은 육신이 연약하여 율법을 온전히 순종할 수 없기 때문이다(롬 3:20). 그러나 육신이 연약하여 범하는 이스라엘 백성의 죄를 성소에서 소와 염소와 양의 피로 대속하게 하므로, 하나님은 그들에 대한 자기의 사랑을 보이셨다. 이스라엘 백성은 율법으로 자신의 죄를 깨닫고 성막에서 제물의 피를 뿌리는 제사를 드림으로 그들을 향한 하나님의 사랑을 체험하였다.

5) 이스라엘 백성이 하나님의 이름을 위하여 성막을 세웠지만, 그 성막에 하나님께서 실제로 계신 것은 아니다. 단지 성막은 하나님의 존재와 이스라엘 백성에 대한 하나님의 사랑을 모형으로 보여준다. 광야에서 모세가 세운 성막은 하늘에 있는 성전의 모형과 그림자라고 성경은 말씀한다. **"저희가 섬기는 것은 하늘에 있는 것의 모형과 그림자라 모세가 장막을 지으려 할 때에 지시하심을 얻음과 같으니 가라사대 삼가 모든 것을 산에서 네게 보이던 본을 좇아 지으라 하셨느니라"** (히 8:5). 하늘성전의 모형과 그림자인 성막에서 제사장이 율법에 따라서 드린 모든 제사와 하나님을 섬기는 의식은 장차 오실 그리스도의 생애를 모형으로 보여준다. **"율법은 장차 오는 좋은 일의 그림자요 참형상이 아니므로 해마다 늘 드리는바 같은 제사로는 나아오는 자들을 언제든지 온전케**

---

167) BDB, p. 1015.

할 수 없느니라"(히 10:1). "장차 오는 좋은 일의 그림자"란 그리스도의 피에 의한 속죄를 의미한다.

6) 하나님은 공간과 장소를 초월하여 스스로 계신 분이시며 천지에 충만하신 분이다. 하나님은 하늘에도 계시고 동시에 우주 안에도 계신다. 하나님께서 이스라엘 백성 가운데 거하시기 위하여 성막을 세웠다는 것은 그 곳에 그의 이름을 두신 것을 의미한다.168) **"오직 너희 하나님 여호와께서 자기 이름을 두시려고 너희 모든 지파 중에서 택하신 곳인 그 거하실 곳으로 찾아 나아가서"(신 12:5).** "자기 이름을 두려고 택하신 곳"이란 성막을 의미한다. 따라서 솔로몬은 하나님의 이름을 위하여 성전을 건축하였다. **"여호와께서 내 부친 다윗에게 하신 말씀에 내가 너를 이어 네 위에 오르게 할 네 아들 그가 내 이름을 위하여 전을 건축하리라 하신대로 내가 내 하나님 여호와의 이름을 위하여 전을 건축하려 하오니"(왕상 5:5).** 솔로몬이 하나님의 이름을 위하여 건축한 성전에 하나님은 그의 이름과 눈을 두셨다. **"저에게 이르시되 네가 내 앞에서 기도하며 간구함을 내가 들었은즉 내가 너의 건축한 이 전을 거룩하게 구별하여 나의 이름을 영영히 그곳에 두며 나의 눈과 나의 마음이 항상 거기 있으리니"(왕상 9:3).**

7) 성막과 성전에 하나님의 이름이 있다는 것은 그의 말씀이 있다는 것을 의미한다. 하나님은 그의 이름으로 말씀을 선포하시기 때문이다. 따라서 하나님의 말씀과 그의 이름을 분리할 수 없다. 하나님의 말씀이 있다는 것은 하나님의 이름이 있다는 것을 의미한다. 지성소에 율법을 새긴 돌판을 담은 법궤(언약궤)가 있다. **"또 둘째 휘장 뒤에 있는 장막을 지성소라 일컫나니 금향로와 사면을 금으로 싼 언약궤가 있고 그 안에 만나를 담은 금항아리와 아론의 싹난 지팡이와 언약의 비석들이 있고"(히 9:4).** "언약의 비석"이란 십계명을 새긴 돌판이다.169) 십계명을 새긴 돌판이 지성소에 있다는 것은 그 언약을 주신 하나님의 이름이 있다는 것을 의미한다. 하나님은 여호와 하나님의 이름

---

168) 하나님은 영이시므로 그의 이름으로 그의 존재를 나타내신다. 하나님은 성막에 그의 이름을 두심으로 그의 존재를 나타내셨다.
169) 모세가 세운 성막의 지성소에 만나를 담은 금항아리와 아론의 싹 난 지팡이와, 돌판을 담은 법궤가 있었으나, 솔로몬이 세운 성전에는 돌판을 담은 언약궤만 있었다. **"궤 안에는 두 돌판 외에 아무 것도 없으니 이것은 이스라엘 자손이 애굽땅에서 나온 후 여호와께서 저희와 언약을 세우실 때에 모세가 호렙에서 그 안에 넣은 것이더라"(왕상 8:9).**

으로 율법을 선포하셨기 때문이다. "나는 너를 애굽 땅, 종 되었던 집에서 인도하여 낸 너의 하나님 여호와로라 너는 나 외에는 다른 신들을 네게 있게 말찌니라"(출 20:2,3). 성막의 지성소에 율법을 새긴 돌판과 여호와 하나님의 이름이 있다.

8) 율법은 여호와 하나님의 이름으로 선포되었으므로 율법을 대적하는 것은 여호와 하나님의 이름을 대적하는 것이다. 곧 율법을 불순종하는 죄는 하나님의 이름을 더럽히는 것이다. "너희는 내 이름으로 거짓 맹세함으로 네 하나님의 이름을 욕되게 하지 말라 나는 여호와니라"(레 19:12). "나도 그 사람에게 진노하여 그를 그 백성 중에서 끊으리니 이는 그가 그 자식을 몰렉에게 주어서 내 성소를 더럽히고 내 성호를 욕되게 하였음이라"(레 20:3). 죄로 인하여 하나님의 이름이 더럽혀지면 그 이름을 둔 지성소도 더럽혀진다. 율법을 대적하는 이스라엘 백성의 죄는 하나님의 이름과 성소를 동시에 더럽혔다. 이스라엘 백성의 죄로 인하여 더럽혀진 성소 안에 하나님의 이름과 그의 말씀이 있다. 따라서 하나님은 제사장에게 제물의 피를 뿌려서 하나님의 이름과 성소를 속죄하게 하셨다.

9) 하나님께서 이스라엘 백성에게 이방인과 혼인하지 말고 우상숭배를 금하라고 명령하셨으나, 그들은 하나님의 계명을 버리고 이방여자를 취하여 아내로 삼고 우상을 숭배하였다. 하나님께서 선지자를 통하여 그들에게 우상을 버리고 돌아오라고 권고하셨으나, 그들은 하나님의 말씀을 듣지 아니하였다(렘 7:13). 이스라엘 백성이 우상숭배로 하나님의 이름과 성전을 더럽혔으므로 하나님께서 바벨론의 칼로 남 왕국을 치고 예루살렘 성전을 파괴하셨다. "제사장의 어른들과 백성도 크게 범죄하여 이방 모든 가증한 일을 본받아서 여호와께서 예루살렘에 거룩하게 두신 그 전을 더럽게 하였으며 그 열조의 하나님 여호와께서 그 백성과 그 거하시는 곳을 아끼사 부지런히 그 사자들을 그 백성에게 보내어 이르셨으나 그 백성이 하나님의 사자를 비웃고 말씀을 멸시하며 그 선지자를 욕하여 여호와의 진노로 그 백성에게 미쳐서 만회할 수 없게 하였으므로 하나님이 갈대아 왕의 손에 저희를 다 붙이시매 저가 와서 그 성전에서 칼로 청년을 죽이며 청년 남녀와 노인과 백발노옹을 긍휼히 여기지 아니하였으며"(대하 36:14~17).

10) 하나님과 이스라엘 백성은 율법을 통하여 맺어진 언약관계이다. 이스라엘 백성이

하나님의 백성이란 증거가 율법이다. 그들이 율법을 순종하면 거룩한 백성이 되고 하나님의 소유가 된다. **"세계가 다 내게 속하였나니 너희가 내 말을 잘 듣고 내 언약을 지키면 너희는 열국 중에서 내 소유가 되겠고"** (출 19:5). 지성소에 율법을 새긴 돌판이 있으므로 이스라엘 백성이 율법을 받았다는 증거가 성전이다. 이스라엘 백성이 율법을 버렸을 때 하나님과 그들의 관계는 단절되었다. 따라서 하나님은 이방인의 손으로 예루살렘 성전을 파괴하셨다. **"또 하나님의 전의 대소 기명들과 여호와의 전의 보물과 왕과 방백들의 보물을 다 바벨론으로 가져가고"** (대하 36:18).

11) 이방인들이 하나님의 이름을 둔 성전을 파괴할 수 있을까 하는 문제를 살펴보자. 성전은 하나님의 이름을 둔 거룩한 곳이므로, 레위인이나 제사장이 아니면 성전에 접근할 수 없다. 일반인이 성전에 접근하면 죽임을 당하였다. **"너는 아론과 그 아들들을 세워 제사장 직분을 행하게 하라 외인이 가까이 하면 죽임을 당할 것이니라"** (민 3:10). **"장막 앞 동편 곧 회막 앞 해 돋는 편에는 모세와 아론과 아론의 아들들이 진을 치고 이스라엘 자손의 직무를 대신하여 성소의 직무를 지킬 것이며 외인이 가까이 하면 죽일 씨니라"** (민 3:38). 특히 대제사장만이 지성소에 들어갈 수 있다. **"여호와께서 모세에게 이르시되 네 형 아론에게 이르라 성소의 장안 법궤 위 속죄소 앞에 무시로 들어오지 말아서 사망을 면하라 내가 구름 가운데서 속죄소 위에 나타남이니라"** (레 16:2). 이스라엘 백성이 하나님을 버리고 우상을 숭배하였을 때, 하나님은 그의 이름을 위하여 건축된 성전을 더럽게 여기시고 그곳에서 그의 이름을 거두셨다. 우상으로 인하여 더럽혀진 성전 곧, 하나님의 이름이 없는 성전은 단순한 건축물이며 하나님의 성전이 아니다. 따라서 이방인들이 성소와 지성소에 들어가서 금촛대, 향로, 떡상, 속죄소와 언약궤를 약탈할 수 있었다.

12) 예루살렘 성전의 파괴는 예수 그리스도의 몸이 파괴될 것을 모형으로 보여준다. 그 이유를 살펴보자. 성경은 예수 그리스도의 몸을 하늘성전이라고 말씀한다. 하늘성전이 예수 그리스도의 몸으로 임하였다. **"그러나 예수는 성전 된 자기 육체를 가리켜 말씀하신 것이라"** (요 2:21). 태초에 하나님과 함께 계신 말씀이 육신으로 임하셨다(요 1:14). 예수 그리스도의 육체 안에 하나님 아버지와 성령께서 계신다. 그 안에 하나님 아버지의

모든 뜻과 성령의 사역이 있다. 하나님 아버지의 뜻이 그리스도 예수 안에서 역사한다. **"나는 아버지 안에 있고 아버지는 내 안에 계신 것을 네가 믿지 아니하느냐 내가 너희에게 이르는 말이 스스로 하는 것이 아니라 아버지께서 내 안에 계셔 그의 일을 하시는 것이라"** (요 14:10). 성령께서 그리스도 예수 안에서 역사하신다. **"주의 성령이 내게 임하셨으니 이는 가난한 자에게 복음을 전하게 하시려고 내게 기름을 부으시고 나를 보내사 포로 된 자에게 자유를, 눈먼 자에게 다시 보게 함을 전파하며 눌린 자를 자유케 하고"** (눅 4:18). 그리스도 예수 안에 하나님의 모든 것이 있으므로, 성경은 그리스도를 하나님의 본체이며 영광의 광채라고 말씀한다. **"이는 하나님의 영광의 광채시요 그 본체의 형상이시라 그의 능력의 말씀으로 만물을 붙드시며 죄를 정결케 하는 일을 하시고 높은 곳에 계신 위엄의 우편에 앉으셨느니라"** (히 1:3). 보이지 아니하는 하나님의 형상이 그리스도를 통하여 계시되었으므로 그의 육체는 하나님의 성전이다.

13) 하늘에서 타락한 사단의 죄로 인하여 하나님의 이름과 하늘성전이 더러워졌다. 예수 그리스도께서 이 땅에 임하셨을 때 세상은 마귀의 지배 아래서 우상을 숭배하며 하나님을 대적하고 있었다. 이로 인하여 하늘성전인 예수 그리스도의 몸이 더러워졌다. 사단의 죄와 사람들의 죄로 인하여 하늘성전이 더럽혀졌으므로 하나님께서 그 성전을 찢으셨다. 예수 그리스도의 몸이 찢어진 것은 하늘성전의 파괴를 의미한다. **"예수께서 대답하여 가라사대 너희가 이 성전을 헐라 내가 사흘 동안에 일으키리라"** (요 2:19).

14) 하나님께서 이스라엘에게 율법을 주신 뒤에 성막과 제사에 관한 규례를 주셨다. 성막은 하나님께서 이스라엘 백성 가운데 거하신다는 증거이다. 이스라엘 백성이 하나님을 버리고 우상을 숭배하였을 때 하나님의 이름과 성전이 더러워졌다. 하나님은 이스라엘 백성의 죄로 인하여 더럽혀진 성전을 파괴하셨다. 모세가 세운 성막과 솔로몬이 건축한 성전은 하늘성전의 모형과 그림자이다. 따라서 예루살렘 성전의 파괴는 하늘성전인 예수 그리스도의 육신이 파괴될 것을 모형으로 보여준다.

(2) 제사와 속죄의 모형

1) 율법은 모든 사람을 정죄하여 믿음으로 의롭다하심을 얻는 언약으로 인도한다.

율법에 의하여 자신의 죄를 깨닫고 그 죄를 용서하실 하나님을 믿음으로 의롭다하심을 얻는 것이 율법을 통하여 계시된 하나님의 뜻이다. 이것을 보여주는 것이 성막의 제사이다. 성막에서 제사장이 뿌리는 소와 염소와 양의 피는 믿음으로 의롭다하심을 받은 자들의 죄를 용서하신다는 하나님의 약속이다. 하나님은 율법의 제사를 통하여 장차 오실 그리스도의 피에 의한 속죄를 모형으로 보여주셨다.

2) 제사는 피에 의한 속죄를 전제로 한다. 거룩한 피가 율법에 의하여 정죄 받는 육체의 죄를 없이한다. 육체의 생명이 피에 있기 때문이다. **"육체의 생명은 피에 있음이라 내가 이 피를 너희에게 주어 단에 뿌려 너희의 생명을 위하여 속하게 하였나니 생명이 피에 있으므로 피가 죄를 속하느니라"** (레 17:11). 사람의 육체와 제물의 육체는 모두 흙으로 창조되었으므로 양자는 동질(同質)이다. 곧 제물의 피와 사람의 피는 모두 흙으로 창조된 육체의 생명이다. 따라서 거룩한 제물의 피가 죄로 인하여 사망에 이르게 된 사람의 육체의 죄를 없이할 수 있다.

3) 성막의 제사는 죄의 전가(轉嫁)를 전제로 한다. 이스라엘이 율법으로 죄를 깨닫고 제사를 드릴 때, 그 죄인이 직접 제물의 머리에 안수하여 자신의 죄를 그 제물의 머리에 옮겨놓고 이를 죽였다. 번제의 경우 제사를 위하여 제물을 가지고 온 자가 제물의 머리에 안수하였다. **"그가 번제물의 머리에 안수할찌니 그리하면 열납되어 그를 위하여 속죄가 될 것이라"** (레 1:4). 화목제의 경우 그 제사를 드리는 자가 제물의 머리에 안수하였다. **"그 예물의 머리에 안수하고 회막 문에서 잡을 것이요 아론의 자손 제사장들은 그 피를 제단 사면에 뿌릴 것이며"** (레 3:2). 속죄제의 경우에 그 제사를 드리는 자가 그 제물의 머리에 안수하였다. **"곧 그 수송아지를 회막문 여호와 앞으로 끌어다가 그 수송아지 머리에 안수하고 그것을 여호와 앞에서 잡을 것이요"** (레 4:4). 속죄일에 대제사장은 이스라엘 백성을 대표하여 염소의 머리에 안수하여 이스라엘의 모든 죄와 불의를 그 머리에 옮겨놓았다. **"아론은 두 손으로 산 염소의 머리에 안수하여 이스라엘 자손의 모든 불의와 그 범한 모든 죄를 고하고 그 죄를 염소의 머리에 두어 미리 정한 사람에게 맡겨 광야로 보낼찌니"** (레 16:21). 이스라엘 백성의 죄를 짊어진 소와 염소와 양은 심판을 받아 피를 흘려 죽음으로 이스라엘의 죄를 대속하였다.

4) 이스라엘 백성의 죄를 제물의 머리에 옮겨놓는 것은 소와 염소와 양의 육체가 정결하다는 것을 전제로 한다. 이스라엘 백성의 죄는 원죄와 자범죄로 구분할 수 있다. 소와 염소와 양은 영이 없으므로 사람의 영이 가지고 있는 원죄를 그것들에게 전가시킬 수 없다. 다만 안수를 통하여 육체와 혼이 가지고 있는 자범죄만을 그것들의 머리에 옮겨놓을 수 있다. 그 죄는 율법에 의하여 정죄 받는 죄이다. 율법은 육체와 혼을 정죄하므로 성막의 제사는 그 죄만을 없이하였다. **"염소와 황소의 피와 및 암송아지의 재로 부정한 자에게 뿌려 그 육체를 정결케 하여 거룩케 하거든"** (히 9:13).

5) 하나님께서 율법으로 이스라엘 백성을 심판하여 모든 죄인을 형벌하신다면 이스라엘은 한 사람도 살아남지 못할 것이다. 사람은 육신이 연약하여 율법을 온전히 순종할 수 없기 때문이다. 따라서 율법 아래서 이스라엘 백성으로 하여금 죄를 깨닫게 하기 위하여 하나님은 그들의 육체를 저주하셨다. 죄인에 대한 율법의 저주는 칼과 기근과 온역으로 임하였다. 하나님께서 범죄하는 이스라엘 백성을 질병으로 저주하셨다. **"또 이 율법책에 기록지 아니한 모든 질병과 모든 재앙을 너의 멸망하기까지 여호와께서 네게 내리실 것이니"** (신 28:61). 이스라엘 백성의 우상숭배로 인하여 아합왕 시대에 40개월 동안 비가 내리지 아니하였다. **"내가 참으로 너희에게 이르노니 엘리야 시대에 하늘이 세 해 여섯 달을 닫히어 온 땅에 큰 흉년이 들었을 때에 이스라엘에 많은 과부가 있었으되"** (눅 4:25). 이스라엘 백성이 범죄하였을 때 하나님은 이방인의 칼로 그들을 저주하셨다. 이스라엘 백성이 율법의 저주 아래서 그들의 죄를 깨닫고 하나님께 돌아왔다(삿 4;3).

6) 성막에서 제사장이 드리는 제사를 통하여 이스라엘 백성은 그들의 죄가 용서 받았다는 믿음을 가지고 있었으나 항상 죄인이라는 의식을 가지고 있었다. 예루살렘 성전과 그 안에서 드려지던 모든 제사는 모형과 그림자이기 때문이다. 따라서 율법에 의하여 드리는 제사는 육체의 죄를 완전히 없이하지 못하였다. 성경은 이렇게 말씀한다. **"그러나 이 제사들은 해마다 죄를 생각하게 하는 것이 있나니 이는 황소와 염소의 피가 능히 죄를 없이 하지 못함이라"** (히 10:3,4). **"제사장마다 매일 서서 섬기며 자주 같은 제사를 드리되 이 제사는 언제든지 죄를 없게 하지 못하거니와"** (히 10:11). 매일 제사장이

드리는 제사가 이스라엘의 죄를 없이하지 못하였으므로, 그들은 죄의식에 사로잡혔다. 따라서 하나님께서 소와 염소와 양의 피로 드리는 제사를 기뻐하지 아니한다고 다윗은 기록하였다. "주께서 내 귀를 통하여 내게 들려주시기를 제사와 예물을 기뻐하지 아니하시며 번제와 속죄제를 요구하지 아니하신다 하신지라" (시 40:6).

7) 하나님께서 성막에서 드려지는 제사를 기뻐하지 아니하신다면 그것보다 더 좋은 제사를 준비하고 계신다는 것을 의미한다. 다윗은 성막의 제사로 용서 받지 못한 죄가 그의 머리털보다 많은 것을 깨닫고 하나님의 은혜를 사모하였다. "**무수한 재앙이 나를 둘러 싸고 나의 죄악이 내게 미치므로 우러러 볼 수도 없으며 죄가 나의 머리털보다 많으므로 내 마음이 사라졌음이니이다 여호와여 은총을 베푸사 나를 구원하소서 여호와여 속히 나를 도우소서**" (시 40:12,13). 다윗은 그의 죄를 용서하기 위하여 그리스도께서 오실 것을 알고 이렇게 기록하였다. "**그 때에 내가 말하기를 내가 왔나이다 나를 가리켜 기록한 것이 두루마리 책에 있나이다**" (시 40:7). "내가 왔나이다"란 그리스도께서 오신 것을 가리킨다고 히브리서 기자는 해석하였다. "**그 후에 말씀하시기를 보시옵소서 내가 하나님의 뜻을 행하러 왔나이다 하셨으니 그 첫 것을 폐하심은 둘째 것을 세우려 하심이니라**" (히 10:9). "그 첫 것을 폐하심은 둘째 것을 세우려 하심이니라"란 그리스도께서 오셔서 율법에 의한 제사를 폐하시고 영원한 제사를 드리신 것을 의미한다. "**오직 그리스도는 죄를 위하여 한 영원한 제사를 드리시고 하나님 우편에 앉으사**" (히 10:12).

8) 이스라엘 백성이 율법의 저주 아래서 그들의 죄를 깨닫고 하나님께 돌아와서 소와 염소와 양의 피로써 속죄의 제사를 드렸을 때 하나님은 그 피로 그들의 죄가 사하여졌다는 증거를 삼으셨다. 이 증거가 장차 오실 그리스도에 대한 이스라엘 백성의 믿음이 되었다. 곧 율법에 의한 정죄와 성막의 제사에 의한 속죄는 장차 오실 그리스도에 대한 이스라엘 백성의 믿음이 되었다. 따라서 선지자들은 자기 백성을 죄에서 대속하기 위하여 오실 그리스도의 탄생과 생애, 죽음과 부활에 대하여 예언하였다. 그리스도는 베들레헴에서 태어나실 것이다. "**베들레헴 에브라다야 너는 유다 족속 중에 작을찌라도 이스라엘을 다스릴 자가 네게서 내게로 나올 것이라 그의 근본은 상고에, 태초에니라**" (미 5:2). 그리스도는 처녀의 몸을 통하여 태어나실 것이다. "**그러므로 주께서 친히 징조로**

너희에게 주실 것이라 보라 처녀가 잉태하여 아들을 낳을 것이요 그 이름을 임마누엘이라 하리라"(사 7:14).170) 그리스도께서 인류를 죄와 저주로부터 자유하게 하실 것이다. "주 여호와의 신이 내게 임하셨으니 이는 여호와께서 내게 기름을 부으사 가난한 자에게 아름다운 소식을 전하게 하려 하심이라 나를 보내사 마음이 상한 자를 고치며 포로 된 자에게 자유를, 갇힌 자에게 놓임을 전파하며"(사 61:1).

9) 선지자들은 그리스도께서 인류의 죄와 질병을 담당하실 것을 예언하였다. "그가 찔림은 우리의 허물을 인함이요 그가 상함은 우리의 죄악을 인함이라 그가 징계를 받음으로 우리가 평화를 누리고 그가 채찍에 맞음으로 우리가 나음을 입었도다 우리는 다 양 같아서 그릇 행하여 각기 제 길로 갔거늘 여호와께서는 우리 무리의 죄악을 그에게 담당시키셨도다"(사 53:5,6). 선지자는 인류의 죄를 위하여 그리스도께서 고난과 죽음을 당하실 것을 예언하였다. "나는 물같이 쏟아졌으며 내 모든 뼈는 어그러졌으며 내 마음은 촛밀 같아서 내 속에서 녹았으며 내 힘이 말라 질그릇 조각 같고 내 혀가 잇틀에 붙었나이다 주께서 또 나를 사망의 진토에 두셨나이다 개들이 나를 에워쌌으며 악한 무리가 나를 둘러 내 수족을 찔렀나이다"(시 22:14~16). 선지자는 그리스도의 부활을 예언하였다. "이는 내 영혼을 음부에 버리지 아니하시며 주의 거룩한 자로 썩지 않게 하실 것임이니이다"(시 16:10).

10) 성막에서 소와 염소와 양의 피를 뿌리는 제사는 이스라엘 백성을 그리스도에 대한 믿음으로 인도하였다. 장차 오실 그리스도께서 소와 염소와 양과 같이 이스라엘 백성의 죄를 대속하실 것을 믿은 이스라엘 백성은 장차 오실 그리스도 안에서 죄 사함의 소망과 평강을 얻었다. 이스라엘 백성은 그리스도의 구원을 찬양하였다. "**여호와 우리 하나님이여 우리를 구원하사 열방 중에서 모으시고 우리로 주의 성호를 감사하며 주의 영예를 찬양하게 하소서**"(시 106:47). "**나의 하나님이여 내가 또 비파로 주를 찬양하며 주의 성실을 찬양하리이다 이스라엘의 거룩하신 주여 내가 수금으로 주를 찬양하리이다**"(시 71:22). 하나님은 율법과 성막의 제사를 통하여 그리스도의 피에 의한 속죄의

---

170) 처녀로 번역된 히브리어 알마(עַלְמָה)는 젊은 여자 곧, 가임여자를 의미한다(BDB., p. 761). 알마란 처녀와 결혼한 여자를 포함하나, (마 1:23)에서는 (사 7:14)의 말씀을 처녀로 해석하고 있다.

모형을 보여주셨다.

11) 이스라엘 백성이 율법을 온전히 순종할 수 없는 것을 아신 하나님은 그들에게 율법을 주신 뒤에 성막과 제사법을 주셨다. 소와 염소와 양의 피를 드리는 제사는 율법에 의하여 정죄 받는 이스라엘의 자범죄를 전제로 한다. 성막에서 이스라엘 백성의 죄를 없이하기 위하여 드린 소와 염소와 양의 피는 예수 그리스도의 피에 의한 속죄를 모형으로 보여준다. 성막은 하늘성전의 모형이기 때문이다. 이스라엘 백성은 성막의 제사를 통하여 장차 오실 그리스도의 피로 그들의 죄가 대속될 것을 믿었다.

(3) 대제사장과 속죄의 모형

1) 제사장은 율법에 의하여 정죄 받은 이스라엘 백성의 죄를 제물의 머리에 옮겨놓는 직분을 받았다. 이스라엘 백성이 광야로 나온 뒤에 하나님은 그들의 장자 대신에 레위인을 택하여 자기의 소유로, 아론과 그의 후손을 택하여 제사장으로 삼으셨다. 제사장은 이스라엘의 죄를 제물의 머리에 옮겨놓은 뒤에 그것들을 죽여서 그 피를 성소에 뿌렸다. 대제사장은 속죄일에 송아지와 염소의 피를 가지고 지성소에 들어가서 자신과 이스라엘 백성의 죄를 속함으로 예수 그리스도의 속죄사역을 모형으로 보여 주었다.

2) 이스라엘 백성은 유월절 날 어린 양의 피를 문설주와 문지방에 뿌렸다. "**이 달 십사 일까지 간직하였다가 해 질 때에 이스라엘 회중이 그 양을 잡고 그 피로 양을 먹을 집 문 좌우 설주와 인방에 바르고**" (출 12:6,7). 그 날 밤에 하나님께서 애굽의 모든 초태생을 치실 때 그 양의 피를 뿌린 집을 넘어가셨다. "**밤중에 여호와께서 애굽 땅에서 모든 처음 난 것 곧 위에 앉은 바로의 장자로부터 옥에 갇힌 사람의 장자까지와 생축의 처음 난 것을 다 치시매**" (출 12:29). "**내가 애굽 땅을 칠 때에 그 피가 너희의 거하는 집에 있어서 너희를 위하여 표적이 될찌라 내가 피를 볼 때에 너희를 넘어가니 재앙이 너희에게 내려 멸하지 아니하리라**" (출 12:13).

3) 이스라엘의 장자들도 애굽인의 장자와 함께 죽임을 당하여야 하였지만 하나님의 은혜로 목숨을 건졌으므로, 그들의 목숨은 하나님의 것이다. 그들은 하나님께 목숨을 빚지고 있다. 따라서 하나님께서 이스라엘의 장자를 자기의 소유로 삼으셨다. "**너는

무릇 초태생과 네게 있는 생축의 초태생을 다 구별하여 여호와께 돌리라 수컷은 여호와의 것이니라" (출 13:12). "여호와의 것이다"란 하나님께 바쳐진 것을 의미한다. 이스라엘 백성이 애굽에서 나와 인구를 조사할 때 하나님은 그들의 장자 대신에 레위인을 택하여 자기의 소유로 삼으셨다. "**이러므로 내가 이스라엘 자손 중 모든 처음 난 자의 대신으로 레위인을 취하였느니라**" (민 8:18). 이스라엘 백성의 장자를 대신하여 하나님의 소유가 된 레위인은 성막에서 하나님을 섬기는 일을 맡았다. "**레위 지파로 나아와 제사장 아론 앞에 서서 그에게 시종하게 하라 그들이 회막 앞에서 아론의 직무와 온 회중의 직무를 위하여 회막에서 시무하되 곧 회막의 모든 기구를 수직하며 이스라엘 자손의 직무를 위하여 장막에서 시무할찌니**" (민 3:6~8). 하나님은 레위인 가운데서 아론과 그의 후손을 택하여 제사장의 직분을 맡기셨다. "**이는 아론의 아들들의 이름이며 그들은 기름을 발리우고 거룩히 구별되어 제사장 직분을 위임받은 제사장들이라**" (민 3:3).

4) 제사장의 직분은 백성들의 죄를 소와 염소와 양의 머리에 옮겨놓는 것이다(레 16:21). 이스라엘 백성이 제사장 앞에서 그들의 죄를 고백하면 그 죄가 제사장에게로 옮겨지고 제사장은 소와 염소와 양의 머리에 안수하여 그 죄를 제물의 머리에 옮겨놓았다. 이스라엘 백성의 죄를 짊어진 제물은 그들을 대신하여 피를 흘리며 죽었다. 곧 제사장의 직분은 백성의 죄를 짊어지는 것이다. 제사장은 이스라엘 백성의 죄를 짊어진 뒤에 그 죄를 소와 염소와 양의 머리에 옮겨 놓고 그것들을 죽여서 그 죄로 인하여 더럽혀진 하나님의 이름과 성소를 거룩하게 하였다. 제사장이 이스라엘 백성의 죄를 짊어지려면 믿음으로 의롭다하심을 받아야 한다. 제사장이 믿음으로 의롭다하심을 인치는 의식이 기름부음이다. 하나님께서 아론과 그의 후손에게 기름을 부어 제사장으로 삼으셨다. "**이는 아론의 아들들의 이름이며 그들은 기름을 발리우고 거룩히 구별되어 제사장 직분을 위임받은 제사장들이라**" (민 3:3).

5) 하나님은 이스라엘 백성을 택하여 온 인류의 제사장의 나라로 삼으셨다. "**너희가 내게 대하여 제사장 나라가 되며 거룩한 백성이 되리라 너는 이 말을 이스라엘 자손에게 고할찌니라**" (출19:6). 제사장의 나라란 인류의 죄를 짊어지는 것이다. 이스라엘 백성은

인류의 죄를 짊어지기 위하여 유월절 어린 양의 피로써 그들의 죄를 대속하고 광야로 나왔다. 그들의 죄가 어린 양의 피로써 정결하게 되었으므로 하나님께서 인류의 죄를 그들에게 옮겨놓으신 뒤에 그들이 제사장의 나라가 되었다고 선언하셨다(출 19:6). 이스라엘 백성이 인류의 제사장으로서 직분을 받았으므로 그들이 짊어진 죄가 무엇인가 하는 것을 알아야 한다. 죄를 알게 하는 법이 율법이다. 따라서 하나님께서 그들에게 율법을 주셨다. 율법은 죄를 깨닫게 한다. **"그러므로 율법의 행위로 그의 앞에 의롭다하심을 얻을 육체가 없나니 율법으로는 죄를 깨달음이니라"** (롬 3:20).

6) 이스라엘 백성은 제사장의 나라로서 인류의 죄를 짊어졌으므로 율법의 저주가 그들에게 임하였다. 율법은 죄인을 칼과 온역과 기근으로 저주한다. 이스라엘 백성은 율법의 저주 아래서 고통을 당하였다. 이방인들은 율법을 받지 못하였으므로, 하나님께서 그들의 죄에 대하여 책임을 묻지 아니하셨다. 이스라엘 백성은 인류를 대신하여 율법에 의하여 심판을 받았으나, 이방인들은 그들의 죄를 이스라엘 백성에게 옮겨놓았으므로 율법에 의하여 심판을 받지 아니하였다. 예컨대, 하나님은 우상을 숭배하는 이방인들의 죄를 눈감아주셨지만 우상을 떠나지 아니한 이스라엘 백성을 심판하셨다. 우상숭배로 인하여 이스라엘 백성이 받은 심판은 그들이 인류의 죄를 짊어졌다는 증거이다.

7) 이스라엘 백성의 제사장 직분을 살펴보자. 하나님은 이스라엘 백성 가운데 레위인을 택하시고 그들 가운데서 아론과 그의 후손을 택하여 제사장의 직분을 맡기셨다. 이스라엘 백성은 인류의 죄를,[171] 레위인들은 백성의 죄를 짊어져야 한다. 그리고 제사장은 그 죄를 소와 염소와 양의 머리에 옮겨놓아야 한다. 레위인은 이스라엘 백성의 죄를 짊어지기 위하여 자신을 거룩하게 하는 의식을 행하였다. **"이스라엘 자손 중에서 레위인을 취하여 정결케 하라 너는 이같이 하여 그들을 정결케 하되 곧 속죄의 물로 그들에게 뿌리고 그들로 그 전신을 삭도로 밀게 하고 그 의복을 빨게 하여 몸을 정결케 하고"** (민 8:6,7). 그 후에 이스라엘 백성은 레위인에게 안수하여 그들의 죄를 레위인의 머리에 옮겨놓았다. **"레위인을 여호와 앞에 나오게 하고 이스라엘 자손으로 그들에게 안수케**

---

[171] 이스라엘이 유월절 어린 양의 피로 그들의 모든 죄를 자범죄를 대속하였으므로 제사장의 나라로서 인류의 죄를 짊어질 수 있었다.

한 후에"(민 8:10). 레위인을 대표하여 아론과 그의 후손 제사장들은 수송아지의 머리에 안수하여 그들의 죄를 예물의 머리에 옮겨놓았다. 송아지는 이스라엘 백성의 죄를 짊어지고 죽임을 당하였다. **"모세가 또 속죄제의 수송아지를 끌어오니 아론과 그 아들들이 그 속죄제 수송아지 머리에 안수하매 모세가 잡고 그 피를 취하여 손가락으로 그 피를 단의 네 귀퉁이 뿔에 발라 단을 깨끗하게 하고 그 피는 단 밑에 쏟아 단을 속하여 거룩하게 하고"**(레 8:14,15).

8) 대제사장은 장차 오실 그리스도의 모형이다. 속죄일에 대제사장이 송아지와 염소의 피를 가지고 지성소에 들어가서 하나님의 이름을 위하여 속죄함으로 장차 오실 예수 그리스도의 사역을 모형으로 보여주었다. 속죄일에 대제사장은 자기와 이스라엘 백성의 죄를 속하기 위하여 송아지와 염소의 피를 가지고 지성소에 들어갔다. **"또 백성을 위한 속죄제 염소를 잡아 그 피를 가지고 장 안에 들어가서 그 수송아지 피로 행함 같이 그 피로 행하여 속죄소 위와 속죄소 앞에 뿌릴찌니 곧 이스라엘 자손의 부정과 그 범한 모든 죄를 인하여 지성소를 위하여 속죄하고 또 그들의 부정한 중에 있는 회막을 위하여 그같이 할 것이요"**(레 16:15,16). 대제사장이 소와 염소의 피로써 지성소를 거룩하게 하였을 때 하나님은 속죄소에서 대제사장에게 나타나셨다(출 25:22).

9) 율법은 아론과 그의 후손을 제사장으로 세웠으나 그들에게는 약점이 있었다. 율법에 의하여 드리는 송아지와 염소와 양의 피는 육체를 거룩하게 하였지만 아담 안에서 죄로 인하여 더럽혀진 사람의 영을 거룩하게 못하였다(히 10:4). 이것이 율법에 의하여 드리는 제사의 한계이다. 아론의 후손 제사장들은 수명이 다하면 죽어서 흙으로 돌아간다. 시간이 경과함에 따라서 제사장이 바뀌는 것도 역시 아론의 후손 제사장의 한계이다. **"저희 제사장 된 자의 수효가 많은 것은 죽음을 인하여 항상 있지 못함이로되"**(히 7:23). 따라서 율법에 의하여 드리는 제사는 인류의 죄를 대속하는 제사로서 온전하지 못하였다.

10) 하나님은 율법에 의하여 세운 아론의 후손의 제사장을 폐하시고 예수 그리스도를 대제사장으로 세우셨다. 예수 그리스도는 아론의 후손이 아닌 멜기세덱의 반차를 좇는 대제사장이다. 아브라함을 축복하고 그에게 십일조를 받은 제사장 멜기세덱은 예수 그리스도의 모형이다. **"이 멜기세덱은 살렘 왕이요 지극히 높으신 하나님의 제사장이라 여러**

임금을 쳐서 죽이고 돌아오는 아브라함을 만나 복을 빈 자라 아브라함이 일체 십분의 일을 그에게 나눠주니라 그 이름을 번역한즉 첫째 의의 왕이요 또 살렘 왕이니 곧 평강의 왕이요 아비도 없고 어미도 없고 족보도 없고 시작한 날도 없고 생명의 끝도 없어 하나님 아들과 방불하여 항상 제사장으로 있느니라"(히 7:1~3). 멜기세덱은 왕인 동시에 제사장이다. 그는 의의 왕이며 평강의 왕이며 하나님의 제사장이다(창 14:18).

11) 아브라함이 이삭을 낳기 전에 멜기세덱에게 십일조를 드렸다. 아브라함이 십일조를 드릴 때 레위인은 아브라함의 허리에 있었다. 따라서 아론과 그의 후손은 그의 조상 아브라함을 통하여 멜기세덱에게 십일조를 드렸다. **"또한 십분의 일을 받는 레위도 아브라함으로 말미암아 십분의 일을 바쳤다 할 수 있나니 이는 멜기세덱이 아브라함을 만날 때에 레위는 아직 자기 조상의 허리에 있었음이니라"** (히 7:9,10). 아브라함은 믿음으로 의롭다하심을 받은 자이므로 하나님 앞에서 가장 높은 자이다. 아브라함을 축복하고 아브라함 안에서 아직 태어나지 아니한 아론과 그의 후손 제사장으로부터 십일조를 받은 멜기세덱은 모든 사람보다 높은 자이다. **"폐일언하고 낮은 자가 높은 자에게 복빎을 받느니라"** (히 7:7). 따라서 멜기세덱은 장차 오실 그리스도의 모형이라고 말할 수 있다.

12) 성경은 멜기세덱의 반차를 따르는 제사장이 오실 것을 약속하였다.172) **"여호와는 맹세하고 변치 아니하시리라 이르시기를 너는 멜기세덱의 반차를 좇아 영원한 제사장이라 하셨도다"** (시 110:4). 멜기세덱은 왕이며 동시에 제사장이므로 그리스도께서 왕의 가문에서 오셔야 한다. 따라서 예수 그리스도는 아론의 후손으로 오신 분이 아니라 유다의 지파의 다윗의 후손으로 태어나셨다. **"우리 주께서 유다로 좇아 나신 것이 분명하도다 이 지파에는 모세가 제사장들에 관하여 말한 것이 하나도 없고 멜기세덱과 같은 별다른 한 제사장이 일어난 것을 보니 더욱 분명하도다"** (히 7:14,15).

13) 예수 그리스도는 왕이며 동시에 대제사장으로 임하셨다. 속죄일에 대제사장이 이스라엘 백성의 죄를 대속하기 위하여 송아지와 염소의 피를 가지고 지성소에 들어가

---

172) 율법은 아론과 그의 후손을 택하여 제사장으로 세웠다. 그러나 진리는 예수 그리스도를 제사장으로 세웠다. "그는 육체에 상관된 계명의 법을 좇지 아니하고 오직 무궁한 생명의 능력을 좇아 된 것이니 증거하기를 네가 영원히 멜기세덱의 반차를 좇는 제사장이라 하였도다" (히 7:16,17).

속죄한 것과 같이, 예수 그리스도께서 자기의 피를 가지고 하늘성소에 들어가셨다. "**그러므로 하늘에 있는 것들의 모형은 이런 것들로써 정결케 할 필요가 있었으나 하늘에 있는 그것들은 이런 것들보다 더 좋은 제물로 할찌니라 그리스도께서는 참 것의 그림자인 손으로 만든 성소에 들어가지 아니하시고 오직 참 하늘에 들어가사 이제 우리를 위하여 하나님 앞에 나타나시고**" (히 9:23,24). 예수 그리스도께서 그의 피로써 사단과 사람의 죄로 인하여 더럽혀진 하나님의 이름과 하늘성전을 거룩하게 하셨다. "**그리스도께서 장래 좋은 일의 대제사장으로 오사 손으로 짓지 아니한 곧 이 창조에 속하지 아니한 더 크고 온전한 장막으로 말미암아 염소와 송아지의 피로 아니 하고 오직 자기 피로 영원한 속죄를 이루사 단번에 성소에 들어 가셨느니라**" (히 9:11,12).

14) 율법은 아론과 그의 후손의 제사장 직분을 통하여 장차 오실 예수 그리스도의 사역을 모형으로 보여주었다. 이스라엘 백성은 인류의 제사장으로, 레위인은 이스라엘의 장자를 대신하여 하나님께 받쳐진 자로, 레위인 가운데 아론과 그의 후손은 제사장으로 택함을 받았다. 이스라엘 백성은 인류의 제사장이므로 인류의 죄를 짊어지기 위하여 유월절 어린 양의 피로 그들의 죄를 대속하고 율법을 받았다. 율법은 마귀의 지배 아래 있는 인류에게 죄를 깨닫게 한다. 이스라엘 백성은 인류의 죄를 짊어졌으므로 인류를 대신하여 율법에 의하여 저주를 받았다. 이스라엘 백성의 죄가 제사장으로 택함을 입은 아론과 그의 후손에게 전가되었다. 제사장은 이스라엘의 죄를 소와 염소와 양의 머리에 옮겨놓은 뒤에 그것들을 죽여서 그 피로 죄를 속하였다. 이것은 장차 오실 예수 그리스도의 제사장의 사역을 모형으로 보여준다.

(4) 이해를 위한 질문

1) 성막과 속죄의 모형

 a. 하나님께서 율법을 주신 뒤에 성막을 세우게 하신 이유는 무엇인가(롬 3:19,20).

 b. 성막에 하나님께서 거하신다는 증거는 무엇인가(왕상 9:3).

 c. 지성소에 무엇이 있는가(히 9:4,5).

 d. 모세가 성막을 세웠을 때, 그곳에 하나님의 영광이 임한 이유는 무엇인가(출

29:43).

  e. 솔로몬이 성전을 건축하였을 때 하나님께서 그곳에 자기의 이름을 두신 이유는 무엇인가(왕상 9:3; 대하 2:5,6).

  f. 이스라엘이 우상을 숭배하였을 때, 하나님은 이방인의 손으로 성전을 파괴하셨다. 그 이유는 무엇인가(렘 31:32).

  g. 예루살렘 성전이 하늘성전의 모형이라는 것은 무엇을 의미하는가(히 8:5).

  h. 예루살렘 성전의 파괴는 예수 그리스도의 죽음을 모형으로 보여준다(요 2:19). 그 이유는 무엇인가.

  i. 예수 그리스도의 몸이 하늘성전인 이유는 무엇인가(요 14:20; 빌 2:6; 히1:3).

2) 제사와 속죄의 모형

  a. 이스라엘의 죄가 하나님의 이름과 성소를 더럽히는 이유는 무엇인가(레 20:3).

  b. 왜 소와 염소와 양의 피가 이스라엘의 죄를 없이하였나(레 17:11).

  c. 대제사장이 소와 염소와 양의 머리에 안수한 이유는 무엇인가(레 16:21).

  d. 성막에서 제사장이 뿌린 소와 염소와 양의 피가 육체만을 거룩하게 한 이유는 무엇인가(히 9:13).

  f. 성소와 지성소를 가로막고 있던 휘장은 무엇을 의미하는가(히 10:20).

3) 대제사장과 속죄의 모형

  a. 하나님께서 출애굽 이후에 이스라엘의 장자를 자기의 소유로 삼으신 이유는 무엇인가(출 4:22).

  b. 하나님께서 이스라엘의 장자 대신 레위인을 택하여 자기의 소유로 삼으셨다. 그들의 직분은 무엇인가(민 8:17~19).

  c. 하나님께서 레위인 가운데 아론과 그의 자손을 택하여 제사장을 삼기 위하여 기름을 부은 이유는 무엇인가(민 3:3).

  d. 하나님께서 이스라엘을 제사장의 나라로 택하신 이유는 무엇인가(출 19:5,6).

  e. 이스라엘이 온 인류의 죄를, 레위인이 이스라엘의 죄를 짊어지기 위하여 행한

의식은 무엇인가(출 12:13; 민 8:9,10).

f. 아브라함에게 십일조를 받은 멜기세덱과 예수 그리스도의 관계는 무엇인가 (히 7:4,5).

g. 속죄일에 대제사장이 송아지와 염소의 피를 가지고 지성소에 들어가서 하나님의 이름과 성소를 거룩하게 하였다. 이것은 그리스도께서 자기의 피를 가지고 하늘성전에 들어가신 것을 모형으로 보여준다(히 9:23). 그 이유는 무엇인가.

3.3 율법과 장차 오실 예수 그리스도의 준비

1. 율법과 예수 그리스도의 준비

(1) 인류의 장자로 오실 예수 그리스도

1) 예수 그리스도께서 인류의 죄를 대속하시려면 인류의 장자로 오셔야 한다. 장자는 모든 형제들의 죄에 대한 책임을 짊어지기 때문이다. 하나님은 그리스도의 길을 위하여 아브라함과 그의 후손을 택하여 인류의 장자로 삼으셨다. 장자의 명분이 아브라함으로부터 이삭에게로, 이삭으로부터 야곱에게로, 야곱으로부터 요셉에게로 이어져 내려왔다. 출애굽 이후 그 명분이 레위 지파에게로 이어졌고 엘리 제사장이 타락한 이후 다윗에게로 이어졌다. 예수 그리스도께서 다윗의 후손을 통하여 오셨다.

2) 하나님께서 아브라함의 믿음을 의롭다하시고 그에게 장차 오실 그리스도의 언약을 주셨다. 그의 후손을 통하여 예수 그리스도께서 오신다는 언약은 그에게 인류의 장자의 명분이 있다는 것을 의미한다. 인류의 장자로서 예수 그리스도는 장자의 명분을 가진 자의 후손으로 임하실 것이기 때문이다. 장자의 명분은 열국의 조상이 되는 언약으로 계시되었다. **"내가 너와 내 언약을 세우니 너는 열국의 아비가 될찌라 이제 후로는 네 이름을 아브람이라 하지 아니하고 아브라함이라 하리니 이는 내가 너로 열국의 아비가 되게 함이니라"** (창 17:4,5). "열국의 아비란 혈통을 초월하여 모든 자 가운데서 가장 높은 자로서 인류의 장자를 의미한다. 아브라함은 믿음으로 의롭다하심을 얻고 동시에

장자의 명분을 받았다. 그 장자의 명분이 아브라함으로부터 이삭으로 이어졌다. 에서는 장자로 태어났지만 장자의 명분을 소홀히 여기고 동생 야곱에게 넘겼다.173) **"야곱이 가로되 오늘 내게 맹세하라 에서가 맹세하고 장자의 명분을 야곱에게 판지라"(창 25:33).**

3) 장자는 형제의 죗값을 짊어져야 한다. 이것을 보여주는 것이 유월절날 밤에 일어난 심판사건이다. 유월절날 밤에 애굽의 모든 초태생들은 형제의 죄를 짊어지고 죽임을 당하였다(출 12:29). 그러나 이스라엘 백성의 초태생은 형제의 죗값을 짊어졌지만 어린 양의 피로 그 죄를 대속하고 목숨을 보존하였다. 이 사건은 장자가 형제의 죄를 짊어지고 그 죗값으로 저주를 받아 죽어야 한다는 것을 보여준다. 야곱이 장자의 명분을 얻었으므로 그 형제의 죄에 대한 책임을 짊어져야 한다. 그 책임은 세상에서 종노릇하는 것으로 나타났다. 야곱은 장자로서 형제의 죄를 짊어지고 20년간 동안 세상에서 종노릇하였다.

4) 장자가 형제의 죄를 짊어진 것은 제사장의 직분을 받았다는 것을 의미한다. 인류의 장자와 제사장으로서 인류의 죄를 짊어지려면 믿음으로 의롭다하심을 받아야 한다. 죄로 인하여 더럽혀진 자는 타인의 죄를 짊어질 수 없기 때문이다. 아브라함은 믿음으로 의롭다하심을 받았으므로 인류의 장자의 명분을 받았다. 이삭과 야곱도 믿음으로 의롭다하심을 받았으므로 장자의 명분을 얻을 수 있었다. 아브라함은 믿음으로 의롭다하심을 받고 인류의 장자로서, 그리고 제사장으로서 직분을 받았으므로 세상에서 가장 높은 자이다. 따라서 아브라함을 저주하는 자는 저주를 받았다. **"너를 축복하는 자에게는 내가 복을 내리고 너를 저주하는 자에게는 내가 저주하리니 땅의 모든 족속이 너를 인하여 복을 얻을 것이니라 하신지라"(창 12:3).** 애굽의 바로가 아브라함의 아내 사라를 취하므로 아브라함의 마음을 상하게 하였을 때 하나님께로부터 저주를 받았다(창 12:17).

5) 아브라함의 제사장 직분을 인치기 위하여, 하나님께서 그에게 인류의 죄를 위하여 독자 이삭을 번제로 드리게 하셨다(창 22:2). 아브라함은 인류의 장자이며 제사장으로서 이삭을 번제로 드렸다. 제사장은 모든 자보다 높은 자이므로, 여호와 하나님의 이름으로

---

173) 야곱은 장자의 명분을 위하여 모든 상속재산을 포기하였다. 하나님은 야곱의 믿음을 의로 여기시고 그에게 복을 주셨다. 그는 라반의 집에서 종노릇하였지만 큰 재산을 가지고 가나안 땅으로 돌아왔다.

이스라엘 백성을 축복하는 권세를 받았다. **"아론과 그 아들들에게 고하여 이르기를 너희는 이스라엘 자손을 위하여 이렇게 축복하여 이르되 여호와는 네게 복을 주시고 너를 지키시기를 원하며 여호와는 그 얼굴로 네게 비취사 은혜 베푸시기를 원하며"** (민 6:23~25). 제사장은 모든 백성의 어른이며 동시에 장자의 명분을 가지고 있으므로 하나님의 이름으로 백성을 축복할 수 있다.

6) 제사장은 모든 사람보다 높은 자이므로 모든 백성에게 본을 보여야 하며 죄를 범하면 안 된다고 성경은 말씀한다. **"제사장은 백성의 어른인즉 스스로 더럽혀 욕되게 하지 말지니라"** (레 21:4). 야곱의 장자 르우벤은 장자로 태어났으나 범죄하였으므로 장자의 명분이 요셉에게로 돌아갔다. **"이스라엘의 장자 르우벤의 아들들은 이러하니라(르우벤은 장자라도 그 아비의 침상을 더럽게 하였으므로 장자의 명분이 이스라엘의 아들 요셉의 자손에게로 돌아갔으나 족보에는 장자의 명분대로 기록할 것이 아니니라"** (대상 5:1). 요셉에게 장자의 명분이 있으므로 그의 형제들이 그에게 절하였다. **"요셉이 다시 꿈을 꾸고 그 형들에게 고하여 가로되 내가 또 꿈을 꾼즉 해와 달과 열 한 별이 내게 절하더이다 하니라"** (창 37:9). 요셉은 장자로서 형제들의 죄를 짊어졌으므로 그 죗값으로 애굽 사람의 종으로 팔려갔다.174)

7) 이스라엘 백성이 애굽에서 종노릇한 이유는 그들이 온 인류의 장자로 택함을 받았다는 것을 의미한다. 야곱의 후손 이스라엘 백성은 인류의 장자로 부름을 받았으므로 인류의 죄를 짊어지고 애굽에서 종노릇하였다. 인류의 장자로서 형제의 죄를 짊어지려면 믿음으로 의롭다하심을 받아야 한다. 만약 믿음을 지키지 못한다면 장자의 명분을 잃어버리게 된다. 따라서 애굽에서 우상을 섬긴 자들은 장자의 명분에서 제외되었다. 그들이 애굽으로 들어가기 전에 장자의 명분이 요셉과 그의 후손에게 있었으나, 출애굽 이후에 장자의 명분이 레위 지파로 돌아갔다. 하나님께서 이스라엘의 장자 대신에 레위인을 택하여 자기의 소유로 삼으셨다. **"보라 내가 이스라엘 자손 중에서 레위인을 택하여 이스라엘 자손 중 모든 첫 태에 처음 난 자를 대신케 하였은즉 레위인은 내 것이라"**

---

174) 애굽은 세상을 예표로 한다. 바로는 세상 임금을 모형으로 보여준다. 이스라엘이 애굽에서 나와서 가나안 땅으로 들어가는 것은 믿는 자들이 세상에서 나와서 하나님께로 나아가는 것을 모형으로 보여준다.

(민 3:12). 장자의 명분이 레위인에게 돌아갔으므로 하나님께서 아론과 그의 후손에게 제사장의 직분을 맡기셨다. 아론과 그의 후손은 이스라엘의 장자의 명분을 가졌으므로 그들의 죄를 짊어지고 그 죄를 소와 염소와 양의 머리에 옮겨놓는 제사장의 직분을 담당하였다.

8) 이스라엘 백성은 그들의 죄를 제사장에게 옮겨놓았고 제사장은 그 죄를 소와 염소와 양의 머리에 옮겨놓은 뒤에 그것들의 피를 뿌렸다. 아론과 그의 후손이 제사장의 직분을 잘 감당하려면 믿음으로 의롭다하심을 받음으로 장자의 명분을 유지하는 것이다. 그러나 엘리 제사장은 범죄함으로 장자의 명분을 상실하였다. 엘리 제사장의 아들들은 거룩한 제물을 더럽히는 죄와 성막에서 수종을 드는 여자들을 더럽히는 죄를 범하였다. **"그 사람이 이르기를 반드시 먼저 기름을 태운 후에 네 마음에 원하는대로 취하라 하면 그가 말하기를 아니라 지금 내게 내라 그렇지 아니하면 내가 억지로 빼앗으리라 하였으니 이 소년들의 죄가 여호와 앞에 심히 큼은 그들이 여호와의 제사를 멸시함이었더라"** (삼상 2:16,17). **"엘리가 매우 늙었더니 그 아들들이 온 이스라엘에게 행한 모든 일과 회막문에서 수종드는 여인과 동침하였음을 듣고"** (삼상 2:22).

9) 아론의 후손 엘리 제사장이 범죄함으로 장자의 명분을 잃어버렸다. 그의 장자의 명분이 다윗에게로 돌아갔다. 다윗은 이스라엘의 주권자이며 동시에 인류의 장자로서 하나님의 뜻대로 나라를 통치하였다. 그는 비록 간음하고 살인하는 죄를 범하였지만 하나님에 대한 믿음을 버리지 아니하였다. 그는 율법을 통하여 그의 죄를 깨닫고 그의 죄를 용서하실 하나님의 은혜를 사모하였다(시 51:1,2). 다윗이 죽은 뒤에 장자의 명분이 솔로몬에게로 이어졌다. 그러나 솔로몬은 우상을 숭배함으로 장자의 명분에서 제외되었다. 장자의 명분이 다윗에게서 나단으로 이어졌다. **"그 이상은 멜레아요 그 이상은 멘나요 그 이상은 맛다다요 그 이상은 나단이요 그 이상은 다윗이요"** (눅 3:31).

10) 이스라엘의 장자의 명분이 아론의 후손 제사장으로부터 다윗에게로 옮겨진 것은 시대적인 상황을 반영한다. 장자의 명분을 소유한 제사장은 이스라엘 가운데 가장 높은 어른이다. **"제사장은 백성의 어른인즉 스스로 더럽혀 욕되게 하지 말지니라"** (레 21:4). 따라서 제사장은 이스라엘의 어른으로서 백성들을 축복하였다(민 6:23). **"폐일언하고**

낮은 자가 높은 자에게 복빎을 받느니라" (히 7:7). 사사시대가 끝나고 왕정시대가 시작되므로 다윗이 이스라엘의 주권자가 되었다.175) 다윗은 이스라엘에서 가장 높은 자이므로 자연히 장자의 명분이 아론의 후손 제사장으로부터 다윗에게로 옮겨졌다. 그러나 장자의 명분이 다윗의 후손의 왕권과 함께 이어지지 못하였다. 솔로몬이 우상을 숭배함으로 장자의 명분을 상실하였다. 장자의 명분을 상실한 왕의 계보는 바벨론에 의하여 끝났다. 장자의 명분이 다윗으로부터 나단으로 이어졌다. 나단으로부터 장자의 명분이 요셉까지 이어졌다.

11) 누가복음에 기록된 예수 그리스도의 족보에서 장자의 명분이 다윗부터 마리아까지 이르는 과정을 기록하였다.176) 드디어 예수 그리스도께서 마리아의 몸에서 태어나셨다. 예수 그리스도는 인류의 장자로 오셨다. 예수 그리스도께서 사람의 몸을 통하여 육신으로 임하셨다. 그러나 하나님의 아들은 만물보다 먼저 계신 분이고 사람이 그의 형상으로 창조되었다. 따라서 그는 인류의 장자이다. "**또 맏아들을 이끌어 세상에 다시 들어 오게 하실 때에 하나님의 모든 천사가 저에게 경배할찌어다 말씀하시며**" (히 1:6). "**하나님이 미리 아신 자들로 또한 그 아들의 형상을 본받게 하기 위하여 미리 정하셨으니 이는 그로 많은 형제 중에서 맏아들이 되게 하려 하심이니라**" (롬 8:29). 장자는 장자의 명분을 가진 자의 후손으로 태어나셔야 한다.

12) 인류의 장자로서 제사장의 직분을 맡은 아론과 그의 후손들은 성막에서 이스라엘의 죄를 대속하였다. 이것은 장차 하나님의 장자인 그리스도께서 자기의 피를 가지고 하늘성전에 들어가서 인류의 죄를 대속하실 것을 모형과 그림자로 보여주는 것이다. 인류의 장자로서 다윗은 의와 공의로 이스라엘을 다스렸다. 이것은 그리스도께서 의와 공의로 만물을 통치하시는 것을 모형과 그림자로 보여준다. 이스라엘 백성이 인류의 장자로서 세상 죄를 짊어지고 율법에 의하여 저주를 받은 것과 같이, 그리스도께서 하나님의 장자로서 세상 죄를 짊어지고 저주를 받으셔야 한다. 그리스도께서 하나님의 장자

---

175) 사울은 초대 이스라엘의 왕이 되므로 장자권이 그에게 돌아갔으나 그는 범죄함으로 이를 상실하였다. 따라서 이스라엘의 장자권이 다윗에게로 돌아갔다.
176) 마태복음과 누가복음에 기록된 예수 그리스도의 족보는 다르다. 마태복음의 족보는 요셉을 기준으로, 누가복음의 족보는 마리아를 기준으로 하였다고 주석가들은 말한다(William Hendriksen, LukeⅠ, pp. 222~225).

가 되시려면 모든 창조물 보다 먼저 계셔야 한다. "**그는 보이지 아니하시는 하나님의 형상이요 모든 창조물보다 먼저 나신 자니**" (골 1:15).

13) 아브라함과 그의 후손 이스라엘 백성은 하나님의 장자로서 택함을 받았다. 인류의 장자로서 이스라엘 백성은 인류의 모든 죄에 대한 책임을 짊어지고 저주 아래 들어가야 한다. 이스라엘 백성은 인류의 죄를 짊어졌으므로 저주를 받아 애굽에서 종노릇하였다. 그들은 율법의 저주 아래서 많은 고난을 당하였다. 그들이 이방인에게 미혹을 받아 우상을 숭배할 때, 하나님은 그들을 칼과 온역과 기근으로 저주하셨다. 그들 가운데 성령의 감동으로 우상을 가까이 하지 아니함으로 장자의 명분을 유지한 자들도 고난을 당하였다. 그리스도께서 장자의 명분을 유지한 자의 육체를 통하여 오셨다. 따라서 인류의 장자의 명분을 가진 자들은 장자의 총회로서 하늘에 기록되어있다고 성경은 말씀한다. "**하늘에 기록한 장자들의 총회와 교회와 만민의 심판자이신 하나님과 및 온전케 된 의인의 영들과**" (히 12:23).

(2) 만물을 통치하는 왕으로 오실 예수 그리스도

1) 하나님은 만물의 창조자이며 그것들을 통치하는 왕이시다. 하나님은 사람을 자기의 형상으로 창조하시고 사람을 통하여 자기의 왕권을 모형으로 보이셨다. 사람들이 땅을 정복하고 모든 동물들을 다스리는 것은 만물을 통치하는 하나님을 모형으로 보여준다. 하나님은 이스라엘 백성을 택하여 자기의 백성으로 삼으시고 그들에게 만물을 통치하는 자기의 권세를 보여주셨다. 하나님은 다윗을 택하여 이스라엘의 주권자로 세우시고 그를 통하여 장차 오실 그리스도를 모형으로 보여주셨다.

2) 하나님께서 사람을 그의 형상으로 창조하시고 사람에게 땅을 정복하고 모든 동물을 다스리는 권세를 주셨다(창 1:27,28). 사람이 땅을 경작하여 생활에 필요한 모든 것을 생산하는 것은 만물을 창조하신 하나님의 아들의 전능하심을, 사람이 모든 동물을 다스리는 것은 만물을 통치하는 하나님의 아들의 권세를 모형으로 보여준다. 하나님께서 아들을 통하여 만물을 창조하시고 아들을 만물의 통치자로 세우셨다. 하늘에는 아들을 위한 보좌와 아들의 이름을 둔 성전이 있다(히 1:8). 하나님은 아들의 형상대로 사람을

창조하시고 사람을 통하여 아들의 모형을 보여주신다. 사람이 하나님의 아들의 형상으로 창조되고 모든 동물을 다스리는 권세를 받은 것은 장차 하나님의 아들이 왕권을 가지고 육신으로 임하신다는 약속이다.

3) 하나님은 만물의 주인으로서 만물을 통치하신다. 하나님은 아브라함을 택하여 그의 왕권을 보이셨다. 하나님은 아브라함에게 고향의 넓은 토지를 포기하라고 명령하셨다. **"여호와께서 아브람에게 이르시되 너는 너의 본토 친척 아비 집을 떠나 내가 네게 지시할 땅으로 가라"** (창 12:1). 하나님은 만물의 주인이므로 아브라함에게 토지를 포기하라고 명령하실 수 있다.[177] 아브라함은 자기가 소유한 땅이 하나님의 것임을 알고 명령에 순종하여 하란의 비옥한 땅을 포기하였다. 하나님은 아브라함에게 이삭을 번제로 드리라고 명령하셨다. **"여호와께서 가라사대 네 아들 네 사랑하는 독자 이삭을 데리고 모리아 땅으로 가서 내가 네게 지시하는 한 산 거기서 그를 번제로 드리라"** (창 22:2). 아브라함은 이삭이 하나님의 소유임을 알고 하나님의 명령에 순종하여 이삭을 번제로 드렸다.

5) 이스라엘 백성이 애굽에서 종노릇할 때 하나님은 바로에게 이스라엘 백성을 보내라고 명령하셨다. **"여호와께서 모세에게 이르시되 너는 바로에게 가서 그에게 이르기를 여호와의 말씀에 내 백성을 보내라 그들이 나를 섬길 것이니라"** (출 8:1). "내 백성"이란 이스라엘 백성이 하나님의 소유임과 하나님은 그들의 왕이심을 선포한 말씀이다. 동시에 애굽의 바로 역시 하나님의 소유임을 선포한 말씀이다. 이스라엘 백성은 애굽의 노예이자 재산이다. 그러나 하나님은 바로에게 대가를 지불하지 아니하고 이스라엘 백성을 보내라고 말씀하셨다. 애굽의 바로가 하나님의 왕권을 인정하지 아니하자 하나님은 애굽의 모든 초태생을 죽이셨다.

6) 하나님은 이스라엘 백성을 통하여 자기의 왕권을 보이셨다. 하나님은 그들에게 하나님의 백성으로서 지켜야 할 율법을 주셨다. 율법은 의와 공의로 사람을 통치하는 하나님의 법이다. 이스라엘 백성이 율법을 순종하지 아니하였을 때 하나님은 율법과 행위에 따라서 그들을 심판하셨다. 모세가 말씀을 불순종하였을 때 하나님은 율법으로

---

177) 국가가 국민이 소유한 토지를 수용하려면 그 사람에게 공정한 대가를 지불하여야 한다. 사람이 대가를 지불하지 아니하고 타인의 재산을 포기하게 하는 것은 강도이다. 그러나 하나님은 만물의 주인이므로 사람의 소유를 대가 없이 요구하신다.

그들의 행위에 따라서 그를 심판하셨다(민 20:12). 이스라엘 백성이 하나님의 율법을 버리고 우상을 숭배하였을 때 하나님은 행위대로 그들을 심판하심으로 자기의 왕권을 보이셨다. 하나님은 우상을 숭배하는 이스라엘 백성을 칼과 온역과 기근으로 저주하셨다. **"먼데 있는 자는 온역에 죽고 가까운데 있는 자는 칼에 엎드러지고 남아 있어 에워싸인 자는 기근에 죽으리라 이같이 내 진노를 그들에게 이룬즉"** (겔 6:12).

7) 이스라엘 백성이 하나님의 통치를 거절하고 왕을 구하였을 때 하나님은 그들의 요구를 기뻐하지 아니하셨다. **"여호와께서 사무엘에게 이르시되 백성이 네게 한 말을 다 들으라 그들이 너를 버림이 아니요 나를 버려 자기들의 왕이 되지 못하게 함이니라"** (삼상 8:7). 그러나 하나님께서 이스라엘 백성의 요구에 따라서 사울을 왕으로 세우셨다. **"이에 사무엘이 기름병을 취하여 사울의 머리에 붓고 입 맞추어 가로되 여호와께서 네게 기름을 부으사 그 기업의 지도자를 삼지 아니하셨느냐"** (삼상 10:1). 사울은 교만하여 하나님의 말씀을 버리고 불의와 불법으로 나라를 다스렸으므로, 하나님께서 사울을 폐하시고 다윗을 이스라엘의 주권자로 세우셨다. **"사무엘이 기름 뿔을 취하여 그 형제 중에서 그에게 부었더니 이 날 이후로 다윗이 여호와의 신에게 크게 감동되니라 사무엘이 떠나서 라마로 가니라"** (삼상 16:13).

8) 다윗은 재임기간 중에 간음하고 살인하는 죄를 범하였지만 율법을 통하여 자신의 죄를 깨닫고 겸손히 나라를 의와 공의로 통치하였다. **"솔로몬이 가로되 주의 종 내 아비 다윗이 성실과 공의와 정직한 마음으로 주와 함께 주의 앞에서 행므로로 주께서 저에게 큰 은혜를 베푸셨고 주께서 또 저를 위하여 이 큰 은혜를 예비하시고 오늘날과 같이 저의 위에 앉을 아들을 저에게 주셨나이다"** (왕상 3:6). 다윗이 자신의 죄를 책망하는 선지자 앞에서 눈물로 회개하였다. 그는 하나님의 의와 공의의 심판을 두려운 마음으로 받아드렸기 때문에 그의 죄를 자백하며 괴로워하였다. 하나님은 다윗의 중심을 보시고 그에게 복을 주셨으므로, 그는 주변 국가를 정복하여 식민으로 삼았다(삼하 8:2). 다윗이 주변 국가를 정복한 것은 세상 임금을 심판하신 예수 그리스도의 모형이다. 이방인은 세상을 예표로 하기 때문이다.

9) 다윗의 뒤를 이어 이스라엘의 왕이 된 솔로몬은 하나님의 이름을 위하여 성전을

건축하고 나라를 의와 공의로 통치하였으므로 하나님께로부터 많은 복을 받았다. 주변 나라로부터 이스라엘에 많은 금이 들어왔다. 이스라엘의 군대는 강성하였다(왕상 10:26). 그러나 솔로몬은 노년에 하나님의 말씀을 버리고 많은 이방여자들을 아내로 취하였다(왕상 11:1,2). 솔로몬은 노년에 이방여자들에게 미혹을 받아 우상을 숭배하였으므로 그리스도의 족보에서 제외되었다. 남 왕국의 왕들은 솔로몬의 후손이므로 모두 그리스도의 족보에서 제외되었다. 그리스도의 족보가 다윗으로부터 나단에게로 이어졌다(눅 3:31). 누가복음에 기록된 그리스도의 족보에서 다윗만이 이스라엘의 유일한 왕이다.

10) 다윗은 의와 공의로 하나님의 백성을 통치한 유일한 왕이다. 따라서 성경은 다윗의 후손으로 오실 그리스도에 대하여 예언하였다. **"이새의 줄기에서 한 싹이 나며 그 뿌리에서 한 가지가 나서 결실할 것이요 여호와의 신 곧 지혜와 총명의 신이요 모략과 재능의 신이요 지식과 여호와를 경외하는 신이 그 위에 강림하시리니"** (사 11:1,2). **"그 날에 이새의 뿌리에서 한 싹이 나서 만민의 기호로 설 것이요 열방이 그에게로 돌아오리니 그 거한 곳이 영화로우리라"** (사 11:10). **"그 정사와 평강의 더함이 무궁하며 또 다윗의 위에 앉아서 그 나라를 굳게 세우고 자금 이후 영원토록 공평과 정의로 그것을 보존하실 것이라 만군의 여호와의 열심이 이를 이루시리라"** (사 9:7).

12) 성경은 예수 그리스도께서 왕으로 예루살렘 동편 문으로 들어오실 것을 말씀하셨다. **"그가 나를 데리고 성소 동향한 바깥 문에 돌아오시니 그 문이 닫히었더라 여호와께서 내게 이르시되 이 문은 닫고 다시 열지 못할찌니 아무 사람도 그리로 들어 오지 못할 것은 이스라엘 하나님 나 여호와가 그리로 들어 왔음이라 그러므로 닫아 둘찌니라 왕은 왕인 까닭에 안 길로 이 문 현관으로 들어와서 거기 앉아서 나 여호와 앞에서 음식을 먹고 그 길로 나갈 것이니라"** (겔 44:1~3). 성경은 예수 그리스도께서 나귀를 타고 그 문으로 들어오실 것을 기록하였다.178) **"시온의 딸아 크게 기뻐할찌어다 예루살렘의 딸아 즐거이 부를찌어다 보라 네 왕이 네게 임하나니 그는 공의로우며 구원을 베풀며 겸손하여서 나귀를 타나니 나귀의 작은 것 곧 나귀새끼니라"** (슥 9:9).

---

178) 성경의 예언대로 예수 그리스도께서 나귀를 타시고 예루살렘 동문으로 들어오셔서 유월절을 먹고 마신 뒤에 그 문으로 나가셨다(마21:9). 그 문은 성경의 예언대로 지금 현재 닫혀 있다. 따라서 누구도 그 문으로 들어오지 못한다.

13) 이스라엘 백성은 만물을 통치하는 예수 그리스도의 오심을 준비하였다. 왕은 평민의 가문에서 태어나지 아니하고 왕의 가문에서 오셔야 한다. 따라서 예수 그리스도께서 다윗의 후손으로 임하셨다. 다윗의 후손으로 임하신 예수 그리스도는 유대인의 왕이다. **"유대인의 왕으로 나신 이가 어디 계시뇨 우리가 동방에서 그의 별을 보고 그에게 경배하러 왔노라 하니"** (마 2:2). 예수 그리스도께서 만물을 통치하는 권세를 보이셨다. 그는 세상 임금과 인류의 모든 죄를 심판하신다. **"아버지께서 아무도 심판하지 아니하시고 심판을 다 아들에게 맡기셨으니"** (요 5:22). 예수 그리스도께서 믿는 자들의 죄를 용서하시고 그들을 구원하셨다. **"예수께서 저희의 믿음을 보시고 중풍병자에게 이르시되 소자야 네 죄 사함을 받았느니라 하시니"** (막 2:5). 예수 그리스도께서 악한 귀신을 쫓아내셨다. **"예수께서 꾸짖어 가라사대 잠잠하고 그 사람에게서 나오라 하시니 더러운 귀신이 그 사람으로 경련을 일으키게 하고 큰 소리를 지르며 나오는지라"** (막 1:25,26). 예수 그리스도의 모든 사역은 만물을 창조하신 하나님과 만물의 통치자인 왕만이 하실 수 있는 권세이다.

14) 하나님께서 사람을 자기의 형상으로 창조하시고 사람에게 모든 동물을 다스리는 권세를 주신 것은 하나님의 아들이 만물을 통치하는 왕권을 가지고 사람을 통하여 육신으로 임하신다는 약속이다. 하나님은 아들의 길을 위하여 이스라엘 백성을 택하여 부르시고 다윗을 왕으로 세우셨다. 다윗은 의와 공의로 나라를 다스림으로 그리스도의 모형을 보여주었다. 선지자들의 예언대로 예수 그리스도께서 다윗의 가문에서 태어나셨다. 예수 그리스도께서 만물을 통치하는 왕으로 임하셔서 세상 임금을 심판하시고 믿는 자들을 구원하셨다. 만물을 통치하는 왕만이 죄를 심판하고 원하는 자들의 죄를 사면하실 수 있다.

(3) 이해를 위한 질문

1) 인류의 장자로 오실 예수 그리스도

a. 인류의 장자란 무엇을 의미하는가.

b. 믿음으로 의롭다하심을 받은 자가 장자의 명분을 소유하는 이유는 무엇인가.

    c. 야곱이 장자의 명분을 사모한 이유는 무엇인가(창 25:33).

    d. 인류의 장자의 명분을 소유한 자가 저주 아래 들어간 이유는 무엇인가.

    e. 레위인은 장자의 명분을 받고 제사장의 직분을 맡았지만 그 명분이 다윗에게로 돌아간 이유는 무엇인가(삼상 3:14).

    f. 왜 예수 그리스도께서 인류의 장자로 오셔야 하는가(히 1:6).

    g. 예수 그리스도는 마리아의 몸을 통하여 태어나셨지만 인류의 장자인 이유는 무엇인가(골 1:15).

  2) **만물을 통치하는 왕으로 오실 예수 그리스도**

    a. 하나님의 형상으로 창조된 사람이 무엇으로 그리스도의 왕권을 보여주는가(창 1:28).

    b. 하나님께서 아브라함에게 대가를 지불하지 아니하시고 이삭을 번제로 바치라고 명령하신 이유는 무엇인가(창 22:2).

    c. 하나님께서 애굽의 바로에게 이스라엘을 보내라고 말씀하신 이유는 무엇인가(출 9:1).

    d. 하나님과 이스라엘의 관계는 무엇인가(출 19:5,6).

    e. 다윗은 어떻게 그리스도의 왕권을 보여주었는가(왕상 3:6).

    f. 예수 그리스도께서 하늘나라의 왕권을 가지고 오셨다. 그 왕권은 구체적으로 무엇인가(마 28:18; 막 2:10; 요 5:22).

2. 신구약 중간사와 예수 그리스도의 준비

(1) 이스라엘의 멸망과 성전국가의 설립

1) 남 왕국이 바벨론에게 멸망한 것은 그리스도께서 육신으로 오셔서 율법과 선지자의 예언을 성취하기 위한 하나님의 뜻이다. 바벨론에서 가나안 땅으로 돌아온 유대인들은 성전과 제사장을 중심으로 하는 사실상의 신정국가를 세웠다. 소아시아, 유럽 및 아프리카로 흩어진 유대인들은 회당을 세우고 이를 중심으로 하나님께 예배하였다. 헬라의

알렉산더는 정복한 지역의 언어를 헬라어로 통일하였다. 이로써 그리스도께서 오실 모든 길이 준비되었다. 말라기 선지자로부터 세례 요한까지 하나님의 말씀이 끊어진 암흑시대라고 하지만, 이 기간 동안 하나님은 그리스도의 오시는 길을 완전하게 준비하셨다. 그 내용을 살펴보자.

2) 그리스도께서 아버지의 뜻을 성취하려면 인류의 죄를 짊어지고 마귀의 사망권세 아래서 죽음을 당하셔야 한다. 이것이 율법을 통하여 모형과 그림자로 계시되었다. 성막에서 제사장이 제물을 죽여서 그 피를 뿌리는 제사는 그리스도의 죽음을 모형으로 보여준다. 이를 위하여 제사장은 제물의 머리에 안수하여 이스라엘의 죄를 그 머리에 옮겨놓고 제물을 죽여 그 피를 뿌려야 한다. 율법을 통하여 계시된 하나님의 뜻이 이루어지려면, 아론의 후손 대제사장이 예수 그리스도께 인류의 죄를 옮겨놓은 뒤에 그를 죽여서 인류의 죄를 대속하여야 한다. 이것이 가능하려면 이스라엘은 다윗의 후손이 아닌 아론의 후손 대제사장의 통치를 받는 국가가 되어야 한다. 다윗의 후손 왕이 이스라엘을 통치한다면 그 왕이 그리스도를 정죄할 것이기 때문이다. 이것은 율법의 예언과 일치하지 아니한다. 따라서 하나님은 다윗의 후손 왕이 통치하는 국가를 폐하시고 대제사장을 중심으로 하는 성전국가를 세우셨다.

3) 이스라엘 백성의 죄를 속하는 속죄제에 있어서, 제사장은 소와 염소와 양의 머리에 안수하여 그들의 죄를 제물의 머리에 옮겨놓았다(레 16:21). 이와 같이 예수 그리스도께서 인류의 죄를 대속하려면 대제사장이 그의 머리에 안수하여 인류의 죄를 그의 머리에 옮겨놓고 그에게 사형을 선고하여야 한다. 하나님은 예수 그리스도께 인류의 죄를 옮겨놓기 위하여 성전국가(temple-state)를 준비하셨다. 성전국가는 바벨론의 포로 귀환으로부터 시작한다. 남 왕국이 멸망한 뒤에 바벨론으로 포로가 되어 끌려갔던 유대인들은 예루살렘으로 돌아와서 파괴된 성전을 재건하였다. 성전재건 이후에 대제사장은 성전을 중심으로 하여 유대를 다스렸다. 이를 성전국가라고 한다.179) 대제사장이 산헤드린 공회를 중심으로 유대를 통치하였다. 따라서 그리스도께서 대제사장에 의하여 정죄를 받아

---

179) F. F. Bruce, Old Testament History, 유행열 역, 구약사, (기독교문서선교회,1978), p. 149.

죽으심으로 율법의 예언을 성취하셨다.

4) 바벨론에 의하여 예루살렘이 함락되므로 다윗왕조가 끊어졌고 성전은 파괴되었다. 바벨론 포로는 다윗왕조의 단절과 성전의 파괴라는 엄청난 불행을 가지고 왔지만 다른 한편으로는 이스라엘 백성의 우상숭배를 끝내는 순기능의 역할도 하였다. 성전이 파괴되므로 하나님과 이스라엘 백성의 관계가 단절된 것 같이 보였으나, 하나님은 선지자들을 통하여 전쟁에서 살아남은 자들에게 말씀을 주셨다. 다니엘 이후 많은 선지자들이 우상을 멀리한 이스라엘 백성에게 그리스도에 대한 소망을 주었다. 다니엘은 환상 가운데 큰 신상을 파괴하고 영원한 나라를 세우실 그리스도를 보았다(단 2:36~45). 스가랴는 이스라엘 백성을 구원하시기 위하여 오실 그리스도에 관한 소망을 예언하였다. **"내가 유다 족속을 견고하게 하며 요셉 족속을 구원할지라 내가 그들을 긍휼히 여김으로 그들로 돌아오게 하리니 그들이 내게 내어 버리움이 없었음같이 되리라 나는 그들의 하나님 여호와라 내가 그들을 들으리라"** (슥 10:6).

5) 유대인들이 바벨론에서 가나안 땅으로 돌아온 뒤에 선지자들이 남은 자들에게 하나님의 말씀을 전하였으나, 제사장은 성전에서 하나님께 제사를 드릴 수 없었다. 따라서 그들에게 필요한 것은 파괴된 성전을 다시 세우는 것이었다. 하나님은 그들에게 성전 건축을 허락하셨다. **"바사 왕 고레스는 말하노니 하늘의 신 여호와께서 세상 만국으로 내게 주셨고 나를 명하사 유다 예루살렘에 전을 건축하라 하셨나니 이스라엘의 하나님은 참 신이시라 너희 중에 무릇 그 백성 된 자는 다 유다 예루살렘으로 올라가서 거기 있는 여호와의 전을 건축하라 너희 하나님이 함께 하시기를 원하노라"** (스 1:2,3). 고레스의 명령에 따라서 바벨론에서 가나안 땅으로 돌아온 유대인들은 예루살렘에 제2성전을 세우기 시작하였다. 주전 539년에 고레스는 바벨론을 정복하고 유대인의 귀환과 성전의 재건을 허락하는 칙령을 공포하였다.[180] 주전 536년부터 성전건축이 시작되었으나, 주전 534년에 사마리아인의 방해로 공사가 중단되었다(스 4장). 그러나 주전 520년 성전건축공사가 재개되어 주전 515년에 성전이 준공되었다.[181] **"다리오왕 육 년**

---

180) Ibid., p. 135.
181) Ibid., p. 142.

아달월 삼 일에 전을 필역하니라" (스 6:15).

6) 성전이 재건되고 하나님을 섬기는 제사가 회복되었다. 이것은 흩어진 유대인들을 하나로 묶는 계기가 되었다. 남 왕국이 멸망하기 전에 다윗의 왕조를 중심으로 나라가 다스려지고 있었다. 제사장과 선지자가 있었으나 왕은 율법과 선지자의 말을 무시하고 나라를 통치하였다. 왕들은 정치적인 목적으로 이방여자와 결혼하고 우상을 섬겼다. 이러한 과정에서 제사장과 선지자들은 국가의 통치에 있어서 뒤 자리에 물러나있었다. 그러나 바벨론 포로 이후 다윗의 왕조가 끊어졌으므로 흩어진 유대인들은 제사장과 선지자를 중심으로 하여 하나님을 섬기며 주권이 없는 국가로 형성하기 시작하였다. 제사장과 선지자는 유대를 이끌어가는 두 개의 중심축이 되었다. 그러나 말라기 이후 선지자의 말씀이 끊어졌으므로 유대의 역사는 대제사장을 중심으로 전개되어 왔다.

7) 성전의 재건은 다윗 왕조의 후손인 스룹바벨에 의하여 주관되었다.182) 당시에 총독은 관할지역의 지방군 지휘권, 사법권 및 재정권을 가지고 있었으므로 스룹바벨은 예루살렘 지역의 총독으로서 그의 권한을 이용하여 성전을 건축하였다. 성전이 건축된 뒤에 사독계열의 여호수아가 대제사장이 되었다(학 1:1). 스룹바벨은 총독으로서 국법으로 군대를 지휘하고 세금을 징수하였으며, 여호수아는 대제사장으로서 율법으로 유대를 통치하였다. 왕이 없었으나 성전을 중심으로 하여 대제사장이 율법으로 유대를 통치하던 시대를 왕정시대와 구분하여 성전국가 시대 또는 제사장의 나라라고 한다.183) 대제사장은 유대의 종교와 사회, 교육, 문화, 민사 등의 내정문제를 통치하였다.184)

8) 메대 바사와 헬라의 통치 아래서 유대는 어느 정도의 내부적 자율성을 누리고 있었다.185) 바사와 헬라는 유대의 종교문제에 대하여 자율성을 부여하였다. 바사의 고레스는 성전재건과 유대인의 귀환을 허락하였으며(스 1:1~4), 다리오는 중단된 성전건축 공사를 재개할 것과 율법에 따라서 성전에서 하나님께 제사할 것을 명령하였다(스 6:1~12). 헬라시대에 톨레미 6세는 애굽의 레온토폴리스에 예루살렘 성전을 모형으로

---

182) Ibid., p. 138.
183) Ibid., p. 149.
184) Ibid., p. 164.
185) F. F. Bruce New Testament History, 나용화 역, 신약사, (기독교문서선교회, 1981), p. 19.

하여 하나님의 전을 세우고 제사장으로 하여금 율법에 따라서 제사를 드리도록 하였다.186) 이러한 사건은 바사와 헬라가 유대에 종교적 자유를 보장하였다는 것을 의미한다.

9) 초대교회시대에 기독교를 핍박하기 전까지 로마제국도 역시 유대의 종교문제에 관여하지 아니하였다. 로마제국의 총독 빌라도는 산헤드린 공회의 결정을 존중하고 유대의 내부문제와 종교에 관섭하지 아니하였다. **"빌라도가 가로되 너희가 저를 데려다가 너희 법대로 재판하라 유대인들이 가로되 우리에게는 사람을 죽이는 권이 없나이다 하니"** (요 18:31). **"송사하는 것이 저희 율법 문제에 관한 것뿐이요 한 가지도 죽이거나 결박할 사건이 없음을 발견하였나이다"** (행 23:29). 로마제국은 대제사장에게 율법문제 곧, 종교문제에 대하여 자율성을 부여하였다.

10) 스룹바벨이 성전을 재건한 뒤에 에스라를 중심으로 하여 율법을 순종하려는 운동이 일어났다. 에스라가 바벨론에서 돌아왔을 당시에 유대사람들은 이방여자를 아내로 취하였다. 율법은 이방인과의 결혼을 금하고 있으므로(신 7:3,4), 에스라는 유대인들을 설득하여 이방여자와 이혼하게 하였다. 유대인들은 금식하며 이방여자를 아내로 맞이한 죄를 회개하였다. **"그 달 이십사 일에 이스라엘 자손이 다 모여 금식하며 굵은 베를 입고 티끌을 무릅쓰며 모든 이방 사람과 절교하고 서서 자기의 죄와 열조의 허물을 자복하고"** (느 9:1,2). 이 사건은 성전의 제사를 맡은 대제사장이 율법으로 유대인의 생활을 통치하는 서곡을 알리는 것이다. 예레미야는 제사장이 권력으로 백성을 통치할 것을 예언하였다. **"선지자들은 거짓을 예언하며 제사장들은 자기 권력으로 다스리며 내 백성은 그것을 좋게 여기니 그 결국에는 너희가 어찌 하려느냐"** (렘 5:31).

11) 성전을 중심으로 제사장이 유대를 다스리는 것이 성전국가이다. 유대인들은 바벨론에서 예루살렘으로 돌아온 뒤에 성전을 건축하고 제사장이 성전을 중심으로 하여 유대인들을 통치하였다. 바사, 헬라, 로마제국은 치안유지와 조공을 거두는 일에 관심을 가지고 있었고 유대의 내부적인 일을 제사장에게 위임하였다. 제사장은 성전을 중심으로 사실상 유대를 통치하였다. 이것을 성전국가라고 한다. 이로써 그리스도께서 대제사장에 의하여 정죄를 받아 죽으실 길이 준비되었다.

---

186) Ibid., p. 82.

(2) 대제사장과 산헤드린 공회

1) 예루살렘의 산헤드린 공회는 에스라와 느헤미야 시대부터 시작되었다.[187] 당시에 예루살렘의 총독 스룹바벨은 유대인의 공동체와 함께 유대를 통치하였다. 학개 선지자는 유대의 공동체를 대표하는 스룹바벨과 대제사장 여호수아에게 하나님의 말씀을 전하였다. **"다리오왕 이 년 유 월 곧 그 달 초하루에 여호와의 말씀이 선지자 학개로 말미암아 스알디엘의 아들 유다 총독 스룹바벨과 여호사닥의 아들 대제사장 여호수아에게 임하니라 가라사대"** (학 1:1). 스룹바벨이 죽은 뒤부터 대제사장이 공회의 수장으로 등장하였다.[188]

2) 알렉산더 대왕과 동시대 인물 아브데라의 헤카테우스(Hecataeus of Abddera) 때부터 제사장들이 공회를 대표하기 시작하였다. 공회는 대제사장을 의장으로 하는 통치기구로서 율법에 따라서 유대의 신앙생활에 관한 모든 것을 결정하였다. 공회는 율법의 해석과 분쟁에 있어서 최종적인 판결을 내림으로 유대의 신앙생활에 절대적인 권한을 행사하였다.[189] 공회는 대제사장을 대표로 하여 유대공동체를 이끌어가는 실질적인 통치기구였다. 그러나 마카비 가문의 독립운동이 시작된 때 곧, 주전 167년부터 공회의 권한은 축소되기 시작하였다. 군대와 행정을 장악한 대제사장 시몬의 등장으로 산헤드린 공회의 권한은 축소되었다.[190] 그러나 하스몬가 왕조의 몰락으로 공회의 권력은 회복되었다. 로마제국의 총독이 통치하는 기간 동안 대제사장과 산헤드린 공회는 성전국가 전체의 행정을 책임지게 되었다.[191] 헤롯왕은 산헤드린 공회의 권한을 축소하였으나 그가 죽은 뒤에 공회의 권한은 다시 회복되었다.

3) 유대인들이 바벨론에서 귀환하여 성전을 건축한 이후부터, 대제사장은 성전국가의 통치자로서 유대사회에서 가장 중요한 역할을 담당하였다.[192] 유대의 독립이 성취되었던 시대 곧, 하스몬가 왕조시대에 대제사장은 유대의 주권자인 동시에 군대의 총사령관

---

[187] G. H. Twelftree, "Sanhedrin," ed., Joel B. Green, scot Mcnight and I. Howard Marshal, p. 542.
[188] Ibid., p. 542.
[189] Ibid., p. 544.
[190] Ibid., p. 542.
[191] Ibid., p. 543.
[192] F. F. Bruce New Testament History, op. cit., p. 79.

이 되었다.193) 대제사장은 모든 제사를 주관하고 절기, 특별히 속죄일에 직접 지성소에 들어가 이스라엘의 죄를 위하여 송아지와 염소의 피를 뿌렸다. 왕은 없었지만 대제사장은 실질적인 유대의 왕으로서 대외적으로 국가를 대표하고 대내적으로 율법으로 나라를 통치하였다.

4) 주전 63년에 로마제국에 의하여 예루살렘이 정복되므로 하스몬가 왕조는 막을 내렸다.194) 주전 37년에 로마제국은 헤롯을 유대의 왕으로 봉하였다. 로마제국과 헤롯의 통치시대에 대제사장은 세속적인 생활에 대한 권한을 상실하였으나 성전국가의 통치자로서 유대인의 종교생활에 막강한 권력을 행사하였다. 곧 대제사장은 산헤드린 공회의 의장으로서 율법으로 유대인의 종교생활을 통치하였다. 로마제국은 산헤드린 공회의 권한을 종교생활에 국한시켰기 때문이다. 로마제국의 총독은 종교생활을 제외한 세속적인 일을 처리하였다. 예수 그리스도 당시에 공회의원은 71명이였으며 사두개파 제사장, 서기관, 장로 및 바리새인으로 구성되었다.195)

5) 대제사장을 의장으로 하는 산헤드린 공회와 예수 그리스도의 관계를 살펴보자. 예수 그리스도께서 육신으로 임하시기 위하여 대제사장을 수반으로 하는 성전국가가 출현하여야 한다. 그, 이유는 대제사장만이 인류의 죄를 그리스도께 옮겨놓을 수 있기 때문이다. 이스라엘 백성의 죄를 대속하기 위하여 제사장이 송아지와 염소와 양의 머리에 안수한 뒤에 그것들을 죽여 피를 뿌리듯이, 대제사장은 율법으로 그리스도를 심판하여 인류의 죄를 그에게 옮겨놓았다. **"대제사장이 자기 옷을 찢으며 가로되 우리가 어찌 더 증인을 요구하리요 그 참람한 말을 너희가 들었도다 너희는 어떻게 생각하느뇨 하니 저희가 다 예수를 사형에 해당한 자로 정죄하고"** (막 14:64). 만약 다윗의 왕조가 계속되었다면 왕이 그리스도를 심판하였을 것이다. 그러나 왕은 대제사장의 직분을 대신하여 인류의 죄를 위하여 그리스도를 심판할 수 없다.196)

---

193) Ibid., p. 84.
194) F. F. Bruce, Old Testament History, op. cit., pp. 256~258.
195) E. Lohse, "συνέδριον," ed., Joel B. Green, scot Mcnight and I. Howard Marshall, p.1238.
196) 예수 그리스도 시대에 에돔 족속인 헤롯이 왕이 되었다. 만약 다윗의 후손이 왕이 되었다면 그 왕이 대제사장을 대신하여 율법으로 그리스도를 심판하였을 것이다. 헤롯은 이방인이었으므로 율법으로 그리스도를 재판할 수 없었다.

6) 이스라엘 백성은 하나님의 백성으로 하나님에 의하여 통치 받는 나라이다. 곧 하나님은 이스라엘 백성의 왕이다. 하나님은 제사장에게 이스라엘 백성의 통치를 맡기셨다. 모세는 제사장이며 지도자로서 이스라엘 백성을 애굽에서 인도하여 내었다. 제사장은 율법으로 이스라엘 백성을 재판하는 실질적인 지도자이었다. **"레위 사람 제사장과 당시 재판장에게로 나아가서 물으라 그리하면 그들이 어떻게 판결할 것을 네게 가르치리니"** (신 17:9). 따라서 하나님은 이스라엘 백성에게 왕을 주시지 아니하셨다. 이스라엘 백성이 블레셋과의 전쟁에서 패한 뒤에 그들을 다스릴 왕을 구하였을 때 하나님은 이를 기뻐하지 아니하셨다. 이스라엘 백성이 왕을 구한 것은 하나님의 통치를 거절하는 것이기 때문이었다. **"여호와께서 사무엘에게 이르시되 백성이 네게 한 말을 다 들으라 그들이 너를 버림이 아니요 나를 버려 자기들의 왕이 되지 못하게 함이니라"** (삼상 8:7). 이스라엘 백성이 왕을 요구하자, 하나님은 마지못하여 그들에게 왕을 허락하셨다. 하나님은 자기를 대신하여 왕들이 율법으로 이스라엘 백성을 다스리기를 원하셨다.

7) 하나님께서 베냐민 지파의 사울을 왕으로 세우셨으나, 그는 말씀을 순종하지 아니하고 신접한 자에게 국가의 운명을 상의하였다. 따라서 하나님께서 그를 죽이시고 다윗을 이스라엘의 주권자로 세우셨다. **"사울이 죽은 것은 여호와께 범죄하였음이라 저가 여호와의 말씀을 지키지 아니하고 또 신접한 자에게 가르치기를 청하고 여호와께 묻지 아니하였으므로 여호와께서 저를 죽이시고 그 나라를 이새의 아들 다윗에게 돌리셨더라"** (대상 10:13,14). 다윗은 하나님의 뜻대로 이스라엘을 통치하였다. **"이는 다윗이 헷 사람 우리아의 일 외에는 평생에 여호와 보시기에 정직히 행하고 자기에게 명하신 모든 일을 어기지 아니하였음이라"** (왕상 15:5). 다윗을 제외한 나머지 왕들은 하나님을 버리고 자기의 생각대로 나라를 다스렸다.197) 따라서 하나님께서 이스라엘의 왕을 폐하시고 대제사장을 통하여 그의 나라를 율법으로 다스리게 하셨다.

8) 대제사장이 성전을 중심으로 하여 율법으로 이스라엘 백성을 통치하는 것이 하나

---

197) 이스라엘은 하나님의 백성이므로 율법으로 그들을 다스려야 한다. 다윗은 율법으로 이스라엘을 통치함으로 그들을 하나님의 백성이 되게 하였다. 그러나 다른 왕들은 하나님의 백성을 자가의 생각대로 다스림으로 하나님의 백성을 자신의 백성으로 만들었다. 곧 그들은 하나님의 백성을 도적질하여 자기의 것으로 만들었다.

의 뜻이다. 이스라엘 백성은 온 인류의 죄를 짊어진 제사장의 나라이기 때문이다(출 19:6). 레위 지파 제사장은 이스라엘의 장자를 대신하여 이스라엘의 죄를 짊어진 자들이다. 속죄일에 대제사장은 아사셀을 위하여 제비 뽑은 염소의 머리에 안수하여 이스라엘 백성의 모든 죄를 그 머리에 옮겨놓았다(레 16:21). 이것은 대제사장이 그리스도께 인류의 죄를 옮겨놓는 것의 모형이다. 곧 대제사장이 율법으로 그리스도를 죄인으로 심판하여 인류의 죄를 그에게 옮겨놓아야 한다. 이를 위하여 대제사장은 왕을 대신하여 유대의 최고 사법권을 행사할 수 있어야 한다. 만약 왕이 존재한다면 대제사장은 그의 직분을 행사할 수 없었을 것이다. 국가의 최고 사법권을 가진 왕만이 그의 백성에게 사형을 선고할 수 있기 때문이다.

9) 대제사장이 예수 그리스도를 심판하려면 그를 고소하는 자가 있어야 한다. 이 역할을 담당한 자들이 바리새인들과 서기관들이었다. 그들은 끊임없이 예수 그리스도를 고소할 증거를 찾으려고 그리스도를 시험하였다. 그들은 간음한 여자(요 8:3,4), 안식일에 병자를 고치는 문제(마 12:10,11), 가이사에게 국세를 바치는 문제(마 22:17) 등을 통하여 예수 그리스도를 시험하였다. **"거기서 나오실 때에 서기관과 바리새인들이 맹렬히 달라붙어 여러 가지 일로 힐문하고 그 입에서 나오는 것을 잡고자 하여 목을 지키더라"** (눅 11:53,54). 그들은 끝내 예수 그리스도를 고소할 조건을 찾았다. **"바리새인들이 나가서 어떻게 하여 예수를 죽일꼬 의논하거늘"** (마 12:14).

10) 다윗의 왕조가 끊어지고 성전을 중심으로 대제사장과 공회가 이스라엘 백성을 다스리는 신정국가(神政國家)가 세워짐으로 그리스도께서 오실 길이 마련되었다. 대제사장과 공회가 율법으로 이스라엘 백성을 다스리며 죄인에게 사형을 선고하므로, 그리스도께서 인류의 죄를 짊어지고 율법에 의하여 정죄 받아 죽으실 길이 준비되었다.

(3) 바벨론 포로와 회당

1) 예수 그리스도께서 복음전파를 위하여 오셨다. 예수 그리스도께서 그의 피로써 인류의 죄를 담당하셨지만 그 사실을 믿지 아니하면 아무 사람도 영생을 얻을 수 없다. 이를 위하여 복음이 전파되어야 한다. 복음을 전파하는 자가 없으면 믿는 자가 없으며,

그리스도의 피에 의한 속죄는 사람에게 아무런 은혜가 되지 못한다. 복음이 유대인들과 이방인에게 전파되기 위한 방편의 하나로 태어난 것이 바벨론 포로 이후 생겨난 회당이다. 사도 바울은 이방인의 사도로서 유대인의 회당을 중심으로 복음을 전파하였다.

2) 시드기야 왕 구 년 시 월에 바벨론 왕 느브갓네살이 예루살렘을 침공하였다. 시드기야 왕 십일 년 사월 구일에 예루살렘 성은 함락되었다(주전 586). 느브갓네살은 예루살렘 성전을 파괴하고 성전의 모든 기명을 바벨론으로 가지고 갔으며 유다 백성 가운데 아무 소유도 없는 빈민을 남겨두고 부유한 자들과 학식이 있는 자들을 사로잡아 본국으로 끌고 갔다. **"시위대장 느부사라단이 성중에 남아 있는 백성과 자기에게 항복한 자와 그 외의 남은 백성을 바벨론으로 잡아 옮겼으며 시위대장 느부사라단이 아무 소유가 없는 빈민을 유다 땅에 남겨 두고 그 날에 포도원과 밭을 그들에게 주었더라"(렘 39:9,10).** 유대에 남아있던 자들도 바벨론을 두려워하여 애굽으로 내려갔다(렘 43:5~7). 이로써 유다 사람들의 일부는 바벨론으로, 일부는 아프리카로, 일부는 소아시아로, 일부는 유럽으로 이주하였다. 이렇게 바벨론 포로시대 이후 흩어진 자들을 디아스포라(diaspora)라고 부른다.

3) 예루살렘 성전이 파괴되었으므로 바벨론 포로 이후 각처로 흩어진 유대인들은 절기에 성전으로 올라갈 수 없었다. 따라서 그들은 각처에 회당을 세우고 그곳에서 예배를 드리고 율법을 가르쳤다.198) 당시 유대인들은 예루살렘과 멀리 떨어져 살아야 했기 때문에 회당이 종교의 구심점으로서 역할을 하게 되었다. 특히 바벨론 포로 이후 유대인들은 우상숭배를 그치고 율법을 순종하려고 노력하였다. 그 노력의 일환으로 유대인들은 안식일에 회당에 모여서 예배하고 율법을 강론하였다. 예루살렘 성전에서는 제사장이 짐승의 피로써 제사를 드렸지만, 회당에서는 서기관들이 율법을 강론하였다. 바벨론 포로 이후 성전 중심의 제사가 회당 중심의 예배로 전환되었다. 흩어진 유대인을 중심으로 하여 많은 회당이 세워졌고 이곳은 유대인들에게 있어서 종교의 중심이 되었다.

4) 유대인이 넓은 지역으로 이주함에 따라서 로마제국과 바벨론, 메소포타미아 전

---

198) 바사의 통치기간 중에 회당이 생겨나기 시작하였다. F. F. Bruce, Old Testament History, op. cit., p. 164 참조

지역에 약 150개의 회당이 있었던 것으로 추정된다.199) 회당에는 회당장이 있었다(막 5:22). 회당장의 요청에 의하여 성인 남자는 누구나 성경을 낭독하거나 기도를 할 수 있었다. 회당장은 회중에게 성경 말씀에 관하여 강론할 것을 부탁하였다. **"율법과 선지자의 글을 읽은 후에 회당장들이 사람을 보내어 물어 가로되 형제들아 만일 백성을 권할 말이 있거든 말하라 하니"** (행 13:15). 안식일 예배에 참석한 사람은 회당장의 부탁에 의하여 성경을 낭독하고 강론할 수 있었으므로, 예수 그리스도께서 회당에서 천국복음을 증거할 수 있었다(막 1:21). 또한 사도 바울도 역시 소아시아와 유럽에 산재한 회당을 중심으로 유대인과 이방인에게 복음을 증거할 수 있었다.

5) 회당은 예수 그리스도의 사역과 바울의 이방 전도사역에 있어서 중요한 역할을 하였다. 당시에 회당에서 율법의 교육, 기도, 성경 읽기, 성경 강론 및 회의 등이 행하여졌다.200) 예수께서 성령에 이끌리어 마귀에게 시험을 받으신 뒤에 성령으로 제자들을 택하여 부르셨다. 예수 그리스도께서 처음 천국복음을 전파하시고 병자와 약한 자를 고치신 곳이 회당이었다. **"예수께서 온 갈릴리에 두루 다니사 저희 회당에서 가르치시며 천국 복음을 전파하시며 백성 중에 모든 병과 모든 약한 것을 고치시니"** (마 4:23). 회당에서 사람들은 예수 그리스도의 말씀을 통하여 권세 있는 교훈을 들었다. **"저희가 가버나움에 들어가니라 예수께서 곧 안식일에 회당에 들어가 가르치시매 뭇사람이 그의 교훈에 놀라니 이는 그 가르치시는 것이 권세 있는 자와 같고 서기관들과 같지 아니함일러라"** (막 1:22). 예수 그리스도께서 회당장의 죽은 딸을 살리셨다(눅 8:54,55). 예수께서 회당에서 귀신을 쫓아내셨다. **"예수께서 꾸짖어 가라사대 잠잠하고 그 사람에게서 나오라 하시니 더러운 귀신이 그 사람으로 경련을 일으키게 하고 큰 소리를 지르며 나오는지라"** (막 1:25,26).

6) 예수 그리스도께서 회당에서 복음을 증거하신 것은 유대인들이 안식일에 예배하기 위하여 회당에 모였기 때문이다. 예수 그리스도께서 안식일에 회당에서 성경을 읽으시고 성경을 가르치셨다(눅 4:15~20). 예수 그리스도께서 절기에는 예루살렘에 올라 가셔서

---

199) W. Schrage, "συναγωγή," ed., Gerhard Kittel and Gerhard Friedrich, 90. cit.,, p. 1230.
200) Ibid., p. 1231.

성전에서 백성을 가르치시고 복음을 전하셨으며(눅 20:1) 예루살렘 이외의 지역에서는 안식일에 회당에서 성경을 강론하시고 복음을 전파하셨다. 그리고 예수 그리스도께서 회당에서 병자를 고치셨다(눅 13:10~17).

7) 바울은 이방인의 사도로 부르심을 받았다. **"주께서 가라사대 가라 이 사람은 내 이름을 이방인과 임금들과 이스라엘 자손들 앞에 전하기 위하여 택한 나의 그릇이라"** (행 9:15). 그가 이방인들에게 복음을 증거하려면 이방지역에서 그를 맞이할 준비가 되어야 한다. 아무런 연고가 없는 지역에서 복음증거는 많은 비용과 시간이 요구될 것이기 때문이다. 이방지역에서 사도 바울에게 연고를 제공한 것이 흩어진 유대인들과 회당이었다. 유대인들은 하나님의 백성으로 택함을 받았다는 자존심으로 동족간에 유대감이 강함으로 그들만의 문화를 유지하고 있었다. 그들은 율법에 의하여 나그네를 선대하였다. **"고아와 과부를 위하여 신원하시며 나그네를 사랑하사 그에게 식물과 의복을 주시나니"** (신 10:18). 특히 유대인으로서 나그네는 흩어진 유대인들에게 선대를 받았다. 사도 바울은 이러한 여건으로 인하여 자유롭게 이방지역을 여행하며 복음을 증거할 수 있었다. 이방지역에 흩어진 유대인과 이방인들을 대상으로 사도 바울은 회당에서 복음을 증거하였다. 안식일에 비시디아 안디옥에게 사도 바울은 유대인들과 이방인에게 복음을 증거하였다. **"바울이 일어나 손짓하며 말하되 이스라엘 사람들과 및 하나님을 경외하는 사람들아 들으라"** (행 13:16). "하나님을 경외하는 사람들"이란 유대교를 믿는 이방인들을 의미한다.

8) 사도 바울은 다메섹으로 가는 길에서 부활하신 그리스도의 부르심을 받고 즉시 회당에서 복음을 증거하였다. **"음식을 먹으매 강건하여지니라 사울이 다메섹에 있는 제자들과 함께 며칠 있을째 즉시로 각 회당에서 예수의 하나님의 아들이심을 전파하니"** (행 9:19,20). 바울은 회당을 중심으로 복음을 증거하였다. 바울은 살라미의 여러 회당에서(행 13:5), 비시디아 안디옥의 회당에서(행 13:14), 이고니온의 회당에서(행 14:1), 안디옥의 회당에서(행 15:21), 데살로니가의 회당에서(행 17:1), 아덴의 회당에서(행 17:16), 고린도의 회당에서(행 18:8) 흩어진 유대인들과 이방인에게 복음을 증거하였다. **"안식일마다 바울이 회당에서 강론하고 유대인과 헬라인을 권면하니라"** (행 18:4).

9) 사도 바울이 회당에서 예수 그리스도의 부활을 증거하였을 때 유대인들은 복음을 받아드리지 아니하였으나, 이방인들은 받아드렸다. 하나님께서 유대인의 마음을 강퍅하게 하셨으므로 유대인들은 바울이 전하는 복음을 거절하였다. **"그 다음 안식일에는 온 성이 거의 다 하나님 말씀을 듣고자 하여 모이니 유대인들이 그 무리를 보고 시기가 가득하여 바울의 말한 것을 변박하고 비방하거늘"** (행 13:44,45). 그러나 이방인들은 복음을 받아드렸다. **"주께서 이같이 우리를 명하시되 내가 너를 이방의 빛을 삼아 너로 땅 끝까지 구원하게 하리라 하셨느니라 하니 이방인들이 듣고 기뻐하여 하나님의 말씀을 찬송하며 영생을 주시기로 작정된 자는 다 믿더라"** (행 13:47,48). 사도 바울이 유대인의 회당에서 복음을 증거하였을 때, 이방인들은 이를 받아드렸다. 회당은 이방인의 복음 증거에 있어서 중심적인 역할을 하였다.

10) 유대인의 회당은 이방인에게 복음을 증거하는 사도 바울을 박해하는 중심 역할도 하였다. 바울이 비시디아 안디옥의 회당에서 복음을 증거하였을 때, 그 회당을 중심으로 살아가는 유대인들이 그 성의 유력자들을 선동하여 바울을 핍박하였다. **"이에 유대인들이 경건한 귀부인들과 그 성내 유력자들을 선동하여 바울과 바나바를 핍박케 하여 그 지경에서 쫓아내니"** (행 13:50). 사도 바울이 이고니온의 회당에서 복음을 증거할 때, 그 회당을 중심으로 살아가는 유대인들이 이방인과 함께 바울을 돌로 치려고 하였다. **"이방인과 유대인과 그 관원들이 두 사도를 능욕하며 돌로 치려고 달려드니"** (행 14:5). 사도 바울이 유대인의 박해를 피하여 루스드라에서 복음을 증거하였다. 안디옥과 이고니온에서 온 유대인들이 사도 바울을 돌로 치고 성 밖으로 끌어내었다. **"유대인들이 안디옥과 이고니온에서 와서 무리를 초인하여 돌로 바울을 쳐서 죽은 줄로 알고 성밖에 끌어내치니라"** (행 14:19). 사도 바울이 유대인의 회당을 중심으로 복음을 증거하지 아니하였다면, 유대인들로부터 핍박을 받지 아니하였을 것이다.

11) 흩어진 유대인들과 회당은 예수 그리스도의 복음전도와 바울의 이방선교에 있어서 중추적 역할을 하였다. 반면에 회당을 중심으로 한 복음의 전도는 유대인들의 반발을 불러일으켰다. 유대인들은 그리스도의 부활을 증거하는 사도들을 핍박하였다. 유대인들의 핍박이 있었으나 회당을 중심으로 한 선교는 단기간에 많은 성과를 거두게 하였다.

회당과 디아스포라는 바울의 이방선교의 거점이 되었다. 바벨론 포로와 회당은 예수 그리스도의 탄생을 위한 하나님의 뜻과 섭리 안에서 일어난 역사적 사실이다.

(4) 알렉산더와 헬라어의 공용화

1) 복음은 언어를 매개로 하여 전파된다. 하나님은 이방인의 구원을 위하여 알렉산더를 세우셨다. 알렉산더는 바사와 아프카니스탄을 넘어 인도 국경까지 정복하였다. 그는 정복지역의 통용어를 헬라어로 통일하므로 복음이 이방인에게 전파될 수 있는 길을 열어놓았다. 신약성경이 헬라어로 기록되었고 사도 바울은 헬라어로 이방인에게 복음을 전파하였다.

2) 주전 336년 알렉산더는 필립II세의 뒤를 이어 마케도니아 왕이 되었다. 그는 주전 334년부터 주전 323년까지 대제국을 건설하였다. 위 기간에 그는 바사, 애굽, 아프카니스탄 및 인도의 일부에 이르는 영토를 정복하였다. 알렉산더는 점령지역에 퇴역군인들을 정착시켰다. 그는 정복한 지역에 헬라양식의 도시를 건설하였다.[201] 그 결과 헬라의 미술과 건축양식이 동방으로 전하여지게 되었다. 이를 계기로 하여 헬라 문화와 동방문화의 융합으로 헬레니즘 문화가 탄생하였다. 이들 도시 가운데 대표적인 것이 애굽에 있는 알렉산드리아이다. 이 도시는 알렉산더 대왕의 이름을 따서 알렉산드리아로 불리고 있다.

3) 알렉산더가 건설한 도시에는 헬라인들과 마케도니아인들, 특히 퇴역 군인들이 정착하여 살았다. 이들은 헬라철학을 가르치고 헬라의 신들을 숭배하는 등 헬라의 문화를 도입하였고 헬라어를 일반 통용어로 사용하였다.[202] 헬라어는 교육, 상업, 공공행정 분야에서 일반적인 통용어가 되었다. 따라서 외국에 흩어져 살던 유대인들도 자연스럽게 헬라어를 사용하고 있었다.[203]

4) 알렉산더의 정복지역에 있어서 헬라어가 일반 통용어로 사용됨에 따라서, 톨레미

---

201) F. F. Bruce, Old Testament History, op. cit., p. 170.
202) Ibid., pp. 170, 171.
203) R.B. Edwards" Hellenism," ed., Joel B. Green, scot Mcnight and I. Howard Marshall, op. cit., p. 1282.

왕조의 톨레미 II세(주전 285~주전 246)에 의하여 애굽의 알렉산드리아에서 구약성경이 헬라어로 번역되었다.204) 성경학자 72인이 알렉산드리아에 모여서 히브리어 구약성경을 헬라어로 번역한 성경을 70인역이라고 부른다. 70인역은 신약성경의 기자들에 의하여 인용되었다. 뿐만 아니라 모든 신약성경이 헬라어로 기록되는 계기가 되었다. 예수 그리스도께서 아람어로 말씀하셨고 제자들은 복음서를 헬라어로 기록하였다.205)

5) 스데반이 순교하기 전에 예루살렘에서 사도들은 유대인에게 히브리어로 복음을 증거하였을 것이다. 그러나 사도들과 믿는 자들이 유대인의 핍박을 피하여 유대지역을 벗어났을 때 헬라어로 복음을 전하였다. 믿는 자들은 이방인을 대상으로 헬라어로 복음을 증거하였다. **"그 중에 구브로와 구레네 몇 사람이 안디옥에 이르러 헬라인에게도 말하여 주 예수를 전파하니"(행 11:20).** 특히 사도 바울은 회당에서 유대인과 헬라인을 상대로 그리스도의 복음을 증거하였다. 바울이 복음을 전한 지역은 헬라어를 통용어로 사용하는 지역이었으므로, 그는 헬라어로 복음을 전하였다. 바울이 전하는 그리스도의 복음의 말씀을 듣고 헬라인들이 예수 그리스도를 믿었다. **"그 중에 어떤 사람 곧 경건한 헬라인의 큰 무리와 적지 않은 귀부인도 권함을 받고 바울과 실라를 좇으나"(행 17:4). "그 중에 믿는 사람이 많고 또 헬라의 귀부인과 남자가 적지 아니하나"(행 17:12). "이같이 두 해 동안을 하매 아시아에 사는 자는 유대인이나 헬라인이나 다 주의 말씀을 듣더라"(행 19:10).**

6) 사도 바울은 자신이 전도한 지역의 교회에 헬라어로 서신을 기록하여 보냈다. 이것은 그가 헬라어로 이방인에게 복음을 전하였다는 것을 의미한다. 바울서신을 비롯하여 베드로의 서신, 요한서신 및 묵시록까지 헬라어로 기록되었다. 신약성경이 헬라어로 기록된 것은 당시 헬라어가 로마 점령 지역의 통용어이었을 뿐만 아니라 하나님의 신성을 담고 있기 때문이다. 헬라어는 새 언약과 하나님의 아들과의 관계를 보여준다. 새 언약은 하나님의 아들이 육신으로 임하셔서 직접 말씀하신 약속이다. 하나님께서 천사를 중보로 하지 아니하고 아들을 통하여 직접 말씀하셨다. 예컨대, (요 3:16)은 하나님께서

---

204) F. F. Bruce, Old Testament History, op. cit., p. 175.
205) R.B. Edwards, op. cit., p. 1283.

직접 하신 말씀이다. 따라서 믿는 자들은 (요 3:16)의 말씀을 지금 하나님께서 내게 하시는 말씀으로 읽는다. 신약성경의 다른 말씀도 마찬가지로 지금 내게 주시는 말씀으로 받는다. 이에 반하여 구약성경의 말씀은 과거에 하나님께서 말씀하신 언약으로 듣는다. 예컨대, (창 1:1)의 말씀은 과거에 하신 말씀이지 지금 내게 하시는 말씀은 아니다.

7) 성경을 기록한 히브리어와 헬라어는 하나님의 신성을 보여준다. 헬라어 동사의 기본형은 1인칭 현재형이다. 헬라어 레고(λέγω)는 "내가 말하(한)다"(I say)이다. 신약성경의 말씀은 아들을 통하여 지금 말씀하시는 하나님의 말씀이다. 교회는 예수 그리스도의 말씀을 지금 내게 주시는 말씀으로 듣는다. 따라서 신약성경은 헬라어로 기록되었다. 이에 반하여 히브리어 동사의 기본형은 3인칭 단수 완료형이다. 완료형은 과거에 동작이 끝난 상태를 의미한다. 히브리어 다바르(דבר)는 "그가 말하였다"(he said)이다. 구약성경의 모든 말씀은 과거에 하나님께서 하신 말씀을 제3자인 천사가 전한 말씀이다. 따라서 교회는 구약성경의 말씀을 과거에 말씀하신 하나님의 말씀으로 듣는다.

8) 율법은 천사를 중보로 하여 주신 말씀이다(갈 3:19). 과거에 하나님께서 천사에게 율법을 말씀하셨고 시내산에서 그 천사는 율법을 모세에게 전하였다. 모세는 과거에 하나님께서 하신 말씀을 시내산에서 천사를 통하여 들었다. 하나님께서 천사에게 "나는 스스로 있는 자"라고 말씀하셨고(출 3:14), 천사는 그 말씀을 모세에게 전하였다. 이에 반하여 복음은 하나님의 아들이 직접 하신 말씀이다. 아버지께서 그리스도 예수 안에서 지금 말씀하신다. 베드로는 하나님께서 지금 직접 말씀하시는 말씀을 들었다(마 16:17,18). 이와 같이 교회는 율법의 말씀을 들을 때 과거의 말씀으로 듣지만 복음의 말씀을 들을 때 현재 우리에게 주시는 말씀으로 듣는다. 따라서 성경은 교회를 향하여 성령께서 지금 하시는 말씀을 들으라고 말씀하신다. **"귀 있는 자는 성령이 교회들에게 하시는 말씀을 들을찌어다" (계 3:6).** 헬라어가 하나님의 신성을 담고 있기 때문에 신약성경이 헬라어로 기록되었다고 말할 수 있다.

9) 알렉산더 대왕은 넓은 영토를 정복하고 정복지역의 통용어를 헬라어로 통일하였으므로 복음이 이방인들에게 전파될 수 있는 토양이 마련되었다. 복음은 언어와 문자를 통하여 전파된다. 초대교회시대에 복음이 사도들과 믿는 자들에 의하여 빠르게 전파된

것은 로마제국이 통치하던 지역의 언어가 헬라어로 통일되었기 때문이다. 만약에 언어가 통일되지 아니하였다면 복음은 느리게 전파되었을 것이다. 바울과 바나바는 가는 곳마다 헬라어로 복음을 증거하고 헬라어로 서신을 보냈다. 바울에 의한 이방인의 전도를 가능하게 한 것은 언어와 문자의 통일이다.

10) 헬라 이후에 등장한 로마제국은 지중해 연안의 모든 국가를 정복하였다. 당시에 로마 시민권자는 국법에 의하여 보호를 받으며 아무런 제약을 받지 아니하고 로마제국의 지배를 받는 나라를 여행할 수 있었다. 사도 바울은 로마의 시민권자로서 국법에 의하여 보호를 받으며 로마제국의 점령지역을 자유롭게 여행하며 복음을 증거하였다(행 16:37~40). 유대인들이 사도 바울을 죽이려고 하였을 때 그는 로마 시민권자로서 보호를 받았다. **"신문하려던 사람들이 곧 그에게서 물러가고 천부장도 그가 로마 사람인줄 알고 또는 그 결박한 것을 인하여 두려워하니라"** (행 22:29).

10) 말라기 선지자 이후 세례 요한까지 하나님의 말씀이 끊어진 시대라고 하지만 하나님은 이 기간 동안 예수 그리스도의 복음이 온 세계에 전파될 수 있는 기반을 조성하셨다. 바벨론 왕 느부갓네살은 유대인을 세계 각처로 흩어지게 하였고 그들로 하여금 회당을 세우게 하는 계기를 마련하였다. 바사 왕 고레스는 유대인의 귀환과 성전건축을 허락함으로 성전국가의 토대를 마련하였다.206) 알렉산더는 유대인들이 흩어져 사는 모든 지역의 언어를 헬라어로 통일하였다. 로마제국은 지중해를 중심으로 전 지역을 통치하므로 복음이 그 지역에 전파될 수 있은 길을 마련하였다. 이를 통하여 예수 그리스도께서 오셔서 전한 복음이 땅 끝까지 전파될 기초가 마련되었다.

---

206) 바벨론의 느부갓네살과 바사의 고레스는 장차 오실 그리스도의 길을 준비하였으므로, 하나님께서 그들을 자신의 사역자라고 말씀하셨다. **"보라 내가 보내어 북방 모든 족속과 내 종 바벨론 왕 느부갓네살을 불러다가 이 땅과 그 거민과 사방 모든 나라를 쳐서 진멸하여 그들로 놀램과 치소거리가 되게 하며 땅으로 영영한 황무지가 되게 할 것이라"** (렘 25:9). **"고레스에 대하여는 이르기를 그는 나의 목자라 나의 모든 기쁨을 성취하리라 하며 예루살렘에 대하여는 이르기를 중건되리라 하며 성전에 대하여는 이르기를 네 기초가 세움이 되리라 하는 자니라"** (사 44:28).

(5) 이해를 위한 질문

1) 이스라엘의 멸망과 성전국가

   a. 바벨론에서 가나안 땅으로 돌아온 유대인들은 무너진 성전을 건축하고 제사장을 중심으로 신앙생활을 하였다(스 10:1~15). 이것을 성전국가라고 한다. 대제사장이 성전을 중심으로 율법에 의하여 유대인을 통치하게 된 이유는 무엇인가(느 13:17,18).

   b. 예수 그리스도께서 인류의 죄를 짊어지려면 대제사장이 율법으로 그리스도를 심판하여야 하는 이유는 무엇인가(레 16:21).

   c. 성전국가에서 제사장은 어떠한 권한 가지고 있었나.

   d. 성전국가는 하나님께서 그의 백성을 통치하는 국가의 모델이다(시 93:1). 그 이유는 무엇인가.

2) 대제사장과 산헤드린 공회

   a. 산헤드린 공회의 구성원은 누구인가.

   b. 산헤드린 공회는 어떠한 권한을 가지고 있었나.

   c. 왜 산헤드린 공회는 율법으로 예수 그리스도를 정죄하였는가(막 14:63,64).

   d. 산헤드린 공회원으로서 서기관들과 바리새인의 역할은 무엇인가(요 5:45).

3) 바벨론 포로와 회당

   a. 바벨론 포로 이후 회당이 생긴 이유는 무엇인가.

   b. 유대인들은 회당에서 무엇을 하였나.

   c. 회당장이 아닌 사람이 어떻게 회당에서 성경을 강론하였나(행 13:15).

   d. 예수 그리스도께서 회당에서 무엇을 하셨나(막 1:21).

   e. 회당이 이방인의 전도에 있어서 중심적인 역할을 한 이유는 무엇인가(행 18:4).

4) 알렉산더와 헬라어의 공용화

   a. 알렉산더 대왕은 넓은 지역을 정복하고 헬라의 문화를 그 지역에 전파하였다. 그 일환으로 헬라어를 정복지역의 통용어로 하는 정책이 시행되었다. 헬라어가

복음전파에 있어서 어떠한 역할을 하였나.

b. 애굽의 알렉산드리아에서 72인의 유대인이 구약성경을 헬라어로 번역하였다. 이 번역본이 신약성경의 기록에 있어서 어떤 역할을 하였는가.

c. 사도 바울이 이방인들에게 복음을 증거할 때 헬라어는 어떠한 역할을 하였나.

d. 구약성경이 히브리어로, 신약성경이 헬라어로 기록된 하나님의 뜻은 무엇인가.

3.4 요약 및 결론

1. 제3부에서는 아담의 타락으로 들어온 죄가 다양한 유형의 자범죄로 확대되는 과정을 논의하였다. 또한 죄로부터 인류를 구원하기 위한 하나님의 뜻이 칭의 언약과 율법을 통하여 어떻게 계시되는가를 살펴보았다. 이를 통하여 구약성경에서 계시된 하나님의 뜻이 장차 오실 그리스도의 길을 준비하기 위한 것임을 밝히려고 노력하였다. 3.1에서는 믿음으로 의롭다하심을 얻는 언약과 율법의 관계를, 3.2에서는 예수 그리스도에 의한 심판과 속죄의 모형을, 3.3에서는 율법과 장차 오실 그리스도의 준비에 대하여 논의하였다.

하나님은 아들을 육신으로 보내실 것을 작정하시고 그를 위하여 만물을 창조하셨다. 하나님은 아들이 육신으로 임하실 길을 위하여 사람을 자기의 형상으로 창조하셨다. 그러나 아담은 선악과 계명을 대적함으로 자신을 더럽혔다. 이로써 하나님의 아들이 오실 길이 차단되었으나, 하나님은 아벨을 통하여 아들이 오실 길을 열어놓으셨다. 그 길은 믿음으로 의롭다하심을 얻는 것이다. 아벨이 성령의 감동으로 의롭다하심을 받았을 때 아담의 죄로 인하여 닫힌 그리스도의 길이 열리게 되었다. 아벨은 믿음으로 의롭다하심을 받았지만 마귀는 가인을 통하여 그를 죽였다. 아벨의 죽음으로 아들의 길이 막힌 것처럼 보였으나 그 길은 에녹과 노아를 통하여 이어져 내려왔다.

아벨과 에녹과 노아는 믿음으로 의롭다하심을 얻는 언약을 받지 못하였지만, 하나님은 그들의 믿음을 의로 여기신 것은 하나님의 통치와 관련된다. 창세전에 하나님은 의와 공의로 만물을 통치하기로 작정하셨다(시 89:14). 의에 의한 통치란 하나님을 믿는 것을 의로, 믿지 아니하는 것을 불의로 선언하는 것을 말한다. 공의에 의한 통치란 하나님의 법을 순종하는 것을 거룩하다고, 순종하지 아니하는 것을 더럽다고 선언하는 것을 말한다. 창세전에 하나님께서 믿음을 의로 여기기로 작정하셨으므로 그들의 믿음을 의롭다고 선언하셨다. 하나님께서 아브라함에게 비로소 칭의 언약을 주셨다(창 15:6).

칭의 언약은 세 가지를 전제 조건으로 한다. 첫째, 하나님은 그의 약속을 반드시 지키시므로 믿을 수 있는 분이다. 하나님은 거짓말을 하지 못하신다. 이것이 하나님의 의로움이다. 칭의 언약은 하나님의 의로우심을 전제로 한다. 둘째, 칭의 언약은 그리스도의 피에 의한 속죄를 전제로 한다. 거룩한 피 흘림을 통하여 모든 죄를 없이하는 것이 하나님의 법이다(히 9:22). 장차 그리스도께서 그의 피로써 인류의 죄를 대속하실 것이므로, 하나님은 이것을 통하여 믿는 자를 의롭다고 하셨다. 셋째, 칭의 언약은 양심과 율법에 의하여 자신의 죄를 깨닫는 것을 전제로 한다. 자기의 죄를 알지 못하는 자는 구원을 얻기 위하여 하나님을 믿을 수 없기 때문이다.

아브라함은 하나님을 믿음으로 의롭다하심을 받았다. 믿음으로 의롭다하심을 받은 것은 자범죄를 용서받는 것을 말한다. 믿음으로 의롭다하심을 받음으로 개개인이 범한 죄만을 용서받는다(롬 4:7,8). 양심과 율법은 사람의 육체와 인격만을 정죄하므로, 아브라함은 믿음으로 그의 육체와 인격이 의롭다하심을 받았다. 따라서 칭의 언약에 의하여 장차 오실 그리스도를 믿은 다윗은 그의 영혼이 의롭다하심을 받았다고 노래하였다(시 23:3). 다윗이 말하는 영혼이란 혼(네페쉬)를 말한다. 다윗은 믿음으로 그의 육체와 혼이 의롭다하심을 받았다. 아브라함과 다윗은 믿음으로 그들의 자범죄를 용서받았지만 아담으로부터 받은 원죄를 용서받지 못하였다.

하나님께서 아브라함에게 칭의 언약을 주시고 모세를 통하여 율법을 주셨다. 율법은 순종함으로 의롭다하심을 얻는 언약이므로 칭의 언약을 폐하는 것으로 오해할 수 있다. 그러나 율법은 칭의 언약을 보완하며 굳게 세우는 언약이다. 율법은 모든 사람을 정죄하여 하나님의 심판 아래 가둔다. 율법을 통하여 자신의 죄를 깨닫는 자만이 그 죄를 대속하실 그리스도를 믿음으로 의롭다하심을 받으려고 한다. 따라서 율법은 이스라엘을 정죄하여 그리스도께로 인도하는 몽학선생이라고 성경은 말씀한다(갈 3:24).

하나님께서 사람에게 양심을 주신 뒤에 다시 율법을 주신 이유는 양심이 사람으로 하여금 죄를 깨닫게 하는 법으로서 통일성과 객관성이 없기 때문이다. 아벨, 에녹, 노아, 그리고 아브라함은 양심으로 그들의 죄를 깨닫고 하나님을 믿었다. 그러나 사람의 양심은 죄를 깨닫게 하는 기준으로서 약점을 가지고 있다. 자범죄의 기준인 사람의 양심은 주관적이며 시대와 장소에 따라서 다르게 나타난다. 동일한 사람이라도 연령에 따라서 그 양심이 변화한다. 따라서 양심은 자범죄의 기준으로 객관성과 통일성이 결여되었다. 이에 반하여 율법은 하나님의 양심을 성문화한 것으로 시간과 장소를 초월하여 변화하지 아니한다. 따라서 율법은 하나님의 의와 공의에 의한 통치의 기준으로 객관성과 통일성을 가지고 있다. 따라서 하나님은 이스라엘 백성에게 율법을 주셨다.

2. 출애굽은 구원에 대한 모형이며 이스라엘 백성의 광야생활은 예수 그리스도 안에서 신앙생활에 대한 모형을 보여준다. 애굽은 세상의 모형이고 애굽의 바로는 세상 임금인 마귀를 모형으로 보여준다. 이스라엘 백성이 유월절 어린 양의 피를 문설주와 인방에 바르고 애굽에서 나온 것은 인류의 구원에 대한 모형이다. 그들이 홍해를 지나서 광야로 나온 것은 세례를 모형으로 보여준다. 그들이 광야에서 율법을 받고 성막을 세우고 광야를 통과하여 가나안 땅을 향하여 나가는 것은 성도의 신앙생활의 모형이다.

광야에서 이스라엘 백성이 먹은 만나는 믿는 자들의 생명의 양식인 예수 그리스도의 말씀을 모형으로 보여준다. 이스라엘 백성이 반석에서 나온 물을 마신 것은 믿는 자들이 예수 그리스도를 통하여 성령을 받는 것을 모형으로 보여준다. 광야에서 이스라엘 백성이 구름기둥과 불기둥으로 인도받은 것은 믿는 자들이 성령으로 인도받는 것을 모형으로 보여준다. 광야에서 이스라엘 백성이 이방인들과 전쟁한 것은 믿는 자들의 영적 싸움을 모형으로 보여준다. 광야에서 이스라엘 백성이 믿지 아니함으로 멸절당하고 가나안 땅에 들어가지 못한 것은 믿는 자들이 배교할 수 있다는 것을 모형으로 보여준다.

율법은 장차 오실 그리스도를 통한 심판과 속죄의 모형을 보여준다. 칭의 언약이 그리스도의 피에 의한 속죄를 전제로 한다고 할 때, 속죄는 심판을 전제로 한다. 그리스도께서 그의 피로써 인류의 죄를 속죄하려면 율법과 양심에 의하여 심판을 받아 죽으셔야 한다. 그리스도께서 심판을 받아 죽으신 결과 나타나는 것이 속죄이다. 그리스도의 피에 의한 속죄는 구약성경을 통하여 계시되었다. 하나님께서 이방인을 통하여 우상을 숭배하는 이스라엘 백성을 심판하였다. 하나님께서 이스라엘 백성을 미혹하여 우상을 숭배하게 한 이방인을 심판하였다. 이스라엘 백성과 이방인이 받은 심판은 장차 그리스도께서 받으실 심판을 모형으로 보여준다.

사단은 아담을 미혹하여 타락하게 한 뒤에 세상을 지배하는 자가 되었다. 사단은 아담을 통하여 자신의 악한 마음을 행위로 표출하였다. 사단은 가인을 통하여 아벨을 죽임으로 하늘에서 하나님의 아들을 대적한 마음을 행위로 드러냈다(요 8:44). 이스라엘 백성과 이방인의 관계는 아담과 사단의 관계를 모형으로 보여준다. 하나님께서 이스라엘 백성에게 이방여자를 아내로 취하지 말라고 경고하셨으나, 그들은 이방여자를 아내로 취하고 그녀들에게 미혹을 받아 우상을 숭배하였다. 남편은 법을 세우는 자이며 아내는 그 법을 순종하는 자이나, 남편으로서 이스라엘 백성은 자기의 직분을 버리고 아내의 말을 순종하였다. 하나님은 이스라엘 백성의 소원대로 그들을 이방인의 종이 되게 하셨다. 이방인들은 이스라엘 백성을 미혹하여 우상을 숭배하게 한 뒤에 이스라엘 백성을 종으로 지배하였다.

하나님은 우상을 숭배하는 이스라엘 백성을 이방인의 칼로 심판하셨다. 이스라엘 백성이 심판을 받은 것은 우상을 숭배하였다는 증거이며, 그들의 우상숭배는 그들이 이방인에게 미혹을 받았다는 증거이다. 하나님의 백성을 미혹하여 우상을 숭배하게 하고 그들을 칼로 쳐서 종으로 삼은 죄로 인하여 이방인들도 역시 심판을 받았다. 이방인들은 율법을 받지 못하였으나 이스라엘 백성을 칼로 죽이고 하나님의 성전을 파괴한 죄로 심판을 받았다. 앗수르는 우상을 숭배하는 북 왕국을 멸망시켰다. 앗수르는 북 왕국을 칼로 점령한 죄로 인하여 바벨론에게 멸망당하였다. 바벨론은 우상을 숭배하는 남 왕국을 멸망시키고 예루살렘 성전을 파괴하였다. 바벨론은 칼로 유다를 치고 성전을 파괴한 죄로 메대 바사에게 멸망당하였다.

이스라엘 백성은 하나님의 백성으로 택함을 받았으나 마귀에게 미혹을 받아 율법을 범함으로 심판을 받았다. 마귀에게 사주를 받은 이스라엘 백성의 죄는 마귀의 죄를 모형으로 보여준다. 율법에 의하여 심판을 받은 이스라엘 백성의 죄는 마귀의 죄를 분류하여 유형별로 보여준다. 하늘에서 하나님의 뜻을 대적함으로 타락한 마귀의 악한 생각이 이스라엘의 죄를 통하여 구체적인 행위로 나타났다. 교만하여 하나님과 같이 되려고 하는 사단의 죄는 율법으로 구체화되고 있다.

이스라엘 백성이 우상숭배로 인하여 심판을 받은 것은 그들을 미혹한 이방인의 죄를 드러내는 것이다. 이스라엘 백성을 미혹한 이방인은 아담을 미혹한 사단의 죄를 모형으로 보여준다. 이스라엘 백성을 미혹하여 우상을 숭배하게 하고 그들을 칼로 쳐서 종으로 삼은 이방인들이 심판을 받은 것은 장차 마귀가 받을 심판을 모형으로 보여준다. 이방인이 예루살렘 성전을 파괴한 것은 장차 그리스도를 십자가에 못 박을 마귀를 모형으로 보여준다. 그리스도의 몸은 하나님의 성전이기 때문이다(요 2:21).

율법에 의하여 성전에서 드려진 소와 염소와 양의 피에 의한 제사는 인류의 죄를 대속하실 그리스도의 피에 의한 제사를 모형으로 보여준다. 성전은 제사를, 제사는 율법에 의하여 정죄 받는 죄를 전제로 한다. 성전에서 제사장은 율법에 의하여 정죄 받는 죄를 위하여 송아지와 염소와 양의 피를 뿌리는 제사를 드렸다. 성전과 제사와 제사장은 그리스도의 피에 의한 속죄를 모형으로 보여준다.

사람은 육신이 연약하여 율법을 순종할 수 없으므로 하나님께서 모세에게 성막을 세우게 하셨다. 하나님께서 그의 백성인 이스라엘 가운데 계신다는 증거가 성막이다. 성막에는 하나님의 말씀을 새긴 돌판과 그의 이름이 있다(왕상 9:3). 하나님은 그의 이름으로 자신의 존재를 나타내시므로 이스라엘은 성막에 하나님께서 계신다고 믿었다(시 11:4). 성막은 하늘에 있는 성전의 모형과 그림자이며 그리스도의 몸은 하늘성전의 실상이다(히 8:5). 예수 그리스도 안에 아버지와 성령께서 계신다. 그 안에 하나님의 말씀과 그의 뜻과 그의 이름이 있다. 따라서 예루살렘 성전은 그리스도의 몸의 모형과 그림자이다.

이스라엘 백성은 율법을 불순종함으로 하나님의 이름과 성소를 더럽혔다. 제사장은 죄로 인하여 더럽혀진 것들을 거룩하게 하기 위하여 성막에서 소와 염소와 양의 피를 뿌렸다. 율법에 의하여 정죄 받는 이스라엘 백성의 죄를 속하기 위하여 피를 뿌린 소와 염소와 양은 인류의 죄를 대속하기 위하여 피를 흘리신 그리스도의 모형이다. 속죄일에 대제사장은 아사셀을 위한 염소의 머리에 안수하여 이스라엘의 죄를 염소의 머리에 옮겨놓았다. 이스라엘 백성의 죄를 짊어진 염소는 그리스도를 모형으로 보여준다. 예수 그리스도께서 인류의 죄를 대속하기 위하여 세상 죄를 짊어지셨다.

성막에서 제사를 주관하는 대제사장은 그리스도의 모형이다. 속죄일에 대제사장은 지성소에 들어가 소와 염소의 피로써 하나님의 이름과 성소를 거룩하게 하였다. 이것은 인류의 죄를 씻기 위하여 거룩한 피를 가지고 하늘성전으로 들어가신 그리스도를 모형으로 보여준다(히 9:24). 대제사장으로서 그리스도께서 하늘성전에 들어가셔서 인류의 죄를 위한 영원한 제사를 드리셨다.

3. 율법은 장차 오실 예수 그리스도의 생애를 모형으로 보여준다. 하나님은 이스라엘 백성을 인류의 장자로 택하셨다. 장자란 출애굽과정에서 계시된 것과 같이 형제의 죄를 짊어진 자를 말한다. 인류의 장자로서 형제의 죄를 짊어지려면 의롭다하심을 받음으로 자범죄를 용서받아야 한다. 죄인은 타인의 죄를 짊어질 수 없기 때문이다. 따라서 인류의 장자로서의 명분은 아브라함부터 시작한다. 아브라함은 인류의 장자로 부르심을 받고 믿음으로 의롭다하심을 얻는 언약을 받았다. 장자의 명분이 아브라함으로부터 이삭으로, 이삭으로부터 야곱으로, 야곱으로부터 요셉으로, 요셉지파로부터 레위 지파로 이어졌다. 엘리 제사장이 범죄하므로 장자의 명분이 레위 지파에서 다윗으로 이어졌다. 인류의 장자이신 예수 그리스도께서 다윗의 후손으로 태어나셨다.

세상 임금을 심판하고 인류의 죄를 대속하려면 예수 그리스도께서 만물을 통치하는 왕으로 오셔야 한다. 만물의 창조자만이 만물을 통치하는 왕이 될 수 있기 때문이다. 예수 그리스도는 만물의 창조자로서 만물을 다스리는 왕권을 가지고 오셨다. 율법은 왕으로 오실 예수 그리스도의 권세를 모형을 보여준다. 이스라엘 백성은 하나님의 백성으로서 하나님의 율법을 순종하여야 한다. 하나님의 백성은 하나님을 왕으로 섬기는 자들이다. 따라서 이스라엘의 왕은 만물을 통치하는 하나님의 아들을 모형으로 보여준다. 하나님은 다윗을 통하여 왕으로 임하실 예수 그리스도의 모형을 보여주셨다. 왕은 왕의 가문에서 태어나야 하므로 예수 그리스도께서 다윗의 후손으로 오셨다.

바벨론 포로 이후 그리스도까지를 신구약 중간시대라고 한다. 이 기간에 선지자의 예언의 말씀이 끊어졌으나, 하나님은 그리스도의 길을 완성하셨다. 가나안 땅으로 돌아온 유대인들은 무너진 성전을 다시 세웠고, 흩어진 유대인들은 회당을 건축하였다. 헬라의 알렉산더는 정복지역의 상용어를 헬라어로 통일하였다. 성전을 중심으로 하여 제사장은 율법으로 유대를 통치하였다. 이것을 성전국가라고 한다. 대제사장은 성전국가의 통치자가 되었고 율법으로 그리스도께 유죄를 선고함으로 인류의 죄를 그에게 옮겨놓을 수 있었다. 이로써 그리스도께서 인류의 죄를 짊어지고 죽으실 길이 마련되었다.

바벨론은 많은 유대인들을 사로잡아 본국으로 끌고 갔다. 바벨론으로 끌려간 자들은 회당을 짓고 그 곳에서 성경을 가르치고 하나님께 예배하였다. 후일에 회당은 사도 바울이 이방인들에게 복음을 전하는 거점이 되었다. 바벨론은 메대 바사에게 멸망당하였다. 메대 바사의 고레스는 유대인의 귀환과 성전의 건축을 허용하였다. 성전이 재건된 뒤에 유대인들은 성전과 제사장을 중심으로 신앙생활을 하였다. 제사장은 율법으로 유대인을 통치하였다. 성전을 중심으로 제사장이 유대인을 통치하는 나라를 신정국가라고 한다. 제사장이 율법으로 유대인을 통치함으로 예수 그리스도께서 제사장의 손에 의하여 죽임을 당할 토대가 마련되었다. 예수 그리스도께서 인류의 죄를 짊어지고 죽으려면 대제사장에 의하여 율법으로 심판을 받아야 한다.

헬라의 알렉산더는 애굽을 비롯하여 중동지역과 바사를 정복하고 정복지역의 공용어를 헬라어로 통일하였다. 이로써 이방인에게 복음이 전파될 길이 마련되었다. 사도 바울은 헬라어를 사용하는 지역을 중심으로 복음을 증거하였고 여러 교회에 보내는 서신을 헬라어로 기록하였다. 뿐만 아니라 신약성경이 헬라어로 기록되므로 복음이 이방인에게 전파될 수 있게 되었다. 헬라의 뒤를 이어 등장한 로마제국은 지중해 연안의 모든 국가를 통치하였다. 사도 바울은 로마의 시민권자로서 자유롭게 로마제국의 점령지역에서 복음을 전파할 수 있었다. 신구약 중간 시대에 선지자의 예언이 끊어졌지만 예수 그리스도를 위한 길이 완전히 준비되었다. 바벨론, 메대 바사, 헬라 및 로마제국은 예수 그리스도의 길을 준비하는 도구로 사용되었다. 이 모든 준비가 끝난 뒤에 예수 그리스도께서 다윗의 후손으로 임하셨다.

3.5 보충적 설명: 이스라엘의 역사와 신정국가

1. 신정국가에 있어서 제사장의 직분과 권한

(1) 신정국가의 탄생과 출애굽을 통하여 계시된 신정국가의 정체성

1) 신정국가(성전국가)란 제사장에 의하여 율법에 의하여 통치되는 하나님의 백성을 의미한다고 말할 수 있다. 신정국가는 아브라함으로부터 시작하여 이삭으로, 이삭으로부터 야곱으로, 야곱으로부터 열두 형제로 이어졌다. 열두 형제가 애굽으로 들어간 이후 바로의 권세 아래서 신정국가로서의 정체성을 잃어버렸으나 출애굽 이후 다시 회복하게 되었다. 하나님은 모세를 통하여 이스라엘 백성을 애굽에서 인도하여 내신 뒤에 율법을 주셨다. 모세는 제사장이며 동시에 선지자로서 이스라엘 백성을 율법으로 통치하고 광야에서 그들을 가나안으로 인도하였다. 모세는 제사장으로서 백성에게 율법을 가르치고 하나님을 대리하여 그들을 율법으로 통치하였다. 광야에서 이스라엘 백성은 제사장에 의하여 율법으로 통치를 받음으로 신정국가의 정체성을 보여주었다.

2) 하나님께서 아브라함과 이삭과 야곱을 택하여 부르시고 야곱에게 이스라엘이란 이름을 주셨다. 그들은 믿음으로 하나님의 말씀을 순종함으로 의롭다하심을 받고 하나님께 직접 제사를 드렸다. 아브라함은 이삭을 번제로 드렸으며, 이삭은 스스로 번제물이 되었다. 장자의 명분이 이삭으로부터 야곱에게 이어졌으므로 제사장의 직분도 이와 같이 이어졌다고 말할 수 있다. 이삭과 야곱은 제사장으로서 하나님께 제사를 드리기 위하여 단을 쌓았다(창 26:25;35:7). 아브라함은 직접 하나님의 말씀을 받고 그 말씀으로 자기의 가족과 하인들을 다스렸다. 그는 하나님의 말씀에 따라서 그의 가족과 하인들을 데리고 본토를 떠나서 지시함을 받은 땅으로 나아갔다(히 11:8). 아브라함은 하나님의 말씀에 따라서 이스마엘과 하갈을 광야로 내보냈으며 이삭을 번제로 드렸다. 아브라함에게 속한 모든 자들은 제사장의 직분을 받은 아브라함의 명령에 순종하였다. 이것은 신정국가의 탄생을 알리는 것이다. 신정국가의 정체성이 아브라함에서 이삭으로, 이삭에서 야곱으로 이어졌다.

3) 이스라엘 백성이 애굽으로 들어간 이후 신정국가의 정체성을 잃어버렸다. 바로의

통치 아래서 이스라엘 백성은 하나님을 버리고 애굽의 신을 섬겼기 때문이다(겔 20:8). 그들이 신정국가의 정체성을 회복하려면 애굽에서 나와야 한다. 바로의 지배 아래서 그들은 하나님을 섬길 수 없었다. 바로는 이스라엘 백성이 하나님께 희생을 드리는 것을 용납하지 아니하였다(출 8:26). 따라서 하나님은 이스라엘 백성을 애굽에서 광야로 인도하여 내셨다. **"여호와께서 모세에게 이르시되 바로에게 들어가서 그에게 이르라 히브리 사람의 하나님 여호와께서 말씀하시기를 내 백성을 보내라 그들이 나를 섬길 것이니라"** (출 9:1). 광야에서 이스라엘 백성이 하나님을 섬기면 신정국가의 정체성을 회복할 수 있다.

4) 하나님은 아브라함으로부터 시작하는 신정국가를 위하여 그에게 언약을 주셨다(창 15:13,14). 하나님은 아브라함에게 약속하신 언약을 위하여 그의 백성을 애굽에서 인도하여 내셨다. **"내가 아브라함과 이삭과 야곱에게 주기로 맹세한 땅으로 너희를 인도하고 그 땅을 너희에게 주어 기업을 삼게 하리라 나는 여호와로라 하셨다 하라"** (출 6:8). 이스라엘 백성이 홍해를 건넘으로 애굽의 바로의 권세에서 완전히 벗어났다. 광야 시내 산에서 하나님은 자기 백성으로서 지켜야 할 율법을 그들에게 주셨다. 그들이 율법을 온전히 순종하면 하나님의 백성이 되고 제사장의 나라가 될 수 있다. **"세계가 다 내게 속하였나니 너희가 내 말을 잘 듣고 내 언약을 지키면 너희는 열국 중에서 내 소유가 되겠고 너희가 내게 대하여 제사장 나라가 되며 거룩한 백성이 되리라 너는 이 말을 이스라엘 자손에게 고할찌니라"** (출 19:5,6). "하나님의 소유," "제사장의 나라," "거룩한 백성"이란 신정국가의 정체성을 의미한다.

5) 애굽에서 광야로 나와서 율법을 받은 이스라엘 백성은 신정국가의 모형을 보여주었다. 그들이 애굽에서 광야로 나옴으로 바로의 권세에서 완전히 벗어났다. 이스라엘 백성이 세상법과 분리되었으므로 하나님께서 그들에게 율법을 주셨다. 그들은 세상법이 아닌 하나님의 법에 의하여 통치를 받는 나라이다. 하나님은 자신을 대신하여 자기의 백성을 인도할 자를 세우셨다. 모세는 제사장과 선지자로 부르심을 받아 이스라엘 백성을 애굽에서 광야로 인도하여 내고 광야에서 그들을 가나안 땅으로 인도하였다. 하나님의 법과 제사장에 의하여 통치를 받는 나라가 신정국가이다. 신정국가란 하나님의 백성으로 택함을

받아 하나님의 말씀에 의하여 통치되는 나라이다.

6) 하나님은 만물을 의와 공의로 통치하신다(시 89:14). 하나님은 이스라엘을 택하여 자기의 백성으로 삼으시고 그들을 의와 공의로 통치하기 위하여 그들에게 율법을 주셨다. 하나님은 율법으로 이스라엘을 행위대로 심판하셨다. 이것은 공의에 의한 통치이다. 하나님은 율법을 순종하는 자를 거룩하다고, 불순종하는 자를 더럽다고 선언하셨다. 하나님을 시험하고 원망하며 우상을 숭배하고 음행한 자들은 그 행의대로 심판을 받았다. 하나님을 믿지 아니하고 시험하며 원망한 모든 자들은 심판을 받아 광야에서 죽고 가나안 땅에 들어가지 못하였다. **"노하심을 격동하여 광야에서 시험하던 때와 같이 너희 마음을 강퍅케 하지 말라"** (히 3:8). **"또 하나님이 사십 년 동안에 누구에게 노하셨느뇨 범죄하여 그 시체가 광야에 엎드러진 자에게가 아니냐"** (히 3:17).

7) 하나님은 율법의 행위를 통하여 이스라엘 백성의 불의를 드러내셨다. 이스라엘 백성이 하나님을 원망하고 시험하며 우상을 숭배하는 것은 하나님을 믿지 아니하였기 때문이다. 이스라엘 백성이 가나안 땅을 정탐하고 돌아와서 하나님을 원망하였을 때, 하나님께서 그들의 불신앙을 책망하셨다. **"여호와께서 모세에게 이르시되 이 백성이 어느 때까지 나를 멸시하겠느냐 내가 그들 중에 모든 이적을 행한 것도 생각하지 아니하고 어느 때까지 나를 믿지 않겠느냐"** (민 14:11). 이스라엘 백성은 전능하신 능력으로 그들을 애굽에서 인도하여 내신 하나님을 믿지 아니하였으므로 하나님을 멸시하고 원망하였다. (민 14:11)의 말씀은 이스라엘 백성의 불의를 드러내는 말씀이다. 광야에서 이스라엘 백성은 하나님을 믿지 아니하였으므로 범죄하였다고 성경은 말씀한다. **"너희가 본래 범사를 알았으나 내가 너희로 다시 생각나게 하고자 하노라 주께서 백성을 애굽에서 구원하여 내시고 후에 믿지 아니하는 자들을 멸하셨으며"** (유 1:5).

8) 하나님은 자신을 대신하여 자기의 백성을 다스릴 자로 모세를 택하여 부르시고 그에게 제사장의 직분을 주셨다. 이스라엘 백성은 제사장의 나라로 택함을 받았다(출 19:6). "제사장의 나라"란 인류의 죄를 위하여 하나님께 예물을 드리는 나라를 의미한다. 하나님은 이스라엘 백성의 죄를 위하여 모세를 제사장으로 세우셨다. 모세는 이스라엘 백성을 위하여 소와 양과 염소의 피로써 제사를 주관하였다. **"이스라엘 자손의 청년들을**

보내어 번제와 소로 화목제를 여호와께 드리게 하고 모세가 피를 취하여 반은 여러 양푼에 담고 반은 단에 뿌리고"(출 24:5,6).

9) 하나님은 애굽의 바로에게 전할 말씀을 모세에게 주셨다. "**너는 바로에게 이르기를 여호와의 말씀에 이스라엘은 내 아들 내 장자라 내가 네게 이르기를 내 아들을 놓아서 나를 섬기게 하라 하여도 네가 놓기를 거절하니 내가 네 아들 네 장자를 죽이리라 하셨다 하라 하시니라**"(출 4:22,23). 모세는 죽음을 두려워하지 아니하고 하나님의 말씀을 바로에게 전하였다. "**그 후에 모세와 아론이 가서 바로에게 이르되 이스라엘 하나님 여호와의 말씀에 내 백성을 보내라 그들이 광야에서 내 앞에 절기를 지킬 것이니라 하셨나이다**"(출 5:1). 하나님은 이스라엘 백성을 애굽에서 광야로 인하여 내신 뒤에 모세를 통하여 그들에게 율법을 주셨다. "**모세가 와서 여호와의 모든 말씀과 그 모든 율례를 백성에게 고하매 그들이 한 소리로 응답하여 가로되 여호와의 명하신 모든 말씀을 우리가 준행하리이다**"(출 24:3).

10) 모세를 택하여 이스라엘 백성의 지도자로 세우신 하나님께서 그들 가운데 계신다는 증거를 보이기 위하여 모세에게 성막을 세우게 하셨다. "**내가 그들 중에 거할 성소를 그들을 시켜 나를 위하여 짓되**"(출 25:8). 하나님께서 성소에 거하신다는 것은 그의 이름이 성소에 있다는 것을 의미한다. "**오직 너희 하나님 여호와께서 자기 이름을 두시려고 너희 모든 지파 중에서 택하신 곳인 그 거하실 곳으로 찾아 나아가서**"(신 12:5). 성소에 하나님의 이름이 있다는 것은 하나님께서 성소에서 자신의 존재를 나타내신다는 것을 의미한다. 모세가 하나님께로부터 받은 계시대로 성막을 세웠을 때, 하나님은 성소에서 자신의 존재를 나타내셨다. 성소에 하나님의 이름이 있다는 증거가 하나님의 영광으로 나타났다. "**그 후에 구름이 회막에 덮이고 여호와의 영광이 성막에 충만하매 모세가 회막에 들어갈 수 없었으니 이는 구름이 회막 위에 덮이고 여호와의 영광이 성막에 충만함이었으며**"(출 40:34,35).

11) 하나님께서 성막에 거하셨으므로, 레위 지파는 성막의 중심으로 하여 백성의 중앙에 그들의 장막을 쳤고, 나머지 11지파는 성막을 중심으로 사방에 장막을 쳤다. 성막을 중심으로 동편에 유다 지파와 잇사갈 지파와 스불론 지파, 남편에 르우벤 지파와

시므온 지파와 갓 지파, 서편에 에브라임 지파와 므낫세 지파와 베냐민 지파, 북편에는 단 지파와 아셀 지파와 납달리 지파가 진을 쳤다(민 2:1~33). 레위 지파는 성막에서 제사장의 수종을 드는 직분을 맡았으므로 성막을 중심으로 백성의 중앙에 장막을 쳤다. 성막은 이스라엘 백성의 중앙에 위치하였고 그곳에 하나님의 이름이 있었다. 이스라엘 백성의 중앙에 하나님의 성막이 있고 그 성막에서 제사장으로서 모세가 하나님을 대신하여 그들을 통치하였다. 이스라엘 백성은 택함을 받은 하나님의 백성이므로 왕도 없으며 제사장에 의하여 하나님의 말씀으로 통치를 받았다.

12) 광야에서 하나님은 이스라엘 백성의 생활을 보장하셨다. 광야는 사람의 능력으로 살아갈 수 없는 곳이다. 따라서 하나님은 그들의 생활을 보장하셔야 할 의무가 있다. 하나님은 이스라엘 백성에게 먹을 양식과 마실 물을 주시고 낮의 더위와 밤의 추위로부터 그들을 보호하셨다. 낮에는 구름기둥이 태양 빛을 가리고, 밤에는 불기둥이 기온의 하강을 막았다. 하나님은 그들을 전갈과 불뱀으로부터 보호하셨다. **"너를 인도하여 그 광대하고 위험한 광야 곧 불뱀과 전갈이 있고 물이 없는 간조한 땅을 지나게 하셨으며 또 너를 위하여 물을 굳은 반석에서 내셨으며"** (신 8:15). 40년 동안 하나님은 그들의 의복이 낡아지지 아니하게 하셨다. **"이 사십 년 동안에 네 의복이 해어지지 아니하였고 네 발이 부릍지 아니하였느니라"** (신 8:4).

13) 하나님은 이방인의 칼로부터 이스라엘을 보호하였다. 이스라엘 백성은 하나님의 백성이므로 하나님은 그들과 이방인과 전쟁에 있어서 그들을 보호하셔야 한다. 이스라엘에게 왕이 있다면 그 왕은 이방인과 전쟁에서 자기 백성을 구원하기 위하여 전쟁을 직접 지휘하여야 한다. 하나님은 이스라엘의 왕을 세우지 아니하시고 제사장을 그들의 지도자로 세우셨다. 그러나 제사장은 레위 자손으로서 전쟁에 참여할 수 없었다(민 1:47~49). 따라서 하나님께서 직접 이방인과의 전쟁을 주관하셔야 한다. 이러한 이유로 모든 전쟁의 승패는 하나님께 속한 것이라고 성경은 말씀한다. **"또 여호와의 구원하심이 칼과 창에 있지 아니함을 이 무리로 알게 하리라 전쟁은 여호와께 속한 것인즉 그가 너희를 우리 손에 붙이시리라"** (삼상 17:47). 이스라엘 백성을 대적하는 것은 하나님을 대적하는 것이므로, 하나님은 그들을 멸하셨다(출 17:13).

14) 신정국가는 하나님의 영광을 나타내는 문명을 건설하고 문화를 창출하여야 한다. 광야에서 성막과 이를 중심으로 이스라엘 백성이 장막을 친 것은 하나님의 영광을 나타내는 문명이다. 이스라엘 백성의 중앙에 하나님의 이름과 말씀을 둔 성막이 있고 제사장이 성막을 중심으로 하나님의 백성을 통치함으로 이스라엘 백성을 통하여 하나님의 거룩하심과 의로우심을 나타내는 것이 신정국가의 문화이다. 그 문화는 세상의 문화와 구별되므로, 하나님은 이스라엘 백성에게 이방인과의 접촉을 금하셨다. 이스라엘 백성이 이방인과 접근하면 그들의 문화에 영향을 받을 것이기 때문이다.

15) 애굽에서 광야로 나온 이스라엘 백성은 세상 법 및 세상 문화와 단절되었다. 그들은 하나님의 백성으로서 율법과 제사장에 의하여 통치를 받았다. 그들은 광야에 머물러 있지 아니하고 가나안 땅을 향하여 나아갔다. 그들은 하나님의 은혜로 생활에 필요한 모든 것을 해결하였다. 그들은 하나님의 인도하심으로 불뱀과 전갈이 있는 광야를 통과하여 가나안 땅을 향하여 나아갔다. 모세는 제사장으로서 성막에 하나님의 이름을 모시고 하나님의 백성을 율법으로 통치하였다. 이것은 전형적인 신정국가의 모형을 보여준다.

(2) 성막과 제사장과 신정국가

1) 하나님의 백성을 의와 공의로 통치하는 율법은 죄를 깨닫게 하는 법으로 이스라엘 백성을 하나님의 심판 아래 가두였다. 율법에 의하여 정죄 받는 죄를 속하지 아니하면 이스라엘 백성은 죽음을 면할 수 없었다. 그 죄를 속하기 위하여 제사장은 소와 염소와 양의 피를 뿌리는 제사를 드렸다. 이를 위하여 하나님의 이름을 둔 성막이 세워졌다. 성막은 이스라엘 백성을 택하여 자기의 백성으로 삼으신 하나님의 존재를 알리는 장소이다. 제사장은 성소에서 하나님을 만나서 하나님의 말씀을 듣고 그 말씀대로 이스라엘 백성을 통치하였다. 성막을 중심으로 제사장은 율법으로 이스라엘 백성을 통치함으로 국법과 하나님의 법이 일치하는 신정국가의 모형을 보여주었다. 성막이 세워졌고 율법이 선포되었으므로, 제사장은 하나님을 대리하여 실질적으로 신정국가를 통치하였다. 따라서 하나님은 제사장에게 율법으로 이스라엘을 통치하는 직분을 부여하고 그들을 모든

자들보다 높이셨다. 신정국가와 관련하여 제사장의 직분에 대하여 살펴보았다.

2) 하나님은 레위 자손인 아론과 그의 후손을 택하여 제사장으로 삼으셨다. 하나님은 그들을 거룩하게 구별하여 기름을 부으셨다. **"이는 아론의 아들들의 이름이며 그들은 기름을 발리우고 거룩히 구별되어 제사장 직분을 위임받은 제사장들이라"**(민 3:3). 제사장만이 성막에서 이스라엘 백성의 죄를 위하여 하나님께 예물을 드렸다. **"여호와께서 아론에게 이르시되 너와 네 아들들과 네 종족은 성소에 대한 죄를 함께 담당할 것이요 너와 네 아들들은 너희가 그 제사장 직분에 대한 죄를 함께 담당할 것이니라"**(민 18:1). 일 년에 한번 속죄일에 대제사장만이 염소와 송아지의 피를 가지고 지성소에 들어가 자신과 이스라엘 회중의 죄를 속하는 제사를 드렸다. **"오직 둘째 장막은 대제사장이 홀로 일 년 일차씩 들어가되 피 없이는 아니하나니 이 피는 자기와 백성의 허물을 위하여 드리는 것이라"**(히 9:7). 아론과 그의 후손이 아닌 자가 제사장의 직분을 침해하면 죽임을 당하였다.[207] **"너는 아론과 그 아들들을 세워 제사장 직분을 행하게 하라 외인이 가까이 하면 죽임을 당할 것이니라"**(민 3:10).

3) 레위인만이 성막에서 제사장의 지시를 받아 하나님을 섬기는 모든 일을 맡아 수행하는 직분을 받았다. 레위인은 성막에서 예물로 드려지는 소와 염소와 양을 잡고 번제단에 불을 사르며 물두멍에 물을 채우는 일을 비롯하여 제사와 관련하여 행하여지는 각종 일을 담당하였다. 따라서 레위인이 아닌 자가 성막에 접근하면 죽임을 당하였다. **"이 후로는 이스라엘 자손이 회막에 가까이 말 것이라 죄를 당하여 죽을까 하노라 오직 레위인은 회막에서 봉사하며 자기들의 죄를 담당할 것이요 이스라엘 자손 중에는 기업이 없을 것이니 이는 너희의 대대에 영원한 율례라"**(민 18:22,23). 레위인들은 성막을 걷고 이를 운반하는 일도 담당하였다. 타인이 레위인의 직무를 대신하여 성막의 모든 기구와 언약궤를 옮기는 일을 하면 죽임을 당하였다.[208]

4) 제사장에게 율법으로 이스라엘 백성을 다스리는 권세가 부여되었다. 이를 위하여

---

[207] 사울왕은 사무엘을 대신하여 하나님께 번제를 드림으로 제사장의 직분을 침해하였다. 이로 인하여 그는 왕권을 박탈당하였다(삼상 13:13,14).
[208] 다윗이 바알레유다에서 다윗성으로 언약궤를 옮겨올 때, 레위인이 아닌 웃사가 그 법궤를 손으로 만졌다가 죽임을 당하였다(삼하 6:6,7).

하나님은 제사장에게 율법으로 이스라엘을 심판하는 권세를 주셨다. 제사장은 항상 판결의 흉패를 붙이고 성소에 들어감으로 의와 공의로 이스라엘 백성을 재판한다는 증거를 삼았다. "아론이 성소에 들어갈 때에는 이스라엘 아들들의 이름을 기록한 이 판결 흉패를 가슴에 붙여 여호와 앞에 영원한 기념을 삼을 것이니라 너는 우림과 둠밈을 판결 흉패 안에 넣어 아론으로 여호와 앞에 들어 갈 때에 그 가슴 위에 있게 하라 아론이 여호와 앞에서 이스라엘 자손의 판결을 항상 그 가슴 위에 둘찌니라" (출2 8:29,30). "영원한 기념"이란 율법으로 이스라엘 백성을 심판하는 권세가 제사장에게만 있음을 의미한다. 이는 판사가 법복을 입고 법정에 들어가는 것과 같다.

5) 제사장은 율법으로 이스라엘 백성을 재판하였다. 율법의 규정이 없으므로 이스라엘 백성을 심판하지 못할 경우에는 제사장은 성소에서 하나님의 말씀을 듣고 그대로 심판하였다. "곧 그들이 네게 가르치는 법률의 뜻대로, 그들이 네게 고하는 판결대로 행할 것이요 그들이 네게 보이는 판결을 어기어서 좌로나 우로나 치우치지 말 것이니라" (신 17:11). 대제사장은 지성소에서 하나님의 말씀을 들었다. "거기서 내가 너와 만나고 속죄소 위 곧 증거궤 위에 있는 두 그룹 사이에서 내가 이스라엘 자손을 위하여 네게 명할 모든 일을 네게 이르리라" (출 25:22). 모세는 하나님의 말씀대로 이스라엘 백성을 심판하였다. 이스라엘 백성이 안식일을 범하였을 때, 모세는 하나님의 말씀대로 그들을 심판하였다. "어떻게 처치할는지 지시하심을 받지 못한 고로 가두었더니 여호와께서 모세에게 이르시되 그 사람을 반드시 죽일찌니 온 회중이 진 밖에서 돌로 그를 칠찌니라 온 회중이 곧 그를 진 밖으로 끌어내고 돌로 그를 쳐 죽여서 여호와께서 모세에게 명하신 대로 하니라" (민 15:34~36).

6) 제사장이 율법을 불순종하는 자를 심판하려면 반드시 2명 이상의 증인이 있어야 한다. "너는 그 악을 행한 남자나 여자를 네 성문으로 끌어내고 돌로 그 남자나 여자를 쳐 죽이되 죽일 자를 두 사람이나 세 사람의 증거로 죽일 것이요 한 사람의 증거로는 죽이지 말 것이며" (신 17:5,6). 이 말씀은 재판의 공정성을 확보하려는 규정이다. 율법에 의한 재판의 결과는 돌로 치는 공개처형으로 이루어졌다. 공공장소에서 죄인에 대한 처형이 이루어지는 것은 타인에 대한 경고이다. 우상을 숭배하거나 음행하면 반드시

죽는다는 것을 알리기 위하여 공개처형이 이루어졌다. 죄인에 대한 공개처형은 재판의 공정성을 확보하고 이스라엘 가운데 악을 없이하며 동시에 동일한 죄를 예방하는 효과가 있다. **"이런 자를 죽임에는 증인이 먼저 그에게 손을 댄 후에 뭇 백성이 손을 댈찌니라 너는 이와 같이 하여 너의 중에 악을 제할찌니라"** (신 17:7).

7) 이스라엘 백성이 제사장의 판결에 불복한다면 제사장은 그들을 통치할 수 없다. 따라서 하나님은 제사장의 판결에 불복하는 자를 반드시 죽이라고 말씀하셨다. **"사람이 만일 천자히 하고 네 하나님 여호와 앞에 서서 섬기는 제사장이나 재판장을 듣지 아니하거든 그 사람을 죽여 이스라엘 중에서 악을 제하여 버리라"** (신 17:12). 하나님은 제사장의 판결에 권위를 부여하기 위하여 그들의 판결을 그대로 수용하셨다. 재판장으로서 자기의 권위에 도전하는 자들에게 모세는 생매장을 선고하였다. 모세의 판결대로 땅이 갈라지며 산채로 그들을 삼켰다. **"곧 이 사람들의 죽음이 모든 사람과 일반이요 그들의 당하는 벌이 모든 사람의 당하는 벌과 일반이면 여호와께서 나를 보내심이 아니어니와 만일 여호와께서 새 일을 행하사 땅으로 입을 열어 이 사람들과 그들의 모든 소속을 삼켜 산채로 음부에 빠지게 하시면 이 사람들이 과연 여호와를 멸시한 것인줄을 너희가 알리라 이 모든 말을 마치는 동시에 그들의 밑의 땅이 갈라지니라"** (민 16:29~31). 설령 제사장의 판결이 부당하다고 할지라도 하나님은 그 판결을 그대로 수용하셨다. 대표적인 판결이 예수 그리스도의 정죄이다. 대제사장 가야바의 판결은 인류 역사상 최고의 오심이었지만, 하나님은 그 판결을 그대로 수용하심으로 예수 그리스도의 죽음을 허락하셨다.

8) 이스라엘 백성 전체를 재판하려면 제사장만으로 그 수가 부족하였다. 따라서 하나님은 레위인과 유사(officers)를 재판장으로 세우셨다. 재판장으로 택함을 받은 레위인과 유사는 이스라엘 백성을 공의로 재판하여야 한다. **"네 하나님 여호와께서 네게 주시는 각 성에서 네 지파를 따라 재판장과 유사를 둘 것이요 그들은 공의로 백성을 재판할 것이니라"** (신 16:18). 재판장이 율법을 잘 알지 못하여 공의로 재판을 할 수 없을 경우에는 성막으로 올라가서 레위인 재판장이나 제사장에게 자문을 구하였다. **"네 성중에서 송사로 다투는 일이 있으되 서로 피를 흘렸거나 다투었거나 구타하였거나 하여 네가**

판결하기 어려운 일이 생기거든 너는 일어나 네 하나님 여호와의 택하실 곳으로 올라가서 레위 사람 제사장과 당시 재판장에게로 나아가서 물으라 그리하면 그들이 어떻게 판결할 것을 네게 가르치리니 여호와께서 택하신 곳에서 그들이 네게 보이는 판결의 뜻대로 네가 행하되 무릇 그들이 네게 가르치는 대로 삼가 행할 것이니"(신 17:8~10).

9) 제사장이 율법으로 이스라엘 백성을 재판하려면 율법을 알아야 한다. 율법은 하나님과 이스라엘 백성 사이에 맺어진 언약이며 그들을 통치하는 법이므로, 하나님은 모세에게 율법의 모든 말씀을 기록하라고 명령하셨다. **"여호와께서 모세에게 이르시되 너는 이 말들을 기록하라 내가 이 말들의 뜻대로 너와 이스라엘과 언약을 세웠음이니라 하시니라"(출 34:27).** 하나님은 율법의 말씀을 기록한 책을 지성소의 언약궤 옆에 보관하라고 명령하셨다. **"모세가 이 율법의 말씀을 다 책에 써서 마친 후에 여호와의 언약궤를 메는 레위 사람에게 명하여 가로되 이 율법책을 가져다가 너희 하나님 여호와의 언약궤 곁에 두어 너희에게 증거가 되게 하라"(신 31:24~26).** 지성소에 십계명을 새긴 돌판과 율법의 말씀을 기록한 책이 있었다.[209]

10) 속죄일에 대제사장만이 지성소에 들어가서 율법 책을 읽을 수 있었다. 곧 대제사장만이 율법 책에 접근할 수 있었고 율법을 다른 제사장에게 가르칠 수 있었다. 율법책이 성소에 있었으므로, 하나님은 제사장에게 율법을 가르치는 직분을 주셨다. **"또 여호와가 모세로 명한 모든 규례를 이스라엘 자손에게 가르치리라"(레 10:11).** 이스라엘 백성은 제사장에게 배운 율법을 그들의 자녀에게 가르치고 이를 문설주와 문에 기록하였다. **"네 자녀에게 부지런히 가르치며 집에 앉았을 때에든지 길에 행할 때에든지 누웠을 때에든지 일어날 때에든지 이 말씀을 강론할 것이며 너는 또 그것을 네 손목에 매어 기호를 삼으며 네 미간에 붙여 표를 삼고 또 네 집 문설주와 바깥 문에 기록할찌니라"(신 6:7~9).** 이스라엘 백성은 율법을 숙지하고 이를 순종하여야 한다. **"모세가 이 모든 말씀을 온 이스라엘에게 말하기를 마치고 그들에게 이르되 내가 오늘날 너희에게 증거한 모든 말을 너희 마음에 두고 너희 자녀에게 명하여 이 율법의 모든 말씀을 지켜

---

209) 요시야 왕 때에 제사장 힐기야는 성전에 보관 된 율법 책을 발견하고 서기관 사반을 통하여 이를 왕에게 전달하였다(대하 34:14~16). 이 사건은 하나님의 말씀에 따라서 율법 책이 성전에 보관되어온 것을 의미한다.

행하게 하라"(신 32:45,46).

11) 이스라엘 백성에 있어서 제사장과 레위인의 역할은 매우 중요하다. 그들은 율법의 전문적인 지식을 가지고 의와 공의로 하나님의 백성을 이끌어가는 핵심 집단이다. 그들은 성막에서 제사를 주관하며 백성에게 율법을 가르치고 율법으로 죄인을 재판하였다. 이러한 일은 율법에 대한 많은 연구와 교육을 요구하였다. 따라서 그들은 생업에 종사할 시간이 없었다. 이러한 이유로 하나님은 그들에게 징병의 의무를 면제하고 가나안 땅을 배분할 때에 그들에게 땅을 기업으로 주시지 아니하셨다. **"여호와께서 또 아론에게 이르시되 너는 이스라엘 자손의 땅의 기업도 없겠고 그들 중에 아무 분깃도 없을 것이나 나는 이스라엘 자손 중에 네 분깃이요 네 기업이니라"** (민 18:20). "나는 이스라엘 자손 중에 네 분깃이요"란 이스라엘이 하나님께 드리는 십일조는 레위인의 몫이란 것을 의미한다. "내가 이스라엘의 십일조를 레위 자손에게 기업으로 다 주어서 그들의 하는 일 곧 회막에서 하는 일을 갚나니"(민 18:21). 레위인이 이스라엘 백성으로부터 받은 십일조 가운데 십분의 일을 하나님께 드려서 제사장의 몫으로 하였다. **"너희는 이스라엘 자손에게서 받는 모든 것의 십일조 중에서 여호와께 거제로 드리고 여호와께 드린 그 거제물은 제사장 아론에게로 돌리되"** (민 18:28). 또한 성막에서 드린 예물 가운데 불사르지 아니한 것은 제사장의 몫으로 돌아갔다. **"지성물 중에 불사르지 않은 것은 네 것이라 그들이 내게 드리는 모든 예물의 모든 소제와 속죄제와 속건제물은 다 지극히 거룩한즉 너와 네 아들들에게 돌리리니"** (민 18:9). 이스라엘 백성이 하나님께 드리는 첫 소득은 제사장에게 돌아갔다. **"그들이 여호와께 드리는 첫 소산 곧 제일 좋은 기름과 제일 좋은 포도주와 곡식을 네게 주었은즉 그들이 여호와께 드리는 그 땅 처음 익은 모든 열매는 네 것이니 네 집에 정결한 자마다 먹을 것이라"** (민 18:13).

12) 제사장과 레위인은 이스라엘 백성의 신앙생활에 있어서 중추적인 역할을 하였다. 제사장과 레위인이 율법을 백성에게 가르치고 율법으로 그들을 재판하려면 백성들 가운데로 들어가야 한다. 이스라엘 백성이 가나안 땅을 분배 받을 때 제사장과 레위인이 다른 지파와 분리되어 한 곳에 모여 산다면 그들의 직분을 감당할 수 없을 것이다. 따라서 하나님께서 레위인에게는 땅을 기업으로 주시지 아니하셨다. 이스라엘은 가나안 땅

정복한 뒤에 각 지파별로 제비를 뽑아 땅을 분배받았다. 그러나 레위 지파는 땅을 기업으로 받지 못하고 이스라엘 각 지파 가운데 도피성을 포함하여 48개 성읍을 생활터전으로 받았다. 레위인들은 농사와 목축을 위한 땅을 받지 못하고 단지 집을 지을 수 있는 땅을 받았다. 레위인들에게 생업에 종사할 땅이 없었으므로, 하나님께서 그들에게 이스라엘 백성이 드리는 십일조를 기업으로 주셨다. 이로써 레위인이 이스라엘 백성 가운데 흩어져 목축이나 농사일을 하지 아니하고 오직 율법을 가르치고 백성을 재판하며 살아갈 수 있게 되었다.

13) 여호수아는 이스라엘 각 지파에게 가나안 땅을 분배한 뒤에 이스라엘 백성이 제사장에 의하여 통치를 받는 선정국가임을 선언하였다. 하나님께서 모세를 통하여 주신 율법만을 순종하는 것이 이스라엘 백성의 정체성을 유지하는 유일한 길이므로, 여호수아는 그들에게 우상을 버리고 하나님만을 섬기라고 명령하였다. **"그러므로 이제는 여호와를 경외하며 성실과 진정으로 그를 섬길 것이라 너희의 열조가 강 저편과 애굽에서 섬기던 신들을 제하여 버리고 여호와만 섬기라"** (수 24:14). 이스라엘 백성이 우상을 섬길지라도 여호수아와 그의 자손은 하나님을 섬길 것이라고 선언하였다(수 24:15). 이 말을 들은 이스라엘 백성은 하나님만을 섬기겠다고 맹세하였다. **"백성이 여호수아에게 말하되 아니니이다 우리가 정녕 여호와를 섬기겠나이다 여호수아가 백성에게 이르되 너희가 여호와를 택하고 그를 섬기리라 하였으니 스스로 증인이 되었느니라 그들이 가로되 우리가 증인이 되었나이다"** (수 24:21,22). 여호수아가 살아있는 동안 이스라엘 백성은 그들의 맹세대로 하나님만을 섬겼다(수 24:31). 여호수아와 제사장 엘르아살이 죽은 뒤에 그의 아들 비느하스가 제사장으로서 이스라엘 백성의 지도자가 되었다. **"아론의 아들 엘르아살도 죽으매 무리가 그를 그 아들 비느하스가 에브라임 산지에서 받은 산에 장사하였더라"** (수 24:33). 이로써 이스라엘 백성은 제사장에 의하여 다스려지는 신정국가로서의 기초가 마련되었다.

14) 신정국가는 성막을 중심으로 제사장과 레위인이 율법으로 하나님의 백성을 통치하는 나라이다. 성막은 이스라엘 백성을 택하여 부르신 하나님께서 그들 가운데 계신다는 증거이다. 성막에 하나님의 이름과 하나님의 율법과 하나님의 영광이 있었다. 성막에

서 제사장은 이스라엘 백성의 죄를 위하여 예물의 피를 뿌리는 제사를 드렸다. 제사장과 레위인은 율법으로 죄인을 재판함으로 이스라엘 백성을 의와 공의로 통치하였다. 따라서 오직 하나님의 뜻대로 율법에 의하여, 제사장에 의하여 통치되는 나라를 신정국가라고 말할 수 있을 것이다.

2. 사사시대와 신정국가

(1) 신정국가와 가나안 정복

1) 모세가 죽은 뒤에 하나님은 가나안 땅 정복을 제사장이 아닌 여호수아에게 맡기셨다. 여호수아는 레위인이 아니므로 제사장을 직분을 담당할 수 없었다. 레위인은 병역의 의무를 면제 받았으므로 전쟁에 직접 참여할 수 없었다. 따라서 하나님은 에브라임의 후손 여호수아를 택하여 이스라엘의 군대의 지휘권을 맡기셨다. 여호수아는 가나안 족속을 정복하고 하나님의 뜻대로 그 땅을 이스라엘 백성에게 분배하였다. 여호수아가 이스라엘의 군대를 이끌고 가나안 땅을 정복하였지만, 이것은 그의 능력에 의한 것이 아니다. 여호수아를 인도한 것은 제사장을 통하여 주신 율법과 하나님의 말씀이다. 이것은 전쟁시에 제사장이 아닌 자도 율법으로 이스라엘을 인도할 수 있다는 것을 의미한다. 사사시대는 이것을 보여주었다.

2) 모세와 아론은 하나님께 범죄하였으므로 가나안 땅에 들어갈 수 없었다. **"여호와께서 모세와 아론에게 이르시되 너희가 나를 믿지 아니하고 이스라엘 자손의 목전에 나의 거룩함을 나타내지 아니한고로 너희는 이 총회를 내가 그들에게 준 땅으로 인도하여 들이지 못하리라 하시니라"** (민 20:12). "너희가 나를 믿지 아니하고"란 너희가 불의하다는 것을 의미한다. 불의한 자는 가나안 땅에 들어갈 수 없다. 그 후에 모세는 자신의 죄를 뉘우치고 가나안 땅에 들어가려고 하나님께 간구하였으나, 하나님은 이를 허락하지 아니하셨다. **"구하옵나니 나로 건너가게 하사 요단 저편에 있는 아름다운 땅, 아름다운 산과 레바논을 보게 하옵소서 하되 여호와께서 너희의 연고로 내게 진노하사 내 말을 듣지 아니하시고 내게 이르시기를 그만해도 족하니 이 일로 다시 내게 말하지 말라"** (신 3:25,26). 하나님께서 모세에게 죽음을 명하셨다. **"네 형 아론이 호르산에서 죽어**

그 조상에게로 돌아간 것 같이 너도 올라가는 이 산에서 죽어 네 조상에게로 돌아가리라" (신 32:50).

3) 하나님은 이스라엘을 가나안 땅으로 인도할 자로 여호수아를 택하셨다. **"여호와께서 또 눈의 아들 여호수아에게 명하여 가라사대 너는 이스라엘 자손을 인도하여 내가 그들에게 맹세한 땅으로 들어가게 하리니 마음을 강하게 하고 담대히 하라 내가 너와 함께 하리라"** (신 31:23). 모세는 하나님의 택함을 받은 여호수아에게 안수하였다. **"모세가 눈의 아들 여호수아에게 안수하였으므로 그에게 지혜의 신이 충만하니 이스라엘 자손이 여호와께서 모세에게 명하신대로 여호수아의 말을 순종하였더라"** (신 34:9). 여호수아는 전능하신 하나님을 믿었으며 군대를 지휘할 능력이 있었으므로 이스라엘의 지도자로 택함을 받았다. 여호수아는 에브라임 지파의 족장으로 가나안 땅을 정탐하였다. **"에브라임 지파에서는 눈의 아들 호세아요"**(민13:8). 모세는 호세아를 여호수아라고 불렀다(민 13:16). 이스라엘 족장들은 가나안 땅을 정탐한 뒤에 그곳의 거민의 장대함을 보고 하나님을 원망하여 애굽으로 돌아가려고 하였으나, 여호수아는 하나님의 능력으로 그 땅을 정복할 수 있다고 믿었다. **"오직 여호와를 거역하지 말라 또 그 땅 백성을 두려워하지 말라 그들은 우리 밥이라 그들의 보호자는 그들에게서 떠났고 여호와는 우리와 함께 하시느니라 그들을 두려워 말라 하나"** (민 14:9). 여호수아는 하나님의 전능하심을 믿었을 뿐만 아니라 이방인과의 전쟁을 승리로 이끈 경험을 가지고 있었다. 여호수아는 이스라엘의 군대를 지휘하여 아말렉과 전쟁을 승리로 이끌었다. **"여호수아가 칼날로 아말렉과 그 백성을 쳐서 파하니라"** (출 17:13).

4) 모세가 죽은 뒤에 이스라엘의 군대를 지휘하는 직분을 받은 여호수아에게 하나님의 말씀이 임하였다. **"여호와의 종 모세가 죽은 후에 여호와께서 모세의 시종 눈의 아들 여호수아에게 일러 가라사대 내 종 모세가 죽었으니 이제 너는 이 모든 백성으로 더불어 일어나 이 요단을 건너 내가 그들 곧 이스라엘 자손에게 주는 땅으로 가라 내가 모세에게 말한 바와 같이 무릇 너희 발바닥으로 밟는 곳을 내가 다 너희에게 주었노니"** (수 1:1~3). 하나님께서 가나안 땅을 이스라엘 백성에게 주시기로 작정하셨으므로, 가나안 땅 정복은 여호수아의 능력에 달린 것이 아니라 하나님의 은혜이다. 여호수아에게 필요

한 것은 하나님의 말씀을 믿고 담대하게 전쟁에 임하는 것이다. 하나님은 이것을 계속하여 여호수아에게 강조하셨다. "**너의 평생에 너를 능히 당할 자 없으리니 내가 모세와 함께 있던 것 같이 너와 함께 있을 것임이라 내가 너를 떠나지 아니하며 버리지 아니하리니 마음을 강하게 하라 담대히 하라 너는 이 백성으로 내가 그 조상에게 맹세하여 주리라 한 땅을 얻게 하리라**" (수 1:5,6).

5) 여호수아는 이스라엘의 군대를 지휘하는 직분을 받았지만 그의 뜻대로 작전을 수행한 것은 아니다. 단지 여호수아는 하나님의 말씀에 따라서 이스라엘의 군대를 지휘함으로 하나님의 영광을 나타내었다. 여호수아는 제사장과 레위인의 직분을 침해할 수 없었다. 제사장은 율법에 따라서 이스라엘 백성의 죄를 위하여 성막에서 제사하며 백성의 죄를 재판하였다. 이스라엘 백성이 요단강을 건널 때 하나님의 명령에 따라서 제사장은 언약궤를 메고 백성 앞에 섰다. 제사장이 언약궤를 메고 요단강 물에 발을 대자 흐르던 물이 멈추고 백성들은 강을 건넜다. "**백성이 요단을 건너려고 자기들의 장막을 떠날 때에 제사장들은 언약궤를 메고 백성 앞에서 행하니라 (요단이 모맥 거두는 시기에는 항상 언덕에 넘치더라) 궤를 멘 자들이 요단에 이르며 궤를 멘 제사장들의 발이 물가에 잠기자 곧 위에서부터 흘러내리던 물이 그쳐서 심히 멀리 사르단에 가까운 아담 읍 변방에 일어나 쌓이고 아라바의 바다 염해로 향하여 흘러가는 물은 온전히 끊어지매 백성이 여리고 앞으로 바로 건널 쌔 여호와의 언약궤를 멘 제사장들은 요단 가운데 마른 땅에 굳게 섰고 온 이스라엘 백성은 마른 땅으로 행하여 요단을 건너니라**" (수 3:14~17).

6) 하나님은 가나안 땅을 정복하기 전에 이스라엘 백성에게 할례를 받으라고 명령하셨다. 할례는 율법을 순종한다는 맹세이므로, 할례를 받은 자는 율법을 순종하여야 할 의무가 있다.[210] 가나안 땅은 태초부터 작정된 거룩한 땅이나(신 11:12), 가나안 거민들은 우상으로 그 땅을 더럽혔다. 하나님께서 작정한 때가 되었으므로, 그 땅이 그 거민을 토하여 내고 거룩한 백성을 맞이할 것이다. "**너희는 이 모든 일로 스스로 더럽히지 말라 내가 너희의 앞에서 쫓아 내는 족속들이 이 모든 일로 인하여 더러워졌고 그 땅도 더러워**

---

[210] 6.1.1. (4) 참조

졌으므로 내가 그 악을 인하여 벌하고 그 땅도 스스로 그 거민을 토하여 내느니라" (레 18:24,25). 가나안 땅이 죄로 인하여 더러워진 그 곳의 거민을 토하여 낸 뒤에 거룩한 자를 받아드릴 것이다. 따라서 할례를 받지 아니한 더러운 자들이 들어가면 그 땅은 그들을 토하여 낼 것이다. "너희도 더럽히면 그 땅이 너희 있기 전 거민을 토함 같이 너희를 토할까 하노라" (레 18:28). 따라서 하나님은 이스라엘 백성에게 할례를 명하셨다.

7) 할례는 세례의 모형이다. 세례란 예수 그리스도의 죽음과 부활과 연합하여 옛 사람이 죽고 새 사람을 입는 것이다. "만일 우리가 그의 죽으심을 본받아 연합한 자가 되었으면 또한 그의 부활을 본받아 연합한 자가 되리라 우리가 알거니와 우리 옛 사람이 예수와 함께 십자가에 못 박힌 것은 죄의 몸이 멸하여 다시는 우리가 죄에게 종노릇 하지 아니하려 함이니" (롬 6:5,6). 그리스도와 연합하여 정과 욕심을 십자가에 못 박은 자만이 성령의 인도하심으로 진리를 순종할 수 있다. 이를 불과 성령으로 받는 세례라고 한다.211) 세례를 받음으로 육체의 정욕을 십자가에 못 박은 자만이 악한 영들과의 전쟁에서 승리하여 진리의 말씀을 순종하는 것과 같이, 할례를 받은 자만이 하나님의 말씀을 순종함으로 가나안 땅을 정복할 수 있다. 따라서 이스라엘 백성이 가나안 거민들과 전쟁하기 전에 그들에게 할례를 받으라고 명하셨다.

8) 이스라엘 백성이 첫 번째 점령한 성은 여리고 성이다. 이스라엘 백성은 그들의 능력으로 그 성을 점령한 것이 아니라 하나님의 은혜로 하였다. 그들은 하나님의 명령에 따라서 여리고 성 주위를 돌았다. "너희 모든 군사는 성을 둘러 성 주위를 매일 한번 씩 돌되 엿새 동안을 그리하라 제사장 일곱은 일곱 양각나팔을 잡고 언약궤 앞에서 행할 것이요 제칠 일에는 성을 일곱 번 돌며 제사장들은 나팔을 불 것이며 제사장들이 양각나팔을 길게 울려 불어서 그 나팔 소리가 너희에게 들릴 때에는 백성은 다 큰 소리로 외쳐 부를 것이라 그리하면 그 성벽이 무너져 내리리니 백성은 각기 앞으로 올라갈찌니라 하시매" (수 6:3~5). 제사장이 이스라엘 군대의 앞에서 나팔을 불며 나가고 언약궤가 그 뒤를 따랐다. 이것은 가나안 거민과의 전쟁은 하나님의 말씀에 의하여 그 승패가

---

211) 6.1.1. (2). (3) 참조

결정된다는 것을 의미한다.

9) 제칠 일 날에 이스라엘 백성이 하나님의 말씀에 따라서 여리고 성을 일곱 번 돌고 외치자, 그 성벽은 무너져 내렸다. **"이에 백성은 외치고 제사장들은 나팔을 불매 백성이 나팔 소리를 듣는 동시에 크게 소리질러 외치니 성벽이 무너져 내린지라 백성이 각기 앞으로 나아가 성에 들어가서 그 성을 취하고"** (수 6:20). 성벽이 무너지자, 이스라엘 백성은 싸우지 아니하고 하나님의 은혜로 여리고 성을 점령하였다. 이스라엘 백성이 요단강을 건넌 뒤에 처음으로 점령한 성은 여리고 성이다. 모든 첫 소득이 하나님의 것인 것과 같이, 여리고 성은 하나님의 것이다. 따라서 하나님은 여리고 성에서 탈취한 전리품을 자기의 것이라고 말씀하셨다. **"은금과 동철 기구들은 다 여호와께 구별될 것이니 그것을 여호와의 곳간에 들일찌니라"** (수 6:19). 하나님께서 자기의 것이라고 선언하신 것을 취하면 하나님의 것을 도적질하는 것이므로 저주가 임하였다. 유다 지파의 아간이 하나님의 것을 도적질하였다. **"이스라엘 자손들이 바친 물건을 인하여 범죄하였으니 이는 유다 지파 세라의 증손 삽디의 손자 갈미의 아들 아간이 바친 물건을 취하였음이라 여호와께서 이스라엘 자손들에게 진노하시니라"** (수 7:1).

10) 이스라엘 백성이 가나안 땅에서 얻은 첫 소득을 도적질함으로 스스로 더럽혔다. 죄로 인하여 더러워지면 가나안 땅에 들어갈 수 없으므로, 이스라엘 백성은 아이 성과의 전쟁에서 패하였다. **"백성 중 삼천 명쯤 그리로 올라갔다가 아이 사람 앞에서 도망하니 아이 사람이 그들의 삼십륙 인쯤 죽이고 성문 앞에서부터 스바림까지 쫓아와서 내려가는 비탈에서 쳤으므로 백성의 마음이 녹아 물 같이 된지라"** (수 7:4,5). 죄로 인하여 하나님께서 함께하지 아니하셨으므로 이스라엘 백성은 전쟁에서 승리할 수 없었다. **"그러므로 이스라엘 자손들이 자기 대적을 능히 당치 못하고 그 앞에서 돌아섰나니 이는 자기도 바친 것이 됨이라 그 바친 것을 너희 중에서 멸하지 아니하면 내가 다시는 너희와 함께 있지 아니하리라"** (수 7:12). 아간이 죄로 인하여 심판을 받아 죽음으로 그 죄가 정결하게 되었다(수 7:25). 이스라엘 백성 가운데서 죄를 없이한 뒤에 그들은 하나님의 은혜로 아이 성을 점령하였다.

11) 이스라엘 백성이 하나님의 말씀을 순종하였으므로, 하나님은 가나안 거민을 그들

의 손에 붙이셨다. 이스라엘 백성이 아모리 다섯 왕들과 전쟁할 때 하나님은 우박으로 그들을 치셨다. **"그들이 이스라엘 앞에서 도망하여 벧호론의 비탈에서 내려갈 때에 여호와께서 하늘에서 큰 덩이 우박을 아세가에 이르기까지 내리우시매 그들이 죽었으니 이스라엘 자손의 칼에 죽은 자보다 우박에 죽은 자가 더욱 많았더라"** (수 10:11). 낮 동안 전쟁이 끝나지 아니하였으므로, 여호수아는 하나님께 태양이 하늘에 머물기를 기도하였다. 하나님은 그 기도를 들으셨다. **"태양이 머물고 달이 그치기를 백성이 그 대적에게 원수를 갚도록 하였느니라 야살의 책에 기록되기를 태양이 중천에 머물러서 거의 종일토록 속히 내려가지 아니하였다 하지 아니하였느냐"** (수 10:13).

12) 거룩하게 구별된 가나안 땅이 우상으로 더럽힌 거민들을 토하여 내고 하나님의 백성을 맞이하는 것이 하나님의 뜻이다. 이스라엘 백성의 가나안 거민 정복은 하나님의 뜻이 성취되는 과정을 보여주고 있다. 하나님의 말씀이 여호수아에게 임하였고, 그는 그 말씀에 따라서 전쟁을 수행함으로 가나안 거민을 정복하였다. 그 전쟁에서 이스라엘 백성의 지혜와 지식은 도움이 되지 못하였다. 오직 하나님의 지혜와 지식이 그 전쟁을 승리로 이끌었다. 이스라엘 백성은 율법과 하나님의 말씀을 순종함으로 가나안 땅을 정복하고 하나님의 뜻대로 그 땅을 제비 뽑았다. 그들이 하나님의 은혜로 광야를 통과한 것과 같이 하나님의 말씀으로 가나안 거민을 정복하였다. 하나님은 이것을 잊지 말라고 모세를 통하여 미리 말씀하셨다. **"또 두렵건대 네가 마음에 이르기를 내 능과 내 손의 힘으로 내가 이 재물을 얻었다 할까 하노라 네 하나님 여호와를 기억하라 그가 네게 재물 얻을 능을 주셨음이라 이같이 하심은 네 열조에게 맹세하신 언약을 오늘과 같이 이루려 하심이니라"** (신 8:17,18).

13) 하나님은 그의 백성을 위하여 예비하신 땅을 정복하기 위하여 여호수아를 이스라엘의 지도자로 세우셨다. 여호수아는 하나님의 말씀을 따라서 전쟁을 수행함으로 그 땅을 정복할 수 있었다. 요단강의 물이 마르고, 여리고 성벽이 무너지며, 하늘에서 우박이 내려서 그 거민들을 죽이고, 태양과 달의 회전이 중단되었다. 전쟁의 승리를 위하여 하나님은 최고의 여건을 만드셨다. 이스라엘 백성과 이방인과의 전쟁에 있어서 승패는 하나님의 뜻에 의하여 결정되었다. 여호수아는 이것을 믿었으므로 마음을 강하게 하고

담대하게 하였다. **"오직 너는 마음을 강하게 하고 극히 담대히 하여 나의 종 모세가 네게 명한 율법을 다 지켜 행하고 좌로나 우로나 치우치지 말라 그리하면 어디로 가든지 형통하리니"** (수 1:7).

14) 이스라엘 백성이 가나안 땅에 정착한 뒤에 율법을 버리고 우상을 숭배한다면, 그 땅이 그들을 토하여 낼 것이다. 따라서 가나안 땅을 제비뽑아 각 지파에게 분배한 뒤에 여호수아는 이스라엘 백성에게 하나님의 말씀을 전하였다(수 24:14). 이 말씀을 들은 이스라엘 백성은 오직 하나님만을 섬기겠다고 맹세하였다. **"백성이 대답하여 가로되 여호와를 버리고 다른 신들 섬기는 일을 우리가 결단코 하지 아니하오리니 이는 우리 하나님 여호와 그가 우리와 우리 열조를 인도하여 애굽땅 종 되었던 집에서 나오게 하시고 우리 목전에서 그 큰 이적들을 행하시고 우리가 행한 모든 길에서, 우리의 지난 모든 백성 중에서 우리를 보호하셨음이며 여호와께서 또 모든 백성 곧 이 땅에 거하던 아모리 사람을 우리 앞에서 쫓아내셨음이라 그러므로 우리도 여호와를 섬기리니 그는 우리 하나님이심이니이다"** (수 24:16~18).

(2) 사사시대와 신정국가

1) 이스라엘 백성이 가나안 땅에 정착한 뒤에 여호수아는 그의 사명을 완수하였으므로 하나님의 부름을 받았다. 여호수아가 죽은 뒤에 하나님은 이스라엘 백성의 지도자를 세우지 아니하셨다. 아론의 손자인 비느하스가 대제사장으로서 이스라엘의 통치자가 되었다. 제사장이 성막을 중심으로 그들을 이끌어갈 것이기 때문이다. 제사장은 이스라엘 백성에게 율법을 가르치고 백성들은 그 자손에게 율법을 가르쳐서, 온 이스라엘 백성이 율법을 알고 이를 순종하여야 한다. 백성이 율법을 범함으로 범죄하면 이를 제사장에게 고백하고, 제사장은 성막에서 그의 죄를 위하여 송아지와 염소와 양의 피를 뿌려야 한다. 만약 백성이 하나님을 버리고 우상을 숭배하면 제사장은 그에게 사형을 선고하고, 백성들은 그를 돌로 쳐서 죽임으로 이스라엘 가운데 죄를 없이하여야 한다. 그렇지 아니하면 가나안 땅이 그들을 토하여 낼 것이다. 이스라엘 백성이 가나안 땅에 정착한 이후에 제사장은 실질적으로 하나님의 백성을 이끌어가는 지도자이다. 만약 제사장이 그 직분을

소홀히 하면 이스라엘 백성은 우상숭배에 빠져서 멸망의 길을 걷게 될 것이다. 따라서 하나님은 이스라엘 백성에게 우상을 숭배를 경고하셨다. **"만일 너희가 여호와를 버리고 이방 신들을 섬기면 너희에게 복을 내리신 후에라도 돌이켜 너희에게 화를 내리시고 너희를 멸하시리라"** (수 24:20).

2) 여호수아가 죽은 뒤에 제사장은 백성을 가르치는 일을 소홀히 하였다. 백성들도 제사장으로부터 배운 율법을 자손에게 가르치지 아니하였다. 따라서 백성들은 율법을 알지 못하고 이방여자를 아내로 취하였으며 그녀들의 미혹에 빠져 우상을 숭배하였다. 하나님의 진노가 그들에게 임하여 그들은 이방인의 종이 되었다. 이방인들은 이스라엘 백성을 박해하고 그들의 가축과 곡식을 약탈하였다. 이스라엘 백성이 그들의 죄를 깨닫고 하나님께 돌아왔을 때, 하나님은 직분을 소홀히 한 제사장을 버리고 원하는 자를 택하여 사사로 삼으시고 그들을 통하여 백성을 이방인의 손에서 구원하여 내셨다. 백성이 평강을 얻은 뒤에도 제사장은 백성에게 율법을 가르치지 아니하였으므로, 그들은 다시 우상숭배에 빠지게 되었다. 이스라엘 백성이 가나안 땅에 정착한 뒤에 이러한 과정이 반복되었다. 따라서 이스라엘 백성은 신정국가로서의 정체성을 상실하고 왕정시대로 들어가게 되었다.

3) 이스라엘 백성이 가나안 땅을 정복하기 전에, 하나님은 그들에게 모든 거민을 진멸하라고 명령하셨다. **"네 하나님 여호와께서 그들을 네게 붙여 너로 치게 하시리니 그 때에 너는 그들을 진멸할 것이라 그들과 무슨 언약도 말 것이요 그들을 불쌍히 여기지도 말 것이며"** (신 7:2). 이방인들은 이스라엘 백성의 옆구리를 찌르는 가시가 될 것이기 때문이다. **"너희가 만일 그 땅 거민을 너희 앞에서 몰아내지 아니하면 너희의 남겨둔 자가 너희의 눈에 가시와 너희의 옆구리에 찌르는 것이 되어 너희 거하는 땅에서 너희를 괴롭게 할 것이요"** (민 33:55). 이스라엘 백성과 이방인의 문화가 서로 다르기 때문에 그들을 서로 화합할 수 없었다. 이스라엘 백성은 하나님의 백성으로서 율법을 순종함으로 하나님을 섬기는 백성이다. 이에 반하여 이방인들은 하나님을 알지 못하고 우상을 섬기는 자들이다. 만약 이스라엘 백성이 이방인과 교제한다면 하나님을 버리고 우상을 섬길 것이므로, 하나님은 이스라엘 백성에게 이방인들을 진멸하라고 명령하셨다. 그러

나 여호수아는 하나님의 말씀을 버리고 기브온 거민들과 언약을 맺고 그들을 살려주었다. **"여호수아가 곧 그들과 화친하여 그들을 살리리라는 언약을 맺고 회중 족장들이 그들에게 맹세하였더라"** (수 9:15).

4) 여호수아가 기브온 거민들과 언약을 맺었으므로, 하나님은 이스라엘 백성으로 하여금 가나안 모든 거민을 멸하지 못하게 하셨다. 이스라엘 백성이 비록 전쟁에 승리하였으나 가나안 거민을 모두 몰아내지 못하였다. 제비를 뽑아 가나안 땅을 분배 받은 뒤에, 각 지파는 그 땅에 남아있는 이방인들을 몰아내지 못하고 그들과 함께 살아가게 되었다. 유다 지파는 예루살렘의 여부스 거민을 멸하지 못하고 그들과 함께 살게 되었다. **"예루살렘 거민 여부스 사람을 유다 자손이 쫓아내지 못하였으므로 여부스 사람이 오늘날까지 유다 자손과 함께 예루살렘에 거하니라"** (수 15:63). 에브라임은 게셀 거민을 몰아내지 못하였다. **"그들이 게셀에 거하는 가나안 사람을 쫓아내지 아니하였으므로 가나안 사람이 오늘날까지 에브라임 가운데 거하며 사역하는 종이 되니라"** (수 16:10). 하나님은 살아남은 이방인들로 이스라엘 백성을 시험하셨다. **"여호와께서 가나안 전쟁을 알지 못한 이스라엘을 시험하려 하시며 이스라엘 자손의 세대 중에 아직 전쟁을 알지 못하는 자에게 그것을 가르쳐 알게 하려 하사 남겨두신 열국은 블레셋 다섯 방백과 가나안 모든 사람과 시돈 사람과 바알 헤르몬산에서부터 하맛 어구까지 레바논산에 거하는 히위 사람이라"** (삿 3:1~3).

5) 하나님께서 이스라엘 백성에게 이방인과의 혼인을 금하셨다 (**신 7:3,4**). 이스라엘 백성과 이방인의 혼인이 율법으로 금지되었으므로, 이스라엘 백성이 이방여자와 혼인하는 것은 음행이다. 이스라엘 백성은 하나님의 백성이다. 이방여자들은 우상의 자녀이다. 이스라엘이 이방여자와 음행하면 그 육체는 이방여자와 한 몸이 된다. 이 우려가 현실로 다가왔다. 이스라엘 백성은 이방여자를 아내로 취하였고 그 아내에게 미혹을 받아 우상을 숭배하였다. **"그들의 딸들을 취하여 아내를 삼으며 자기 딸들을 그들의 아들에게 주며 또 그들의 신들을 섬겼더라 이스라엘 자손이 여호와 목전에 악을 행하여 자기들의 하나님 여호와를 잊어버리고 바알들과 아세라들을 섬긴지라"** (삿 3:6,7).

6) 이스라엘 백성이 이방여자를 아내로 취한 것에 대한 책임은 제사장에게로 돌아갔다.

제사장이 백성에게 율법을 가르치지 아니하였으므로, 백성들은 율법을 범하는 것이 죄임을 알지 못하였다. 백성들이 이방여자를 아내로 취하였을 때, 제사장이 이것을 죄로 심판하여 이혼을 시켰으면 백성들은 이방여자를 취하지 아니하였을 것이다. 제사장은 이스라엘 백성에게 율법을 가르치지 아니하였을 뿐만 아니라 그들의 죄를 재판하지 아니하고 묵인하였다. 따라서 하나님은 이스라엘 백성의 지도자로서 제사장의 직분을 박탈하셨다. 이스라엘 백성이 우상을 숭배할 때 성막의 제사는 끊어지고 제사장과 일반 백성이 동일하게 되었다. **"장차는 백성이나 제사장이나 일반이라 내가 그 소행대로 벌하며 그 소위대로 갚으리라"** (호 4:9).

7) 이스라엘 백성이 하나님을 버리고 우상을 숭배하자, 하나님은 그들을 이방인의 손에 붙여 이방인의 식민(植民)이 되게 하셨다. 이스라엘 백성이 이방여자의 미혹에 빠짐으로 하나님을 버리고 스스로 이방인의 종이 되려고 하였다. 이스라엘 백성의 소원대로 하나님은 그들을 이방인의 식민이 되게 하셨다. **"여호와께서 이스라엘에게 진노하사 그들을 메소보다미아 왕 구산 리사다임의 손에 파셨으므로 이스라엘 자손이 구산 리사다임을 팔 년을 섬겼더니"** (삿 3:8). 이스라엘 백성이 이방인의 학정 아래서 고통을 당하며 그들의 죄를 깨닫고 하나님께로 돌아왔을 때, 하나님은 그들을 이방인의 손에게 건져내셨다. 하나님은 제사장이 아닌 자를 사사로 세우시고 그를 통하여 이스라엘 백성을 이방인의 손에서 구원하여 내셨다. **"이스라엘 자손이 여호와께 부르짖으매 여호와께서 그들을 위하여 한 구원자를 세워 구원하게 하시니 그는 곧 갈렙의 아우 그나스의 아들 옷니엘이라 여호와의 신이 그에게 임하셨으므로 그가 이스라엘 사사가 되어 나가서 싸울 때에 여호와께서 메소보다미아 왕 구산 리사다임을 그 손에 붙이시매 옷니엘의 손이 구산 리사다임을 이기니라"** (삿 3:9,10).

8) 이스라엘 백성이 이방인의 손에서 해방된 이후 사사가 살아있을 동안 평강을 누렸다. 이 기간에 제사장은 백성에게 율법을 가르치지 아니하였으므로, 그들은 율법을 알지 못하였다. 사사가 죽은 뒤에 이스라엘 백성은 다시 우상숭배에 빠지게 되었다. 하나님은 다시 그들을 이방인의 종이 되게 하셨다. **"이스라엘 자손이 또 여호와의 목전에 악을 행하니라 이스라엘 자손이 여호와의 목전에 악을 행하므로 여호와께서 모압 왕 에글론을**

강성케 하사 그들을 대적하게 하시매"(삿 3:12). 이스라엘 백성이 이방인의 박해 속에서 그들의 죄를 깨닫고 하나님께 돌아왔을 때 하나님은 베냐민 지파의 에훗을 사사를 세우셨다. **"이스라엘 자손이 여호와께 부르짖으매 여호와께서 그들을 위하여 한 구원자를 세우셨으니 그는 곧 베냐민 사람 게라의 아들 왼손잡이 에훗이라 이스라엘 자손이 그를 의탁하여 모압 왕 에글론에게 공물을 바칠 때에"(삿 3:15).** 에훗은 모압 왕을 죽이고 이스라엘을 해방시켰다. **"그 날에 모압 사람이 이스라엘의 수하에 항복하매 그 땅이 팔십 년 동안 태평하였더라"(삿 3:30).** 이와 같이 사사가 생존할 당시에는 이스라엘 백성이 우상을 버리고 하나님만을 섬김으로 신정국가로서 정체성을 회복하였다. 그러나 사사가 죽으면 이스라엘 백성은 다시 우상을 숭배함으로 그 정체성을 상실하였다. 사사시대에는 이러한 과정이 반복되었다.

9) 이스라엘 백성이 가나안 땅에 정착한 뒤에 우상숭배에 빠졌다. 뿐만 아니라 그들은 동성애에 빠짐으로 창조질서를 대적하였다. 우상숭배와 음행을 율법으로 재판할 직분을 받은 레위인도 같은 죄에 빠졌다. 에브라임 산지에 미가는 은으로 우상을 만들고 레위인으로 제사장을 삼아 우상을 섬겼다(삿 17장). 레위인은 제사장처럼 거룩한 처녀를 택하여 아내로 삼아야 함에도 불구하고 음행하는 여자를 첩으로 취하였다(삿 19:1). 베냐민 지파는 동성애에 빠짐으로 이스라엘 백성을 동족상쟁의 도가니로 몰아넣었다(삿 20장). 이 모든 것은 제사장이 그 직분을 버렸기 때문에 벌어진 일이다.

10) 이스라엘 백성은 가나안 땅에 정착한 뒤에 우상을 섬기고 음행에 빠짐으로 신정국가로서 그 정체성을 잃어버리게 되었다. 율법은 이스라엘을 통치하는 법으로서 그 기능을 상실하였고 이스라엘 백성은 그들의 생각대로 행동하였다. **"그 때에는 이스라엘에 왕이 없으므로 사람마다 자기 소견에 옳은 대로 행하였더라"(삿 17:6).** 사사시대에는 일시적으로 그 정체성을 회복하였으나 다시 잃어버렸다. 이러한 시대적 상황은 왕정시대를 여는 계기가 되었다. 율법으로 이스라엘 백성을 통치하는 강력한 왕에 대한 요구가 싹트고 있었다. 제사장과 선지자로서 사무엘은 사사시대와 왕정시대의 교량역할을 하였다.

3. 왕정시대와 신정국가

(1) 신정국가와 왕정시대의 탄생

1) 사사시대에 종말을 알리는 것이 엘리 제사장의 타락이다. 엘리 제사장은 율법으로 그의 아들을 가르치지 아니하였다. 그 아들들은 성막에서 음행하고 제사를 더럽힘으로 블레셋과의 전쟁에서 죽임을 당하였다. 사무엘은 레위 지파로서 제사장과 선지자로서의 직분을 받았다. 엘리 제사장이 죽은 뒤에 사무엘은 실질적인 이스라엘 백성의 지도자로서 제사를 주관하고 율법으로 이스라엘 백성을 통치하였다. 사무엘의 통치 아래서 이스라엘 백성은 우상을 버리고 하나님을 섬겼으며 이방인과의 전쟁을 승리로 이끌었다. 이것을 체험한 이스라엘 백성은 왕을 구하였다. 하나님은 이것을 기뻐하지 아니하였으나 백성의 요구대로 사울을 왕으로 세우셨다. 사울이 하나님의 말씀을 버리자, 하나님은 다윗을 이스라엘의 왕으로 세우셨다. 다윗은 의와 공의로 이스라엘을 통치함으로 신정국가로서 정체성을 확립하였다.

2) 사사시대는 엘리 제사장과 그의 아들들이 제사장으로서 그 직분을 버린 것을 잘 보여준다. 엘리 제사장의 아들들은 하나님의 제사를 멸시하였다. 그들의 죄는 두 가지이다. 첫째, 그들은 제물을 하나님께서 받으시기 전에 그 제물의 고기를 취하였다. 화목제와 속죄제에 있어서 번제단에서 제사장이 제물의 기름을 태운 뒤에 제사장은 그 제물의 고기를 먹을 수 있었다.212) 하나님께서 제물의 기름이 타는 냄새를 받으신 뒤에 제사장은 그 제물의 고기를 먹었다. **"감사함으로 드리는 화목제 희생의 고기는 드리는 그 날에 먹을 것이요 조금이라도 이튿날 아침까지 두지 말 것이니라 그러나 그 희생의 예물이 서원이나 자원의 예물이면 그 희생을 드린 날에 먹을 것이요 그 남은 것은 이튿날에도 먹되"** (레 7:15,16). 그러나 엘리의 아들은 번제단에서 제물의 기름을 태우기 전에 제물의 고기를 먹었다. **"그 사람이 이르기를 반드시 먼저 기름을 태운 후에 네 마음에 원하는 대로 취하라 하면 그가 말하기를 아니라 지금 내게 내라 그렇지 아니하면 내가 억지로 빼앗으리라 하였으니 이 소년들의 죄가 여호와 앞에 심히 큼은 그들이 여호와의 제사를**

---

212) 하나님은 제물의 기름이 타는 냄새를 받으셨다. "제사장은 그것을 단 위에 불사를찌니 이는 화제로 드리는 식물이요 향기로운 냄새라 모든 기름은 여호와의 것이니라" (레 3:16).

멸시함이었더라"(삼상 2:16,17). 둘째, 엘리의 아들들의 죄는 성막에서 음행함으로 성막을 더럽힌 것이다. **"엘리가 매우 늙었더니 그 아들들이 온 이스라엘에게 행한 모든 일과 회막문에서 수종드는 여인과 동침하였음을 듣고"(삼상 2:22).**

3) 엘리의 아들들은 장차 아버지를 이어서 제사장의 직분을 담당할 자이다. 그들은 하나님의 제사를 멸시하고 성막에서 음행함으로 성소와 하나님의 이름을 더럽혔다. 엘리의 아들들이 범죄한 것은 제사장인 엘리의 책임이다. 엘리는 제사장으로서 율법으로 그의 아들들을 교육시킬 의무가 있었다. 율법을 알아야 제사장으로서 직분을 감당할 수 있기 때문이다. 제사장으로서 엘리는 율법으로 그의 아들들을 훈계하지 아니하였으므로, 그들은 성막의 제사를 멸시하며 성막에서 음행하는 죄를 범하였다. 죄로 인하여 더럽혀진 자는 제사장이 될 수 없다. 따라서 그들은 저주를 받아 전쟁에서 죽임을 당하였다(삼상 4:17). 아들의 죽음 소식을 들은 엘리 제사장도 의자에서 넘어져 죽었다(삼상 4;19).

4) 제사장 엘리가 죽은 뒤에 하나님은 사무엘을 택하여 제사장과 선지자로 삼으셨다. 사무엘은 레위의 후손으로 제사장의 직분을 감당할 수 있었다. 그의 부친 엘가나는 에브라임 산지에 살던 레위인이다(대상 6:27,28). 사무엘이 젖을 뗀 후에 그의 모친 한나는 아들을 하나님께 드리기 위하여 그를 엘리 제사장에게 데리고 갔다. **"그러므로 나도 그를 여호와께 드리되 그의 평생을 여호와께 드리나이다 하고 그 아이는 거기서 여호와께 경배하니라"(삼상 1:28).** 그 후로부터 사무엘은 성막에서 엘리 제사장과 함께 성막에서 하나님을 섬겼다. **"사무엘이 어렸을 때에 세마포 에봇을 입고 여호와 앞에 섬겼더라"(삼상 2:18).**

5) 엘리가 제사장으로 재직할 당시에 이스라엘 백성과 블레셋 사이에 전쟁이 있었다. 이스라엘 백성은 전쟁을 위하여 하나님의 언약궤를 진중으로 가지고 왔다. 그러나 이스라엘 백성은 전쟁에서 패하였고 언약궤마저 블레셋에게 빼앗겼다. 하나님의 언약궤는 거룩한 구별된 성막에 모셔야 한다. 이것을 알지 못하는 블레셋은 언약궤를 다곤의 신전에 두었다. 이로 인하여 하나님의 저주가 그들에게 임하였다. 하나님과 우상이 함께 할 수 없으므로 언약궤 앞에 있던 우상은 파괴되었다. **"그 이튿날 아침에 그들이 일찍이**

일어나 본즉 다곤이 여호와의 궤 앞에서 엎드러져 얼굴이 땅에 닿았고 그 머리와 두 손목은 끊어져 문지방에 있고 다곤의 몸둥이만 남았더라" (삼상 5:4). 레위인만이 언약궤를 어깨로 메고 옮길 수 있으나, 블레셋은 이를 전리품으로 탈취하여 우상과 함께 두었다. 이로 인하여 그들에게 독종이 임하였다.[213] **"그것을 옮겨간 후에 여호와의 손이 심히 큰 환난을 그 성에 더하사 성읍 사람의 작은 자와 큰 자를 다 쳐서 독종이 나게 하신지라"** (삼상 5:9). 블레셋은 하나님의 언약궤 때문에 자기에게 저주가 임한 것을 알고 그 궤를 이스라엘 백성에게로 돌려보냈다. 하나님의 궤가 돌아오자, 이스라엘 백성은 이를 성소에 모시고 하나님을 경외하였다. **"궤가 기럇여아림에 들어간 날부터 이십 년 동안을 오래 있은지라 이스라엘 온 족속이 여호와를 사모하니라"** (삼상 7:2).

6) 엘리 제사장이 죽은 뒤에 사무엘은 율법으로 이스라엘 백성을 통치하였다. 이스라엘 백성은 사무엘의 권고에 따라서 우상을 버리고 하나님만을 섬겼다. **"사무엘이 이스라엘 온 족속에게 일러 가로되 너희가 전심으로 여호와께 돌아오려거든 이방 신들과 아스다롯을 너희 중에서 제하고 너희 마음을 여호와께로 향하여 그만 섬기라 너희를 블레셋 사람의 손에서 건져내시리라 이에 이스라엘 자손이 바알들과 아스다롯을 제하고 여호와만 섬기니라"** (삼상 7:3,4). 그들이 우상을 버리고 하나님만을 섬겼으므로 하나님은 사무엘을 통하여 말씀하신대로 그들을 블레셋과의 전쟁에서 승리하게 하셨다. **"블레셋 사람이 이스라엘에게서 빼앗았던 성읍이 에그론부터 가드까지 이스라엘에게 회복되니 이스라엘이 그 사방 지경을 블레셋 사람의 손에서 도로 찾았고 또 이스라엘과 아모리 사람 사이에 평화가 있었더라"** (삼상 7:14).

7) 여호수아가 죽은 이후 신정국가로서의 정체성을 상실하였던 이스라엘 백성은 사무엘 시대에 비로소 이를 완전히 회복하였다. 이스라엘 백성은 미스바에 모여서 그들의 죄를 회개하고 사무엘은 그들의 죄를 위하여 하나님께 기도하였다. **"사무엘이 가로되 온 이스라엘은 미스바로 모이라 내가 너희를 위하여 여호와께 기도하리라 하매 그들이 미스바에 모여 물을 길어 여호와 앞에 붓고 그 날에 금식하고 거기서 가로되 우리가

---

213) 이 말씀은 믿지 아니하는 자들이 성경을 해석하면 저주가 임한다는 것을 의미한다. 진주를 돼지에게 주지 말라고 성경은 말씀한다(마7:6).

여호와께 범죄하였나이다 하니라 사무엘이 미스바에서 이스라엘 자손을 다스리니라" (삼상 7:5,6). 사무엘은 제사장으로서 이스라엘 백성을 의와 공의로 통치함으로 그들을 통하여 하나님의 영광을 나타냈다.

8) 사무엘이 연로하자 그의 아들들을 택하여 이스라엘 백성의 사사로 삼았다. 그러나 사무엘의 아들들은 이스라엘 백성의 기대에 미치지 못하였다. **"그 아들들이 그 아비의 행위를 따르지 아니하고 이를 따라서 뇌물을 취하고 판결을 굽게 하니라"** (삼상 8:3). 사무엘의 아들들의 행위를 알고 있는 이스라엘 백성은 그들의 장래를 위하여 하나님의 뜻에 합당한 왕, 곧 자기를 통치할 왕을 구하였다. **"이스라엘 모든 장로가 모여 라마에 있는 사무엘에게 나아가서 그에게 이르되 보소서 당신은 늙고 당신의 아들들은 당신의 행위를 따르지 아니하니 열방과 같이 우리에게 왕을 세워 우리를 다스리게 하소서 한지라"** (삼상 8:4,5). 이스라엘 백성이 왕을 구하는 것은 그들을 통치하는 하나님의 주권을 거부하는 것이다. 곧 이것은 신정국가로서 이스라엘의 정체성을 부인하는 것이다. 따라서 하나님은 그들의 행위를 책망하셨다. **"여호와께서 사무엘에게 이르시되 백성이 네게 한 말을 다 들으라 그들이 너를 버림이 아니요 나를 버려 자기들의 왕이 되지 못하게 함이니라"** (삼상 8:7).

9) 사무엘은 왕을 구하는 이스라엘 백성의 요구를 기뻐하지 아니하였으나, 이스라엘 백성은 그들의 뜻을 굽히지 아니하였다. **"백성이 사무엘의 말 듣기를 거절하여 가로되 아니로소이다 우리도 우리 왕이 있어야 하리니 우리도 열방과 같이 되어 우리 왕이 우리를 다스리며 우리 앞에 나가서 우리의 싸움을 싸워야 할 것이니이다"** (삼상 8:19,20). 이스라엘 백성의 요구대로 하나님은 베냐민 지파 사울을 택하여 이스라엘 백성의 왕으로 세우셨다. 사무엘은 하나님의 말씀에 따라서 사울에게 기름을 부어 이스라엘의 왕으로 세웠다. **"이에 사무엘이 기름병을 취하여 사울의 머리에 붓고 입 맞추어 가로되 여호와께서 네게 기름을 부으사 그 기업의 지도자를 삼지 아니하셨느냐"** (삼상 10:1). 사울이 왕으로 기름을 부음을 받은 뒤에, 사무엘은 하나님을 버리고 왕을 구한 것이 죄라고 선포하였다. **"너희는 이제 가만히 서서 여호와께서 너희 목전에 행하시는 이 큰 일을 보라 오늘은 밀 베는 때가 아니냐 내가 여호와께 아뢰리니 여호와께서 우뢰와**

비를 보내사 너희가 왕을 구한 일 곧 여호와의 목전에 범한 죄악이 큼을 너희로 밝히 알게 하시리라"(삼상 12:16,17).

10) 사울은 왕으로서 이스라엘을 통치하였고, 성막에서 사무엘은 제사장으로서 이스라엘을 위하여 하나님을 섬겼다. 사울이 사무엘을 통하여 주시는 하나님의 말씀을 순종할 때 나라를 암몬 사람의 손에서 구원하였다. "이튿날에 사울이 백성을 삼대에 나누고 새벽에 적진 중에 들어가서 날이 더울 때까지 암몬 사람을 치매 남은 자가 다 흩어져서 둘도 함께한 자가 없었더라"(삼상 11:11). 암몬 사람과의 전쟁에서 승리한 사울은 교만하여 신정국가로서의 이스라엘의 정체성을 잊어버리고 하나님의 말씀을 불순종하였다. 사울의 죄는 세 가지로 구분할 수 있다. 첫째, 제사장의 직무를 침해한 것이다. 사울은 제사장 사무엘을 제쳐두고 번제를 드렸다. "사울이 가로되 번제와 화목제물을 이리로 가져오라 하여 번제를 드렸더니"(삼상 13:9). 사울의 행위는 사무엘에게 기름을 부어 제사장으로 삼은 하나님의 주권을 침해한 것이다. 이에 대한 하나님의 심판이 사울에게 임하였다. "사무엘이 사울에게 이르되 왕이 망령되이 행하였도다 왕이 왕의 하나님 여호와께서 왕에게 명하신 명령을 지키지 아니하였도다 그리하였더면 여호와께서 이스라엘 위에 왕의 나라를 영영히 세우셨을 것이어늘 지금은 왕의 나라가 길지 못할 것이라 여호와께서 왕에게 명하신 바를 왕이 지키지 아니하였으므로 여호와께서 그 마음에 맞는 사람을 구하여 그 백성의 지도자를 삼으셨느니라 하고"(삼상 13:13,14).

11) 둘째, 사울은 하나님의 대적을 멸하지 아니하였다. 하나님께서 사울에게 아말렉을 진멸하라고 명령하셨다. "만군의 여호와께서 이같이 말씀하시기를 아말렉이 이스라엘에게 행한 일 곧 애굽에서 나올 때에 길에서 대적한 일을 내가 추억하노니 지금 가서 아말렉을 쳐서 그들의 모든 소유를 남기지 말고 진멸하되 남녀와 소아와 젖 먹는 아이와 우양과 약대와 나귀를 죽이라 하셨나이다"(삼상 15:2,3). 그러나 사울은 아말렉 왕 아각과 기름진 가축을 멸하지 아니하였다. "사울과 백성이 아각과 그 양과 소의 가장 좋은 것 또는 기름진 것과 어린 양과 모든 좋은 것을 남기고 진멸키를 즐겨 아니하고 가치 없고 낮은 것은 진멸하니라"(삼상 15:9). 이스라엘의 왕으로서 하나님의 원수를 멸하지 아니하고 살린 사울에게 하나님의 심판이 임하였다. "사무엘이 가로되 여호와께

서 번제와 다른 제사를 그 목소리 순종하는 것을 좋아하심 같이 좋아하시겠나이까 순종이 제사보다 낫고 듣는 것이 수양의 기름보다 나으니 이는 거역하는 것은 사술의 죄와 같고 완고한 것은 사신 우상에게 절하는 죄와 같음이라 왕이 여호와의 말씀을 버렸으므로 여호와께서도 왕을 버려 왕이 되지 못하게 하셨나이다"(삼상 15:22,23).

12) 셋째, 사울은 국가의 중요한 일을 하나님께 구하지 아니하고 신접한 자에게 물었다. 사울은 신접한 여자에게 죽은 사무엘을 불러올리라고 말하였다. "사무엘이 사울에게 이르되 네가 어찌하여 나를 불러 올려서 나로 분요케 하느냐 사울이 대답하되 나는 심히 군급하니이다 블레셋 사람은 나를 향하여 군대를 일으켰고 하나님은 나를 떠나서 다시는 선지자로도, 꿈으로도 내게 대답지 아니하시기로 나의 행할 일을 배우려고 당신을 불러 올렸나이다"(삼상 28:15). 사울이 살아계신 하나님께 구하지 아니하고 죽은 자에게 구하였다. 죽은 자를 불러내는 자를 용납하는 것이 죄이다. "혹이 너희에게 고하기를 지절거리며 속살거리는 신접한 자와 마술사에게 물으라 하거든 백성이 자기 하나님께 구할것이 아니냐 산 자를 위하여 죽은 자에게 구하겠느냐 하라"(사 8:19). 율법은 신접한 자와 박수를 용납하지 말고 멸하라고 명령한다. "그 아들이나 딸을 불 가운데로 지나게 하는 자나 복술자나 길흉을 말하는 자나 요술하는 자나 무당이나 진언자나 신접자나 박수나 초혼자를 너의 중에 용납하지 말라"(신 18:10,11).

13) 하나님은 그의 백성인 이스라엘 백성을 통치하는 왕이시다. 사울은 왕으로 기름 부음을 받았지만 이스라엘을 통치하시는 하나님의 주권을 인정하고 의와 공의로 나라를 다스려야 한다. 그러나 사울은 하나님의 말씀을 무시하고 자기의 뜻대로 나라를 통치함으로 신정국가로서 이스라엘의 정체성을 망각하였다. 이스라엘 백성은 하나님의 백성이 아니라 사울의 백성이 되었다. 사울은 하나님의 백성을 빼앗아 자기의 백성으로 삼았다. 사울에 대한 하나님의 기대는 무너졌다. 따라서 하나님은 사울을 폐하시고 다윗을 이스라엘의 왕으로 세우셨다.

(2) 신정국가와 다윗의 통치

1) 사울의 뒤를 이어 다윗이 이스라엘의 왕으로 기름 부음을 받았다. 다윗은 간음하고

살인하는 죄를 범하였지만 나라를 의와 공의로 통치함으로 이스라엘을 진정한 신정국가로서의 정체성을 확립하였다. 그는 항상 율법으로 자신의 죄를 깨닫고 겸손히 하나님의 은혜를 사모하고 율법으로 나라를 다스렸다. 다윗의 뒤를 이어 왕이 된 솔로몬은 하나님의 지혜로 나라를 다스리고 하나님의 이름을 위하여 성전을 건축하였지만 노년에 우상을 숭배하였다. 솔로몬 이후 하나님의 이름을 위하여 드리던 제사는 폐지되었고 율법은 땅에 떨어졌다. 하나님은 더 이상 이스라엘 백성의 왕이 아니고 그들은 하나님의 백성이 아니다. 우상이 이스라엘 백성을 지배하고 있으므로 신정국가로서 이스라엘은 자취를 감추게 되었다. 솔로몬 이후 이스라엘은 멸망의 길을 걷게 되었다.

2) 하나님은 범죄한 사울의 왕권을 박탈하시고 다윗에게 기름을 부어 이스라엘의 왕으로 세우셨다. **"이에 보내어 그를 데려오매 그의 빛이 붉고 눈이 빼어나고 얼굴이 아름답더라 여호와께서 가라사대 이가 그니 일어나 기름을 부으라 사무엘이 기름 뿔을 취하여 그 형제 중에서 그에게 부었더니 이 날 이후로 다윗이 여호와의 신에게 크게 감동되니라 사무엘이 떠나서 라마로 가니라"** (삼상 16:12,13). 다윗이 이스라엘의 왕으로 기름 부음을 받았지만, 사울은 다윗에게 왕위를 이양하지 아니하고 여전히 이스라엘의 왕으로서 나라를 다스렸다. 사울이 나라를 다스리고 있었지만 하나님은 그를 왕으로 인정하지 아니하셨다. 따라서 사울에게서 하나님의 신이 떠났고 악신이 그에게 임하였다. **"여호와의 신이 사울에게서 떠나고 여호와의 부리신 악신이 그를 번뇌케 한지라"** (삼상 16:14).

3) 다윗이 이스라엘의 왕으로 기름 부음을 받았으므로 그에게 하나님의 신이 임하였다 (삼상16:13). 왕으로 기름 부음을 받은 다윗은 하나님의 주권을 인정하고 하나님의 대리자로서 자신의 신분을 낮추었다. 이로써 다윗은 신정국가로서 이스라엘의 정체성을 확립하였다. 첫째, 다윗은 이방인과의 전쟁에서 전쟁의 승패를 하나님의 주권에 맡겼다. **"다윗이 블레셋 사람에게 이르되 너는 칼과 창과 단창으로 내게 오거니와 나는 만군의 여호와의 이름 곧 네가 모욕하는 이스라엘 군대의 하나님의 이름으로 네게 가노라"** (삼상 17:45). "이스라엘 군대의 하나님"이란 하나님께서 이스라엘의 군대를 지휘하여 모든 전쟁을 승리로 이끄신다는 것을 의미한다. 다윗은 이 믿음으로 골리앗을 죽이고

이스라엘을 블레셋의 손에서 구원하여 내었다. **"또 여호와의 구원하심이 칼과 창에 있지 아니함을 이 무리로 알게 하리라 전쟁은 여호와께 속한 것인즉 그가 너희를 우리 손에 붙이시리라"** (삼상 17:47). 이스라엘의 왕이 된 뒤에 다윗은 전쟁에서 하나님을 의지하였으므로, 하나님은 모든 전쟁에서 승리하게 하셨다. **"다메섹 아람에 수비대를 두매 아람 사람이 다윗의 종이 되어 조공을 바치니라 다윗이 어디를 가든지 여호와께서 이기게 하시니라"** (삼하 8:6).

4) 이스라엘 백성이 율법을 순종하면 하나님의 제사장의 나라가 되고 모든 민족 위에 뛰어난 나라가 될 것이며 모든 나라가 이스라엘을 두려워할 것이라고 성경은 말씀한다. **"네가 네 하나님 여호와의 명령을 지켜 그 길로 행하면 여호와께서 네게 맹세하신 대로 너를 세워 자기의 성민이 되게 하시리니 너를 여호와의 이름으로 일컬음을 세계 만민이 보고 너를 두려워하리라"** (신 28:9,10). 따라서 이스라엘은 이방인과의 전쟁에서 승리할 것이다. **"너희가 대적을 쫓으리니 그들이 너희 앞에서 칼에 엎드러질 것이라 너희 다섯이 백을 쫓고 너희 백이 만을 쫓으리니 너희 대적들이 너희 앞에서 칼에 엎드러질 것이며"** (레 26:7,8). 다윗은 하나님의 약속의 말씀을 믿고 이방인과 전쟁에 임하였으므로, 하나님은 모든 전쟁에서 다윗에게 승리를 안겨주셨다. 다윗은 신정국가로서 이스라엘의 위엄을 주변 국가들에게 보여주었다. 다윗은 이방인과의 전쟁의 승패를 하나님께 맡겼고, 하나님은 다윗을 통하여 이스라엘이 하나님의 백성이란 증거를 보이셨다.

5) 둘째, 다윗은 하나님의 주권을 존중하였다. 다윗이 골리앗을 죽이고 이스라엘을 블레셋의 손에서 구원하였다. 이를 시기한 사울은 다윗을 죽이려고 하였다. 사울은 자기를 위하여 수금을 타는 다윗을 죽이려고 창을 던졌으며 광야로 피신한 다윗을 찾으려고 군대를 파견하였다(삼상 18:11). 엔디게 황무지에서 사울이 다윗을 추격하다가 피곤하여 동굴에서 잠을 자고 있었다. 그 때 다윗은 사울을 죽일 수 있었으나 살려주었다. 사울은 왕으로 기름부음을 받았으므로 사울을 죽이는 것은 하나님을 대적하는 것이기 때문이다. **"오늘 여호와께서 굴에서 왕을 내 손에 붙이신 것을 왕이 아셨을 것이니이다 혹이 나를 권하여 왕을 죽이라 하였으나 내가 왕을 아껴 말하기를 나는 내 손을 들어 내 주를 해치 아니하리니 그는 여호와의 기름 부음을 받은 자가 됨이니라 하였나이다"**

(삼상 24:10). 다윗은 왕으로 기름부음을 받았지만 사울에게 순종하였다. 사울은 비록 범죄하였지만 다윗보다 먼저 왕으로 기름 부음을 받았기 때문이다. 하나님의 기름 부음을 받은 자를 대적하는 것은 하나님을 대적하는 것이므로, 다윗은 자기를 죽이려는 사울을 대적하지 아니하고 하나님의 심판에 맡겼다. **"또 가로되 여호와께서 사시거니와 여호와께서 그를 치시리니 혹 죽을 날이 이르거나 혹 전장에 들어가서 망하리라"** (삼상 26:10).

6) 셋째, 다윗은 재위 기간 동안 하나님의 율법으로 나라를 통치하였다. 그는 비록 간음하는 죄를 범하였지만 나라를 의와 공의로 통치하였다. **"솔로몬이 가로되 주의 종 내 아비 다윗이 성실과 공의와 정직한 마음으로 주와 함께 주의 앞에서 행하므로 주께서 저에게 큰 은혜를 베푸셨고 주께서 또 저를 위하여 이 큰 은혜를 예비하시고 오늘날과 같이 저의 위에 앉을 아들을 저에게 주셨나이다"** (왕상 3:6). 다윗은 재위 중에 간음과 살인을 범하였다. 하나님은 선지자 나단을 통하여 다윗의 죄를 책망하셨다. 하나님의 말씀을 들은 다윗은 하나님의 말씀 앞에 엎드려 눈물을 뿌리며 회개하였다. **"내가 탄식함으로 곤핍하여 밤마다 눈물로 내 침상을 띄우며 내 요를 적시나이다"** (시 6:6). 다윗은 율법 앞에서 자신의 많은 죄를 깨닫고 회개하였다. **"대저 나는 내 죄과를 아오니 내 죄가 항상 내 앞에 있나이다"** (시 51:3). **"무수한 재앙이 나를 둘러 싸고 나의 죄악이 내게 미치므로 우러러 볼 수도 없으며 죄가 나의 머리털보다 많으므로 내 마음이 사라졌음이니이다"** (시 40:12).

7) 다윗이 아들 압살롬을 피하여 도망할 때 베냐민 지파의 시므이가 그를 저주하였다 (삼하16:7,8). 백성이 왕을 저주하면 죽음을 자취하는 것이다. 아비새가 다윗을 저주하는 시므이를 죽이려고 하였으나, 다윗은 그 저주가 자신의 죄로부터 온 것임을 알고 시므이를 용서하였다. **"왕이 가로되 스루야의 아들들아 내가 너희와 무슨 상관이 있느냐 저가 저주하는 것은 여호와께서 저에게 다윗을 저주하라 하심이니 네가 어찌 그리하였느냐 할 자가 누구겠느냐 하고"** (삼하 16:10). 하나님께서 시므이를 통하여 다윗을 저주하게 하셨다면 시므이를 죽이는 것은 하나님을 대적하는 것이기 때문이다. 다윗은 시므이를 죽일 수 있었으나 하나님의 주권 앞에 자신의 왕권을 포기하였다.

8) 다윗은 압살롬과의 전쟁에서 요압에게 압살롬을 죽이지 말라고 명령하였다. **"왕이 요압과 아비새와 잇대에게 명하여 가로되 나를 위하여 소년 압살롬을 너그러이 대접하라 하니 왕이 압살롬을 위하여 모든 군장에게 명령할 때에 백성들이 다 들으니라"** (삼하 18:5). 다윗은 자신을 대적하는 압살롬의 행위를 자신의 죄로부터 온 것임을 알았다. **"이제 네가 나를 업신여기고 헷 사람 우리아의 처를 빼앗아 네 처를 삼았은즉 칼이 네 집에 영영히 떠나지 아니하리라 하셨고"** (삼하 12:10). "네 집에 영영히 떠나지 아니하리라"란 예언이 압살롬의 반란으로 성취되는 것을 알고 다윗은 압살롬의 죽음을 원하지 아니하였다. 압살롬이 요압에 의하여 죽임을 당하였다는 소식을 들은 다윗은 자신의 죄 때문에 죽은 압살롬을 위하여 슬피 울었다. **"왕의 마음이 심히 아파 문루로 올라가서 우니라 저가 올라갈 때에 말하기를 내 아들 압살롬아 내 아들 내 아들 압살롬아 내가 너를 대신하여 죽었더면, 압살롬 내 아들아 내 아들아 하였더라"** (삼하 18:33).

9) 넷째, 다윗은 신정국가로서 중심이 되는 성전을 건축하려고 하였다. 그러나 하나님은 이를 허락하지 아니하셨다. 다윗은 군인으로 전쟁에서 피를 많이 흘렸기 때문이다. **"오직 하나님이 내게 이르시되 너는 군인이라 피를 흘렸으니 내 이름을 위하여 전을 건축하지 못하리라 하셨느니라"** (대상 28:3). 다윗은 성전을 건축하지 못하였으나 성전의 건축을 위하여 필요한 각종 자재를 준비하였다. **"내가 이미 내 하나님의 전을 위하여 힘을 다하여 예비하였나니 곧 기구를 만들 금과 은과 놋과 철과 나무며 또 마노와 박을 보석과 꾸밀 보석과 채석과 다른 보석들과 화반석이 매우 많으며 성전을 위하여 예비한 이 모든 것 외에도 내 마음에 내 하나님의 전을 사모하므로 나의 사유의 금, 은으로 내 하나님의 전을 위하여 드렸노니"** (대상 29:2,3). 다윗은 성전 건축을 위하여 드린 모든 것이 하나님께로부터 온 것이라고 고백함으로 자신을 낮추었다. **"나와 나의 백성이 무엇이관대 이처럼 즐거운 마음으로 드릴 힘이 있었나이까 모든 것이 주께로 말미암았사오니 우리가 주의 손에서 받은 것으로 주께 드렸을 뿐이니이다"** (대상 29:14). 그리고 다윗은 하나님께로부터 받은 성전의 설계도를 솔로몬에게 주었다(대상28:11). 하나님을 사모하는 마음이 다윗으로 하여금 성전을 건축할 수 있는 모든 것을 준비하게 하였다.

10) 다윗은 이스라엘의 왕으로 기름 부음을 받았지만 하나님의 말씀 앞에 왕으로서

자신의 모든 것을 버렸다. 다윗은 이스라엘을 통치하시는 하나님의 권세와 영광을 나타내었다. 이스라엘에게 왕은 있었으나 하나님의 말씀이 그들을 통치하였다. 다윗은 하나님의 대리자로서 나라를 하나님의 말씀대로 통치하였다. 다윗 시대에 신정국가로서 이스라엘의 정체성이 확립되었다. 따라서 하나님은 다윗이 자기의 마음에 합한 자라고 말씀하셨다. **"폐하시고 다윗을 왕으로 세우시고 증거하여 가라사대 내가 이새의 아들 다윗을 만나니 내 마음에 합한 사람이라 내 뜻을 다 이루게 하리라 하시더니"** (행 13:22).

4. 신정국가와 다윗의 왕조의 멸망

(1) 솔로몬의 우상숭배와 이스라엘의 분열

1) 신정국가로서 이스라엘은 다윗의 죽음으로 막을 내렸다. 다윗의 뒤를 이은 솔로몬은 하나님의 지혜로 나라를 다스리고 하나님의 이름을 위하여 성전을 건축하였다. 하나님의 은혜로 솔로몬은 나라를 부강하게 만들었으나 많은 이방여자를 취하였고 이로 인하여 노년에 우상을 숭배하였다. 그의 아들 르호보암 시대에 이스라엘은 북 왕국과 남 왕국으로 나누어졌다. 북 왕국의 여로보암은 하나님의 말씀을 버리고 정치적인 목적으로 우상을 숭배함으로 나라를 멸망의 길로 몰아넣었다. 남 왕국도 우상숭배를 떠나지 못하다가 바벨론에게 멸망하였다. 이로써 다윗 왕조는 닻을 내리게 되었다. 유대인들이 바벨론에서 가나안 땅으로 돌아온 뒤에, 하나님은 성전을 중심으로 하는 진정한 신정국가를 예비하셨다.

2) 다윗의 뒤를 이어 솔로몬이 이스라엘의 왕이 되었다. 다윗은 솔로몬에게 하나님의 율법대로 나라를 다스리라고 유언하였다. **"네 하나님 여호와의 명을 지켜 그 길로 행하여 그 법률과 계명과 율례와 증거를 모세의 율법에 기록된대로 지키라 그리하면 네가 무릇 무엇을 하든지 어디로 가든지 형통할찌라 여호와께서 내 일에 대하여 말씀하시기를 만일 네 자손이 그 길을 삼가 마음을 다하고 성품을 다하여 진실히 내 앞에서 행하면 이스라엘 왕위에 오를 사람이 네게서 끊어지지 아니하리라 하신 말씀을 확실히 이루게 하시리라"** (왕상 2:3,4). 다윗의 유언을 받은 솔로몬은 다윗처럼 의와 공의로 나라를 통치하기 위하여 하나님의 말씀을 사모함으로 일천 번제를 드렸고, 하나님은 그에게

지혜뿐만 아니라 부와 영광까지 주셨다. "내가 네 말대로 하여 네게 지혜롭고 총명한 마음을 주노니 너의 전에도 너와 같은 자가 없었거니와 너의 후에도 너와 같은 자가 일어남이 없으리라 내가 또 너의 구하지 아니한 부와 영광도 네게 주노니 네 평생에 열왕 중에 너와 같은 자가 없을 것이라"(왕상 3:12,13).

3) 솔로몬은 그의 왕권을 견고하게 한 뒤에 하나님의 이름을 위하여 성전을 건축하였다. "이제 내가 나의 하나님 여호와의 이름을 위하여 전을 건축하여 구별하여 드리고 주 앞에서 향 재료를 사르며 항상 떡을 진설하며 안식일과 초하루와 우리 하나님 여호와의 절기에 조석으로 번제를 드리려 하니 이는 이스라엘의 영원한 규례니이다"(대하 2:4). 솔로몬이 성전을 건축하고 지성소에 하나님의 언약궤를 안치하였을 때, 하나님의 영광이 성소에 임하였다. "궤 안에는 두 돌판 외에 아무 것도 없으니 이것은 이스라엘 자손이 애굽 땅에서 나온 후 여호와께서 저희와 언약을 세우실 때에 모세가 호렙에서 그 안에 넣은 것이더라 제사장이 성소에서 나올 때에 구름이 여호와의 전에 가득하매 제사장이 그 구름으로 인하여 능히 서서 섬기지 못하였으니 이는 여호와의 영광이 여호와의 전에 가득함이었더라"(왕상 8:9~11).

4) 솔로몬이 성전에서 하나님의 이름으로 이스라엘 백성을 위하여 기도하고 하나님께 화목제를 드리고 성전의 낙성식을 행하였다(왕상 8:63). 하나님은 솔로몬의 기도를 들으시고 그 성전을 거룩하게 구별하셨다. "저에게 이르시되 네가 내 앞에서 기도하며 간구함을 내가 들었은즉 내가 너의 건축한 이 전을 거룩하게 구별하여 나의 이름을 영영히 그곳에 두며 나의 눈과 나의 마음이 항상 거기 있으리니"(왕상 9:3). 이어서 하나님은 솔로몬에게 약속의 말씀을 주셨다. "네가 만일 네 아비 다윗의 행함 같이 마음을 온전히 하고 바르게 하여 내 앞에서 행하며 내가 네게 명한대로 온갖 것을 순종하여 나의 법도와 율례를 지키면 내가 네 아비 다윗에게 허하여 이르기를 이스라엘 위에 오를 사람이 네게서 끊어지지 아니하리라 한대로 너의 이스라엘의 왕위를 영원히 견고하게 하려니와"(왕상 9:4,5).

5) 솔로몬이 하나님의 이름을 위하여 성전을 건축하고 하나님의 지혜로 나라를 다스렸다. 성전에 하나님의 이름과 하나님의 율법을 새긴 돌판이 있었다. 제사장은 율법대로

하나님의 이름을 위하여 예물을 드렸다. 솔로몬은 율법으로 나라를 다스리고 하나님의 지혜로 재판하였다. 이로써 이스라엘은 성전국가로서 하나님의 의와 공의가 강같이 흐르는 나라가 되었다. 세상의 모든 나라 위에 뛰어난 이스라엘에게 하나님의 복이 임하였으므로, 주변 국가들은 솔로몬에게 예물을 드렸다. **"솔로몬왕의 재산과 지혜가 천하 열왕보다 큰지라 천하가 다 하나님께서 솔로몬의 마음에 주신 지혜를 들으며 그 얼굴을 보기 원하여 각기 예물을 가지고 왔으니 곧 은 그릇과 금 그릇과 의복과 갑옷과 향품과 말과 노새라 해마다 정한 수가 있었더라"** (왕상 10:23~25).

6) 솔로몬은 모든 부귀와 영광이 자신의 능력에서 비롯된 것으로 착각하였음으로 하나님의 말씀을 버리고 이방여자를 아내로 취하였다. 하나님께서 이스라엘 백성에게 이방인과의 결혼을 금하셨으므로 우상을 숭배하는 이방인과의 성관계는 음행이다. 동시에 이것은 하나님의 백성으로서 거룩한 육체를 우상의 육체로 만드는 것이다. 하나님의 경고에도 불구하고 솔로몬은 노년에 이방여자들의 미혹을 받아 우상숭배에 빠지게 되었다. **"솔로몬의 나이 늙을 때에 왕비들이 그 마음을 돌이켜 다른 신들을 좇게 하였으므로 왕의 마음이 그 부친 다윗의 마음과 같지 아니하여 그 하나님 여호와 앞에 온전치 못하였으니 이는 시돈 사람의 여신 아스다롯을 좇고 암몬 사람의 가증한 밀곰을 좇음이라"** (왕상 11:4,5). 솔로몬이 우상을 숭배하기 시작한 이후부터 성전 제사는 폐하여졌으며 신정국가로서 이스라엘은 그 정체성을 잃어버렸다. 솔로몬의 우상숭배로 이스라엘은 북 왕국과 남 왕국으로 갈라지게 되었다.

7) 솔로몬이 하나님의 이름을 위하여 성전을 건축하고 하나님의 지혜로 나라를 다스렸으나 노년에 우상을 숭배한 이유는 교만하였기 때문이다. 그 이유를 살펴보자. 첫째, 솔로몬을 교만하게 한 원인은 이스라엘의 강대함이다. 다윗은 이스라엘의 주변 국가를 정복하여 식민으로 삼았다. 다윗을 이어 솔로몬이 이스라엘의 왕이 되자 주변 국가들은 이스라엘에게 조공을 바쳤다. **"솔로몬이 하수에서부터 블레셋 사람의 땅에 이르기까지와 애굽 지경에 미치기까지의 모든 나라를 다스리므로 그 나라들이 공을 바쳐 솔로몬의 사는 동안에 섬겼더라"** (왕상 4:21). 솔로몬 시대에 이스라엘은 역사상 가장 강대국이었다. **"솔로몬이 유브라데강에서부터 블레셋 땅과 애굽 지경까지의 열왕을 관할하였으며"**

(대하 9:26).

8) 둘째, 솔로몬의 지혜와 총명이 모든 사람보다 뛰어나므로, 주변 국가가 솔로몬의 지혜를 사모하였다. "솔로몬의 지혜가 동양 모든 사람의 지혜와 애굽의 모든 지혜보다 뛰어난지라"(왕상 4:30). "모든 민족 중에서 솔로몬의 지혜의 소문을 들은 천하 모든 왕 중에서 그 지혜를 들으러 왔더라"(왕상 4:34). 주변국가에서 솔로몬의 지혜를 들으려고 많은 예물을 가지고 왔다. 스바 여왕이 솔로몬의 명성을 듣고 그의 지혜를 들으려고 황금과 보석을 가지고 왔다. **"스바 여왕이 여호와의 이름으로 말미암은 솔로몬의 명예를 듣고 와서 어려운 문제로 저를 시험코자 하여"**(왕상 10:1). "이에 저가 금 일백 이십 달란트와 심히 많은 향품과 보석을 왕께 드렸으니 스바 여왕이 솔로몬 왕께 드린 것처럼 많은 향품이 다시 오지 아니하였더라"(왕상 10:10). 주변 국가로부터 조공으로 많은 금이 들어왔으므로 솔로몬은 사용하는 모든 것을 금으로 만들었다. **"솔로몬왕의 마시는 그릇은 다 금이요 레바논 나무 궁의 그릇들도 다 정금이라 은 기물이 없으니 솔로몬의 시대에 은을 귀히 여기지 아니함은 왕이 바다에 다시스 배들을 두어 히람의 배와 함께 있게 하고 그 다시스 배로 삼 년에 일차씩 금과 은과 상아와 잔나비와 공작을 실어 왔음이더라"**(왕상 10:21,22).

9) 셋째, 솔로몬의 지혜, 이스라엘의 부강 및 주변 국가의 조공은 솔로몬을 교만하게 하였다. 솔로몬은 이 모든 것이 자신의 능력으로부터 온 것으로 착각하고 자신을 하나님의 말씀보다 높였다. 그 결과 솔로몬은 하나님의 말씀을 버리고 이방 여자를 아내로 취하였다. 주변 국가는 이스라엘과의 관계 개선을 위하여 솔로몬에게 그들의 딸을 아내로 주었다. 당시에 강대국이었던 애굽의 바로조차 이스라엘과 관계개선을 위하여 그의 딸을 솔로몬에게 아내로 주었다. 솔로몬은 바로의 딸을 아내로 취하고 그녀를 위하여 궁을 건축하였다. **"솔로몬이 애굽 왕 바로로 더불어 인연을 맺어 그 딸을 취하고 데려다가 다윗성에 두고 자기의 궁과 여호와의 전과 예루살렘 주위의 성이 필역되기를 기다리니라"**(왕상 3:1).

10) 솔로몬이 이방여자를 아내로 취하고 우상을 섬기자, 하나님은 이스라엘을 둘로 쪼개셨다. 왜 하나님께서 이스라엘을 둘로 쪼개어 작고 약한 나라로 만드셨나. 이에

대한 성경의 증거를 살펴보자. 이스라엘 백성은 모든 민족 가운데 가장 적은 자였을 때, 하나님께서 그들을 기뻐하셨다. **"여호와께서 너희를 기뻐하시고 너희를 택하심은 너희가 다른 민족보다 수효가 많은 연고가 아니라 너희는 모든 민족 중에 가장 적으니라"** (신 7:7). 이스라엘은 수효가 적은 족속이었으나 다른 족속을 두려워하지 아니하였다. **"여호와께서 또 내게 일러 가라사대 내가 이 백성을 보았노라 보라 이는 목이 곧은 백성이니라"** (신 9:13). "목이 곧은 백성"이란 이방 민족뿐만 아니라 하나님의 말씀까지 대적하는 것을 의미한다.214) 광야에서 이스라엘이 우상을 만들고 이를 기뻐하는 것을 보신 하나님은 그들이 목이 곧은 백성이라고 말씀하셨다(출 32:9).

11) 이스라엘 백성이 강한 자들 앞에 섰을 때, 겸손히 하나님의 말씀을 순종하였다. 모세가 죽은 뒤에 여호수아는 이스라엘의 지도자가 되었다. 여호수아의 능력이 모세에 미치지 못하였으므로, 이스라엘 백성은 가나안 족속을 두려워하여 그들의 지도자인 여호수아를 격려하였다. **"우리는 범사에 모세를 청종한 것 같이 당신을 청종하려니와 오직 당신의 하나님 여호와께서 모세와 함께 계시던 것 같이 당신과 함께 계시기를 원하나이다 누구든지 당신의 명령을 거역하며 무릇 당신의 시키시는 말씀을 청종치 아니하는 자 그는 죽임을 당하리니 오직 당신은 마음을 강하게 하시며 담대히 하소서"** (수 1:17,18). 여호수아는 이스라엘 백성의 기대대로 강력한 지도력으로 전쟁을 승리로 이끌었다. 이스라엘 백성은 여호수아와 한 마음이 되어 가나안 족속을 정복하였다.

12) 이스라엘 백성은 자신이 연약하다고 생각할 때 하나님을 의뢰하였다. 이것을 아시는 하나님께서 이스라엘을 두 나라로 쪼개셨다. 이스라엘이 작고 약한 나라가 되면 하나님의 말씀을 순종할 것이기 때문이다. 하나님의 뜻은 이스라엘을 통하여 아들을 보내시는 것이다. 따라서 하나님은 유다 지파와 베냐민 지파를 중심으로 하는 남 왕국을 작고 약하게 하셨다. 장차 그리스도께서 다윗의 후손을 통하여 오실 것이므로, 하나님은 다윗과의 약속을 위하여 유다 지파와 베냐민 지파에게 성전이 있는 예루살렘을 포함한

---

214) 이스라엘이란 하나님의 사람과 겨루어 이긴 자를 의미한다. **"그 사람이 가로되 네 이름을 다시는 야곱이라 부를 것이 아니요 이스라엘이라 부를 것이니 이는 네가 하나님과 사람으로 더불어 겨루어 이기었음이니라"** (창32:28). 이스라엘이란 이름에 목이 곧은 자한 의미가 내포되어있다.

지역을 주셨다. **"오직 내 종 다윗을 위하고 이스라엘 모든 지파 중에서 뺀 성 예루살렘을 위하여 한 지파를 솔로몬에게 주리니"(왕상11:32).** 유대 지파와 베냐민 지파가 자신의 연약함을 깨닫고 예루살렘 성전을 중심으로 신정국가로서 정체성을 유지하는 것이 하나님의 뜻이다.

(2) 신정국가와 다윗의 왕조의 멸망

1) 솔로몬의 우상숭배로 인하여 이스라엘은 남 왕국과 북 왕국으로 갈라졌다. 북 왕국은 남 왕국에 비하여 인구도 많고 영토도 넓었으므로, 여로보암은 하나님의 말씀을 버리고 정치적 목적을 위하여 우상을 만들었다. 이것이 죄가 되어 북 왕국은 우상숭배에서 벗어나지 못하고 마침내 앗수르에게 멸망하였다. 남 왕국은 예루살렘 성전을 중심으로 하나님을 섬김으로 신정국가의 정체성을 유지하기도 하였으나 북 왕국처럼 우상숭배에 빠져서 바벨론에게 멸망하였다. 예루살렘 성전은 파괴되었고 유대인들은 바벨론의 포로가 되었다. 바벨론에서 가나안으로 돌아온 유대인들은 파괴된 성전을 재건하고 제사장을 중심으로 하는 진정한 신정국가를 건설하였다.

2) 하나님은 여로보암을 택하여 북 왕국의 주권자로 삼으시고 그에게 율법을 순종하라고 권고하셨다. **"내가 너를 취하리니 너는 무릇 네 마음에 원하는대로 다스려 이스라엘 위에 왕이 되되 네가 만일 내가 명한 모든 일에 순종하고 내 길로 행하며 내 눈에 합당한 일을 하며 내 종 다윗의 행함 같이 내 율례와 명령을 지키면 내가 너와 함께 있어 내가 다윗을 위하여 세운 것 같이 너를 위하여 견고한 집을 세우고 이스라엘을 네게 주리라"** (왕상 11:37,38). 그러나 여로보암은 정치적인 이유로 하나님의 형상으로 금송아지를 만들어 섬겼다. **"만일 이 백성이 예루살렘에 있는 여호와의 전에 제사를 드리고자 하여 올라가면 이 백성의 마음이 유다 왕 된 그 주 르호보암에게로 돌아가서 나를 죽이고 유다 왕 르호보암에게로 돌아가리로다 하고 이에 계획하고 두 금송아지를 만들고 무리에게 말하기를 너희가 다시는 예루살렘에 올라갈 것이 없도다 이스라엘아 이는 너희를 애굽 땅에서 인도하여 올린 너희 신이라 하고"(왕상 12:27,28).**

3) 여로보암의 뒤를 이은 북 왕국의 왕들은 산당에서 금송아지를 섬기는 죄에서 벗어

나지 못하였다. "느밧의 아들 여로보암의 모든 길로 행하며 그가 이스라엘로 죄를 범하게 한 그 죄 중에 행하여 그 헛된 것으로 이스라엘 하나님 여호와의 노를 격발케 하였더라"(왕상 16:26). 한 걸음 더 나아가 아합은 이방여자를 아내로 취하고 바알과 아세라를 섬겼다. "느밧의 아들 여로보암의 죄를 따라 행하는 것을 오히려 가볍게 여기며 시돈 사람의 왕 엣바알의 딸 이세벨로 아내를 삼고 가서 바알을 섬겨 숭배하고 사마리아에 건축한 바알의 사당 속에 바알을 위하여 단을 쌓으며 또 아세라 목상을 만들었으니 저는 그 전의 모든 이스라엘 왕보다 심히 이스라엘 하나님 여호와의 노를 격발하였더라"(왕상 16:31~33). 아합 이후로 북 왕국은 하나님을 버리고 이방신을 섬기게 되었다. 여로보암의 타락으로 북 왕국은 신정국가의 정체성을 회복하지 못하고 이방인과 같이 되었다. 그들은 하나님의 도우심을 받지 못하고 마침내 앗수르에게 멸망하였다. 앗수르는 그들을 본국으로 이주시켰다. 이로써 이스라엘의 열 지파는 이방인과 혼혈이 되어 야곱의 후손으로서 혈통을 찾을 수 없게 되었다(왕하 17:23,24).

4) 두 지파만을 중심으로 한 남 왕국은 자신의 연약함을 알고 하나님을 의뢰함으로 강대하게 되어 이방인의 침입을 막아내기도 하였다. 남 왕국이 하나님의 은혜로 강대하게 되자 교만하여 하나님을 버리고 우상을 숭배하였다. 하나님께서 그들을 버리자 그들은 약하게 되어 이방인의 공격을 막아내지 못하였다. 그들은 이방인에게 조공을 바치는 신세로 전락하였다. 그들이 하나님께로 돌아와서 우상숭배를 버리고 율법을 순종하며 성전 제사를 회복하였을 때, 하나님은 다시 그들을 강하게 하셨다. 이러한 과정이 반복되다가 그들은 끝내 우상숭배에 빠져서 바벨론에게 멸망하였다. 신정국가로서 정체성을 잃어버린 이스라엘 백성은 결국 약속의 땅 곧, 가나안을 잃어버리고 전 세계로 흩어지게 되었다.

5) 북 왕국의 여로보암은 정치적인 이유로 우상을 만들어 산당에 두고 이를 섬겼으며 레위인 제사장 직분을 폐하였다. 제사장의 직분을 수행하지 못하는 제사장들과 레위인들이 하나님의 성전이 있는 예루살렘으로 모였다. "온 이스라엘의 제사장과 레위 사람이 그 모든 지방에서부터 르호보암에게 돌아오되 레위 사람이 그 향리와 산업을 떠나 유다와 예루살렘에 이르렀으니 이는 여로보암과 그 아들들이 저희를 폐하여 여호와께 제사장

의 직분을 행치 못하게 하고 여로보암이 여러 산당과 수염소 우상과 자기가 만든 송아지 우상을 위하여 스스로 제사장들을 세움이라"(대하 11:13~15). 르호보암이 우상을 버리고 하나님만을 섬겼으므로 하나님께서 남 왕국을 강하게 하셨다. "그러므로 삼 년 동안 유다 나라를 도와 솔로몬의 아들 르호보암을 강성하게 하였으니 이는 무리가 삼 년을 다윗과 솔로몬의 길로 행하였음이더라"(대하 11:17). 나라가 부강하여지자, 르호보암은 교만하여 하나님을 버리고 우상을 섬겼다. "르호보암이 나라가 견고하고 세력이 강하매 여호와의 율법을 버리니 온 이스라엘이 본받은지라"(대하 12:1).

6) 아사는 남 왕국의 왕이 된 뒤에 산당을 헐고 이방신상을 없이하고 율법을 순종하였다. "아사가 그 하나님 여호와 보시기에 선과 정의를 행하여 이방 제단과 산당을 없이하고 주상을 훼파하며 아세라 상을 찍고 유다 사람을 명하여 그 열조의 하나님 여호와를 구하게 하며 그 율법과 명령을 행하게 하고 또 유다 모든 성읍에서 산당과 태양상을 없이하매 나라가 그 앞에서 평안함을 얻으니라"(대하 14:2~5). 구스 사람이 남 왕국을 침공하였으나 아사가 하나님을 의뢰하였으므로, 하나님께서 그들을 아사의 손에 붙이셨다. "그 하나님 여호와께 부르짖어 가로되 여호와여 강한 자와 약한 자 사이에는 주 밖에 도와줄 이가 없사오니 우리 하나님 여호와여 우리를 도우소서 우리가 주를 의지하오며 주의 이름을 의탁하옵고 이 많은 무리를 치러 왔나이다 여호와여 주는 우리 하나님 이시오니 원컨대 사람으로 주를 이기지 못하게 하옵소서 하였더니 여호와께서 구스 사람을 아사와 유다 사람 앞에서 쳐서 패하게 하시니 구스 사람이 도망하는지라"(대하 14:11,12). 나라가 강성하여지자, 아사는 교만하여 선지자를 학대하고 옥에 가두는 죄를 범하였다. 아사는 발에 병이 들었으나 고침을 받지 못하고 그 병으로 죽었다(대하 16:12).

7) 아사의 뒤를 이어 여호사밧이 이스라엘의 주권자가 되었다. 이스라엘 백성이 하나님을 버리고 우상을 숭배하는 원인은 율법을 알지 못하였기 때문이다. 이것을 깨달은 여호사밧은 레위인과 제사장으로 하여금 백성에게 율법을 가르치게 하였다. "저가 위에 있은지 삼 년에 그 방백 벤하일과 오바댜와 스가랴와 느다넬과 미가야를 보내어 유다 여러 성읍에 가서 가르치게 하고 또 저희와 함께 레위 사람 스마야와 느다냐와 스바댜와

아사헬과 스미라못과 여호나단과 아도니야와 도비야와 도바도니야등 레위 사람을 보내고 또 저희와 함께 제사장 엘리사마와 여호람을 보내었더니 저희가 여호와의 율법책을 가지고 유다에서 가르치되 그 모든 성읍으로 순행하며 인민을 가르쳤더라"(대하 17:7~9). 뿐만 아니라 여호사밧은 레위인과 제사장을 재판장으로 세워 공의로 백성을 재판하게 하였다. **"여호사밧이 또 예루살렘에서 레위 사람과 제사장과 이스라엘 족장 중에서 사람을 세워 여호와께 속한 일과 예루살렘 거민의 모든 송사를 재판하게 하고 저희에게 명하여 가로되 너희는 여호와를 경외하고 충의와 성심으로 이 일을 행하라"** (대하 19:8,9). 이로써 제사장은 하나님께 속한 일을 맡아 처리하게 되었다. **"여호와께 속한 모든 일에는 대제사장 아마랴가 너희를 다스리고 왕에게 속한 모든 일은 유다 지파의 어른 이스마엘의 아들 스바댜가 다스리고 레위 사람들은 너희 앞에 관리가 되리라 너희는 힘써 행하라 여호와께서 선한 자와 함께 하실찌로다 하니라"**(대하 19:11).

8) 여호사밧 시대에 남 왕국은 신정국가로서의 면모를 갖추게 되었다. 모압과 암몬과 마온 사람들이 여호사밧을 침공하였다. 여호사밧은 금식을 선포하고 백성에게 나라를 위하여 기도하게 하였다. **"여호사밧이 두려워하여 여호와께로 낯을 향하여 간구하고 온 유다 백성에게 금식하라 공포하매 유다 사람이 여호와께 도우심을 구하려 하여 유다 모든 성읍에서 모여와서 여호와께 간구하더라"**(대하 20:3,4). 하나님의 말씀이 여호사밧에게 임하였다. **"이 전쟁에는 너희가 싸울 것이 없나니 항오를 이루고 서서 너희와 함께한 여호와가 구원하는 것을 보라 유다와 예루살렘아 너희는 두려워하며 놀라지 말고 내일 저희를 마주 나가라 여호와가 너희와 함께 하리라 하셨느니라 하매"**(대하 20:17). 백성들이 하나님의 은혜를 찬송하였고 하나님은 그 전쟁을 승리로 이끄셨다(대하 20:23). 여호사밧은 하나님의 많은 은혜를 입었으나 산당을 없애지 아니하는 죄를 범하였다.

9) 여호사밧의 뒤를 이어 왕이 된 여호람은 북 왕국의 아합의 딸 아달랴를 아내로 맞이하였다. 그는 아달랴에게 미혹을 받아 하나님을 버리고 우상을 숭배하였다. 그러나 하나님은 다윗과의 약속을 지키시기 위하여 남 왕국을 멸하지 아니하셨다. **"여호와께서 다윗의 집을 멸하기를 즐겨하지 아니하셨음은 이전에 다윗으로 더불어 언약을 세우시고**

또 다윗과 그 자손에게 항상 등불을 주겠다고 허하셨음이더라"(대하 21:7). 하나님을 버린 여호람은 편한 죽음을 맞이하지 못하고 중병으로 생을 마감하였다. **여호람의 뒤를 이은 아하시야는 하나님을 버리고 그의 모친의 영향을 받아 이방신을 섬겼다.** "아하시야도 아합의 집 길로 행하였으니 이는 그 모친이 꾀어 악을 행하게 하였음이라"(대하 22:3). 그는 우상을 숭배한 죄로 인하여 북 왕국의 예후에게 죽임을 당하였다(대하 22:9). 아하시야가 죽은 뒤에 그의 모친 아달랴가 아하시야의 아들들을 죽이고 스스로 왕이 되어 불의와 불법으로 나라를 다스렸다(대하22:12).

10) 아합의 딸 아달랴가 우상을 숭배하자, 제사장 여호야다는 아달랴를 죽이고 아하시야의 살아남은 아들 요아스를 왕으로 세웠다. 요아스는 일곱 살에 남 왕국의 왕이 되었으므로, 여호야다는 섭정이 되어 남 왕국을 의와 공의로 통치하기로 작정하고 백성과 언약을 맺었다. **"여호야다가 자기와 뭇 백성과 왕의 사이에 언약을 세워 여호와의 백성이 되리라 한지라"**(대하 23:16). 여호야다는 우상을 파괴하고 이방신의 제사장을 죽였으며 성전의 제사를 회복하였다. 요아스는 장성한 뒤에 하나님의 전을 수리하며 여호야다의 뜻에 따라서 성전에서 하나님의 이름을 위하여 번제를 드렸다. **"필역한 후에 그 남은 돈을 왕과 여호야다의 앞으로 가져온고로 그것으로 여호와의 전에 쓸 그릇을 만들었으니 곧 섬겨 제사 드리는 그릇이며 또 숟가락과 금, 은그릇들이라 여호야다가 세상에 사는 모든 날에 여호와의 전에 항상 번제를 드렸더라"**(대하 24:14). 그러나 여호야다가 죽은 뒤에 요아스는 하나님을 버리고 우상을 섬겼다. **"여호야다가 죽은 후에 유다 방백들이 와서 왕에게 절하매 왕이 그의 말을 듣고 그 열조의 하나님 여호와의 전을 버리고 아세라 목상과 우상을 섬긴고로 이 죄로 인하여 진노가 유다와 예루살렘에 임하니라"**(대하 24:17,18). 이 말씀은 제사장이 신정국가를 이끌어가는 핵심 인물이라는 것을 의미한다.

11) 요아스의 뒤를 이어 아마샤가 남 왕국의 왕이 되었다. 그는 에돔과의 전쟁에서 북 왕국의 도움을 거절하고 하나님을 의뢰하였으므로 그 전쟁을 승리로 이끌었다. 그러나 그는 전쟁의 승리에 도취되어 세일 자손의 우상을 가져다가 이를 숭배하였다. **"아마샤가 에돔 사람을 도륙하고 돌아올 때에 세일 자손의 우상들을 가져다가 자기의 신으로 세우고 그 앞에 경배하며 분향한지라"**(대하 25:14). 선지자는 아마샤에게 하나님의

말씀을 선포하였으나, 그는 하나님의 말씀을 듣지 아니하였다. **"선지자가 오히려 말할 때에 왕이 이르되 우리가 너로 왕의 모사를 삼았느냐 그치라 어찌하여 맞으려 하느냐 선지자가 그치며 가로되 왕이 이 일을 행하고 나의 경고를 듣지 아니하니 하나님이 왕을 멸하시기로 결정하신줄 아노라 하였더라"** (대하 25:16). 하나님의 말씀대로 아마샤는 북 왕국과의 전쟁에서 패하였고, 예루살렘 성과 성전은 약탈을 당하였다. **"이스라엘 왕 요아스가 벧세메스에서 여호아하스의 손자 요아스의 아들 유다 왕 아마샤를 사로잡고 예루살렘에 이르러 예루살렘 성벽을 에브라임 문에서부터 성 모퉁이 문까지 사백 규빗을 헐고 또 하나님의 전 안에 오벧에돔의 지키는 모든 금은과 기명과 왕궁의 재물을 취하고 또 사람을 볼모로 잡아가지고 사마리아로 돌아갔더라"** (대하 25:23,24).

12) 아마샤의 뒤를 이은 웃시야가 제사장 스가랴의 조언을 받아 나라를 율법으로 통치할 때, 하나님께서 나라를 부강하게 하셨다. **"하나님의 묵시를 밝히 아는 스가랴의 사는 날에 하나님을 구하였고 저가 여호와를 구할 동안에는 하나님이 형통케 하셨더라"** (대하 26:5). 나라가 강성하게 되자 웃시야는 교만하여 성전에 들어가 하나님께 분향하려고 하였다. **"저가 강성하여지매 그 마음이 교만하여 악을 행하여 그 하나님 여호와께 범죄하되 곧 여호와의 전에 들어가서 향단에 분향하려 한지라"** (대하 26:16). 제사장의 직분을 침해한 웃시야는 저주를 받아 문둥병자가 되어 그 생애를 마감하였다. **"웃시야왕이 죽는 날까지 문둥이가 되었고 문둥이가 되매 여호와의 전에서 끊어졌고 별궁에 홀로 거하였으므로 그 아들 요담이 왕궁을 관리하며 국민을 치리하였더라"** (대하 26:21).

13) 웃시야의 뒤를 이어 요담이 남 왕국을 다스렸다. 그는 웃시야의 전철을 밟지 아니하기 위하여 정직하게 행하였으므로, 하나님께서 그에게 복을 주셨다. **"요담이 그 하나님 여호와 앞에서 정도를 행하였으므로 점점 강하여졌더라"** (대하 27:6). 요담의 뒤를 이어 그의 아들 아하스가 왕이 되었다. 아하스는 교만하여 하나님을 버리고 바알 신상을 만들어 섬기고 그의 자녀를 우상에게 바치는 악행을 자행하였다. **"이스라엘 열왕의 길로 행하여 바알들의 우상을 부어 만들고 또 힌놈의 아들 골짜기에서 분향하고 여호와께서 이스라엘 자손 앞에서 쫓아내신 이방 사람의 가증한 일을 본받아 그 자녀를 불사르고 또 산당과 작은 산위와 모든 푸른 나무 아래에서 제사를 드리며 분향한지라"**

(대하 28:2~4). 이로 인하여 그는 아람과의 전쟁에서 참혹하게 패하였다(대하 28:5,6). 뿐만 아니라 아하스는 주변 국가들로부터 침략을 당하였으나 이를 물리칠 힘이 없었다. 이것이 우상숭배로부터 온 것임을 알지 못하고 아하스는 다메섹의 신들에게 제사함으로 나라를 멸망의 구덩이로 몰아넣었다(대하 28:23).

14) 히스기야는 아하스의 악행으로 거의 멸망의 직전에 이른 나라를 이어 받았다. 그는 하나님만이 나라를 강하게 하실 수 있다는 것을 깨닫고 우상을 없이하고 성전을 거룩하게 하였다. 히스기야는 율법에 따라서 성전에서 하나님의 이름을 위하여 번제를 드리고 십일조를 하나님께 드렸다. 아울러 그는 모든 백성과 함께 율법에 따라서 유월절을 지켰다. 이로써 남 왕국은 신정국가로서 정체성을 확립하였다. 따라서 하나님께서 예루살렘에 큰 기쁨을 주시고 제사장들의 기도를 들으셨다. "**예루살렘에 큰 희락이 있었으니 이스라엘 왕 다윗의 아들 솔로몬 때로부터 이러한 희락이 예루살렘에 없었더라 그 때에 제사장들과 레위 사람들이 일어나서 백성을 위하여 축복하였으니 그 소리가 들으신바 되고 그 기도가 여호와의 거룩한 처소 하늘에 상달하였더라**"(대하 30:26,27). 남 왕국이 신정국가로서 하나님의 보호 아래 있는 것을 알지 못하는 산헤립이 히스기야를 침공하고 하나님의 이름을 훼방하였다. 히스기야와 이사야 선지자는 이를 위하여 하나님께 기도하였고 하나님은 그 기도를 들으셨다. "**이러므로 히스기야왕이 아모스의 아들 선지자 이사야로 더불어 하늘을 향하여 부르짖어 기도하였더니 여호와께서 한 천사를 보내어 앗수르 왕의 영에서 모든 큰 용사와 대장과 장관들을 멸하신지라 앗수르 왕이 얼굴이 뜨뜻하여 그 고국으로 돌아갔더니 그 신의 전에 들어갔을 때에 그 몸에서 난 자들이 거기서 칼로 죽였더라**"(대하 32:20,21). 나라가 부강하여지자, 히스기야는 교만하여 바벨론의 사자 앞에서 하나님의 영광을 드러내지 아니하고 자신의 능력을 자랑하므로 저주가 나라에게 임하였다. "**히스기야가 마음이 교만하여 그 받은 은혜를 보답지 아니하므로 진노가 저와 유다와 예루살렘에 임하게 되었더니**"(대하 32:25).

15) 히스기야의 뒤를 이어 므낫세가 왕이 되었다. 하나님의 은혜로 부강하게 된 나라를 이어 받은 므낫세는 교만하여 산당을 세우고 우상을 섬기며 하나님의 성전에 우상을 세웠다. "**여호와 보시기에 악을 행하여 여호와께서 이스라엘 자손 앞에서 쫓아내신 이방**

사람의 가증한 일을 본받아 그 부친 히스기야의 헐어버린 산당을 다시 세우며 바알들을 위하여 단을 쌓으며 아세라 목상을 만들며 하늘의 일월성신을 숭배하여 섬기며"(대하 33:2,3). 하나님께서 므낫세에게 우상을 숭배하지 말라고 경고하셨으나, 그는 끝내 하나님의 말씀을 듣지 아니하였다. 하나님께서 앗수르를 통하여 므낫세를 심판하셨다. **"여호와께서 므낫세와 그 백성에게 이르셨으나 저희가 듣지 아니한고로 여호와께서 앗수르 왕의 군대 장관들로 와서 치게 하시매 저희가 므낫세를 사로잡고 쇠사슬로 결박하여 바벨론으로 끌어간지라"**(대하 33:10,11). 앗수르의 포로가 된 므낫세는 비로소 자신의 죄를 깨닫고 회개하였다. 하나님께서 그를 예루살렘으로 돌아오게 하셨고 그는 우상을 없이하고 하나님만 섬겼다.

16) 므낫세의 뒤를 이어 아몬이 왕이 되었다. 아몬은 므낫세처럼 우상을 섬김으로 나라를 율법의 저주의 구덩이로 몰아넣었다. 이로 인하여 아몬은 신하들에 의하여 죽임을 당하였다(대하 33:22~24). 아몬의 뒤를 이어 요시야가 왕이 되었다. 요시야는 아몬이 세운 모든 우상을 파괴하고 하나님의 성전을 수리하였다. 성전을 수리하는 과정에서 제사장 힐기야는 성전에서 모세의 율법책을 발견하였다. **"무리가 여호와의 전에 연보한 돈을 꺼낼 때에 제사장 힐기야가 모세의 전한 여호와의 율법책을 발견하고"**(대하 34:14). 요시야는 율법책을 읽고 이스라엘에게 임한 모든 재앙이 우상숭배로부터 왔음을 알았다. 따라서 요시야는 백성들에게 율법의 말씀을 전하고 그들과 언약을 세워 모든 백성으로 하여금 율법을 지키게 하였다. **"왕이 자기 처소에 서서 여호와 앞에서 언약을 세우되 마음을 다하고 성품을 다하여 여호와를 순종하고 그 계명과 법도와 율례를 지켜 이 책에 기록된 언약의 말씀을 이루리라 하고"**(대하 34:31). 요시야는 율법의 규례대로 유월절과 무교절을 지켰다. 그러나 요시야는 하나님의 말씀을 듣지 아니하고 애굽 왕 느고의 길을 막으려고 하다가 므깃도에서 전사하였다(대하 35:21,22). 요시야의 뒤를 이은 여호야김과 여호야긴은 하나님을 버리고 우상을 섬겼다. 그들은 모두 바벨론에게 사로잡혀 끌려갔다. 여호야긴의 뒤를 이어 시드기야가 왕이 되었다. 시드기야는 예레미야 선지자를 통하여 주시는 하나님의 말씀을 듣지 아니하고 마음을 강퍅하게 하였다. 이로써 남 왕국은 신정국가로서 정체성을 완전히 상실하고 이를 회복할 수 없게 되었다.

바벨론은 예루살렘을 정복하고 하나님의 성전을 파괴하였으며 유대인을 포로로 사로잡아 본국으로 끌고 갔다. 이로써 다윗 왕조는 막을 내리고 하나님의 백성으로 택함을 받은 이스라엘 국가는 역사 속으로 사라지게 되었다.

17) 르호보암으로부터 시작하는 남 왕국의 역사는 사사시대와 같이 신정국가의 정체성을 회복하는 시기와 이를 상실하는 시기가 반복되는 과정을 보여주고 있다. 왕이 제사장과 선지자를 중심으로 하나님의 말씀을 순종함으로 신정국가로서의 정체성을 확립하였을 때, 남 왕국은 비록 작은 나라이지만 강대하여 주변 국가의 침략을 물리치고 강성하게 되었다. 그러나 왕이 제사장과 선지자를 무시하고 우상을 섬김으로 신정국가로서 정체성을 상실하였을 때, 율법을 통하여 계시된 하나님의 저주가 그들에게 임하였다. 국력을 쇠진한 남 왕국은 주변 국가의 노리개로 전락하였다. 남 왕국의 왕들은 우상숭배로 나라를 멸망의 구덩이로 몰아넣었다. 하나님께서 다윗에게 주신 약속을 위하여 나라의 멸망을 원치 아니하셨으나(대하 21:7), 남 왕국의 열왕들은 우상숭배로 나라를 이방인의 손에 넘겨주었다.

(3) 신정국가와 선지자의 사명

1) 하나님께서 아론과 그의 후손을 택하여 제사장으로, 다윗과 그의 후손을 택하여 이스라엘의 왕으로, 원하는 자를 택하여 선지자로 기름을 부으셨다. 제사장은 성전에서 하나님의 이름을 위하여 제물의 피를 뿌림으로 하나님을 섬기며 백성에게 율법을 가르치고 율법으로 백성을 재판하는 직분을 받았다. 제사장이 그 직분을 소홀히 하였을 때 이스라엘 백성은 율법을 알지 못하고 우상을 숭배하였다. 왕은 하나님의 대리자로서 율법으로 나라를 다스림으로 신정국가의 정체성으로 유지하는 직분을 받았다. 그러나 왕이 하나님을 버리고 우상을 숭배하였을 때 성전 제사는 폐지되었고 백성은 이방인의 칼에 의하여 죽임당하거나 사로잡혀 노예가 되었다. 제사장과 왕이 그 직분을 소홀히 하였을 때, 선지자들은 그들에게 하나님의 말씀을 증거함으로 그들로 하여금 우상을 버리고 하나님께로 돌아오게 하여야 할 직분을 받았다. 그러나 선지자들이 하나님의 말씀을 버리고 거짓 예언을 하였을 때, 나라는 급격히 멸망의 길로 빠져들었다.

2) 열왕기는 이스라엘 역사를 선지자의 사역과 관련하여, 역대기는 남 왕국의 역사를 제사장의 사역과 관련하여 기록한 책이다. 열왕기는 남 왕국과 북 왕국의 역사를 동시에 다루고 있다. 이에 반하여 역대기는 남 왕국의 역사만을 다루고 있다. 역대기에서 북 왕국의 역사를 제외한 이유는 그 곳에 성전과 제사장이 없었기 때문이다. 예루살렘에 성전이 있었고 성전을 중심으로 아론의 후손 제사장들이 활동하고 있었으므로, 역대기에서는 남 왕국의 역사를 제사장과 관련하여 기록한 것으로 판단된다. 역대기에서는 왕과 제사장이 그 직분을 충실히 이행하였을 때 남 왕국이 신정국가의 정체성을 확립하고 부강하여지는 과정과 그렇지 아니하였을 때 나라가 쇠퇴하여 가는 과정을 기록하였다. 열왕기에서는 왕이 선지자의 말씀을 듣지 아니하므로 나라가 멸망으로 가는 과정을 기록하였다. 북 왕국에는 성전과 제사장이 없었으므로 신정국가로서의 정체성을 회복하지 못하였다. 그들은 신정국가의 면모를 보여주지 못하고 끝내 우상숭배의 늪에 빠져서 멸망하였다. 열왕기에 기록된 북 왕국의 열왕들과 선지자의 사역을 살펴보자.

3) 나라가 둘로 나누어졌지만 이스라엘 백성을 사랑하시는 하나님은 북 왕국이 율법을 순종함으로 신정국가의 정체성을 유지하기를 바라셨다. 따라서 하나님은 여로보암에게 율법을 순종하면 나라가 다윗의 시대와 같이 되리라고 약속하셨다(왕상 11:38). 여로보암이 다윗처럼 의와 공의로 나라를 다스리고 제사장들이 백성에게 율법을 가르치고 백성을 재판한다면, 하나님의 약속대로 나라는 부강하여질 것이다. 그러나 여로보암은 하나님의 말씀을 믿지 아니하고 절기에 백성들이 예루살렘 성전으로 올라가는 것을 두려워하였다. **"만일 이 백성이 예루살렘에 있는 여호와의 전에 제사를 드리고자 하여 올라가면 이 백성의 마음이 유다 왕 된 그 주 르호보암에게로 돌아가서 나를 죽이고 유다 왕 르호보암에게로 돌아가리로다 하고" (왕상 12:27).**

4) 절기에 백성들이 예루살렘 성전으로 올라가지 못하게 하기 위하여 여로보암은 하나님의 형상으로 금송아지를 만들어 산당에 두었다(왕상 12:28,29). 백성이 금송아지를 하나님의 형상으로 믿고 이것을 숭배하게 하려면 율법을 아는 레위 자손 제사장의 직분을 폐하여야 한다. 제사장들은 율법을 알고 있으므로 우상숭배를 반대할 것이기 때문이다. 따라서 여로보암은 레위 자손 제사장을 버리고 일반인으로 제사장을 삼았다.

"너희가 아론 자손 된 여호와의 제사장과 레위 사람을 쫓아내고 이방 백성의 풍속을 좇아 제사장을 삼지 아니하였느냐 무론 누구든지 수송아지 하나와 수양 일곱을 끌고 와서 장립을 받고자하는 자마다 허무한 신의 제사장이 될 수 있도다" (대하 13:9). 율법을 알지 못하는 제사장들은 백성을 우상숭배로 인도하였다. **"여로보암이 여러 산당과 수염소 우상과 자기가 만든 송아지 우상을 위하여 스스로 제사장들을 세움이라"** (대하 11:15). 율법을 아는 레위 자손 제사장들은 여로보암을 떠나서 르호보암에게 돌아갔다. **"레위 사람이 그 향리와 산업을 떠나 유다와 예루살렘에 이르렀으니 이는 여로보암과 그 아들들이 저희를 폐하여 여호와께 제사장의 직분을 행치 못하게 하고"** (대하 11:15). 여로보암은 집권 초기부터 신정국가로서의 정체성을 말살하는 정책을 시행하였다. 이로 인하여 나라가 우상숭배의 구덩이로 빠지게 되었다.

5) 집권 초기부터 여로보암이 우상숭배 정책을 채택하자, 하나님은 선지자를 그에게 보내어 강력하게 경고하셨다. 여로보암이 산당에서 우상에게 분향할 때 하나님의 말씀이 선지자를 통하여 임하였다. **"하나님의 사람이 단을 향하여 여호와의 말씀으로 외쳐 가로되 단아 단아 여호와께서 말씀하시기를 다윗의 집에 요시야라 이름하는 아들을 낳으리니 저가 네 위에 분향하는 산당 제사장을 네 위에 제사할 것이요 또 사람의 뼈를 네 위에 사르리라 하셨느니라 하고 그 날에 저가 예조를 들어 가로되 이는 여호와의 말씀하신 예조라 단이 갈라지며 그 위에 있는 재가 쏟아지리라 하매"** (왕상 13:2,3). 여로보암은 하나님의 말씀이 그대로 성취되는 것을 보았으나 마음이 강퍅하여 우상을 버리지 아니하였다. 하나님의 말씀이 다시 여로보암에게 임하였다. **"너의 이전 사람들보다도 악을 행하고 가서 너를 위하여 다른 신을 만들며 우상을 부어 만들어 나의 노를 격발하고 나를 네 등 뒤에 버렸도다 그러므로 내가 여로보암의 집에 재앙을 내려 여로보암에게 속한 사내는 이스라엘 가운데 매인 자나 놓인 자나 다 끊어 버리되 거름을 쓸어버림 같이 여로보암의 집을 말갛게 쓸어 버릴찌라"** (왕상 14:9,10).

6) 여로보암과 그의 뒤를 이은 그의 아들들은 선지자의 말씀을 듣지 아니하고 우상숭배에서 벗어나지 아니하였다. 하나님은 바아사를 택하여 여로보암의 가문을 진멸하셨다. "유다 왕 아사 제 삼 년에 바아사가 나답을 죽이고 대신하여 왕이 되고 왕이 될

때에 여로보암의 온 집을 쳐서 생명 있는 자를 하나도 남기지 아니하고 다 멸하였는데 여호와께서 그 종 실로 사람 아히야로 하신 말씀과 같이 되었으니 이는 여로보암이 범죄하고 또 이스라엘로 범하게 한 죄로 인함이며 또 저가 이스라엘 하나님 여호와의 노를 격동시킨 일을 인함이었더라"(왕상 15:28~30). 여로보암이 하나님의 말씀을 버리고 산당에서 우상을 숭배함으로 그 가문이 멸망한 것을 알고 있던 바아사도 역시 우상숭배에서 벗어나지 아니하였다. "바아사가 여호와 보시기에 악을 행하되 여로보암의 길로 행하며 그가 이스라엘로 범하게 한 그 죄 중에 행하였더라"(왕상 15:34). 바아사에 대한 심판의 말씀이 선지자 예후에게 임하였다. "여호와의 말씀이 하나니의 아들 예후에게 임하여 바아사를 꾸짖어 가라사대 내가 너를 진토에서 들어 나의 백성 이스라엘 위에 주권자가 되게 하였거늘 네가 여로보암의 길로 행하며 내 백성 이스라엘로 범죄케 하여 저희 죄로 나의 노를 격동하였은즉 내가 너 바아사와 네 집을 쓸어버려 네 집으로 느밧의 아들 여로보암의 집 같이 되게 하리니 바아사에게 속한 자가 성읍에서 죽은즉 개가 먹고 들에서 죽은즉 공중의 새가 먹으리라 하셨더라"(왕상 16:1~4).

7) 오므리가 죽은 뒤에 그의 아들 아합이 왕이 되었다. 아합의 통치기간 동안 우상숭배가 절정에 달하였으며 하나님의 선지자들에 대한 박해가 가장 심하였다. 아합은 이방여자 이세벨을 아내로 맞이하고 바알신과 아세라신을 섬겼다. 아합 이전의 왕들은 여로보암이 하나님의 형상으로 만든 금송아지를 섬겼으나, 아합은 바알신과 아세라신을 섬겼다. "느밧의 아들 여로보암의 죄를 따라 행하는 것을 오히려 가볍게 여기며 시돈 사람의 왕 엣바알의 딸 이세벨로 아내를 삼고 가서 바알을 섬겨 숭배하고 사마리아에 건축한 바알의 사당 속에 바알을 위하여 단을 쌓으며 또 아세라 목상을 만들었으니 저는 그 전의 모든 이스라엘 왕보다 심히 이스라엘 하나님 여호와의 노를 격발하였더라"(왕상 16:31~33). 한 걸음 더 나아가 아합의 아내 이세벨은 하나님의 선지자들을 죽였다. "이세벨이 여호와의 선지자들을 멸할 때에 오바댜가 선지자 일백 인을 가져 오십 인씩 굴에 숨기고 떡과 물을 먹였었더라"(왕상 18:4).

8) 우상숭배와 선지자들에 대한 핍박이 절정이 달하였을 때, 하나님의 말씀이 선지자 엘리야에게 임하였다. "많은 날을 지내고 제 삼년에 여호와의 말씀이 엘리야에게 임하여

가라사대 너는 가서 아합에게 보이라 내가 비를 지면에 내리리라"(왕상 18:1). 엘리야는 죽음을 무릅쓰고 아합에게 나아갔다. 아합을 만난 엘리야는 아합에게 바알 선지자와 아세라 선지자를 모으게 하였다. **"그런즉 보내어 온 이스라엘과 이세벨의 상에서 먹는 바알의 선지자 사백오십 인과 아세라의 선지자 사백 인을 갈멜산으로 모아 내게로 나오게 하소서"(왕상 18:19).** 이방신의 선지자들이 갈멜산에 모였을 때, 선지자 엘리야는 그들과 이스라엘 백성들에게 하나님과 바알 가운데 참된 신을 선택하라고 요구하였다. **"엘리야가 모든 백성에게 가까이 나아가 이르되 너희가 어느 때까지 두 사이에서 머뭇머뭇 하려느냐 여호와가 만일 하나님이면 그를 좇고 바알이 만일 하나님이면 그를 좇을찌니라 하니 백성이 한 말도 대답지 아니하는지라"(왕상 18:21).**

9) 엘리야는 이스라엘과 이방신의 선지자들 앞에서 살아계신 하나님의 증거를 보였다. 엘리야는 제단을 쌓고 번제물을 올려놓은 뒤에 하나님의 능력을 구하였다. **"여호와여 내게 응답하옵소서 내게 응답하옵소서 이 백성으로 주 여호와는 하나님이신 것과 주는 저희의 마음으로 돌이키게 하시는 것을 알게 하옵소서 하매"(왕상 18:37).** 하나님은 엘리야의 기도에 불로 응답하셨고 이것을 본 백성들은 여호와 하나님만이 참 신이심을 고백하였다. **"이에 여호와의 불이 내려서 번제물과 나무와 돌과 흙을 태우고 또 도랑의 물을 핥은지라 모든 백성이 보고 엎드려 말하되 여호와 그는 하나님이시로다 여호와 그는 하나님이시로다 하니"(왕상 18:38,39).** 엘리야는 이방신의 선지자들을 죽이고 비를 위하여 간절히 기도하였다. 하나님은 엘리야의 기도를 들으시고 많은 비를 내리셨다. **"조금 후에 구름과 바람이 일어나서 하늘이 캄캄하여지며 큰 비가 내리는지라 아합이 마차를 타고 이스르엘로 가니"(왕상 18:45).** 아합은 선지자 엘리야를 통하여 살아계신 하나님의 증거를 보았으나, 그의 부인 이세벨은 우상숭배를 멈추지 아니하고 엘리야를 숙이려고 하였다(왕상 19:2).

10) 아합이 선지자 엘리야를 통하여 살아계신 하나님의 역사를 보았음에도 우상숭배를 그치지 아니하자, 하나님은 그를 멸하시기로 작정하시고 거짓 선지자를 통하여 아합을 미혹하였다. 아합이 남 왕국의 여호사밧과 함께 길르앗 라못을 정복하려고 하였을 때 하나님은 거짓 선지자를 통하여 아합을 미혹하였다. **"여호와께서 저에게 이르시되**

**어떻게 하겠느냐 가로되 내가 나가서 거짓말 하는 영이 되어 그 모든 선지자의 입에 있겠나이다 여호와께서 가라사대 너는 꾀이겠고 또 이루리라 나가서 그리하라 하셨은즉 이제 여호와께서 거짓말하는 영을 왕의 이 모든 선지자의 입에 넣으셨고 또 여호와께서 왕에게 대하여 화를 말씀하셨나이다"(왕상 22:22,23). 아합은 거짓 선지자의 미혹을 받아 길르앗 라몬으로 올라갔다가 전사하였다(왕상 22:37).

11) 아합의 뒤를 이어 아하시야가 북 왕국의 왕이 되었고, 그의 뒤를 이어 여호람이 왕이 되었다. 그들도 우상숭배에서 떠나지 아니하였다. 선지자 엘리야가 죽은 뒤에 하나님은 선지자 엘리사를 보내셨다. 엘리사는 여호람과 여호사밧 앞에서 살아계신 하나님의 능력을 보였다. **"저가 가로되 여호와의 말씀이 이 골짜기에 개천을 많이 파라 하셨나이다 여호와께서 이르시기를 너희가 바람도 보지 못하고 비도 보지 못하되 이 골짜기에 물이 가득하여 너희와 너희 육축과 짐승이 마시리라 하셨나이다 이것은 여호와 보시기에 오히려 작은 일이라 여호와께서 모압 사람도 당신의 손에 붙이시리니"** (왕하 3:16~18). 여호람은 하나님의 살아계심을 체험하였음에도 여전히 우상숭배를 버리지 아니하였다. 하나님은 다시 엘리사를 통하여 그에게 자신의 살아계심을 보이셨다. 하나님은 엘리사의 손을 통하여 아람 군대의 눈을 어둡게 하셨다. **"아람 사람이 엘리사에게 내려오매 엘리사가 여호와께 기도하여 가로되 원컨대 저 무리의 눈을 어둡게 하옵소서 하매 엘리사의 말대로 그 눈을 어둡게 하신지라"** (왕하 6:18).

12) 하나님은 엘리사를 통하여 예후에게 기름을 부어 북 왕국의 왕으로 세우시고 아합의 집안을 멸하게 하셨다. **"예후가 일어나 집으로 들어가니 소년이 그 머리에 기름을 부으며 이르되 이스라엘 하나님 여호와의 말씀이 내가 네게 기름을 부어 여호와의 백성 곧 이스라엘의 왕을 삼노니 너는 네 주 아합의 집을 치라 내가 나의 종 곧 선지자들의 피와 여호와의 종들의 피를 이세벨에게 갚아주리라"** (왕하 9:6,7). 예후는 바알과 아세라 목상을 불사르고 그들의 신전을 헐어버렸으나 여로보암의 금송아지를 섬기는 죄를 범하였다. **"예후가 이와 같이 이스라엘 중에서 바알을 멸하였으나 이스라엘로 범죄케 한 느밧의 아들 여로보암의 죄 곧 벧엘과 단에 있는 금송아지를 섬기는 죄에서는 떠나지 아니하였더라"** (왕하 10:28,29). 예후의 뒤를 이은 여호아하스는 여로보암의 죄를 좇아

우상을 숭배하였고(왕하13:1,2), 그의 아들 요아스도 역시 같은 죄를 지었다(왕하 13:10,11). 요아스 때에 엘리사는 하나님의 부르심을 받았다. **"엘리사가 죽으매 장사하였더니 해가 바뀌매 모압 적당이 지경을 범한지라"(왕하 13:20).**

13) 아합으로부터 요아스까지 북 왕국의 왕들은 선지자 엘리야와 엘리사를 통하여 살아계신 하나님의 말씀을 듣고 전능하신 능력을 보았다. 엘리야는 하나님의 능력으로 죽은 자를 살리고 하늘에서 불이 내려오게 하였으며 40개월 동안 가뭄이 지속된 땅에 비를 내리게 하였다. 그는 우상 앞에 선 이스라엘 백성을 향하여 살아계신 하나님의 증거를 보였다. 엘리사는 모압과 북 왕국의 전쟁을 승리로 이끌었고 죽은 자를 살렸다. 엘리사는 아람의 군대 장관의 문둥병을 고치고 아람 군대의 눈을 어둡게 하였으며 위기에 봉착한 나라를 이방인의 손에서 구원하였다. 엘리야와 엘리사가 많은 이적과 기사를 행하고 하나님의 말씀을 증거하였으나. 북 왕국은 선지자들을 통하여 주시는 하나님의 말씀을 거절하고 우상숭배의 늪에서 헤어나지 못하였다.

14) 이스라엘 백성은 율법에 의하여 통치를 받는 제사장의 나라로 택함을 받았다. 이스라엘 백성이 가나안 땅에 정착한 뒤에 제사장은 그들의 직분을 버렸으므로, 이스라엘 백성은 율법을 알지 못하고 우상숭배에 빠지게 되었고 이로 인하여 사사시대가 열리게 되었다. 사사들을 통하여 하나님은 신정국가로서 정체성을 회복시키려고 하였으나, 이스라엘 백성은 끝내 하나님의 통치를 거부하고 왕을 구함으로 제사장의 나라로서 직분을 버렸다. 왕정 아래서 제사장은 백성을 가르치며 재판하는 그들의 직분을 포기하였으며, 왕은 앞장서서 이방여자를 아내로 취하고 우상을 숭배하였다. 이에 발을 맞추어 백성들도 덩달아 우상에 빠짐으로, 이스라엘 전체가 하나님을 버렸다. 하나님께서 선지자를 보내어 그들에게 우상을 버리고 하나님께로 돌아오라고 권고하셨으나, 그들은 듣지 아니하였을 뿐만 아니라 선지자들을 핍박하였다. 제사장의 나라로 택함을 받은 이스라엘 백성은 이방인과 동일하게 되었다. 하나님은 그들에게서 우상을 없이하시기로 작정하시고 그들을 이방인의 손에 붙이셨다. 남 왕국이 바벨론에게 멸망한 뒤에 그들은 국토와 주권을 잃어버리고 전 세계에 흩어지게 되었다. 이방인의 포로가 된 이스라엘 백성은 자신의 죄를 깨닫고 하나님께 돌아왔으나 왕정을 회복하지 못하였다. 그러나 그들은

예루살렘 성전을 재건하고 이를 중심으로 제사장이 통치하는 신정국가를 회복하였다.

15) 유대인들이 바벨론에서 예루살렘으로 돌아와 성전을 건축하고 제사장과 선지자를 중심으로 하는 신정(성전)국가를 건설하였다. 이 신정국가는 메대 바사, 헬라 및 로마 제국을 거치면서 하나님의 뜻에 의하여 통치되는 완전한 국가로 발전하였다. 신정국가는 세계에서 가장 강한 나라의 보호 속에서 그 정체성을 보존하였다. 대제사장은 율법으로 백성을 이끌어갔으며 공회는 나라의 중요한 일을 결정하는 최고의 의결기구였다. 이로써 예수 그리스도께서 육신으로 임하실 길이 완전히 준비되었다.

저자 약력

- 성균관대학교 경제학과 졸
- 동 대학원 경제학과(Ph.D)
- 안양대학교 신학연구원
- 공인회계사
- 섬기는 교회 : 소명교회

저서

- 공저「자산, 부채관리」ALM(국제금융연수원, 1993)
- 초판「왜 우리는 예수 그리스도를 믿어야 하는가」(크리스챤 디스커버리, 2015)
- 「동성애의 실상과 허상」(크리스챤 디스커버리, 2017)
- 개정 증보판「왜 우리는 예수 그리스도를 믿어야 하는가?」(크리스챤 디스커버리, 2023)
- 초판「모형으로 계시된 그리스도와 믿음」(크리스챤 디스커버리, 2023.5.20 발행)

왜 우리는 예수 그리스도를 믿어야 하는가?

초　　판 : 2015년 발행
개정 증보판 제1권 : 2023년 6월 20일
저　　자 : 김도수
펴낸 곳 : 크리스챤 디스커버리
　　　　　경기도 안양시 동안구 학의로 282, 412호
　　　　　Tel: 070-4629-1906
제　　작 : (주) 앱닥
발 행 자 : 김정민
발　　행 : 크리스챤 디스커버리

* 임의로 복사하거나 제본할 수 없습니다.
* 잘못된 책은 교환해 드립니다.

정가 20,000원

ISBN 979-11-983295-2-3 94230
ISBN 979-11-983295-1-6 (세트)